Razão e experiência
Ensaio sobre Merleau-Ponty

FUNDAÇÃO EDITORA DA UNESP

Presidente do Conselho Curador
Herman Jacobus Cornelis Voorwald

Diretor-Presidente
José Castilho Marques Neto

Editor-Executivo
Jézio Hernani Bomfim Gutierre

Conselho Editorial Acadêmico
Alberto Tsuyoshi Ikeda
Áureo Busetto
Célia Aparecida Ferreira Tolentino
Eda Maria Góes
Elisabete Maniglia
Elisabeth Criscuolo Urbinati
Ildeberto Muniz de Almeida
Maria de Lourdes Ortiz Gandini Baldan
Nilson Ghirardello
Vicente Pleitez

Editores-Assistentes
Anderson Nobara
Henrique Zanardi
Jorge Pereira Filho

Luiz Damon Santos Moutinho

Razão e experiência
Ensaio sobre Merleau-Ponty

Coleção Biblioteca de Filosofia
Direção *Marilena Chauí*
Organização *Floriano Jonas César*

© 2006 Editora UNESP

Direitos de publicação reservados à:
Fundação Editora da Unesp (FEU)
Praça da Sé, 108
01001-900 – São Paulo – SP
Tel.: (0xx11) 3242-7171
Fax: (0xx11) 3242-7172
www.editoraunesp.com.br
www.livrariaunesp.com.br
feu@editora.unesp.br

CIP – Brasil, Catalogação na fonte
Sindicato Nacional dos Editores de Livros, RJ

M896r
    Moutinho, Luiz Damon Santos, 1964-
        Razão e experiência: ensaio sobre Merleau-Ponty / Luiz Damon Santos Moutinho. – Rio de Janeiro : Editora UNESP, 2006. – (Coleção Biblioteca de Filosofia / direção Marilena Chauí; organização Floriano Jonas César)

        Inclui Bibliografia
        ISBN 85-7139-646-9

        1. Merleau-Ponty, Maurice, 1908-1961. 2. Razão. 3. Existencialismo. 4. Filosofia francesa – Século XX. I. Título. II. Série.

06-1296   CDD-194
                                                                         CDU 1(44)

11.04.06   13.04.06   014105

Editora afiliada:

Apresentação da Coleção
Biblioteca de Filosofia

No correr dos últimos vinte anos, vimos crescer no Brasil a produção de trabalhos em filosofia, bem como o interesse – de natureza profissional ou não – despertado pela filosofia em um novo público leitor. Do lado universitário, esse crescimento decorreu, sem dúvida, da expansão dos cursos de pós-graduação em filosofia, provocando pesquisas originais e rigorosas nos mais diversos campos filosóficos. No entanto, em sua maior parte esses trabalhos permanecem ignorados ou são de difícil acesso, pois são teses acadêmicas cujos exemplares ficam à disposição apenas nas bibliotecas universitárias, mesmo porque a maioria de seus autores são jovens e não são procurados pelo mercado editorial. Disso resulta que bons trabalhos acabam sendo do conhecimento de poucos. Do lado dos leitores universitários, aumentou a procura desses trabalhos porque constituem um acervo bibliográfico nacional precioso para o prosseguimento das pesquisas acadêmicas. Do lado dos leitores não especialistas, a demanda por textos de filosofia também cresceu, possivelmente ocasionada pelas dificuldades práticas e teóricas do tempo presente, que vive a crise dos projetos de emancipação, da racionalidade moderna e dos valores éticos e políticos, fazendo surgir o interesse renovado pelos frutos da reflexão filosófica.

Biblioteca de Filosofia pretende, na medida do possível, responder tanto à necessidade de dar a conhecer a produção universitária em filosofia como ao interesse dos leitores pelas questões filosóficas. Por isso, as publicações se destinam a divulgar os resultados de pesquisas de jovens estudiosos, mas também trabalhos que, entre os especialistas, são hoje clássicos da filosofia no Brasil e, escritos como teses, jamais haviam sido editados.

Esta coleção, publicando trabalhos dos mais jovens e dos mais velhos, busca dar visibilidade ao que Antonio Candido (referindo-se à literatura brasileira) chama de um "sistema de obras" capaz de suscitar debate, constituir referência bibliográfica nacional para os pesquisadores e despertar novas questões com que vá alimentando uma tradição filosófica no Brasil, além de ampliar, com outros leitores, o interesse pela filosofia e suas enigmáticas questões. Que, afinal, são as de todos, pois, como escreveu Merleau-Ponty, o filósofo é simplesmente aquele que desperta e fala, e, para isso, precisa ser um pouco mais e um pouco menos humano.

Marilena Chauí

O tempo ... medida do ser
Merleau-Ponty

Para Vilma

Sumário

Abreviaturas   *11*

Apresentação   *13*

Introdução   *23*

I   Crise da razão e retorno aos fenômenos   *27*

Parte 1

Percepção

II   O sujeito de percepção   *113*

III   O sujeito falante   *147*

IV   O mundo natural   *165*

V   O mundo humano   *199*

VI   O *cogito* tácito   *219*

VII   A significação transcendental do tempo   *241*

Parte 2

Linguagem

VIII   Fenomenologia da linguagem   *269*

IX   Pintura e linguagem   *341*

Conclusão   399

Bibliografia   *405*

Abreviaturas

As obras de Merleau-Ponty citadas ao longo do texto serão abreviadas da forma que se segue:*

In — *Un inédit de Maurice Merleau-Ponty*
N — *La Nature*
OE – *L'oeil et l'esprit*
PhP — *Phénoménologie de la perception***
PM — *La prose du monde*
PrP — *Le primat de la perception*
RC — *Résumés de cours*
S — *Signes*
SC — *La structure du comportement*
SH — *Les sciences de l'homme et la phénoménologie*
SNS — *Sens et non-sens*
Sor — *Merleau-Ponty à la Sorbonne*
VI — *Le visible et l'invisible*

---

* Para indicação completa, ver Bibliografia no final deste volume.
** No caso específico da *Phénoménologie...*, citamos a versão brasileira publicada pela editora Martins Fontes, cuja paginação é indicada logo depois da paginação da versão francesa.

Apresentação

Este livro não é apenas um comentário a mais sobre a obra de Merleau-Ponty. Mediante a reconstituição detalhada e cuidadosa dos passos que levaram à elaboração da doutrina, assim como a algumas de suas principais inflexões, o que se visa aqui é a compreensão dos motivos que estão na origem de uma mudança de paradigma no que se convencionou chamar de "discurso filosófico da modernidade". E, por meio da expressão "mudança de paradigma", não se deve entender qualquer retomada da dormitiva querela, há algum tempo frequentadora dos manuais de iniciação, que opõe os adeptos da "filosofia da consciência" aos partidários da "filosofia da linguagem". A alteração de paradigma da qual se trata aqui é bem mais decisiva e mais ampla do que esta última, visto que recobre, em seu interior, aqueles tradicionais rivais. Trata-se da mudança que transforma o discurso filosófico, novamente, em um conhecimento do mundo, em um saber de "objetos", no mesmo que, em tom definitivo, a *Crítica da razão* pura lhe interditara ser.

Era Gérard Lebrun quem insistia no caráter adoutrinal que, desde Kant, a filosofia deve necessariamente assumir. Afinal, após a *Crítica da razão pura*, isto é, após a partilha definitiva entre o domínio da ciência e o território da filosofia, o discurso filosófico não pode mais dirigir-se a regiões do ser para explicitá-las, enunciando sobre o "mundo" verdades que concorreriam com as da ciência. Kant sublinhava este ponto: a *Crítica da razão pura* não trata dos objetos da razão, mas sim da própria razão; por isso, "a Crítica das faculdades de conhecer em relação àquilo que elas podem realizar *a priori* não tem propriamente nenhum domínio concernente aos objetos, visto que ela não é uma doutrina, mas deve simplesmente investigar se e como... por elas uma doutrina é possível".[1] Investigação sobre a possibilidade do conhecimento, a filosofia deixa de ser saber sobre objetos, no sentido em que o era a metafísica clássica, e passa a desdobrar-se em um território situado aquém daquele ocupado pelos saberes positivos. Donde a insistência de Lebrun em apresentar, como traço específico da filosofia pós-kantiana, no sentido o mais amplo, o declínio da ideia de *teoria* como doutrina sobre alguma região mundana, saber sobre objetos.

Que esta sobriedade ateórica seja efetivamente um traço específico da filosofia pós-kantiana, operando como um autêntico paradigma do discurso filosófico, é algo que se atesta por sua presença tenaz em "filosofias" de famílias intelectuais muito distintas. Assim, é este paradigma que preside a elaboração da fenomenologia husserlina. Afinal, quando Husserl opõe as "ciências dogmáticas" às "ciências filosóficas", é sobretudo para indicar que apenas as ciências oriundas da atitude dogmática se dirigem às coisas para explicitá-las, enquanto as ciências filosóficas, ao contrário, não se dirigem ao mundo mas ao conhecimento.[2] E é isso, antes de tudo, que se exprime na doutrina da dupla atitude. É quando nós nos situamos no interior da "atitude natural" que nosso interesse se dirige ao "ser objetivo" — e por isso essa atitude abre caminho para o "conhecimento objetivo".

---

1 Kant, *Crítica da Faculdade de Julgar*, Introdução, § III, V; *apud* Lebrun, G., *Kant et la fin de la métaphysique*, Paris, Armand Colin, 1970, p.6.
2 Husserl, E., *Ideen zu einer reinen Phänomenologie und phänomenologischen Philosophie*, Erstes Buch, Haag, Martinus Nijhoff, Husserliana, 1950, Bd. III, p.55.

Razão e experiência: ensaio sobre Merleau-Ponty

Será tudo muito diferente quando nos instalamos na "atitude fenomenológica", quer dizer, quando vivemos em regime de "redução", Porque antes de mais nada a redução inibe "todo interesse voltado para o conhecimento teórico do mundo".[3] Se na atitude natural a consciência dirige-se ao objeto "puro e simples" para conhecê-lo, em regime de redução não nos dirigimos às coisas, mas sim aos múltiplos *modos subjetivos* de doação das coisas, para investigar a possibilidade do conhecimento objetivo. De uma atitude à outra separam-se radicalmente duas esferas de interesse temático, e por isso a fenomenologia "não investiga os objetos que o pesquisador de outras ciências investiga, mas o sistema completo de atos de consciência possíveis, fenômenos possíveis, significações, que justamente se relacionam a esses objetos".[4] Donde a insistência de Husserl em sublinhar que a fenomenologia situa-se em uma "dimensão nova" em face daquela do conhecimento natural.[5]

Assim, para Husserl nunca haverá uma "fenomenologia do ser" — alguma espécie de método filosófico de conhecimento de objetos, que viria a concorrer com as ciências positivas na melhor compreensão do "real". Haverá apenas uma fenomenologia da razão na qualidade de investigação crítica sobre a possibilidade do conhecimento. E quando Heidegger for identificar a filosofia a uma investigação ontológica, sua "ontologia fundamental" será apenas homônima àquilo que a tradição compreendia por "ontologia", ou àquilo que Husserl entendia sob esse nome — explicitação da *essência* de regiões mundanas, disciplina pré-filosófica elaborada ainda na "atitude natural". Afinal, a "ontologia" heideggeriana nunca se dirigirá aos "entes", mas a um "Ser" que sempre será caracterizado por ele como o

---

3 Husserl, E., *Die Krisis der europäischen Wissenschaften und die transzendentale Phänomenologie*, Haag, Martinus Nijhoff, Husserliana, 1962, Bd. VI, p.178.
4 Husserl, E., *Ideen zu einer reinen Phänomenologie und phänomenologischen Philosophie*, Zweites Buch, Haag, Martinus Nijhoff, Husserliana, 1952, Bd. IV, p.312.
5 Husserl, E., *Die Idee der Phänomenologie*, Haag, Martinus Nijhoff, Husserliana, 1973, Bd. II, p.24.

não ente por excelência, como o oposto mesmo de qualquer região mundana de objetos de conhecimento. Assim, Heidegger definirá as ciências positivas como as que se dirigem aos "entes", ele exigirá que a filosofia tenha um método diferente daquele das ciências e afirmará que a fenomenologia, compreendida como o método da filosofia, não pode proferir "teses sobre os entes". A redução fenomenológica, apresentada por ele como a "parte fundamental do método fenomenológico", será vista como uma mudança de direção do olhar normalmente dirigido aos entes, que doravante deve mirar um "Ser" que por princípio não é *Gegenstand*.[6]

Essa sobriedade ateórica de um discurso filosófico que se abstém de qualquer referente objetivo seria apenas um apanágio da "fenomenologia"? Mas podemos reencontrá-la em um "neopositivista" como Granger. Assim, em *Pour la connaissance philosophique*, a primeira preocupação de Granger será a de prevenir a contaminação do discurso filosófico pelo discurso científico, distanciando-se de qualquer significado de "filosofia" que se aproxime do sentido que esta tinha para Descartes ou para Leibniz. Afinal, dirá Granger, se a filosofia não constrói modelos abstratos dos fenômenos, como o faz a ciência, se ao contrário das ciências a filosofia também não explica fatos de modo passível de confirmação ou refutação, então será preciso concluir que a filosofia não tem *objeto* no sentido próprio da palavra. E se a filosofia não nos fornece modelos abstratos dos fatos, explicações e instrumentos de previsão, se seus enunciados não são revisáveis, em suma, se ela não tem objeto, qual o sentido de se falar em "verdade filosófica"? Não pode ter qualquer cabimento falar em "verdade" na filosofia, "ela não diz nem o verdadeiro nem o justo, até mesmo e principalmente quando parece arrogar-se tal poder".[7] E é precisamente porque as teses filosóficas não se situam no plano da

---

6 Heidegger, M., *Die Grundprobleme der Phänomenologie*, Gesamtausgabe, Frankfurt am Main, Vittorio Klostermann, 1975, Bd. XXIV; p. 23 a 29.
7 Granger, G-G., *Pour la connaissance philosophique*, Paris, Odile Jacob, 1988, cap. I § 4.1.

Razão e experiência: ensaio sobre Merleau-Ponty

"verdade" que o ceticismo não pode ter sentido algum. Por isso Granger concluirá que o reino da filosofia "não é deste mundo", visto que ela não organiza "fatos" mas apenas "significações". Por essa oposição entre "fatos" e "significações", que recobre a distância entre um discurso que pode ser conhecimento de objetos e a "filosofia", o neopositivista Granger reatava não só com o modelo wittgensteiniano de uma filosofia que se atém à análise da linguagem, sem nunca emitir opiniões sobre os objetos denotados por ela, como também reatava, de maneira à primeira vista surpreendente, com algumas teses de Hannah Arendt.

Em *A vida do espírito*, Arendt interpreta a distinção kantiana entre *Verstand* e *Vernunft* como a existente entre duas atividades espirituais inteiramente diferentes, o conhecer e o pensar, e entre dois "interesses" completamente distintos: enquanto o entendimento se dirige ao "conhecimento", o interesse da razão visa ao "significado". Com sua distinção, Kant teria dado direito de cidadania à esfera de um "pensamento" enfim liberado das tarefas do entendimento, separado de todo e qualquer "conhecimento". Afinal, em vez de dirigir-se aos objetos do entendimento, "a necessidade da razão não é inspirada pela busca da verdade, mas pela busca do significado. E verdade e significado não são a mesma coisa".[8] De tal forma que, aos olhos de Arendt, a "falácia básica" que estaria na origem de todas as "falácias da metafísica" estaria na interpretação do significado segundo o modelo da verdade, quer dizer, segundo o código do "conhecimento". Assim, de Granger a Arendt, em um caso como no outro a filosofia não pode mais se confundir com um conhecimento de objetos. Em um caso como no outro a ideia de uma verdade filosófica não tem sentido. Em um caso como no outro a filosofia não trata de fatos, mas de significações. Em ambos os casos, portanto, a neutralização kantiana da "teoria" impera soberanamente: o discurso

---

8 Arendt, H., *A vida do espírito*, Rio de Janeiro, UFRJ Editora/Relume Dumará, 1991, v.I, p.14.

filosófico da modernidade é tal que ele não pode nem deve reportar-se mais a nenhum "mundo".

Mas é exatamente essa neutralidade ateórica da filosofia que desaparecerá com alguns dos herdeiros de Husserl, que reconduzirão o discurso filosófico ao estatuto que este tinha no pré-criticismo, restituindo-lhe um referente que a fenomenologia clássica só poderia chamar de "mundano". E agora a filosofia voltará a ter, como campo de trabalho, regiões de seres que, se, por um lado, não se confundem com a "objetividade científica", doravante vista com restrições, por outro não deixam de designar um "mundo" cuja explicitação compete à filosofia. Assim Sartre, em seu *Esboço de uma teoria das emoções*, após criticar duramente a psicologia positiva, apresenta o que ele chama de "compreensão existencial", quer dizer, aquilo que para ele se tornou a "filosofia", como um modelo superior de inteligibilidade da *realidade humana*. A partir de agora, portanto, a disciplina chamada "filosofia" torna-se a *doutrina* de um objeto empírico do qual ela disputará, com a ciência, a melhor compreensão. E todo *O ser e o nada* — cujo subtítulo, que para Husserl soaria como um disparate, é "ensaio de ontologia fenomenológica" — será o longo comentário desta nova pretensão da filosofia.

Da mesma maneira, se em Husserl a filosofia se situava em uma "dimensão nova" diante do conhecimento natural, se para Granger a filosofia "não é deste mundo", Merleau-Ponty insistirá, ao contrário, em que a filosofia "não se define ... por um domínio que lhe seja próprio".[9] Longe de situar-se em uma instância "transcendental" concebida como por princípio extramundana, em vez de ilhar-se em uma esfera de "significações", doravante a filosofia será concebida como um discurso que fala "do mundo, dos homens e do espírito" (Ibidem). E, se agora, isso não significa de forma alguma duelar com as ciências, é porque essas regiões mundanas não entram na cena filosófica reduzidas a uma "objetividade que é segunda", e são consi-

---

9 Merleau-Ponty, M., *Signes*, Paris, Gallimard, 1960, p.138.

deradas domínios *vividos* por nós. Mas se a filosofia é ruptura com o "objetivismo", se ela é retorno dos *constructa* ao "vivido", este passo "não a transporta mais para a atmosfera rarefeita da introspecção ou para um domínio numericamente distinto daquele da ciência".[10] Por isso, em "Einstein e a crise da razão" Merleau-Ponty apoiará a distinção, sugerida por Bergson, entre "verdade física" e "verdade simplesmente", e defenderá claramente o direito de cidadania de uma "visão filosófica do mundo", situada aquém ou além da "imagem físico-matemática do mundo".[11]

O que aconteceu para que a filosofia retomasse ao modelo pré-crítico da "teoria"? Como observa Damon, houve um momento da história − aquele do "pequeno racionalismo" − em que a serena partilha kantiana entre ciência e filosofia transformou-se em uma oposição entre rivais. É a essa oposição que Merleau-Ponty nos remete nos textos em que comenta a elaboração de sua própria doutrina, indicando que seus primeiros trabalhos se propõem a retomar um problema que é "constante na tradição filosófica", mas que se tornou mais agudo com o desenvolvimento das ciências humanas.[12] Este problema clássico é, em uma de suas formulações, aquele que opõe a liberdade à determinação.

> Trata-se da discordância entre a visão que o homem pode ter dele mesmo, por reflexão ou por consciência, e aquela que ele tem voltando a ligar suas condutas a condições exteriores das quais elas manifestamente dependem.[13]

Sob a primeira perspectiva, que é a da filosofia oficial, somos todos espontaneamente cartesianos e nos julgamos detentores de uma liberdade absoluta, atestada pelo contato de si consigo na interioridade da consciência. Mas resta que as ciências humanas exibem nossa

---

10 Ibidem, p.141.
11 Ibidem, p.247.
12 Merleau-Ponty, M., *Parcours deux*, Paris, Verdier, 2000, p.11.
13 Ibidem.

dependência em relação ao ambiente físico, orgânico, social e histórico, mostrando-nos como objetos condicionados. Assim, a oposição clássica entre liberdade e determinação se traduz, atualmente, em um antagonismo entre filosofia e ciência. E como as duas perspectivas rivais parecem ao mesmo tempo irrecusáveis e irreconciliáveis, a nossa modernidade dá nova vida à terceira antinomia tratada por Kant na *Crítica da razão pura*.

Como compreender que sejamos ao mesmo tempo sujeito e objeto, para si e em si, livres e condicionados? Kant resolvia a questão com o truque de sempre. Enquanto somos "fenômenos" e habitamos o mundo da experiência, estamos completamente sujeitos às leis da natureza e ao princípio de razão determinante. Mas enquanto somos "númenos", desfrutamos daquela liberdade inteligível que é condição da lei moral – uma bela liberdade, cujo rosto ninguém jamais verá. Mas o que fazer quando não se pode mais opor a região dos fenômenos ao domínio da coisa em si? O caminho de Merleau-Ponty será empreender uma reforma de nossas categorias, como aquelas de "sujeito" ou de "objeto", e circunscrever obstinadamente uma "terceira dimensão", situada aquém do sujeito e do objeto puros, uma "camada pré-teorética onde as duas idealizações encontram seu direito relativo e são ultrapassadas",[14] espécie de "ambiente comum" à filosofia e ao saber positivo, lugar onde "nossa atividade e nossa passividade, nossa autonomia e nossa dependência, cessariam de ser contraditórios".[15] É nessa "terceira dimensão" que a filosofia voltará a ser "doutrina", saber sobre objetos, assim como a ciência escorregará para a "filosofia". E se é assim, sob os temas mais jornalisticamente "existencialistas", como aquele da liberdade, na verdade o que se empreende é um retorno à metafísica clássica.

Por isso Merleau-Ponty colocará seu projeto filosófico sob o patrocínio explícito do "grande racionalismo", cuja tarefa agora se pre-

---

14 Merleau-Ponty, M., *Signes*, ed. supra, p.208.
15 Merleau-Ponty, M., *Parcours deux*, ed. supra, p.13.

Razão e experiência: ensaio sobre Merleau-Ponty

tende retomar mais radicalmente. Afinal, o século XVII foi este momento do pensamento em que ciência e filosofia não rivalizavam entre si, e em que sujeito e objeto, alma e corpo, interior e exterior, atividade e passividade se reconciliavam na coesão do todo. "Este acordo extraordinário do exterior e do interior só é possível pela mediação de um *infinito positivo* ou infinitamente infinito. É nele que comunicam ou que se soldam uma à outra a existência efetiva das coisas *partes extra partes* e a extensão pensada por nós que, ao contrário, é contínua e infinita".[16] E se hoje em dia não há mais cabimento reportar-se ao Deus dos clássicos, será preciso redescobrir uma instância que possa exercer suas funções. Se a metafísica, hoje, é investigação de um "fundo não relacional" que a ciência pressupõe e não explicita, será preciso que este "fundo" desempenhe o papel integrador do velho infinito positivo. Por isso Merleau-Ponty apresentará a "interrogação filosófica" como aquela que se dirige à "totalidade". Sob os sucessivos nomes de "mundo percebido", "mundo sensível" ou "Ser bruto", trata-se de perseguir o pensamento de uma *omnitudo realitatis* que possa desempenhar, à altura, o papel antes representado pelo Deus das *Meditações*. A filosofia, para mim — dirá Merleau-Ponty — "consiste em dar um outro nome a isso que por muito tempo foi cristalizado sob este nome de Deus".[17] Que seja. Doravante é aqui na "Terra" que se deve redescobrir as funções do velho infinito positivo. Mas o que deve se tornar a "metafísica" em regime de morte do "suprassensível"? É na direção da resposta a essa pergunta que caminha este livro.

Carlos Alberto Ribeiro de Moura

---

16 Merleau-Ponty, M., *Signes*, ed. supra, p.187.
17 Merleau-Ponty, M., *Parcours deux*, ed. supra, p.371.

Introdução

O tema deste livro é a ontologia indireta de Merleau-Ponty — ontologia que define, do começo ao fim, o projeto filosófico do nosso autor. Era ela que estava em questão já em 1938, no momento de redação d'*A estrutura do comportamento*. A noção de "estrutura" anunciava então a boa-nova: uma vez desvinculada dos prejuízos realistas com que a *Gestalttheorie* a pensou, ela abria caminho, dirá Merleau-Ponty mais tarde, para uma "maneira nova de ver o Ser".[1] Ela permite pôr em xeque a "herança cartesiana" que, como sombra projetada, atravessa todo o pensamento moderno. Já esse pequeno texto tinha portanto um escopo enorme, bem além do flerte com a psicologia: ele prefigura uma ontologia que atende ao projeto de renovação do pensamento moderno, marcado por aquela herança.

Esse projeto tem início efetivo na segunda grande obra de Merleau-Ponty, a *Fenomenologia da percepção*, de 1945. *A estrutura...* apenas indica a necessidade de uma nova filosofia, mas não a desenvolve efetivamente. Ela parte de uma análise da objetividade científica, apontando

---

1 Merleau-Ponty, 1959, Colóquio Nobre o termo "Estrutura", *apud* Chauí, M. *Experiência do pensamento. Ensaios sobre a obra de Merleau-Ponty*, p. 197.

um "fundo não relacional" de que essa objetividade depende, mas é a *Fenomenologia...* que vai ocupar-se em desvelar esse fundo. *A estrutura...* apenas indica que ele é de ordem perceptiva, mas não chega a elaborar uma "fenomenologia da percepção".

Certamente, não é apenas a ciência que depende desse fundo, apesar de uma análise isolada de *A estrutura...* poder levar a crer. O leitor não encontrará aqui, na descrição fenomenológica, um estilo alternativo de "filosofia da ciência". Trata-se antes do que a fenomenologia consagrou como o "pensamento objetivo", do qual a ciência é a mais metódica manifestação, mas que está em obra em toda a nossa experiência. É o pensamento objetivo que se trata de situar, e portanto é o conjunto da nossa experiência que está em questão.

Por isso mesmo, o tema das relações entre ciência e filosofia não é mero efeito colateral do projeto merleau-pontiano. O tema da "crise das ciências" sempre esteve na pauta do filósofo — "crise" entendida em sentido largo, como uma crise da Razão, de que as "relações antagonistas" entre ciência e filosofia são a expressão mais evidente. Segundo esse modelo, cabe tão somente à ciência a tarefa de notação do real, restando à filosofia o território rarefeito do transcendental. Desvelar um "real" — o domínio do ser pré-objetivo — aquém do ser determinado de que fala a ciência, desvelar um "fundo não relacional" que escapa à ciência e permite situá-la, será a estratégia para não apenas situar o pensamento objetivo, mas, com isso, apontar para uma continuidade entre as duas formas de saber capaz de superar aquela relação antagonista. Eis aí como se faz renascer das cinzas o projeto clássico de uma ontologia. Veremos que, no limite, tudo consiste em compreender bem o que é o *Ser* e, a partir daí, definir que gênero de ontologia é possível fazer.

Realizar uma fenomenologia da percepção é apenas o ponto de partida desse projeto ambicioso. Será preciso ir além, em direção à "verdade explícita" tal como é encontrada no nível da linguagem, do conceito e da cultura. É o que fará Merleau-Ponty logo depois da publicação da *Fenomenologia...*: ele procura retraçar a "origem da ver-

Razão e experiência: ensaio sobre Merleau-Ponty

dade", o tema privilegiado, entre vários outros, será o da linguagem – pela simples razão de que é ela que nos conduz ao Saber. Seguiremos Merleau-Ponty nessa via, procurando destacar se os dados novos trazidos à luz pela fenomenologia da linguagem podem se harmonizar com os já desvelados pela fenomenologia da percepção. É então, como procuraremos mostrar, que o projeto merleau-pontiano conhecerá uma inflexão decisiva que, no limite, o conduzirá à anunciada ontologia do Ser bruto de *O visível e o invisível*. Procuraremos mostrar essa inflexão não apenas a propósito de um renovado conceito de *sujeito*, já em germe no começo da década de 1950, mas também a propósito de um exemplo específico, ao qual Merleau-Ponty não cessa de retomar, o exemplo da pintura.

****

O percurso deste livro pode ser assim indicado: depois de mostrar, no Capítulo 1, a dependência da objetividade científica por relação àquele fundo não relacional de ordem perceptiva (por meio de uma análise de *A estrutura...*), passamos, na Parte 1, à efetiva análise da percepção, que tem dois momentos: o da "descrição direta", que toma o sujeito de percepção e o mundo percebido como temas (do Capítulo 2 ao 5), e o da "fenomenologia da fenomenologia", pelo qual é feita uma fenomenologia dessa descrição direta a fim de legitimá-la e conferir ao pré-objetivo desvelado o estatuto de "berço das significações", de "pátria de toda racionalidade" – em suma, o lugar do "encontro originário" (Capítulos 6 e 7).

Por fim, passamos, na Parte 2, à fenomenologia da linguagem (Capítulo 8), com o objetivo de mostrar o ultrapassamento da vida perceptiva em direção à verdade e, já aí, a inflexão que levará Merleau-Ponty a reorganizar alguns conceitos de sua fenomenologia inicial. Concluímos este livro com uma análise da teoria merleau-pontiana da pintura (Capítulo 9), seja para destacar o significado metafísico da pintura, seja para mostrar, *in concreto*, a alteração que seu projeto inicial teve de sofrer, uma vez realizada a fenomenologia da linguagem.

****

Todo o Capítulo 1 e a Parte 1 deste texto compuseram minha tese de doutorado. Algumas alterações foram feitas em relação ao texto original, de natureza sobretudo estilística. Outras resultaram de observações que me foram feitas pela banca do júri (sobretudo a posição do capítulo sobre "o sujeito falante", preciosa observação que me foi feita por Marilena Chauí e assimilei integralmente). Compuseram a banca do júri, a quem agradeço imensamente o privilégio de tê-los tido como meus leitores, os professores Balthazar Barbosa Filho, Luiz Roberto Monzani, Marilena Chauí, Bento Prado Júnior e Carlos Alberto Ribeiro de Moura.

A Parte 2 foi integralmente escrita por ocasião de um pós-doutorado; alterei pouco ou quase nada em relação ao texto original.

Tanto o doutorado quanto o pós-doutorado foram realizados no Departamento de Filosofia da Universidade de São Paulo. Contei com financiamento da Capes (durante o doutorado) e da Fapesp (durante o pós-doutorado), o que tornou possível a realização deste livro.

****

Registro aqui meu mais profundo agradecimento ao professor Carlos Alberto Ribeiro de Moura pela generosa orientação nas duas fases deste trabalho. Agradeço ainda ao professor Ricardo Ribeiro Terra, cuja intervenção decisiva possibilitou-me uma estada na École Normale Supérieure de Fontenay/Saint Cloud, durante o doutorado, e ao professor Bernard Besnier, pela orientação proveitosa e amigável durante minha permanência na França.

I

Crise da razão e retorno aos fenômenos

I

Em uma nota de trabalho de *O visível e o invisível*, datada de fevereiro de 1959, Merleau-Ponty faz um comentário genérico sobre a *Fenomenologia da percepção*, de 1945: ainda que a tenham considerado uma obra de psicologia, ela é, na realidade, uma *ontologia* (VI, 230). A *Fenomenologia...*, apesar de ter por objeto a percepção, não se alinharia aos livros que, como *O imaginário* de Sartre, pretendem ser um exercício de "psicologia fenomenológica". Não, ela é um manual de ontologia. O curioso é que Merleau-Ponty tenha necessidade de frisá-lo, como se compreendesse a dificuldade do leitor em apreender o comentário de uma função sensorial como uma obra de ontologia. A solução proposta pelo filósofo para superar essa dificuldade – que deveria aparecer na obra que ele então preparava com base em notas de trabalho – consistiria em mostrar "que o ser da ciência não pode nem ser nem ser pensado como *selbständig*" (VI, 230). Solução um tanto surpreendente e embaraçosa, pois, não bastasse a necessidade de compreender em que a indicação da não autonomia do ser visado pela ciência implica ontologia, será preciso compreender, além disso, por que tal ontologia deverá tornar, ao menos de início, a forma de um comentário da percepção. Do ser visado pela ciência à percepção, a nota de trabalho sucinta, ao apresentar o filósofo em um momento de autocrítica, talvez nos ofereça uma perspectiva privilegiada para a compreensão da *Fenomenologia* − perspectiva que talvez nos revele o alcance da obra, o interesse que possa ter uma *fenomenologia da percepção* e, para além disso, do projeto filosófico de Merleau-Ponty. Comecemos seguindo essa trilha, indicada pelo próprio autor.

****

No ensaio Em toda e nenhuma parte, Merleau-Ponty denomina "pequeno racionalismo" a ideologia que procura explicar "o Ser pela ciência" (S, 185). Para essa ideologia, haveria uma "imensa Ciência já feita nas coisas", que a ciência efetiva terminaria, cedo ou tarde, por descortinar, e não nos deixaria "mais nada por perguntar", já que a ciência teria poder de alcançar o próprio Ser, as leis mesmas segundo as quais o mundo é feito. A "totalidade do real" terminaria por ser encerrada em uma "rede de relações" e o existente, finalmente, dominado. Falava-se então, "com entusiasmo ou com angústia", da criação da vida em laboratório e da fórmula que nos desvelaria o mundo inteiro como um grande Processo (S, 185), entre outros "mitos". O que permitiu ao pequeno racionalismo a crença nesses "mitos" foi a certeza de que a ciência alcança diretamente o Ser, coincide com ele, como se o ser visado por ela não fosse um construto, como se a objetividade científica simplesmente preexistisse à ciência. Daí por que, para o pequeno racionalismo, a ciência é bem mais que um algoritmo, ela é também uma ontologia, ou, mais propriamente, uma *ontologia cientificista* (S, 187): a ciência da natureza, para o pequeno racionalismo, era pura e simplesmente a medida do Ser.

Para Merleau-Ponty, essa ideologia, "tão próxima" no tempo (data dos idos de 1900), parece contudo "difícil de reviver" (S, 185), pois o próprio desenvolvimento das ciências levou a uma situação "quase inversa". Segundo Merleau-Ponty, em *Einstein e a crise da razão*, a ciência tornou-se, malgrado o pequeno racionalismo, "altamente especulativa", a tal ponto que os cientistas "se entendem mal" sobre seu "sentido último" (S, 242). O notável é que, ainda assim, o físico especulativo, "criador", pensa alcançar "uma verdade depositada no mundo" (S, 242). Ele permanece com a consciência, "paradoxal", "de atingir uma realidade por uma invenção entretanto livre" (S, 243). É o caso de Einstein, segundo a interpretação do filósofo, e por isso Einstein permanece um "clássico" — quer dizer, ele crê que sua física "selvagemente especulativa", em suas próprias palavras, coincide com o em si do mundo. Einstein afirma, em citação de Merleau--Ponty: "eu creio em um mundo em si, mundo regido por leis que procuro apreender de uma maneira selvagemente especulativa" (S, 242). Certamente, Einstein "não ousa" fundar esse encontro entre o especulativo e o real em uma transcendência divina; ele o tem como um "mistério" (por vezes o chama "harmonia preestabelecida") e, nesse sentido, leva seu classicismo ao "limite", pois combina a "invenção livre" com o ideal científico clássico, que reivindica para a ciência o valor "de uma notação *direta* do real" (S, 248; grifo nosso). Tudo se passa como se Einstein fosse o exemplo acabado de invenção no manejo do algoritmo e de conservadorismo "no que concerne à teoria do conhecimento" (VI, 33). Evidentemente, não se trata aqui de exigir do físico que ele proponha uma teoria do conhecimento ao lado de sua nova física; trata-se, isto sim, de apontar o paradoxo entre sua física especulativa e o ideal clássico que ele conserva. Quer dizer, Einstein se situa entre os que entendem que a ciência *diz o que é*, que tal ser simplesmente *preexiste* à ciência, que ela desvela as articulações do real, e no entanto praticam uma ciência altamente especulativa. Claro que só se pode apontar aqui uma dificuldade se for possível mostrar que a nova física já não pode se coadunar com o ideal clássico, isto é, que ela já não alcança diretamente o em si puro do mundo, que ela não desvela uma verdade previamente depositada no mundo, que o objeto físico já não é o objeto físico clássico e, portanto, ela não veicula a ontologia cientificista, o que não se infere do fato de que a ciência tenha-se tornado "especulativa".

Para compreendermos a desvinculação entre a nova ciência e a ontologia cientificista, vale a pena observarmos mais de perto a etiologia, traçada por Merleau-Ponty, dessa ontologia. O pequeno racionalismo, diz ele, não é senão uma "herança" desfigurada, o "fóssil" de um *grande racionalismo*, o do século XVII, do qual "restavam apenas, no racionalismo de 1900, algumas formas exteriores" (S, 186). O grande racionalismo, embora tivesse criado a ciência da natureza, não a tornou medida do ser, "não fez do objeto da ciência o *canon* da ontologia" (S, 186). Esse objeto, o ser exterior, é para ele apenas "um aspecto ou um grau do Ser" (S, 187) — ou seja, o Ser não é achatado no plano do ser exterior, o ser exterior não se torna "meio universal", pois há ainda — eis o que o fenomenólogo quer observar — "o ser do sujeito ou da alma e o ser de suas ideias, e as relações das ideias entre si" (S, 187). Ou, mais precisamente, há não apenas o ser do sujeito, ao lado do objeto, mas, para além disso, *um não dá razão do outro*, um não constitui o outro, nenhum deles se afirma como meio universal; para o grande racionalismo, torna-se um problema legítimo compreender a relação entre o exterior e o interior, entre o corpo e a alma. E, justamente por isso, ele escapa à ontologia cientificista, que consiste em suprimir esses problemas "instalando-se sem crítica no ser exterior como meio universal" (S, 187). A ontologia cientificista é o fóssil da "ontologia viva", que foi a do grande racionalismo; para esta última, a ciência não esgota todo o domínio da racionalidade, ela preserva um domínio para a metafísica, para a filosofia, sem que, nem por isso, ciência e filosofia se constituam em "rivais" (S, 186). O grande racionalismo soube manter a tensão entre o exterior e o interior, sem reduzir um ao outro, conseguiu pensar um acordo entre ambos sem cair em uma "ontologia cientificista" (ou em um idealismo transcendental) — e ele o conseguiu à medida que o acordo entre o exterior e o interior se fez "pela mediação de um *infinito positivo*, ou infinitamente infinito" (S, 187). Esse "século

Razão e experiência: ensaio sobre Merleau-Ponty

intrépido" soube, não obstante tenha ele criado a ciência da natureza, manter vivo esse "acordo extraordinário" – e, com isso, soube
assegurar ao mesmo tempo o acordo entre a ciência e a filosofia,
entre o conhecimento da natureza e a metafísica. Jamais, depois
desse "momento privilegiado", diz Merleau-Ponty, reencontraremos
"essa paz, essa indivisão", jamais reencontraremos "essa facilidade
em ultrapassar a ciência sem destruí-la, em limitar a metafísica sem
excluí-la" (S, 189). E isso, assegura ele, não terá sido por "decadência"; se a solução do século XVII está demasiado afastada de nós,
teria sido antes por causa "do progresso da consciência e da experiência" (S, 189): o acordo entre o sujeito e o objeto já não parecerá
"tão imediato"; o infinito positivo, menos que um "estimulante do
saber", torna-se "ameaça de uma nova escolástica"; a historicidade
do saber nos ensina um pensamento não exaustivo. Tudo isso nos
afasta legitimamente do século XVII, da solução clássica que é a
passagem ao infinito positivo. Da impossibilidade dessa solução
resulta, então, o rompimento do acordo entre sujeito e objeto – e,
correlativamente, do acordo entre metafísica e ciência. Foi o que
tornou possível, de um lado, o pequeno racionalismo, que se instala
no ser exterior como "meio universal" e toma "cada conquista do
determinismo [como] uma derrota do sentido metafísico" (S, 186).
A ontologia cientificista, como "fóssil" do grande racionalismo, não é
senão isto: a unilateralização de um acordo que o grande racionalismo
soube manter. O ser visado pela ciência autonomiza-se, a ciência da
natureza torna-se a medida do ser, e o pequeno racionalismo, uma
ontologia cientificista.

Mas o rompimento do acordo metafísico entre o sujeito e o objeto
não produziu apenas o primado do ser exterior – dele adveio também
a unilateralização inversa, representada pelo criticismo (ou, mais
geralmente, pelo intelectualismo), que constituiu o interior como
meio universal. Do ponto de vista da reflexão crítica, a análise física,
por exemplo, já não aparece como uma "decomposição em elementos *reais*", a causalidade já não é uma "operação *produtora*", já não há

uma "natureza *em si*", uma vez que, na perspectiva crítica, "nada há no mundo que seja estranho ao espírito" (SC, 1; grifos nossos) – quer dizer, o ser exterior, a natureza, perde toda autonomia, subsumindo--se a um sujeito transcendental; com isso, o mundo torna-se "o conjunto de relações objetivas trazidas pela consciência" (SC, 1). O desenvolvimento da física parece corroborar essa perspectiva, visto que ela emprega modelos antinômicos (mecânicos e dinâmicos) como se estivesse "desobrigada de pretensões ontológicas", como se se tornasse "indiferente" a esses modelos. Isso parece estar de acordo com o que apontamos anteriormente, quando sugerimos, contra a unilateralização representada pela ontologia cientificista, que a nova física não mais parece veicular essa ontologia. Se é assim, então talvez devamos dar razão ao criticismo, pois nos parece agora que "nenhuma ontologia é exatamente *requerida*" pela física; os físicos, por exemplo, falarão de suas "preferências" ontológicas, "como um músico ou um pintor falaria de suas preferências por um estilo" (VI, 143), mas a Ciência mesma já nada requer.

Todavia, será de fato assim? A recusa do ser exterior como meio universal deve redundar na unilateralização oposta, a do sujeito como meio universal? Quando Merleau-Ponty fala dos físicos que revelam suas preferências ontológicas, ele se refere aos "que conservam uma representação cartesiana do mundo" (VI, 34), isto é, aos que, como Einstein, conservam o ideal clássico da ciência como notação direta do real. Trata-se, para Merleau-Ponty, de mostrar um descompasso entre a nova física e a representação clássica do mundo, entre a nova física e a ontologia cientificista, não de dar razão ao criticismo, isto é, não de desvincular a ciência de toda ontologia e delimitar como paisagem da filosofia a atmosfera rarefeita de um sujeito transcendental. E, de fato, desde o início, desde *A estrutura do comportamento*, quando já anunciava como seu objetivo "compreender as relações entre a consciência e a natureza" (SC, 1), ou seja, entre o interior e o exterior, Merleau-Ponty já procurava apontar os limites da solução crítica, mostrando justamente que o que a física *parece* apontar –

Razão e experiência: ensaio sobre Merleau-Ponty

uma ruptura entre ciência e ontologia – não se verifica nas outras ciências. De fato, se é verdade que o desenvolvimento da física parece justificar o criticismo, tal já não se pode dizer da biologia e da psicologia. Na *biologia*, por exemplo, os modelos antinômicos mecanicista e vitalista já não são *indiferentemente* empregados; as discussões em torno deles "permanecem abertas", e mais frequentemente – que o organismo apareça como justaposição de mecanismos separados ou que esses mecanismos se subordinem a uma enteléquia – o pensamento biológico permanecerá "realista" (SC, 1). A *psicologia*, por sua vez, justamente quando quis ser "uma ciência natural", "permaneceu fiel ao realismo e ao pensamento causal" (SC, 1-2), seja na versão materialista, em que o psíquico aparecia como "um setor particular do mundo real", como uma particularidade do em si, seja na antítese espiritualista, em que a consciência aparecia como "o análogo de uma força" (SC, 2). Fato atestado mesmo por Freud, que "aplica à consciência metáforas energéticas e explica a conduta por interações de forças ou de tendências" (SC, 2) – segundo a leitura consagrada, e aceita por Merleau-Ponty, de um Freud "biologista". Biologia e psicologia, portanto, tomam o organismo e a consciência, respectivamente, como "duas ordens de realidades", como "efeitos" e "causas" reais (SC, 2). Ora, daqui Merleau-Ponty concluirá não pela necessidade de um retorno ao criticismo, de uma nova crítica da "análise real" e do "pensamento causal" e pela consequente instalação na consciência como "meio universal", mas, ao contrário, pela possibilidade de uma fragilidade do criticismo, de algo que ele teria deixado escapar e deverá encontrar lugar em uma nova filosofia transcendental. E isso se passa *também* na física, segundo o filósofo; mostremos, então, de modo preliminar, uma primeira versão merleau-pontiana dos limites da ontologia cientificista e do criticismo.

Desde o surgimento da física moderna, no século XVII, acreditou-se "que ela se limitara a seguir as articulações do mundo e o objeto físico preexistia em si à ciência" (VI, 32) – crença compartilhada pelo pequeno racionalismo. Hoje, contudo, a ontologia do

33

objeto, do ser exterior em si, parece ter-se tornado "prejuízo pré-científico" (VI, 32). Pois, afinal, ela preconiza que o verdadeiro é o *objetivo*, o que é determinado por operações que "nada devem a nosso *contato* com as coisas", o que resulta de uma exclusão total de "todos os predicados que vêm às coisas a partir de nosso encontro com elas" (VI, 31). Lembremo-nos aqui da análise do pedaço de cera na *Segunda meditação*, que procura afastar da cera tudo o que nossa sensibilidade lá encontra, exclusão que redunda na determinação da *res extensa*. Ora, foi o próprio desenvolvimento da física, o "rigor de sua descrição", que a obrigou finalmente a "reconhecer como seres físicos últimos... as relações entre o observador e o observado, as determinações que só têm sentido para certa situação do observador" (VI, 32). Com isso, a ontologia do objeto, a ontologia cientificista que pretende desvelar um ser em si já dado que a ciência teria por missão desvelar, se encontra desacreditada. Mas a ontologia do objeto é "tão natural que o físico continua pensando-se a si mesmo como Espírito Absoluto em face do objeto puro" (VI, 32), as verdades que descortina continuam sendo "retraduzidas na linguagem da ontologia tradicional" (VI, 33), ainda que como simples preferência. Pois, enfim, se se entende, como Einstein, que a física diz *o que é*, então uma análise acurada deve mostrar que já não se pode definir o ser pelo ser-objeto, depurado de todo predicado subjetivo, uma vez que os novos seres físicos envolvem relações entre sujeito e objeto.

Tal crítica, entretanto, não conduz à unilateralização inversa, isto é, à afirmação do sujeito como meio universal e à desvinculação da ciência de toda ontologia. Mas é preciso observar aqui que a objeção à posição do sujeito como meio universal *não advém da própria ciência* — Merleau-Ponty não pretende, a partir da nova ciência, concluir pela impossibilidade do giro copernicano e de uma análise do puro sujeito. A objeção ao criticismo será feita alhures, lá no seu próprio terreno; de todo modo, ela conduzirá a uma concepção do sujeito que responde pela necessidade de adequá-lo ao que se passa nas ciências. E a nova física, pensa Merleau-Ponty, traz para o primeiro plano a *situação* do observador, razão pela qual ela põe em questão o "sujeito de sobrevoo": "uma física que aprendeu a situar fisicamente o físico ... perdeu a ilusão do sobrevoo absoluto" (VI, 47-8). A situação do observador implica uma *perspectivação do saber* que torna impossível qualquer ilusão de um sujeito absoluto. Ora, é essa pespectivação que o sujeito transcendental desconhece,[1] e, por isso, mais que uma vitória do interior sobre o exterior, o que a nova ciência traz é "um apelo à revisão de nossa ontologia, ao exame das noções de 'sujeito' e 'objeto'" (VI, 41). Nem objeto puro, determinável por exclusão de todo predicado nele encontrável com base na relação entre sujeito e objeto; nem sujeito puro, pensador absoluto que sobrevoa o objeto porque o constitui. Nem ontologia cientificista, que pretende encontrar tal objeto puro, em si do mundo, preexistente a toda relação com um sujeito; nem idealismo, que supõe ultrapassar toda situação do sujeito por meio de um giro copernicano ou de uma redução. Vêm dar os elogios de Merleau-Ponty ao grande racionalismo, que soube manter um acordo entre sujeito e objeto sem constituir um nem outro como meio universal. Essa é a lição do século XVII que é preciso reter, portanto esse século é ainda "próximo de nós", por isso algo nele "não é *passado*" (S, 191): ele soube levar "a seu mais alto ponto a consciência do problema ontológico" (S, 191). Finalmente, se a solução do século XVII – a passagem ao infinitamente infinito – não é mais possível, é apenas porque Merleau-Ponty entende retomar "mais radicalmente a tarefa de que esse século intrépido acreditou se desincumbir para sempre" (S, 191).

---

1 Voltaremos a esse assunto adiante.

II

O ocaso da metafísica clássica tornou possível o aparecimento de dois "mitos" concernentes à relação entre filosofia e ciência. Segundo Merleau-Ponty em *O filósofo e a sociologia*, temos, de um lado, o mito de uma filosofia confinada a uma autonomia absoluta do espírito, tornada um corpo de doutrinas e não uma interrogação; de outro, o mito correlato, "antagonista e cúmplice", do saber científico como notação direta de fatos, como ciência das coisas do mundo (S, 124). Filósofo e cientista delimitam fronteiras "que lhes asseguram jamais se encontrar" (S, 124). Nesse quadro, toda pesquisa "mista", que queira dar conta, ao mesmo tempo, "das ideias e dos fatos", é vista como um "procedimento bastardo – nem ciência, nem filosofia" (S, 124). Para Merleau-Ponty, isso implica vigorar, de um lado, o primado da interioridade, representado pela filosofia, e, de outro, o primado da exterioridade, representado pelas ciências. Isso é suficiente, assegura o filósofo, para lançar "a cultura em uma situação de crise permanente" (S, 123; grifo nosso). Em *As ciências do homem e a fenomenologia*, Merleau-Ponty retoma esse mote com mais ênfase. Nesse texto, a ruptura entre os dois domínios parece evidenciar um estado de *crise da razão* que apenas uma nova relação entre ciência e filosofia poderia resolver.

Considere-se, por exemplo, o desenvolvimento das ciências do homem. Este, assegura o filósofo, tende a nos apresentar "todo pensamento, toda opinião e em particular toda ciência, como resultado da ação combinada de condições psicológicas, sociais, históricas exteriores" (SH, 1). Certamente, não se trata, para o filósofo, de lançar um anátema sobre o desenvolvimento das ciências, mas de mostrar como uma crise se instala *a partir do momento em que*, laborando as ciências no elemento da exterioridade, "que é o princípio mesmo das ciências do homem" (SH, 11) – ou, mais geralmente, de toda ciência –, *tal ser exterior toma o lugar do ser* e as ciências tornam-se ontologias cientificistas. Pois, enfim, ao propagar uma ontologia do ser objetivo, ao não reconhecer outro ser que o ser exterior, que se apresenta assim depurado de quaisquer predicados que remeteriam a um sujeito, as ciências do homem, tornadas rigorosamente objetivistas, podem então tomar todo pensamento por resultado de causas externas, esquecendo-se que essa afirmação é também um pensamento.[2] Universalizando assim o puro ser exterior, as ciências do objetivismo tendem a "desenraizar seus próprios fundamentos" (SH, 1), já que,

> se os pensamentos e os princípios diretores do espírito são, a cada momento, apenas o resultado de causas exteriores que agem sobre ele, as razões pelas quais eu afirmo alguma coisa não são na realidade as verdadeiras razões de minha afirmação (SH, 1).

Assim, o objetivismo termina por se voltar "contra si mesmo", de tal modo que, se fossem consequentes, as ciências objetivistas deveriam conduzir a um "ceticismo radical: ceticismo diante delas mesmas" (SH, 7). Eis aí uma face da crise da razão, crise que advém de um primado da pura exterioridade, na medida exata em que esse primado vai ao ponto de desdobrar-se em uma ontologia cientificista, exatamente como o fazia o pequeno racionalismo. O modelo aqui é o da crítica husserliana ao psicologismo, mas em versão ontologizante.

Segundo a ontologia cientificista, o ser objetivo toma o lugar do ser, o que anula portanto, aos olhos dessa ciência, todo o valor da filo-

---

2 Não são todas as ciências do homem que se enquadram no perfil "objetivista", como se verá. A *Gestalttheorie*, por exemplo, inversamente ao behaviorismo, não é uma psicologia objetivista. Ao contrário de Politzer, que privilegia a psicanálise entre essas três novas ciências destinadas a "renovar" a psicologia, Merleau-Ponty privilegia a *Gestalttheorie*. E a razão disso é que, entre as três, é ela que põe em questão aquele mesmo paradigma ontológico, de herança cartesiana, discutido aqui por Merleau-Ponty. Veja-se, por exemplo, o capítulo 1, "Exame do behaviorismo", de *Psicologia da Gestalt*, de Köhler: contra a "experiência objetiva" dos behavioristas, que afasta todo predicado subjetivo, Köhler retoma o conceito de "experiência direta", anterior a toda experiência construída "cientificamente", e repõe a perspectiva de um sujeito, sem conduzir, apesar disso, aos métodos de "introspecção". Pode-se dizer então que a *Gestalttheorie* não é objetivista, portanto não se enquadra no perfil do puro objetivismo que Merleau-Ponty aqui considera – embora, por outras razões, ela permaneça presa da *crise* desenhada pelo filósofo, já que apenas a filosofia, como veremos, pode superar tal crise.

sofia que se pauta pelo primado da interioridade. O filósofo que crê exprimir "o contato mudo de seu pensamento com seu pensamento" ignora que ele é "condicionado por causas fisiológicas, psicológicas, sociais e históricas", que assim seu pensamento é "um produto sem valor intrínseco", "fenômeno residual ou simples resultado" (SH, 6). Tal face da crise da razão advém portanto de um *cientificismo*: a psicologia, por exemplo, pode redundar no que Merleau-Ponty, na trilha de Husserl, denomina *psicologismo*, isto é, na crença de que a psicologia, finalmente, "toma o lugar da filosofia" (SH, 16), ou, mais acuradamente, de que o ser objetivo visado por ela é o próprio ser, portanto não há outra razão que a razão científica. Não que a ciência se prolongue necessariamente em tal cientificismo, quer dizer, em uma ontologia cientificista. Segundo o filósofo, há duas maneiras de compreender a relação entre ciência e ontologia: ou se entende que a ciência é apenas "certa maneira de operar os fatos pelo algoritmo, certa prática de conhecimento" (VI, 35) sem vinculação ontológica ao que parece ser a interpretação que dá Merleau-Ponty do criticismo, recusado por ele −, ou se entende que a ciência diz *o que é*, que ela tem alcance ontológico (VI, 35). É do último caso, uma vez que ele se prolonga em um cientificismo, que falamos aqui. Justamente por se tratar de uma ontologia cientificista, a crise não se vincula apenas às ciências objetivistas, que, segundo o filósofo, terminam por conduzir a um ceticismo em face delas mesmas (perspectiva explorada sobretudo em *As ciências do homem e a fenomenologia*); a crise se vincula também às ciências que, como a física einsteiniana, não lidam mais com uma pura objetividade, mas com um ser que envolve relações entre sujeito e objeto. No último caso, o cientista dispõe apenas da representação clássica, o que o leva a traduzir a ciência na linguagem da ontologia tradicional. Mas ele não pode fazê-lo sem ser conduzido a "paradoxos", pois é justamente a objetividade clássica que sua física contesta: a relatividade do tempo, afirma Merleau-Ponty, já não pode ser assimilada pela ontologia clássica sem se destruir:

Razão e experiência: ensaio sobre Merleau-Ponty

o cientista não aceita reconhecer outra razão que a razão física ... Mas essa razão física, assim revestida de uma dignidade filosófica, prolifera em paradoxos, e se destrói, por exemplo, quando ensina que meu presente é simultâneo ao porvir de outro observador bastante afastado de mim, e arruína assim o próprio sentido do porvir ... (S, 248).

Em ambos os casos — seja o das ciências objetivistas, seja o das novas ciências, que já não lidam com um puro ser-objeto —, o que está em questão é o *cientificismo*, isto é, a ontologia cientificista, contra a qual o filósofo proporá uma nova ontologia e, portanto, uma nova relação entre filosofia e ciência, diferente da relação antagonista. Tudo se passa como se Merleau-Ponty procurasse alargar o conceito de razão para além dos limites estreitos da razão cientificista. Não se trata, evidentemente, de recuperar uma instância transcendente, mas, de início, e antes de mais nada, de fazer a crítica do ser exterior, objetivo. Afinal, o cientista, ao professar a ontologia cientificista (mesmo o que pratica a nova ciência), parece ignorar a *idealização* do fato bruto, idealização que constitui entretanto "o essencial de seu trabalho"; o cientista omite "a construção de modelos intelectuais", sem os quais não há ciência (S, 125). O sociólogo, por exemplo, "finge" abordar o fato social "como se ele lhe fosse estranho, como se seu estudo nada devesse à experiência que ele tem, como sujeito social, da intersubjetividade" (S, 125). O cientista professa enfim um *objetivismo* que traduz um "esquecimento" da experiência de idealização — idealização feita, por exemplo, por Galileu, quando, "pela ideia pura da queda livre" (S, 125), colocou sob nova luz a queda de um corpo em um plano inclinado. O cientista portanto não se limita a notar fatos objetivos, pois estes são, ao contrário, modelos construídos, o que lhes dá uma significação nova; justamente por isso, o filósofo pode se qualificar para interpretar a ciência, já que ela, na verdade, envolve mais do "que aquilo que o cientista viu": não foi o filósofo, diz Merleau-Ponty citando Husserl, que começou a eidética da coisa física, foi Galileu. Mas se é assim, o filósofo, reciprocamente, "tem o direito de ler e interpretar Galileu" (S, 127).[3] Observemos aqui que Merleau-Ponty pretende fazer a crítica do objetivismo *a partir da própria ciência*: a cada vez, o puro ser objetivo vê-se superado pelo próprio rigor científico, que põe em questão a distinção clássica que o forjou, aquela entre o *objetivo*, que nada deve ao que resulta de nosso contato com as coisas, e o *subjetivo*, confinado à aparência. Da crítica do objetivismo, tornada possível pelos rigores da nova ciência, uma filosofia parece despontar — filosofia que implicará então uma nova relação com a ciência. De todo modo, trata-se, para Merleau-Ponty, de fazer uma crítica ao cientificismo, não à ciência como tal: a célebre "desaprovação da ciência" (*le désaveu de la science*) (PhP, II, 3) não visou jamais a atacar os resultados da ciência, mas à limitação da racionalidade à razão científica. Ele não pretende aprovar ou desaprovar os resultados da ciência; o que "desaprova" é a "absolutização" (S, 206) dos resultados, ou, mais geralmente, da atitude científica.[4] Nem mesmo se trata, para ele, de sugerir novos critérios de cientificidade; de fato, Merleau-Ponty jamais pretendeu apontar uma "crise dos fundamentos" da ciência, no sentido em que o fez Husserl, para quem a ciência, por sua maneira de operar, teria deixado de ser *Erkenntnis* para ser simples *técnica*.[5] Para ele, trata-se apenas de apontar uma crise manifesta por uma noção estreita de razão que a *própria ciência* termina por revelar.

---

3 Quando dizíamos que o classicismo, ao contrário do pequeno racionalismo, reconhece o ser do sujeito, dizíamos, ainda assim, que ele toma a ciência por notação direta do real, o que parece agora um esquecimento do trabalho de construção da objetividade. Mas se o classicismo pôde fazê-lo, foi porque a transcendência divina o livrava de reconhecer o trabalho de idealização, garantindo-lhe o acesso direto à verdade — quer dizer, a coincidência com o ser. O tema do esquecimento aparece a partir do momento em que se afasta o recurso à transcendência divina — e, correlativamente, quando é afastado também o cientificismo, o classicismo fossilizado que mantém a ilusão de que o ser exterior, o ser objetivo dos clássicos, é o puro ser em si, com o qual coincidimos; também o cientificismo se esquece da idealização, da construção que subjaz à objetividade.

4 "O que é falso na ontologia das *blosse Sachen* é que ela absolutiza uma atitude de pura teoria (ou de idealização), é que ela omite ou toma sem discussão uma relação com o ser que funda aquela e mede seu valor" (S, 206).

5 Teria sido o Husserl de "antes de 1936", segundo Moura (Moura, "A invenção da crise" in *Racionalidade e crise*, p.186), que apontou a "crise das ciências" como a crise dos

Ora, mas se os fatos que a ciência aborda envolvem significação, e portanto, na interpretação de Merleau-Ponty, uma construção do sujeito, pode-se colocar a questão de saber se isso nos permite abandonar a ontologia cientificista em proveito de um primado da interioridade, que implique, por sua vez, uma universalização do sujeito e desobrigue as ciências de qualquer pretensão ontológica. Para Merleau-Ponty, a crise da razão encontra sua expressão na "separação" entre ciência e filosofia — tal separação, que o filósofo procura "combater" (S, 127), prejudica a ambas, "à filosofia e ao desenvolvimento do saber" (S, 127). Afinal, basta retirar o "cordão sanitário" que as separa e uma e outra "se arruínam" (S, 124): as ciências, porque se prolongam em uma ontologia cientificista que as conduz ao ceticismo ou que entra em desacordo com seus próprios resultados; a filosofia, porque "perde toda espécie de justificação"; enfim, como pretender que o filósofo

> detenha verdades, e verdades eternas, se é manifesto que as diferentes filosofias, recolocadas no quadro psicológico, social e histórico ao qual pertencem, não são nada mais que expressões das causas exteriores?" (SH, 2).

Torna-se impossível ao filósofo, se admitirmos que o espírito é "exteriormente condicionado", possuir uma verdade "intrínseca", expressão de um contato direto do espírito consigo mesmo, e por-

---

fundamentos da ciência: a ciência teria-se tornado técnica no momento em que teria passado a operar com "signos exteriores", isto é, com signos "que mantêm uma relação puramente arbitrária com seu designado, que não têm nada a ver com o conteúdo nem com as propriedades do objeto, e que para tanto apenas o designam, sem o caracterizarem" (Moura, *Crítica da razão na fenomenologia*, p.55) — ao contrário dos signos conceituais, que "trazem-me sempre uma informação sobre o objeto ao qual eles remetem". O signo conceitual é sempre uma marca distintiva do objeto, e será sempre tal marca, uma propriedade do objeto, que vai servir de signo para ele (ibidem, p.50). Com os signos exteriores, a ciência teria-se transformado em técnica, porque ela teria rompido "com a possibilidade mesma de qualquer conexão que a ligue, ainda que de forma distante, ao objeto intuído, ao objeto do qual ela deveria justamente trazer ensinamento" (Moura, ibid., p.56). Teria sido assim, em Husserl, a "prevalência crescente do pensamento simbólico em face da intuição" (Moura, "A invenção da crise" in *Racionalidade e crise*, p.189), a origem da crise da razão.

tanto distinguir o verdadeiro do falso (SH, 2). Por que, então, romper o acordo entre o filósofo e o cientista de "jamais se encontrar"? (S, 124) A "crise" não advém, ao contrário, justamente do fato de embaralharmos domínios, científico e filosófico, que, em uma perspectiva crítica, se mantêm separados? Quer dizer, em vez de tal "crise" se expressar na separação, é, ao contrário, quando retiramos o cordão sanitário e embaralhamos os domínios que ela se torna manifesta, pois só essa confusão poderia nos levar a falar em "ontologia cientificista", por exemplo, ou em uma concepção do sujeito adequada ao que a ciência nos ensina. A questão parece tanto mais legítima porque o diagnóstico da "crise" é feito justamente no momento em que as ciências mais se expandem e em que parecem não conhecer nenhuma "crise". Sendo assim, parece legítimo perguntar: o que torna de fato *necessário* retirar o cordão que separa ciência e filosofia, a tal ponto que a separação torna-se mesmo a expressão da crise, por que não deixá-las em seus respectivos domínios, por que embaralhar de novo entendimento e razão?

Parece-nos que a resposta de Merleau-Ponty a essa questão não implicará nenhuma interferência do filósofo no trabalho do cientista: será a ciência, do interior dela mesma, que se abrirá para um novo domínio, tal como, inversamente, também a filosofia se verá impossibilitada de instalar-se na interioridade de um sujeito transcendental ou em análises de puras significações. De um lado (contra o cientificismo), a ciência seria pura ciência se os fatos fossem puros fatos, se ela pudesse alcançar o em si puro do mundo, que então nada deveria a um sujeito, a uma idealização; mas isso é impossível porque os fatos brutos de que falam os cientistas são modelos construídos, são idealizações, o que implica dizer que eles envolvem significações – o que permitirá a Merleau-Ponty afirmar que a ciência envolve, de forma inevitável, filosofia: o sociólogo, por exemplo, faz necessariamente filosofia, "uma vez que ele é encarregado não apenas de notar os fatos, mas de compreendê-los. No momento da interpretação, ele próprio já é filósofo" (S, 127). Quer dizer, o filósofo pode "reinterpretar fatos que não observou se estes fatos dizem outra coisa e mais do que o que o cientista neles viu" (S, 127).[6] A partir daqui, tornar-se-á necessário romper o círculo no qual se pretendeu encerrar as ciências e compreender o transbordamento da ciência na filosofia. A ciência seria pura ciência se estivesse desobrigada daquilo que o criticismo procurou desobrigá-la, isto é, de veicular ontologia: mas toda ciência, diz Merleau-Ponty citando Husserl, "secreta uma ontologia" (S, 123) e, por isso mesmo, ela força a colocar de novo a questão do ser, transbordando assim na filosofia. Mesmo que se pretenda retirar dos princípios da ciência "todo valor ontológico", deixando-lhe apenas "valor metódico", isso nada muda, já que "o único ser pensável permanece definido pelos métodos da ciência" (PhP, 67, 87).[7] De outro lado (contra o criticismo), o giro copernicano seria perfeito se nos isolasse em uma pura consciência, se o mundo só se tornasse tal como é a partir do conjunto de relações trazidas pela consciência. No entanto, para Merleau-Ponty, esse giro — do qual falaremos adiante e levará nosso autor a compreender de modo peculiar a redução fenomenológica de Husserl — é impossível; o filósofo não poderá jamais cortar os laços que o ligam "ao mundo físico, social e cultural" e distinguir o puramente subjetivo, não poderá jamais romper a "'tese do mundo' que subtende cada um dos momentos" de seu pensamento (SH, 8). É porque não pode isolar-se em uma pura consciência que o filósofo, diz em resumo Merleau-Ponty,

> pensa sempre *sobre alguma coisa*: sobre o quadrado traçado na areia, sobre o burro, o cavalo, a mula, sobre o pé cúbico de extensão, sobre o cinabre, sobre o Estado Romano, sobre a mão que se introduz na limalha de ferro ... O filósofo pensa sua experiência e seu mundo (S, 127-8).

---

6 Isto não significa dizer que o filósofo reescreva a ciência, aprovando-a ou desaprovando-a, requalificando o que o cientista não teria sabido qualificar. Tratar-se-á de dizer, como veremos mais detalhadamente, que as ciências têm pressupostos que lhes escapam.

7 A eficácia do princípio de que a ciência secreta ontologia dependerá, em última análise, de mostrar que a ciência se funda em uma experiência do Ser. Voltaremos a isso adiante.

Merleau-Ponty recusará a redução à pura significação, o giro em direção à paisagem da consciência, à subjetividade transcendental que converte o mundo em significação, que afeta o mundo do índice "pensamento de...". Com isso, ele recusa a tese de um *território próprio à filosofia*, de um domínio sobre o qual ela tivesse direitos exclusivos. À "desaprovação da ciência", que, em verdade, é uma desaprovação do cientificismo, segue-se também a "desaprovação de uma reflexão formal", que é a desaprovação da unilateralização inversa.[8] A filosofia fala do mundo, como a ciência: "a filosofia não se define por certo domínio que lhe seja próprio: como a sociologia, ela fala apenas do mundo, dos homens e do espírito" (S, 138). E, sendo assim, também do lado da filosofia encontramos o transbordamento na ciência, o rompimento do cordão sanitário que a isolou do conhecimento científico. Do mesmo modo que as ciências secretam uma ontologia, e anunciam portanto uma filosofia, também a ontologia "antecipa um saber": cabe a nós arranjarmo-nos e fazermos "que a filosofia e a ciência sejam ambas possíveis..." (S, 123). Mas isso não termina por implicar que a filosofia deva *competir* com a ciência? Não, trata-se de dizer, ao menos por ora, que a filosofia, porque fala do mundo, como a ciência, não poderá, senão por puro arbítrio, ignorar o que diz a ciência sobre esse mesmo mundo e sobre o sujeito; caberá ao filósofo a "frequentação da ciência" (S, 127). Mas não que o filósofo deva procurar na ciência um meio de melhor assentar as verdades que ele dirá sobre o mundo, como um competidor que busca conhecer o adversário para melhor derrotá-lo. A filosofia *não competirá* com a ciência, ela não dirá verdades que devam estar *acima* das verdades científicas. Mas isso é o que apenas uma análise da nova relação entre ciência e filosofia pode nos mostrar — relação que, assegura Merleau-Ponty, dará um fim à crise da razão.

---

8 Certamente, não basta o argumento negativo da impossibilidade do giro copernicano. É necessário mostrar essa impossibilidade assentando-a em um argumento positivo — que será, ainda uma vez, o da experiência do Ser.

III

Se é verdade que a ciência diz *o que é*, que ela veicula ontologia (embora não a ontologia cientificista), e se é verdade, em contrapartida, que é impossível uma redução ao puramente subjetivo, que o filósofo não pode jamais instalar-se em uma "atmosfera rarefeita" ou sequer em "um domínio numericamente distinto do da ciência" (S, 141), então é verdade também que ciência e filosofia devem, afinal, "se encontrar" (S, 128). Para mostrar esse encontro, Merleau-Ponty parte da nova ciência, de uma análise da nova objetividade científica, procurando mostrar que o rigor da nova ciência permite uma crítica do objetivismo, isto é, da distinção clássica entre o objetivo e o subjetivo, e, a partir daí, ela reclama uma nova filosofia, distinta da intelectualista, que é separada da ciência. E é tal crítica que parece estar em questão em *A estrutura do comportamento*. O esforço do nosso autor consistirá aqui em mostrar que a própria ciência já ultrapassou os quadros da ontologia clássica, que o ser visado por ela não é o ser em si, objetividade e exterioridade puras, e justamente por isso ela nos convida a redefinir a ontologia, o que implica uma filosofia distinta da filosofia crítica.

Nos capítulos 1 e 2 de *A estrutura do comportamento*, Merleau-Ponty discute longamente análises do comportamento reflexo e dos comportamentos superiores, respectivamente. Não entraremos nos detalhes dessa análise. Basta-nos observar que, segundo a literatura avaliada por Merleau-Ponty, a nova fisiologia traz contribuições que põem em questão certas conclusões da teoria clássica. Por exemplo, a de que o reflexo é assegurado por conexões preestabelecidas que via da superfície sensível até os músculos efetivadores; a de que a reação é decidida pelo lugar da excitação; a de que o estímulo age palas suas propriedades que podem modificar um a um os elementos anatômicos; a de que o circuito nervoso deve ser isolado, pois, do contrário, o reflexo não poderia ser adaptado ao estímulo como de fato o é (SC, 8). Tudo isso se torna superado pela nova fisiologia, visto que, por exemplo, o estímulo parece agir "menos por suas propriedades elementares que por sua distribuição espacial, seu ritmo ou o ritmo de suas intensidades" (SC, 8-9); uma vez que "os estímulos não poderiam ser recolhidos sem os movimentos pelos quais eu exponho meus receptores à sua influência"; uma vez que, sendo assim, excitante e organismo "não apenas se misturam, mas constituem um todo novo" (SC, 11); uma vez que, de acordo com a natureza de seus receptores, o organismo "escolhe no mundo físico os estímulos aos quais será sensível" (SC, 12), indicando, entre o organismo e seu ambiente (*milieu* traduz o *Umwelt* de Goldstein, em *A estrutura do organismo*, texto que serve de base para as observações de Merleau-Ponty), não mais relações de causalidade linear, mas de "causalidade circular" (SC, 13). Ora, tudo isso indica, segundo a interpretação do filósofo, a superação dos métodos clássicos de análise real e de explicação causal, que, até então, pareciam os "únicos capazes de constituir uma representação científica e objetiva do comportamento". O objeto da ciência se definia "pela exterioridade mútua das partes ou dos processos" (SC, 7-8); tal classicismo, que busca "trazer o complexo ao simples", que busca "decompor" estímulo e reação até encontrar o processo elementar formado de um estímulo e de uma resposta, que busca "elementos constantes" e *reais* de que é feito o comportamento, não pode dar conta da dependência do reflexo "em relação às propriedades formais ou globais do existente" (SC, 9). Diante disso, pode-se formular a questão de saber se basta emendar o método clássico ou se será preciso mudá-lo, se a clivagem entre o subjetivo e o objetivo não foi "malfeita", se "a oposição entre um universo da ciência, todo inteiro exterior a si – e um universo da consciência, definido pela presença total de si a si" –, é ainda sustentável (SC, 8). Pois, se é verdade, como quer a nova fisiologia, que o estímulo já não pode ser definido *em si*, como coisa real independentemente do organismo (SC, 31), se não é mais um agente físico-químico, mas a *forma* de excitação (o que envolve o organismo e ultrapassa o elemento real) que desencadeia uma resposta reflexa, então o método clássico de análise real parece estar comprometido: esse método é incapaz, por exemplo, de apreciar a variação de resposta em presença de estímulos análogos — estes agora mostram relação com o *sentido* da situação em que aparecem (SC, 47). Já a física, mais avançada que as outras ciências na recusa da análise real (SC, 1), diante de fenômeno análogo, soube ultrapassar esse prejuízo;[9] a fisiologia, por sua vez, se quer se inspirar na física, deve também superar tal prejuízo (SC, 27). Ironia merleau-pontiana: inspirar-se na física não é mais aqui, necessariamente, produzir uma psicologia naturalizante, como os manuais costumam apontar.

Ora, se tudo isso é verdade para o comportamento reflexo, não o é menos para os comportamentos superiores. A conclusão que Merleau-Ponty pretende extrair daqui é que o comportamento tem uma *estrutura* (SC, 136), que ele é uma *forma* (SC, 138), no sentido em que o definiu a *Gestalttheorie*, isto é, que o comportamento é um todo "irredutível às suas pretensas partes" (SC, 138). Afinal, o fracasso da decomposição do comportamento em partes reais se evidencia desde o momento em que se constata que "não é jamais como realidade física individual que o estímulo torna-se reflexogênico, mas sempre como estrutura" (SC, 113). Uma "parte" de uma situação não será a mesma "parte" inserida em um todo novo. Mas se, de um lado, é verdade que o comportamento não se desenvolve como "uma série de eventos físicos", da ordem do em si puro, é verdade também, correlativamente, que ele não é uma projeção no exterior das intenções de nosso pensamento, o que o colocaria na ordem do para si, pois os gestos do comportamento

não visam a um mundo verdadeiro ou ao ser puro ... eles não deixam transparecer uma consciência, isto é, um ser cuja essência é conhecer,

---

9 Segundo Merleau-Ponty, "um mesmo aumento da pressão exercida sobre um gás produz efeitos diferentes, conforme o gás se encontre ou não na vizinhança da pressão máxima na temperatura da experiência" (SC, 26). A física já não explicará a diferença desses efeitos mecanicamente, pela suposição de "corpúsculos dotados de propriedades invariáveis", absolutas; esses efeitos serão explicados com base em "campos de força" (SC, 26), o que liberta a física da análise real.

mas certa maneira de tratar o mundo, de "ser no mundo" ou de "existir" (SC, 136).[10]

A recusa de que, por trás do comportamento, haja uma "pura consciência" reside no fato de que tal consciência reduziria o mundo "à condição de espetáculo privado", de "representação", quando, na experiência dos comportamentos, "eu tenho consciência de perceber o mundo e, envolvido nele, comportamentos que visam *ao mesmo mundo* numericamento uno" (SC, 13 7). O comportamento, em suma, tem uma estrutura que não é nem coisa, nem consciência − nesse sentido se diz que ele é uma forma e esta é, por isso mesmo, "ambígua" (SC, 138). Daí por que, segundo Merleau-Ponty, as análises dos comportamentos, nos capítulos 1 e 2, não tinham por objetivo estabelecer, apenas, que eles são irredutíveis às suas pretensas partes, pois, se fosse apenas para isso, "um instante de reflexão nos traria uma certeza de princípio ... o comportamento é feito de relações, isto é, ele é pensado, e não em si ... eis o que teria nos mostrado a reflexão" (SC, 138). Dessa forma, contudo, cairíamos no *erro* do intelectualismo, pois permaneceríamos no terreno das puras relações; esta "via curta" nos teria subtraído "o essencial do fenômeno, o paradoxo que é constitutivo dele; o comportamento não é uma coisa, mas também não é uma ideia ... ele é uma forma" (SC, 138).

Finalmente, o que ganhamos ao determinar que ele é uma forma, que é ambíguo, nem da ordem do em si, nem da ordem do para si? O comportamento não é uma coisa, não é determinável pelas categorias da pura objetividade e exterioridade, nem é uma projeção de um sujeito pensante; por isso, ele põe em questão o método da análise real e a oposição clássica entre o objetivo e o subjetivo. Será esse

---

10 Merleau-Ponty é econômico em objeções ao intelectualismo, ao menos nesses dois primeiros capítulos, porque está aí em questão o comportamento tal como é explicado pela ciência, que se desenvolve no elemento da exterioridade. Só depois, quando uma nova filosofia se anunciar no horizonte da nova ciência, que Merleau-Ponty procurará ajustar suas contas com o intelectualismo.

um benefício da descoberta de que o comportamento é uma forma: *no interior da própria ciência*, vemos uma determinação do comportamento que permite superar a ontologia clássica, marcada pela clivagem entre o subjetivo e o objetivo. Entretanto, pôr em questão tal ontologia não é o único nem o mais importante benefício da análise do comportamento, até porque as novas ciências também o fazem, pois é justamente com base nelas que Merleau-Ponty pretende apontar a exigência de uma nova ontologia. Sendo assim, o que há de *específico* no comportamento, o que ele nos pode trazer *a mais*, que uma análise da *physis*, por exemplo, não poderia? Para compreendê-lo, é necessário apontar outro aspecto da crise da razão, adiando, por ora, uma análise das consequências vislumbradas por Merleau-Ponty a partir da crítica da ontologia clássica possibilitada pela nova ciência.

IV

Certamente, a crise da razão não advém do fato de a ciência se mover no elemento da exterioridade – este é seu elemento. Os problemas aparecem (os paradoxos, como no caso da relatividade do tempo einsteiniano; o ceticismo, como no caso das ciências humanas) quando a ciência se transforma em cientificismo e a objetividade científica toma o lugar do ser. Ora, mas o que há de especial nesse cientificismo – o que há por trás da ideia de que ele conduz as ciências a paradoxos, ao ceticismo, enfim, a uma crise? Trata-se simplesmente do fato de que ele omite o trabalho de idealização do cientista? De que ele omite que a objetividade científica é, também, significação? Não se trata disso, apenas. A lembrança de que a objetividade científica envolve idealização – ou de que não há um puro ser-objeto, de que a nova objetividade envolve relação entre sujeito e objeto – é apenas um primeiro passo. Mas um primeiro passo já bastante sugestivo, pois ele visa a repor um *sujeito* lá onde se supunha sua mais absoluta ausência. E esta talvez não tenha outro sentido que o de romper com a possibilidade de encontrarmos o princípio mesmo segundo o qual, conforme afirma Merleau-Ponty, "todas as formas de pensamento" aparecem como "solidárias" (S, 123). Talvez o que esteja em questão nas queixas do filósofo contra o cientificismo seja a crise de certa razão universal que podia ainda conferir uma unidade ao conjunto das ciências e fazê-las aparecer como solidárias, a crise de um solo comum de racionalidade. Em contraponto a esse classicismo, a ciência entregue a si mesma não aparece senão como uma alienação no ser exterior, de onde advêm então a dispersão e a visão especializada de cada ciência, como se cada uma, limitada ao seu domínio específico, já não pudesse se tornar solidária às outras, nem mesmo permitisse colocar o problema de sua *coexistência* com as demais. Aquela referência ao sujeito, presente em cada ciência, seria então uma primeira solução para combater a visão especializada das ciências e permitir a integração de todas elas. Consideremos o tema da crise da razão sob esse novo ângulo.

Ora, este aspecto da crise — a dispersão e a especialização das ciências — era já largamente debatido por Husserl, sobretudo pelo "último" Husserl. De fato, se é verdade que o Husserl de "antes de 1936" entendia a crise das ciências como a crise dos *fundamentos* da ciência, e contra a qual ele receitava uma "terapêutica intuicionista", que nos permitiria "dar adeus aos paradoxos e às crises de fundamentos",[11] o Husserl de 1936, ou o da *Krisis*, compreenderá aquela crise de modo diferente, compreensão da qual Merleau-Ponty parecerá estar mais próximo. Dessa vez, as ciências positivas aparecem como "exemplos de cientificidade rigorosa: não existem problemas de fundamentos; não existem problemas de método; os conceitos científicos são universalmente aceitos".[12] E isso a tal ponto, como o próprio Husserl observa, que devemos reconhecer direito aos "protestos" dos cientistas, seguros de seu método, contra a ideia de uma "crise".[13]

---

11 Moura, "A invenção da crise" in *Racionalidade e crise*, p.186.
12 Ibidem.
13 Husserl, *La crise des sciences européennes et la phénomélogie trancendentale*, §1.

Razão e experiência: ensaio sobre Merleau-Ponty

Ainda assim, há "motivos suficientes" para falar em crise, embora ela já não diga respeito à cientificidade no sentido da "retidão dos métodos".[14] Trata-se antes de uma crise relativa aos fundamentos das ciências já que estas devem ser "ramos da filosofia",[15] "membros de uma mesma universalidade filosófica".[16] Husserl traça a história dessa "crise": a filosofia, desde os antigos (desde Sócrates, com o interesse pela vida prática dominada pela pura razão, desde Platão, com a fundamentação das ciências),[17] é compreendida como uma *"ciência omni-englobante, ciência da totalidade do ente"*[18] – e as ciências, "no plural", são apenas "ramos, e ramos dependentes, da só e única filosofia".[19] Por isso, a totalidade das verdades atingidas por conhecimentos autênticos deve constituir "necessariamente uma unidade de elementos teóricos ligados",[20] uma "ciência universal" – o que exigirá, sem dúvida, uma investigação preliminar acerca das condições de possibilidade de tal ciência. De todo modo, ao se conservar aqui um lugar para a filosofia, que deverá ser "filosofia primeira", isto é, "ciência da totalidade dos princípios puros (*a priori*) de todos os conhecimentos possíveis e da totalidade das verdade *a priori* que contêm esses sistemas de conhecimentos",[21] conserva-se também, ao lado dessa filosofia primeira, a ideia de que a totalidade das ciências de fato, graças à unidade sistemática dos princípios *a priori*, deve constituir "a unidade de um sistema racional",[22] Essas disciplinas, que têm por domínio a "realidade de fato", devem constituir "um edifício único", edifício que em verdade deve englobar todas as "verdades", todas elas "teoreticamente ligadas entre si",[23] sejam

---

14 Husserl, ibidem, §2, p.9.
15 Ibidem, §5, p.17.
16 Ibidem, §5, p.18.
17 Husserl, *Erste Philosophie*, p.11-2.
18 Husserl, *La crise...*, §3, p.13.
19 Ibidem.
20 Husserl, *Erste...*, p.13.
21 Ibidem.
22 Ibidem, p.14.
23 Husserl, *La crise...*, §3, p.13.

as que respondem a problemas de fato — atinentes às ciências —, sejam as que respondem a problemas de razão — atinentes à filosofia primeira. Ora, mas se até o século XVIII, segundo Husserl, ainda se acreditava nessa unidade, acontece que desde essa época tal crença tornou-se vacilante, seja entre os cientistas que, em decorrência da especialização crescente das ciências, tornaram-se cada vez menos filósofos e cada vez mais artesãos, seja entre os filósofos, que passaram, "de Hume e Kant até nossos dias", a buscar a compreensão do fracasso.[24] A unidade da filosofia, que abarca a totalidade das ciências e na qual as ciências encontram seu "sentido relativo" como verdades "para simples territórios do ente",[25] tornou-se problemática. Em vez da unidade, o que vimos foi "uma dissolução interna",[26] advinda de uma "tirania das especializações científicas",[27] que comprometeu o ideal autêntico de uma filosofia universal. É o ideal que está em crise, de tal modo que é necessário falar em "uma crise de todas as ciências modernas *como membros da universalidade filosófica*",[28] uma vez que elas já não se situam como partes de um sistema, deixando de ser assim uma "auto-objetivação da razão". Pois agora se desvia, "com indiferença", das questões até então decisivas que pretendiam fundar a unidade do Saber, pois agora prevalece o "conceito positivista da ciência", conceito *residual*, que já não se interessa pelas questões "últimas e mais elevadas", pelos *problemas da razão*, problemas metafísicos que ultrapassam o mundo como universo de simples fatos; justamente por isso, o positivismo implica a ruína da filosofia: porque ele reconhece como questões legítimas apenas as questões de fato. Daí por que as ciências modernas transformam-se em técnicas (ao que precisaria acrescentar, certamente, a prevalência do simbolismo em face da intuição): é que elas anunciam "o fim da

---

24 Husserl, ibidem, §4, p.15-6.
25 Ibidem, §5, p.17.
26 Ibidem.
27 Husserl, *Erste...*, p.6-7.
28 Husserl, *La crise...*, §5, p.18, grifos nossos.

ideia de uma razão universal", perdendo com isso "qualquer referência a um solo comum de racionalidade", tornando-se assim "especializadas", desligadas de "qualquer matriz que unifique suas operações".[29] A racionalidade que então vigora é a "racionalidade técnica", marcada pelo "cálculo" e pela ausência de norma, de "sentido", pois "é ela, a razão, que dá sentido último a tudo o que pretende ler, a todas as 'coisas', 'valores', 'fins', relacionando-os normativamente ao que, desde os começos da filosofia, é designado pelo termo 'Verdade'".[30] A crise da razão será então a crise do sentido do mundo, do sentido da história, do sentido da humanidade, da capacidade do homem "de conferir um sentido racional a sua existência individual e coletiva".[31] Contra essa crise, o filósofo "sério", autêntico "funcionário da humanidade" – já que apenas ele mantém viva "a fé na possibilidade de um conhecimento universal" e por isso "leva em si a responsabilidade pelo ser verdadeiro da humanidade"[32] –, contra a crise, esse filósofo não terá outra tarefa senão a de "restaurar o sentido autêntico da razão".[33] Contra as especializações científicas, a fenomenologia se apresentará como uma *sapientia universalis*, capaz de conferir às ciências a "unidade da razão da qual todas elas, definitivamente, devem proceder".[34] Para tanto, será necessário afastar o "prejuízo objetivista" e restituir à subjetividade o papel que a "modernidade filosófica" lhe conferiu: o de "solo comum onde todos os conhecimentos encontram a sua raiz".[35] Ora, talvez não seja outro o objetivo de Merleau-Ponty, uma vez que a solução proposta por ele para a crise da razão começa pela recuperação de um sujeito na constituição da objetividade. Mas, se é assim, deverá haver ao menos uma diferença fundamental em relação à solução husserliana: em Husserl

---

29 Moura, "A invenção da crise"in *Racionalidade e crise*, p.189.
30 Husserl, *La crise...*, §5, p.18.
31 Ibidem, e Moura, "A invenção da crise" in *Racionalidade e crise*, p.192.
32 Ibidem, §7, p.23.
33 Moura, "A invenção da crise" in *Racionalidade e crise*, p.193.
34 Ibidem, p.194.
35 Ibidem.

a terapêutica consiste ainda em fundar a unidade do Saber na unidade da Razão, o que, por sua vez, levará a "outra figura da crise da razão",[36] ao passo que em Merleau-Ponty, ao contrário, o germe mesmo dessa nova crise que se anuncia já parece assimilado, e de tal modo que a solução merleau-pontiana precisaria mesmo ser diferente.[37] A solução do filósofo francês, diferentemente da de Husserl, não consistiria em fundar a unidade do Saber na unidade da Razão, já que, como dissemos antes, ele não faz da interioridade da consciência, da subjetividade transcendental e de suas puras significações, o *território* da filosofia, que é em Husserl a instância de fundação absoluta — é isso, finalmente, o que distinguiria de uma vez por todas o *racionalismo* de Merleau-Ponty do *intelectualismo* husserliano. De onde viria então, segundo essa nova versão, a unidade do Saber — e por que, na busca dessa unidade perdida, começar exatamente pelas análises do comportamento? Voltemos a tais análises e vejamos mais de perto a que elas conduzem, que nova filosofia parecem exigir.

V

Ao contrário de Husserl, que recomenda não lançar mão de resultados científicos disponíveis, tecendo portanto elogios ao radicalismo cartesiano da *Primeira meditação*, Merleau-Ponty começa justamente por esses resultados, mais precisamente pelas análises do comportamento. Estas nos mostram que o comportamento não pertence nem ao domínio da *res extensa* nem ao domínio da *res cogitans*, que ele implica, ao contrário, uma subversão dessas categorias, uma vez que ele é ambíguo, junção de ideia e existência, de subjetivo e objetivo, uma vez enfim que ele é uma *forma*. Ora, essa opção pelo

---

36 Ibidem.
37 Esse germe é a *temporalidade*, que colocará em questão, ainda uma vez, o projeto clássico husserliano de fundação absoluta. E é dela que se serve Merleau-Ponty para oferecer outra solução. Voltaremos adiante a esse tema.

comportamento repete a feita pela *Gestalttheorie*, que também tinha em perspectiva o mesmo problema apontado por Husserl, o da unidade do Saber. Assim, por exemplo, também Koffka, no seu *Principles of Gestalt Psychology*, não se furtará a fazer a crítica do "positivismo", vendo neste, tal como Husserl o ensinara, uma filosofia "destrutiva", visto que conduz as ciências "a uma desintegração completa".[38] Também Koffka fará o elogio do Renascimento, que retomou o ideal antigo da ciência como sistema racional.[39] A esse propósito, ele retoma o adágio latino *multum non multa*, que veicula duas diferentes acepções da palavra "muito".[40] Uma tem o sentido puramente quantitativo, que se traduziria, na ciência, pelo acúmulo de fatos conhecidos: uma pessoa que conhece vinte objetos conhece dez vezes mais que outra que conhece apenas dois. Mas há a outra acepção, o *multum*, segundo a qual o importante é conhecer a "relação intrínseca" entre os objetos; vale mais, segundo Koffka, conhecer a relação entre aqueles dois objetos, de tal modo que já não sejam dois mas um com duas partes, do que conhecer, como fatos isolados, os vinte — ao menos na perspectiva do *multum* ... Nessa perspectiva, a ciência aparece como um "sistema", um "todo coerente e unitário". A ciência, diz Koffka, "é *racional*; os fatos e a ordem são a mesma coisa; fatos sem ordem não existem; portanto, se conhecermos um fato a fundo, conheceremos muito mais fatos apenas pelo conhecimento deste. Desse ponto de vista, muito conhecimento é conhecimento de *multum*, conhecimento do sistema racional, da interdependência de todos os fatos".[41] Se a progressiva especialização, que caracteriza o progresso científico, foi necessária, é verdade também que ela "prejudicou o propósito de unificar o conhecimento".[42] Se surgem numerosas ciências, cada uma em separado coerente (?) como deve ser, a perspectiva racionalista

---

38 Koffka, *Principles of Gestalt psychology*, p.684-5.
39 Koffka, ibidem, p.5 e também Husserl, *La crise...*, §3, p.12.
40 Ibidem.
41 Ibidem, p.6.
42 Ibidem.

perguntará então: "qual é a relação mútua entre as ciências? Como pode surgir um *multum* desses *multa*?"[43] Para a *Gestalttheorie*, o comportamento é a chave preciosa para responder a essa questão; a razão disso, diz Koffka, que talvez nisso nos ajude a compreender Merleau-Ponty, é que no comportamento "se interceptam as três grandes províncias de nosso mundo, as províncias que chamamos natureza inanimada, vida e espírito".[44] Vejamos o que isso significa.

Todos nós entendemos, diz Koffka, "o que significa dizer que um pugilista foi derrubado e não voltou à consciência depois de seis minutos. Sabemos que durante esses seis minutos críticos o lutador perdeu um aspecto particular do comportamento, mas não deixou de viver. Além disso, sabemos que a consciência, em geral, e cada função consciente específica, em particular, estão estreitamente relacionadas com os processos do sistema nervoso central. Assim, o sistema nervoso central vem a ser o ponto crucial no qual espírito, vida e natureza inanimada convergem. Podemos investigar a constituição química do tecido nervoso sem encontrar nenhum componente que não tenhamos encontrado na natureza inorgânica; podemos estudar a função desse tecido e encontraremos todas as características do tecido vivo; e, finalmente, existe a relação entre a função vital do sistema nervoso e a consciência".[45] O comportamento envolve um campo físico, um campo fisiológico e um campo mental, nele se articulam matéria, vida e espírito, de modo que, se encontrarmos a chave segundo a qual esses campos se articulam, isto é, se encontrarmos a chave da *unidade do sujeito*, não teremos apenas a resposta para o problema clássico da relação entre corpo e alma, teremos ainda o fundamento da unidade das ciências, uma vez, evidentemente, que os domínios da ciência aí se articulam. Ora, mas o que pode distinguir a unidade do sujeito da unidade da Razão,

---

43 Koffka, ibidem.
44 Ibidem, p.10.
45 Ibidem.

o projeto de unidade do projeto intelectualista husserliano? A diferença se exprime justamente no interesse pelo *comportamento*, pois essa noção, como observa Merleau-Ponty, "tomada em si mesma, é neutra em relação às distinções clássicas entre o 'psíquico' e o 'fisiológico'" (SC, 2), entre o interior e o exterior, o sujeito e o objeto. Em vez de buscar a redução ao puramente subjetivo – estratégia que, em Husserl, exigirá um afastamento dos resultados da ciência –, Merleau-Ponty procuraria evitar justamente uma tomada de posição acerca da distinção entre o interior e o exterior, ancorando-se, então, em resultados científicos. Daí a recusa de entrar em um terreno de puras relações, tomando a "via curta" da reflexão (SC, 138). Da impossibilidade de instalar-se no puramente subjetivo, em um *território* da filosofia, parece residir afinal o interesse de Merleau-Ponty pela *Gestalttheorie*, pois esta nos ensina que o comportamento é uma *forma*, nem subjetivo, nem objetivo. A partir daí, a "unidade do sujeito" deverá se transformar no problema de uma unidade mais vasta, que envolve sujeito e objeto, ou ainda no problema da unidade da forma, que, por ser ambígua, põe em questão justamente a clivagem entre o subjetivo e o objetivo. Ou, mais precisamente, trata-se do problema da unidade *das formas*, pois no comportamento se articulam *matéria*, que aparecerá então como forma física (que, por ser forma, deverá envolver uma relação com o sujeito); *vida*, como forma orgânica, e *espírito*, como forma psíquica.[46] Diferentemente dos clássicos, que buscavam a união de substâncias ontologicamente distintas – o subjetivo e o objetivo, a alma e o corpo –, a teoria da forma teria encontrado um fundamento comum entre esses desiguais, já que todos eles, como veremos a seguir, se apresentam como forma. Tal parece

---

46 Como observa Merleau-Ponty, a natureza é consciência de natureza, a vida é consciência de vida, o psíquico é também um objeto diante da consciência – já que são formas. Haverá consciência por toda parte, consciência como se fosse tornada "meio universal" (SC, 199), mas jamais uma *pura* consciência, um subjetivo puro, mas sempre uma consciência *enraizada* (SC, 199).

ser, de fato, também a estratégia de Merleau-Ponty: também ele parece buscar a unidade das ciências, não na unidade da Razão, não em uma "unidade do sujeito", mas no que, por ora, podemos designar por "unidade das formas". É o que nos cabe agora mostrar.

VI

Ao tornar-se capaz de fundar a unidade das ciências, a forma revela sua verdadeira "significação filosófica" (SC, 138). Ela integrará os três diferentes campos, visto que eles aparecerão como "três tipos de estruturas" (SC, 141), não como três tipos de substâncias, o que permitirá tanto escapar às antinomias clássicas quanto evitar o recurso a uma transcendência. Foi essa virtude integradora da forma que levou Koffka a acreditar que a psicologia está "particularmente apta para a tarefa de reintegração das ciências".[47] Entretanto, se é verdade que, de um lado, Merleau-Ponty toma o partido da *Gestalttheorie* perante o intelectualismo husserliano, é verdade também que, para ele, a própria *Gestalttheorie* não soube levar a bom termo a tarefa de integração que ela própria reclama para si. Tudo se passa como se a psicologia da forma não tivesse sabido ver no objeto descoberto por ela todo o seu alcance "filosófico". Ela será ainda "psicologista", malgrado a forma, o que significa dizer: ainda presa de "postulados realistas". Apenas na filosofia, isto é, apenas *para além da psicologia*, esse alcance se revela e a integração pode ser feita: "a forma só pode ser plenamente compreendida e todas as implicações dessa noção só podem ser tiradas por uma filosofia que se libertaria dos *postulados realistas* que são os *de toda psicologia*" (SC, 143; grifos nossos). O ponto de vista da psicologia é afinal aquele em que

---

47 Koffka, *Principles...*, p.10.

o comportamento aparece como "um acontecimento do mundo ... realmente contido em um setor do espaço e em um segmento do tempo" (SC, 143), em que a forma aparece como "uma causa ou uma coisa real" (SC, 147). Ora, ao fazer isso, a *Gestalttheorie* compromete o que para Merleau-Ponty é o maior benefício da forma: o de que ela nos traz um tipo de unidade, de totalidade, que *não pode ser encontrada em um ser da natureza* (SC, 155). Será esse o prejuízo da teoria da forma: "em vez de se perguntar *que tipo de ser* pode pertencer à forma" — tarefa crítica da filosofia —, ela simplesmente coloca a forma "no número dos acontecimentos da natureza" (SC, 147; grifos nossos). Com isso, a *Gestalttheorie* também é vítima do prejuízo objetivista que a forma, entretanto, permitirá superar, prejuízo compreensível, uma vez que ela é *ciência*. Caberá à filosofia fazer aquela indagação e superar o prejuízo objetivista inerente a toda ciência; apenas ela, não comprometida com postulados realistas, pode recuar um passo e perguntar que tipo de ser é esse que subverte as categorias clássicas de sujeito e objeto, que se apresenta como uma mistura de ambos — em vez de simplesmente lançá-lo no mundo como ser real. A *Gestalttheorie* não coloca esta questão, e por isso a integração, buscada por ela mesma, entre matéria, vida e espírito, adquirirá o aspecto cientificista que ela procura superar, já que, a partir do momento em que a forma é naturalizada, tomada como ser da natureza, toda relação que a envolve será sempre uma relação *real*, o que deverá comprometer a verdadeira *integração* entre as formas. Vejamos como isso se passa na *Gestalttheorie*.

A teoria da forma é cientificista quando ela toma a forma como ser real, quando insere o corpo humano no meio de um mundo físico, e quando, então, só pode pensar a integração como "a passagem de um plano de realidade a outro" (SC, 143). Ela se encaminhará, especificamente, "para o materialismo" porque coloca o corpo humano "no meio de um mundo físico que seria 'causa' de suas reações" (SC, 144). É inevitável que, a partir daí, ela ignore as mediações fisiológicas e psíquicas, que os predicados de valor tornem-se uma simples tradução de processos estruturais do sistema nervoso e estes, por sua vez, uma variedade de formas físicas (SC, 145). A percepção, por exemplo, será explicada pelas leis segundo as quais os estímulos se organizam no corpo, mostrando que alguns dos caracteres objetivos dos estímulos (proximidade, semelhança etc.) lhes impõem a participação conjunta em uma mesma configuração, que esses caracteres estão em relação com a forma física dos objetos (SC, 145). Assim, o que deveria ser uma verdadeira *integração* dos sistemas físico, orgânico e psíquico, da matéria, da vida e do espírito, se transforma na *redução* de todos eles "ao denominador comum das formas físicas" (SC, 146). Pois, enfim, a perspectiva cientificista da *Gestalttheorie* leva-a a anular toda originalidade das formas biológicas e psíquicas, uma vez que as reduz a formas físicas. Estas, por sua vez, devem "possuir todas as propriedades das relações biológicas e psíquicas às quais servem de substrato" (SC, 146). E como, em última instância, a *Gestalttheorie* proíbe a si mesma as distinções materiais – visto que pretende ocupar-se com o tipo de totalidade, com a significação da totalidade, e não com "materiais" –, ela simplesmente já não pode reconhecer "nenhuma diferença entre as três ordens, e vida e espírito são outros nomes para designar certas formas físicas" (SC, 146). Se a *Gestalttheorie* é incapaz de reconhecer "diferenças de estrutura" – diferenças que uma verdadeira integração deve preservar, as relativas ao tipo de unidade, de totalidade de cada forma –, pois ela *reduz* o orgânico e o psíquico ao físico, então não pode mais reconhecer "nenhuma diferença. A consciência *será* ... o que se passa no cérebro" (SC, 146). Em vez de uma verdadeira *integração*, temos a *redução* da vida e do espírito à matéria – ainda que estruturada. Uma *filosofia* da forma precisará, por isso, antes de mais nada, se quer levar a cabo a tarefa de integração, abandonar todo postulado realista ainda que se postule não átomos, mas estruturas complexas – e perguntar pelo tipo de *ser da forma*, no lugar de tomá-la como ser real; a partir daí, ela poderá então integrar os campos (físico, fisiológico, psíquico), estabelecendo entre eles uma relação não real, que não reduza um ao outro, que não comprometa a originalidade de cada um. Para Merleau-Ponty, é só então que a verdadeira "significação filosófica" da forma se revelará.

VII

Que tipo de ser é a forma? Em que medida ele integra todas as formas de que tratam as ciências? São essas as questões que Merleau-Ponty pretende enfrentar, ainda muito preliminarmente, no capítulo 3 de *A estrutura do comportamento*. Ao contrário da *Gestalttheorie*, que reduziu o orgânico e o vital ao físico, sem antes perguntar pelo tipo de ser da forma, Merleau-Ponty pretende começar justamente por essa questão.

Seu ponto de partida é a forma física ou o reino da matéria. Mas, será a forma assimilável por qualquer ciência? Ela não parece "assimilável" pela física clássica, por exemplo; afinal, a forma nega a individualidade "dos elementos ou dos corpúsculos investidos de propriedades absolutas", no sentido em que a física clássica justamente o afirmava (SC, 148). De fato, cada parte de uma forma não é investida de propriedades, cada ponto não *tem* propriedades, pois elas são assinaladas *pela estrutura*, pelo campo de forças que é a própria forma: cada ponto é determinado pelo que se passa em todos os outros. Há uma "circulação interior" à forma implicada no fato de que "cada mudança local se traduzirá por uma redistribuição das forças que assegura a constância de sua relação" (SC, 148). O fato de a forma não parecer assimilável pela física clássica não impediu os teóricos da *Gestalttheorie* de encontrar nela exemplos de forma − ou, mais geralmente ainda, isso não impedirá Merleau-Ponty de ver em qualquer lei física a expressão *de estruturas*, e não de um mundo de partículas, o que não significa dizer que o filósofo procure corrigir as ciências, qualificando a objetividade científica que o próprio cientista não teria sabido qualificar. É o próprio cientista, do interior da ciência – assegura o filósofo –, que ensina que, mesmo a lei clássica de queda dos corpos, vista à luz da nova ciência, depende de condições que ela não contempla, depende, por exemplo, de que a velocidade de rotação da Terra não cresça com o tempo (SC, 149). Isso deve implicar uma nova concepção do que é a lei, pois agora ela parece exprimir apenas um "campo de forças relativamente estável", e parecerá verdadeira apenas "enquanto durar" essa "estrutura cosmológica sobre a qual ela se funda" (SC, 149). A lei já não é um saber exaustivo, já não exprime "uma propriedade absoluta do mundo", já não encontra os "arquétipos segundo os quais o mundo físico seria feito"; ela representa apenas "certos estados de equilíbrio de forças", certos conjuntos que permanecem estáveis (SC, 149). Ora, isso nos obriga a introduzir, em nossa imagem do mundo físico, as "totalidades parciais", os "campos de forças", para além do mundo da ciência clássica – ou, na interpretação do filósofo, a nova ciência nos obriga a introduzir o conceito de *forma* (SC, 149). Ao visar a um campo de forças, o cientista introduziu a forma; ao não representar senão totalidades parciais, totalidades que se estabilizaram e remetem, por sua vez, a outras condições não contempladas pela lei, o cientista deixou, há muito, de expressar um mundo de partículas dotadas de propriedades absolutas.[48] E tudo isso, assegura o filósofo, *advém da própria ciência*; é ela que faz a correção da ciência clássica, é ela que aponta, em última instância, para a insuficiência do modelo clássico analítico, decompositivo, que define o objeto pela mútua exterioridade das partes, partes reais que são pura exterioridade; são as ciências,

---

48 Verdade que, mesmo entre os físicos modernos, Einstein ainda levanta objeções a certas formulações que, segundo Merleau-Ponty, põem em questão justamente as "propriedades das coisas", os "indivíduos físicos" – portanto, o *mundo* das ciências clássicas. Mas o próprio Einstein acrescentava: "não posso invocar nenhum argumento para defender minhas convicções" (S, 243). De todo modo, é preciso observar que, se a ciência exprime estruturas, exprime totalidades cuja relação entre as partes não é mais externa. A objeção ao mundo de partículas é a objeção à relação externa, única possível desde que as partes são definidas pela mútua exterioridade.

em suma, que apontam para uma insuficiência da clivagem do objetivo (exterioridade pura) e do subjetivo (interioridade pura).

Mas, se a própria ciência nos convida a uma revisão do modelo clássico, é verdade também que só além dela poderemos ver todo o alcance de suas descobertas, de onde a necessidade de uma nova filosofia. Ao colocar a estrutura no lugar de um mundo de partículas dotadas de propriedades absolutas, a ciência, interpretada pelo filósofo, permite afastar a tese realista desse universo absoluto de partículas. Mas a verdadeira novidade da forma está em que ela nos obriga a superar *todo* realismo. Segundo Merleau-Ponty, não se trata de, contra o mundo clássico de partículas absolutas, afirmar um mundo de formas reais, formas *em si* (o que teria acontecido à *Gestalttheorie*). Quer dizer, a recusa da positividade das leis físicas, da lei como expressão dos arquétipos do mundo, como saber exaustivo, só se consuma de fato na recusa da forma em si: "as mesmas razões que desacreditam a concepção positivista das leis [descrédito lançado pela própria ciência] desacreditam também a noção de formas em si" (SC, 151). Afinal, apenas quando se toma a lei por "norma da natureza", pode-se exigir o correlato da lei, no caso, a estrutura, como "inerente à 'natureza'" (SC, 151). A lei e a estrutura devem ambas perder o caráter positivo. Assim, não se trata de, contra o universo clássico, desvelar uma "camada de ser mais profunda, uma infraestrutura do mundo físico sobre a qual repousaria a lei" (SC, 152) – e por isso não se trata, para o filósofo, de, contra o *real* do cientista, apontar outro real que ele teria omitido. Se as leis não desenham, de modo algum, uma anatomia do mundo, pois representam apenas um "campo de forças", uma "totalidade parcial", e por isso só permanecem válidas enquanto tais estruturas durarem, se é verdade que as leis só se tornam possíveis a partir de uma estrutura, é verdade também que essa estrutura não pode ser uma realidade física em si: se, por exemplo, a lei de queda dos corpos exprime um "campo terrestre", um campo de forças, esse campo, por sua vez, também remete a outros campos não contemplados pela lei mas *pressupostos* por ela, também ele remete a um "fundo não relacional" (SC, 154), verdadeiro *a priori* da ciência, também ele "se deixa inserir em um tecido contínuo de relações", e de tal modo que é "trazido e mantido pelo conjunto das relações de universo" (SC, 152).[49] A forma remete para campos cada vez mais largos de relações, a tal ponto que um "curso das coisas" conduz as leis e não pode nunca ser "definitivamente resolvido nelas" (SC, 149).[50] Essa remissão de totalidades parciais para totalidades cada vez mais vastas torna a forma, "a unidade dinâmica e interior que dá ao conjunto o caráter de um indivíduo indecomponível ..., somente *suposta* pela lei como condição de existência" (SC, 153; grifo nosso); a própria ciência aponta para a superação do realismo, uma vez que os objetos que ela "constrói", e não "desvela" como em si puro, "são sempre feixes de relações" (SC, 153). Não se deve pensar portanto que as formas, das quais as leis são expressão, existam em um universo físico como formas em si; a existência das estruturas no mundo é apenas a "intersecção de uma multidão de relações − que remetem a outras condições estruturais" (SC, 153). De modo que a forma não é uma realidade física, ela não existe *na* natureza, o que significa dizer que a física não requer uma *physis* − nem mesmo como lugar de estruturas. Daí por que a lei, ao exprimir um campo de forças, uma estrutura, só permanece válida enquanto durar tal estrutura − ou, inversamente, as estruturas que se tinham estabilizado podem ceder lugar a outras, por um "jogo combinado das próprias leis" (SC, 149).

Nem a lei é uma norma, nem a estrutura, uma natureza. Ao contrário, uma existe pela outra, uma é dependente da outra. No lugar

---

49 O que abrirá caminho, finalmente, para o renascimento da metafísica, isto é, da filosofia. O pensamento metafísico, diz Merleau-Ponty, "procura seu caminho fora da coordenação físico-matemática do mundo, e seu papel, diante da ciência, parece ser o de nos despertar para o 'fundo não relacional' que a ciência pensa e não pensa" (S, 190).

50 Se, entretanto, leis são conhecidas, é porque "todas as partes da natureza não concorrem na mesma medida para produzir o efeito observado" (SC, 150). Haverá, por exemplo, "uma espécie de amortecimento, proporcional à distância, das influências exercidas sobre um dado fenômeno pelos fenômenos anteriores e simultâneos" (SC, 150). Essa observação, retirada de Brunschvicg, exprimiria uma fórmula da física de Painlevé.

de "duas potências de ser", elas são antes "dois momentos dialéticos" (SC, 153) – o que permite a Merleau-Ponty apontar a superação do problema clássico do acordo entre especulação e real. A lei torna-se aqui inteiramente "envolvida" na estrutura e a estrutura, na lei (SC, 152). Posso dizer, por exemplo, em face da mútua dependência entre lei e estrutura, que é apoiado nas leis que se reconstitui a arquitetura do Egito, e cada progresso da egiptologia, isto é, da ciência, modifica a história do Egito, ou seja, da estrutura. Mas isso não permite avançar, como o faz Brunschvicg em situação análoga, que "nós escrevemos diretamente não a história da terra, mas a história da geologia".[51] As estruturas reconstituídas, as estruturas expressas pelas leis, não existem em si, mas, ao contrário do que supõe o idealismo, elas precisam ser conservadas:

> nós não podemos, depois de termos rejeitado o dogmatismo das leis, fazer como se elas bastassem para dar seu sentido ao campo temporal e espacial, como se o *'fundo não relacional' sobre o qual se põem as relações estabelecidas pela física não entrasse na definição do conhecimento* (SC, 154; grifos nossos).[52]

Tudo o que é pensado pelo físico é componente de um sistema físico, e na falta dele "sua ciência seria sem objeto" (SC, 155). Não se pode, após o momento da "reflexão", transformar a estrutura em simples objeto de pensamento, em pura significação, o que se

---

51 Brunschvicg, *L'expérience humaine et la causalité physique*, p.505.
52 Merleau-Ponty apoia-se em Brunschvicg, sobretudo no capítulo "A conexão causal" de *L'expérience humaine et la causalité physique*, para mostrar que a causalidade não pode passar por um "princípio constitutivo do universo físico", que não há série causal como "sequência isolável" (SC, 150). Se, por exemplo, um dado efeito obedece a uma lei, é porque conta aqui "uma série de condições independentes daquelas que fazem o objeto próprio da experiência, tais como temperatura, pressão atmosférica, altitude" (SC, 150). Mas esse apoio em Brunschvicg na recusa da causalidade equivale apenas ao *momento da reflexão*, àquele momento de oposição à substancialidade, ao universo físico em si. Será preciso ir além e escapar ao idealismo, ao risco de cair no terreno de significações puras. Brunschvicg ilustra aqui um kantismo que não pode ultrapassar esse terreno.

explicita aqui pela recusa da conclusão de Brunschvicg. A objeção ao realismo não deve redundar no idealismo. A forma "permanece indispensável ... como o que é visado e determinado pelo conhecimento" (SC, 155). A lei, diz Merleau-Ponty, evocando Berkeley, supõe a estrutura no mesmo sentido em que o espaço supõe a cor — as qualidades primárias, os seres da ciência, não são *autônomos* objetos de pensamento (SC, 155). A forma não é portanto uma realidade física, um ser em si, nem tampouco um puro pensamento, uma pura significação. Toda a dificuldade em compreender o tipo de ser da forma advém daí, da ambiguidade que é constitutiva dela.

> Tomada como um ser da natureza, existindo *no* espaço, a forma seria dispersada em vários lugares, distribuída em eventos locais, ainda que estes eventos se entredeterminassem; dizer que ela não sofre tal divisão significa dizer que ela não é distribuída no espaço, que ela não existe à maneira de uma coisa, que ela é a ideia sob a qual se reúne e se resume o que se passa em vários lugares (SC, 155-6).

A forma não é ser real porque isso aniquilaria justamente o que a faz forma, a relação interna entre as partes que um ser real, objetivado como em si, não poderia possuir — pois, se a forma constitui um campo de forças, é verdade que cada parte *não tem* propriedades absolutas, mas apenas as assinaladas pela totalidade, de modo que "o que se passa em cada ponto é determinado pelo que se passa em todos os outros" (SC, 141-2), constituindo assim uma "circulação interior" (SC, 148) que inexiste em um ser real, pois este se positiva como dotado de propriedades absolutas, como em si. Por isso mesmo, ainda que as partes de uma forma real se entredeterminassem, elas seriam ainda relações externas entre partes reais, pois conservariam sua individualidade. A tal mundo absoluto, a forma apresenta-nos um mundo no qual cada parte tem as propriedades que o conjunto lhe assinala, no qual cada parte *se abre* para as outras, *anuncia* as outras. No final das contas, foi essa virtude da forma que permitiu passar insensivelmente para outros campos, para outras totalidades, numa remissão sempre mais vasta, até o "conjunto das relações de universo", o "fundo não relacional" que a ciência pensa e não pensa, que pressupõe como seu *a priori* e não é coisa nem significação, que deverá aparecer, afinal, como o *mundo da percepção*: o mundo percebido traduzirá a ambiguidade de um mundo que não é ser nem ideia. E, igualmente, será a mesma virtude da forma, a abertura, a remissão para outras formas que nos permitirão por fim integrar as diversas formas e, portanto, as ciências. Passemos então à segunda das formas.

VIII

A passagem para a forma orgânica deve contemplar uma originalidade que a torne irredutível a uma forma física. Todo o esforço de Merleau-Ponty consistirá então em pensar a *vida* sem reduzi-la a processos físico-químicos, mas também, inversamente, sem transformá-la em um ato simples, em um *élan* vital que subsumiria a cadeia das ações físico-químicas. Trata-se de escapar às antinomias do mecanicismo e do vitalismo, de modo que se pense a integração da matéria e da vida (como, mais tarde, a do corpo e da alma) sem reduzir uma à outra – e a forma o permite na justa medida em que nos aponta a necessidade de superar o plano do *ser*, tal como, na explicitação do sistema físico, ela apontou a necessidade de superar o realismo. E também aqui, ainda uma vez, é a ciência que nos convida a pensar segundo a forma.

Certamente, o que vale para uma estrutura física vale também para uma orgânica, no sentido em que esta deve também apontar para uma superação do modelo da exterioridade pura. O que vale para uma bolha de sabão vale também para um organismo (SC, 141), no sentido em que ambas as formas são unidades, totalidades irredutíveis à soma das partes (SC, 163). Entretanto, é verdade que o organismo, o ser vivo, adota um *comportamento*, o que não ocorre com um sistema físico. Isso muda tudo, pois, se a estrutura esférica realizada pela bolha de sabão aparece como solução única para um problema de máximo e de mínimo (as forças que se exercem do exterior e a pressão do ar contido dentro dela), o equilíbrio obtido por uma estrutura orgânica, ao contrário, leva em conta não apenas condições presentes e reais, mas condições apenas *virtuais* que essa estrutura traz à existência (SC, 157, 164). Noutras palavras, o organismo adota um comportamento levando em conta a *tarefa na qual ele se encontra envolvido*; por isso, o privilégio de um comportamento já não pode advir do fato de ele ser o mais simples, como no caso da esfericidade da bolha de sabão, mas, ao contrário, ele será o mais simples porque foi privilegiado (SC, 159).[53] O equilíbrio de um organismo só pode ser compreendido a partir de uma atitude geral deste diante do mundo, razão pela qual será preciso dizer que ele constitui um *ambiente* (*milieu*) próprio (SC, 157, 161).[54] À medida que o organismo fixa as condições de seu equilíbrio, ele cria um ambiente (SC, 166) e, por isso mesmo, será preciso conceber, entre organismo e ambiente, uma *circularidade* sem paralelo no mundo físico (SC, 161); se o organismo mede a ação das coisas sobre ele, a reação não é simples sequência de eventos, ela depende da significação que o estímulo tem para ele, o que implica dizer que o organismo não é um conjunto de forças, mas um ser capaz de certos tipos de ação (SC, 159). É essa nova totalidade que traz a forma orgânica: ela implica "relações dialéticas" entre o indivíduo orgânico e seu ambiente, de tal modo que elas já não podem ser compreendidas "quando reduzimos o organismo à

---

53 Os argumentos do filósofo devem apoiar-se na ciência; no caso específico, sobretudo em Goldstein de *A estrutura do organismo*. É a partir de Goldstein que, em benefício de seu argumento − que assinala diferença entre o sistema físico e o orgânico −, o filósofo arrola quantidade de exemplos: "em alguns doentes, ensina o cientista, todo movimento passivo da cabeça para a direita arrasta deslocamentos dos membros e do corpo na mesma direção. Mas a dissociação permanece possível diante de uma tarefa concreta que a exige ... No ato de 'mostrar', o plano privilegiado no qual se desloca o braço, longe de ser determinado pelas condições de um equilíbrio com o ambiente, corresponde às necessidades interiores de um equilíbrio vital" (SC, 159-60).

54 Quando se trata da estrutura inorgânica, Merleau-Ponty fala em *entourage* (SC, 161; 174), embora a terminologia não seja rigorosa: por vezes, ele fala em "*milieu physique*" (SC, 140; 173).

imagem que a anatomia e as ciências físicas dele oferecem" (SC, 161). As reações não são "meras contrações musculares", mas "atos que se dirigem a um ambiente, presente ou virtual" (SC, 164) – a vida, portanto, não pode ser a soma das reações apontadas por uma análise físico-química. Os fenômenos que uma análise físico-química encontra no organismo não remetem mais a condições físico-químicas, o que tornaria tal análise, "de direito, ilimitada" (SC, 163; 166) e anularia as categorias propriamente vitais. Uma análise física exaustiva é inconcebível, conforme Merleau-Ponty procurou lembrar, pois a lei só explica uma dada estrutura pressupondo outra (SC, 166-7), e depois outra, em uma cadeia de remissões; se a remissão em questão fosse de estrutura física a estrutura física, a biologia não seria mais que "um inventário preliminar das superestruturas que traz a física do vivo" (SC, 166). O argumento mecanicista se assenta nisto: uma ação física ou química retira suas condições reais de outras ações físicas e químicas (SC, 172).[55] Mas tampouco se assegura a originalidade da vida procurando no todo orgânico "o ato simples do qual os fenômenos parciais tirariam seu ser", algo como uma força vital irredutível à análise do corpo vivo, o que implicaria voltar à noção de "élan vital" (SC, 168) e afirmar o vitalismo. O organismo não é um composto de vida e de segmento de matéria, uma soma de processos físico-químicos acrescidos de uma força vital, seja esta irredutível ou não àqueles. Mas, que significa dizer que o organismo *não é* o que a ciência dele nos ensina? Como sempre, não se trata de discutir a objetividade científica como tal, oferecendo uma alternativa a ela. Merleau-Ponty quer antes apontar um fundo não relacional pressuposto pela ciência, que ela pensa e não pensa; é esse fundo

---

55 Daí por que, contra uma explicação puramente física, Merleau-Ponty afirma que, se o organismo é acessível a uma análise física, as estruturas físicas nele encontradas "não poderiam encontrar equivalente nas estruturas físicas no sentido restrito da palavra" (SC, 163-4). Algo diferente do que dizia Koffka naquele exemplo do pugilista (cf, *supra*), o que aponta dois modelos distintos de integração: enquanto o psicologismo de Koffka o conduz a *reduzir* todos as formas a formas físicas, Merleau-Ponty quer pensar a integração sem descuidar das diferenças de estrutura, para além de todo realismo. Será outra a tese merleau-pontiana da integração das formas.

que não se reduz à construção científica. Menos que recusá-la, trata-se, como sempre, de relativizá-la, apontando um fundo que ela pressupõe — se se quiser, um *a priori*. O que é esse fundo?

Ainda que, na física, uma análise exaustiva das estruturas de fato seja inconcebível, pois elas remetem a uma multidão de relações, é verdade que o modelo da física clássica consiste numa "decomposição", em uma definição do elementar mediante uma "divisão no espaço e no tempo". Mesmo o modelo da física moderna, que introduz dados acausais, *quanta* de energia indivisíveis que superariam o modelo clássico, é inaplicável ao organismo, pois a irredutibilidade deste à divisão não é de mesma natureza que no sistema físico quântico — de fato, a física procurará ainda, por métodos indiretos, lançar uma nova rede de relações matemáticas sobre o pretenso irredutível (SC, 168), o que não é possível quando o organismo está em questão, pois a unidade originária da estrutura orgânica é de outro gênero: "a unidade dos sistemas físicos é uma *unidade de correlação*, a dos organismos, uma *unidade de significação*" (SC, 168-9). É da ideia de significação que Merleau-Ponty pretende desvelar o fundo não relacional, o *a priori* da biologia — um organismo pressuposto pelo organismo "verdadeiro", uma forma orgânica. Enquanto na física, diz ele, a resistência do dado concreto às leis é "anônima", enquanto o fundo não relacional da física não são senão novas "estruturas de fato", e por isso o inacabamento do conhecimento por leis não obriga a física a admitir outro modo de conhecimento (SC, 168), o fundo não relacional da biologia, isto é, o organismo pressuposto por ela, "se designa a nós por caracteres positivos" (SC, 168) — não pela "opacidade" e pelo anonimato. Entretanto, a ciência mecanicista simplesmente reduz o organismo às relações físico-químicas que nele descobre, e lança todo o restante (as categorias vitais, como o objeto sexual, o ninho etc., e as condutas que visam a esses objetos (SC, 166)) na conta de "aparência antropomórfica" (SC, 169), isto é, na conta de algo que se deve apenas a nossa maneira de perceber o organismo. Contra isso, o filósofo argumenta que o conjunto das relações físico-quími-

Razão e experiência: ensaio sobre Merleau-Ponty

cas só pode traduzir integralmente a dialética vital se o cientista postular justamente aquela aparência antropomórfica, ou seja, se ele postular que tudo o mais, além desse conjunto de relações, se reduz a aparência, a projeção – o que, se para o cientista não constitui problema, para o filósofo, sim, até porque essa projeção não é necessária quando a matéria está em questão. "Não poderíamos projetar nossos sentimentos no comportamento visível de um animal, diz o filósofo, se alguma coisa neste não nos sugerisse a inferência" (SC, 169). Não projetaríamos a vida no organismo se ele fosse pura matéria. O argumento de Merleau-Ponty consiste em mostrar que a projeção simplesmente "supõe o que ela quer explicar" (SC, 169). O argumento é de fundo intuitivo: não é por analogia a meu comportamento que concedo a outros comportamentos um valor expressivo e reconheço portanto a existência de outrem; se, já de início, não apreendesse outrem, não poderia simplesmente traçar nenhuma analogia.[56] Do mesmo modo, há uma apreensão imediata do organismo vivo que torna possível projetar nele a vida.[57] Como sempre, é preciso lembrar que Merleau-Ponty não busca um novo ser, uma nova objetividade que concorra com a da ciência, mas apenas um "fundamento de conhecimento" (SC, 166); assim, ele não se limita a mostrar que toda projeção supõe uma apreensão prévia do que ela pretende explicar. Trata-se de mostrar que, sem essa intuição, sem esse *a priori* de um organismo concreto e vivo, o cientista simplesmente não poderia acumular relações físico-químicas e constituir o organismo "verdadeiro"; há uma apreensão prévia e imediata de um

---

56 A criança, lembra o filósofo, "compreende o sentido alegre do sorriso bem antes de ter visto seu próprio sorriso, o sentido das mímicas ameaçadoras ou melancólicas que ela nunca realizou e às quais sua experiência não pode fornecer nenhum conteúdo" (SC, 169).

57 O vivo, diz Merleau-Ponty, é conhecido bem antes do inorgânico, e "é um anacronismo considerar a percepção do vivo como secundária" (SC, 170). Do mesmo modo, é pouco provável que a noção de "macho" e "fêmea" "se constitua na experiência de cada um de nós pela aproximação indutiva de um grande número de fatos isolados; ao contrário, é verossímil que ela tenha sido lida de uma vez e revelada em uma expressão de rosto, em um gesto" (SC, 171) – ainda que, evidentemente, a descoberta de correlações causais leve a modificar a noção comum de "macho" e "fêmea".

organismo "portador de todas as correlações que a análise nele descobre", sem o qual as próprias correlações não seriam possíveis, já que o organismo não aparece simplesmente ao termo do trabalho do cientista; ao contrário, o organismo vivo, anterior e condição do organismo "verdadeiro", é não decomponível em todas as relações que o cientista vier a revelar (SC, 169). Ele é o fundo não relacional, o fundamento de conhecimento para o qual remete o trabalho da ciência. Tal *a priori*, condição da ciência, não é o organismo em ideia, não é uma pura significação – é o organismo concreto e vivo, "fenomenal", *dado à percepção*. Ao afirmá-lo, não é um ser, em sentido realista, que se afirma – e, por isso, contra o mecanicismo, Merleau- Ponty não pretende ter tomado o partido do vitalismo, pois este permanece ainda realista; o que se afirma é um fundamento de conhecimento, condição do mecanicismo e do vitalismo. Ou seja, a vida que aqui se afirma não é um princípio vital que se sobrepõe a um segmento de matéria; e não o é porque o organismo dado à percepção não é de início o organismo "verdadeiro" do conhecimento científico. O argumento vitalista, diz Merleau-Ponty, ao apontar para a insuficiência da explicação físico-química, sempre adiada, remetendo sempre a outras condições, exige finalmente, do fato mesmo de que há organismos, que tal multiplicidade de fenômenos seja relacionada "ao ato simples de um *élan* vital que os coloque todos juntos" (SC, 172). O vitalismo, como o mecanicismo, toma o organismo "como um produto real de uma natureza exterior" (SC, 172). Mas é esse ponto de partida que está em questão, e, contra ele, Merleau-Ponty afirma não uma ideia, não um pensamento, mas um organismo vivo dado na percepção; dado, contudo – disso terá de dar conta uma fenomenologia da percepção –, não como um ser, pois é o realismo que se trata de superar, mas como uma "unidade de significação" (SC, 172). Assim, nossa experiência externa é já a de

> uma multiplicidade de estruturas, de conjuntos significativos. Uns, que constituirão o mundo físico, encontram em uma lei matemática a expressão suficiente de sua unidade interior. Outro, que chamamos os

vivos, oferecem a particularidade de ter um comportamento, isto é, suas ações não são compreensíveis como funções do ambiente físico; ao contrário, as partes do mundo às quais reagem são delimitadas por eles por uma norma interior (SC, 172-3).

Dos primeiros aos segundos, passamos a um grau mais elevado de integração, mas, em um caso como no outro, trata-se de desvelar as condições do conhecimento: a ordem lógica do pensamento científico, diz Merleau-Ponty, "vai do que é percebido ao que é coordenado, sem que se possa seguir o caminho inverso e repousar a ordem προς ημας sobre a ordem αθ αυτο" (SC, 169).

IX

Passemos agora à derradeira das estruturas, a psíquica. A novidade trazida pela ordem humana, segundo Merleau-Ponty, é um novo "ambiente", irredutível aos precedentes. Enquanto o organismo animal constitui "um ambiente estável correspondente aos *a priori* monótonos da necessidade e do instinto" (SC, 175), o homem não apenas cria uma segunda natureza, mas é capaz de ultrapassar as estruturas criadas para delas criar outras (SC, 189). Para um macaco, por exemplo, como mostra Köhler, uma caixa sobre a qual outro macaco está sentado permanece um ponto de apoio, não se torna instrumento para alcançar o alimento, ainda que ele já tenha feito experiências desse tipo (SC, 124); são para ele dois objetos distintos e alternativos, de modo que ele não adota a cada momento um ponto de vista escolhido; ao contrário, o objeto "aparece revestido de um 'vetor', investido de um 'valor funcional' que depende da composição efetiva do campo" (SC, 127). Se ele faz de um galho de árvore uma arma, é verdade também que o galho de árvore é suprimido como tal, o que significa dizer que "ele jamais foi possuído como um instrumento no sentido pleno da palavra" (SC, 190). A atividade animal "se perde nas transformações reais que opera e não pode reiterá--las" (SC, 190). O comportamento animal manifesta portanto uma "aderência ao atual" (SC, 137), uma "viscosidade" (SC, 122), que impedem a caixa, o galho de árvore, de aparecer como instrumento no sentido pleno; a caixa-assento e a caixa-instrumento não são para o macaco dois *aspectos* de uma *coisa* idêntica, uma *mesma* coisa em duas funções diferentes. O que falta aqui ao comportamento animal, comparado ao comportamento humano? Uma plasticidade maior, um "modo de estruturação superior" que é inacessível ao chimpanzé (SC, 127) — daí por que, conforme a nova ciência nos ensina, os comportamentos não devem mais se distinguir em elementares e complexos, com mais ou menos partes; o que os distingue agora é o fato de a estrutura estar mais ou menos "mergulhada no conteúdo" (SC, 113), ser mais ou menos independente dos materiais nos quais ela se realiza (SC, 115). A possibilidade de variar e escolher pontos de vista permite ao homem "criar instrumentos" reconhecendo, além do ambiente atual, um mundo de coisas visíveis sob uma pluralidade de aspectos, tomando posse de um espaço e de um tempo indefinidos, orientando-se por relação ao possível. Assim o ambiente humano pode alargar-se e a percepção tornar-se "percepção de um universo", assim, à experiência da realidade, se substitui o conhecimento de uma verdade (SC, 190-1).

Mas, como temos visto, não basta mostrar a originalidade de uma ordem por relação a outra, a diferença de estrutura que a *Gestalttheorie* teria ignorado. Como sempre, trata-se de apontar tal estrutura como fundo não relacional da ciência positiva. Como diz o filósofo, trata-se de

> colocar em evidência ... o abuso do pensamento causal e ao mesmo tempo mostrar positivamente *como devem ser concebidas as dependências fisiológicas e sociológicas de que justamente tratam as teorias explicativas"* (SC, 191; grifos nossos).

À luz da crítica à psicanálise, empreendida por Politzer alguns anos antes, Merleau-Ponty toma como "exemplo" algumas formulações de Freud – que ilustra aqui, portanto, o pensamento causal em psicologia.

De pouco adiantaram os protestos de Freud, diz Merleau-Ponty, contra as teorias fisiológicas. Se é verdade, de um lado, que ele buscou a explicação do sonho "na vida individual do sonhador e em sua lógica imanente", é verdade também, de outro, que o sentido do sonho não é nunca, para Freud, o sentido manifesto. Ele estabelece uma diferença entre conteúdo latente e sentido manifesto do sonho diferença que fará o último aparecer como resultante de um conflito entre, de um lado, forças e seres psíquicos inconscientes e, de outro, contraforças de censura (SC, 191-2). A questão que se coloca para Merleau-Ponty – e para colocá-la ele retoma algumas formulações de Politzer em *Crítica dos fundamentos da psicologia* – é saber se estes conflitos e os outros mecanismos psicológicos descritos por Freud, como a formação dos complexos, o recalque etc., "exigem verdadeiramente o sistema de noções causais pelo qual ele os interpreta" (SC, 192).[58] A objeção ao pensamento causal reedita aqui a objeção mais geral ao realismo, que dessa vez se manifesta, mais especificamente, na recusa de que o complexo seja uma coisa que subsistiria no fundo de nós para produzir seus efeitos de vez em quando (SC, 192). Como sempre, a estrutura permite superar tal relação causal entre coisas. Para isso, é preciso considerar o desenvolvimento como uma "estruturação progressiva e descontínua" – descontínua porque, na estruturação normal, o que foi integrado não subsiste mais, como tal, na unidade nova. A estruturação normal é a capaz de levar a um "comportamento perfeitamente integrado, no qual cada momento

---

58 A psicanálise, já apontava Politzer, "apresenta uma dualidade essencial. Ela anuncia, pelos problemas que se colocam e pela maneira pela qual orienta suas investigações, uma psicologia concreta, mas a desmente em seguida pelo caráter abstrato das noções que emprega, ou que cria, e pelos esquemas de que se serve. E podemos dizer sem paradoxo que Freud é tão espantosamente abstrato em suas teorias quanto concreto em suas descobertas", (Politzer, *Critique des fondements de la psychologie*, p.209), A questão posta por Merleau-Ponly retoma esta avaliação: ao elogio às "descobertas" concretas de Freud, segue uma crítica ao "sistema de noções causais" empregado por ele, e que transforma tais descobertas "em uma teoria metafísica da existência humana (SC, 192).

[é] interiormente ligado ao conjunto" (SC, 192). Por contraste, o complexo, o recalque etc., são "falhas" nesse processo, as quais produzem uma "consciência fragmentada que não possui em todos os seus momentos uma significação única" (SC, 193). Há recalque quando a *integração não é realizada,* o que deixa subsistir no comportamento certos sistemas relativamente isolados (SC, 192); esta falha termina por revestir certos estímulos objetivos de um sentido de que não nos libertamos, o que dá lugar "a uma montagem rígida e estável" (SC, 192). Em vez de conferir aos complexos "uma realidade e uma eficácia próprias", Merleau-Ponty os pensa como uma "maneira primitiva de organizar a conduta". Diz ele:

> a regressão do sonho, a eficácia de um complexo adquirido no passado, enfim, a inconsciência do recalcado, manifestam apenas o retorno a uma maneira primitiva de organizar a conduta, um enfraquecimento das estruturas mais complexas e um recuo para as mais fáceis" (SC, 193).

Os fatos descritos por Freud, dirá o filósofo, não requerem mais que isso: uma consciência fragmentada, cuja integração não foi inteiramente feita. Vem daí a conclusão merleau-pontiana, tão marcante nas psicologias que pretendem partir de uma caracterização ontológica de seu objeto, de que a obra de Freud é um quadro das anomalias, do comportamento patológico, não da existência humana, o que conserva a ideia de um "verdadeiro desenvolvimento" no qual haja integração total, e de tal modo que se torna possível distinguir casos "nos quais os mecanismos freudianos desempenham um papel e outros nos quais eles são transcendidos" (SC, 194). Há homens cuja conduta é explicável "pela história da libido, cujos atos têm relação apenas com o universo da biologia" (SC, 194), mas há também outros que realizam a "estruturação normal", que "reorganiza a conduta em profundidade, de tal modo que as atitudes infantis não têm mais lugar nem sentido na atitude nova" (SC, 192). Assim, a estruturação é compreendida como uma integração crescente que torna a ordem integrada uma "ordem inferior", em relação com a "ordem superior" como a parte está em relação com o todo (SC, 195) e na qual ela se suprime como autônoma para ganhar significação nova; daí por que devem desaparecer as ideias de corpo e vida em geral, dando lugar às ideias de corpo animal e vida animal, corpo humano e vida humana, da mesma maneira que as estruturas físicas flagradas no organismo já não eram estruturas físicas pura e simplesmente, como as do mundo da matéria, razão pela qual a integração das três ordens não é uma simples justaposição de uma a outra, como se cada uma delas fosse uma substância. Visto na perspectiva de uma estruturação progressiva, o espírito, como a vida, não é uma potência de ser, um novo tipo de ser, mas apenas uma nova forma de unidade, de modo que sua aparição "não deixa intacta uma esfera de instintos fechada sobre si" (SC, 196), como também ele não repousa em si: a dialética espiritual, não se passa fora das situações concretas nas quais ela se encarna (SC, 196).

A partir daqui, o debate que opõe uma psicologia introspectiva a uma behaviorista é puramente "artificial". Pois a introspecção e a observação exterior não visam senão a uma mesma estrutura, ainda que a cada momento "através de materiais diferentes" (SC, 198). É essa estrutura que torna compreensíveis as antinomias:

> não se vê que a partir do momento em que o comportamento é tomado 'em sua unidade' e em seu sentido humano não lidamos mais com uma realidade material, nem tampouco aliás com uma realidade psíquica, mas com um conjunto significativo ou com uma estrutura que não pertence nem ao mundo exterior, nem à vida interior" (SC, 197).

A crítica de uma e de outra não busca fazer uma desaprovação da ciência, mas mostrar que cada uma é apenas uma das "perspectivas possíveis"sobre o que elas pressupõem: uma totalidade significativa que nem é puro espírito, pois se enraíza em "dialéticas subordinadas", nem pura matéria, pois envolve significação.

X

Da ordem física à ordem humana, tratou-se para Merleau-Ponty de mostrar que a ciência pressupõe, a cada momento, um fundo não relacional, algo como um *a priori* a partir do qual as determinações tornam-se possíveis. E se esse saldo permite superar o aspecto da crise da razão – o fim da *sapientia universalis* e a consequente dispersão das ciências –, é porque, em cada momento, o fundo pressuposto por elas é um só e o mesmo, ainda que, a cada vez, em relativo grau de integração: ora como forma física, ora como forma orgânica, ora como forma psíquica (a essa altura, uma vez esclarecido que não se trata nem de espírito, nem de matéria, Merleau-Ponty prefere usar a expressão "ordem humana" (SC, 195) ou, respectivamente, ordem física, vital e humana), que são *formas* ou *ordens*, cada uma em nível mais elevado que a outra de integração, mas *integradas umas às outras*: a matéria integra-se à vida como ordem inferior, que se integra ao espírito como ordem igualmente inferior, ou "dialética subordinada", constituindo enfim uma "hierarquia na qual a individualidade se realiza sempre mais" (SC, 143). Se há integração, sem necessidade de um *tertius*, é porque as formas não são substâncias, mas tipos de unidade – por isso, uma vez integrada, a forma inferior, como "parte", perde sua autonomia e ganha uma significação nova. Ora, essa integração aponta para uma unidade da forma, de tal modo que matéria, vida e espírito são apenas *momentos* dela, *partes* dela, que se afirmam predominantemente conforme a perspectiva em questão:

> aplicável igualmente aos três campos definidos, a forma os integra como três tipos de estruturas ... a quantidade, a ordem, o valor ou a significação, que passam por propriedades da matéria, da vida e do espírito, respectivamente, não são mais que o caráter dominante na ordem considerada e tornam-se categorias universalmente aplicáveis (SC, 141).

Essa unidade mais vasta, que as ciências determinam conforme visem à matéria, à vida ou à ordem humana, é o *mundo da percepção* (ainda que, a cada vez, o determinem segundo a perspectiva parcial de cada uma): eis aqui a novidade trazida por Merleau-Ponty, o saldo último dessa longa passagem pela *Gestalttheorie*. A física mostrou remeter, por seu lado, a uma forma física que não é nem uma *physis*, nem uma pura ideia, mas que tem a unidade "dos objetos percebidos" (SC, 156); a biologia, a uma forma orgânica, que é organismo fenomenal, concreto e vivo, sem o qual não seria possível a determinação mecanicista (que, ao pretender traduzir a dialética vital, lança o "vivo" na conta da aparência e portanto o pressupõe), nem seria possível a determinação vitalista (que não poderia afirmar um princípio vital sobreposto a um segmento de matéria sem a mesma apreensão prévia); a psicologia, finalmente, remete a uma ordem humana, que também não se confunde nem com o mundo exterior, nem com uma vida interior, ambiguidade traduzível ainda uma vez por aquilo que é dado à percepção. A crítica ao objetivismo remete pois, a cada vez, a uma totalidade mais vasta, que não é mais que o mundo percebido, como o mundo que tudo contém. Daí a necessidade de uma análise da *percepção*, de tal modo que tal análise deva nos trazer a totalidade pressuposta pelas ciências e estas finalmente determinam, segundo tal ou tal perspectiva parcial. Essa análise deve nos revelar a nova relação entre ciência e filosofia, pois, se a ciência mostra remeter a um pressuposto, a um *a priori* que não coordena, ela traça o limite do cientificismo (o *ser* já não se limita ao ser determinado da ciência) e reclama o alargamento do domínio da racionalidade, isto é, requer uma filosofia, e se esse *a priori*, por sua vez, não é uma mera significação, puramente formal, então o criticismo também se vê superado, e, com eles, finalmente, a relação "antagonista" entre ciência e filosofia.[59]

---

59 A análise que aponta a heteronomia do ser visado pelas ciências e sua remissão ao mundo percebido não é ainda a que pode nos mostrar a efetiva relação entre o "fundo não relacional" e a objetividade científica. A última requer uma análise da percepção e uma mudança de método. Voltaremos adiante a esse assunto, ainda neste capítulo.

XI

Ao visar ao mundo da percepção, Merleau-Ponty procura apreendê-lo como uma totalidade na qual não há ainda "distinções substanciais entre o organismo, o pensamento e a extensão" (SC, 204), na qual a unidade ainda não foi rompida, o corpo ainda não foi tornado dispositivo anatômico, e "o ego ... o corpo ... os seres e as coisas ... são apenas três setores de um *campo único*" (SC, 204; grifos nossos). No entanto, ainda que a consciência se enraíze em dialéticas subordinadas, e estas não sejam distinguíveis – ou reconhecíveis no conjunto quando este funciona corretamente (SC, 224) –, é verdade também que, justamente porque a consciência se enraíza, o sistema pode afinal se desintegrar e a unidade se romper: uma lesão, uma doença, bastam para isso:

> se um ferimento nos olhos basta para suprimir a visão, é porque nós vemos através do corpo. Se uma doença basta para modificar o mundo fenomenal, é porque o corpo é uma tela entre nós e as coisas ... O corpo fenomenal, com as determinações humanas que permitiam à consciência não se distinguir dele, passará à condição de aparência; o "corpo real" será aquele que a anatomia ou mais geralmente os métodos de análise isolante nos fazem conhecer (SC, 204).

A partir daqui, podem-se traçar os caminhos dessa perspectiva no comentário da percepção – ela duplicará o mundo em "real" e "para mim", assegurará entre ambos, de início, uma relação de semelhança, depois, uma relação de signo a significado etc. Mas não é tanto diante dessa perspectiva que Merleau-Ponty singularizará seu projeto de análise da percepção (no capítulo 4 de *A estrutura do comportamento*); ele o fará diante do idealismo clássico – notadamente Descartes e Kant. Há uma razão para isso: Merleau-Ponty procura reeditar a perspectiva da consciência; afinal, a universalidade da for-

Razão e experiência: ensaio sobre Merleau-Ponty

ma o levou a tomar a natureza, a vida e o espírito como objetos diante da consciência, já que são partes do mundo da percepção, de tal modo que, no fim das contas, embora não se trate de uma pura consciência, esta, ainda assim, é universalizada. O que enfim distinguirá a perspectiva idealista clássica da perspectiva merleau-pontiana? E, a partir daí, o que deverá ser finalmente a percepção e qual nova relação ela aponta entre filosofia e ciência?

A originalidade radical do cartesianismo, diz Merleau-Ponty, está em colocar-se no interior da própria percepção: Descartes, nas *Meditações* pelo menos, analisa não a visão e o tato como funções do corpo, mas o pensamento de ver e tocar (SC, 210). Assim, ele pode revelar "o domínio indubitável das significações" (SC, 211). Para além dos fantasmas do realismo (a coisa sensível que nos afeta, o corpo como intermediário da ação causal dessa coisa), coisa e corpo passam a ser definidos como "significação coisa" e "significação corpo". Mas a perspectiva que aí se inaugura é idealista, e a "indubitável" significação não vai além do domínio das essências, ela não nos dá mais que a "estrutura inteligível" dos objetos (SC, 211). Que na percepção o objeto se apresente sem ter sido querido, que haja nele um "índice existencial" que o distinga dos objetos do sonho, isso não conduz Descartes a abandonar o terreno purificado das essências dando à significação um domínio mais largo: não, a experiência dessa "existência", dessa "presença sensível", continua a ser explicada por uma excitação que leva a alma a *pensar* tal objeto "por um evento corporal ao qual ela 'se aplica' e lhe 'representa' um evento da extensão real" (SC, 212). A reflexão cartesiana, portanto, conduz Descartes a um "universo de consciência" que é apenas, "em sentido restritivo, um universo de pensamento": esse universo dá conta do pensamento de ver, mas "o fato da visão e o conjunto dos conhecimentos existenciais permanecem fora dele" (SC, 211). Merleau-Ponty procura mostrar aqui que Descartes — apoiado nisso pela matematização da natureza levada a cabo por Galileu — separa o sensível do inteligível, transformando-o em mero signo da *existência* das coisas.[60] O pedaço de cera não é apreendido pela sensibilidade, nem pela imaginação, mas por uma "inspeção do espírito": é o entendimento que o concebe, visto que ele foi despojado de suas qualidades sensíveis.[61] O sensível torna-se então apenas um signo, separado da significação, que é apreendida pelo entendimento: "Descartes não procurou integrar o conhecimento da verdade e a experiência da realidade, a intelecção e a sensação. Não é na alma, é em Deus que elas se ligam uma a outra" (SC, 212-3). O que faltou a Descartes, segundo Merleau-Ponty, foi integrar significação e existência não em Deus, como ele o fez, mas na própria experiência. Pois é essa integração que pode dar à percepção a autonomia diante do entendimento – autonomia necessária, se a percepção deve ser algo mais que uma simples função sensorial.

XII

O comentário kantiano da percepção é diferente, de vez que já não há ali a mediação do infinito. Kant preserva o domínio das signi-

---

60 A interpretação de Merleau-Ponty parece idêntica à de Husserl, em texto bastante conhecido do filósofo alemão: "Podemos dizer que é apenas com Galileu que a ideia de uma natureza como *mundo-de-corpos realmente separado e fechado sobre si* vem à luz ... O mundo se dissocia por assim dizer em dois mundos: natureza e *mundo-do-psicológico*" (*La crise...*, §10). E ainda: "desde que a natureza racional, no sentido da ciência da natureza, é um mundo-de-corpos em si, e é tido por evidente, desde esse momento o mundo em si, de uma maneira muito particular e em um sentido até aqui desconhecido, é um mundo *cindido*, cindido em uma natureza em si e um modo de ser diferente deste: o ente que tem por modo de ser a psiqué" (ibidem, §11). E todo o universo das qualidades sensíveis, como se sabe, pertence ao mundo subjetivo, são apenas signos de uma estrutura inteligível.

61 "... desejaria quase concluir que se conhece a cera pela visão dos olhos e não pela tão só inspeção do espírito, se por acaso não olhasse pela janela homens que passam pela rua, à vista dos quais não deixo de dizer que vejo homens da mesma maneira que digo que vejo a cera; e, entretanto, que vejo desta janela, senão chapéus e casacos que podem cobrir espectros ou homens fictícios que se movem apenas por molas? Mas julgo que são homens verdadeiros e assim compreendo, somente pelo poder de julgar que reside em meu espírito, o que acreditava ver com meus olhos" (Descartes, *Meditações metafísicas*, p. 97).

Razão e experiência: ensaio sobre Merleau-Ponty

ficações, certamente, e portanto a percepção exige, também aqui, uma "análise interior". Mas, porque o acordo entre sentido e existência não é mais remetido a Deus, é forçoso concluir que "é a coisa mesma que eu atinjo na percepção, pois toda coisa na qual podemos pensar é uma 'significação de coisa' e chamamos justamente percepção o ato no qual essa significação se revela a mim" (SC, 215). Ao contrário do que ocorre em Descartes, a percepção em Kant atinge, ela própria, a coisa, isto é, a significação. É com Kant, não com Bergson, assegura Merleau-Ponty, que se inaugura a ideia de que "a percepção do ponto O está no ponto O" (SC, 215). Vem daí que o que em Descartes era pura aparência, dissociada da essência, em Kant torna-se *fenômeno* (não, certamente, a coisa em si): "para marcar ao mesmo tempo a intimidade dos objetos ao sujeito e a presença neles de estruturas sólidas que os distinguem das aparências, nós os chamaremos 'fenômenos'" (SC, 215). Mas, será tal fenômeno uma efetiva junção de essência e existência?

É aqui que aparece uma objeção clássica de Merleau-Ponty, muitas vezes retomada, e valerá também contra o Husserl da segunda fase, o Husserl de *Ideias*: o fenômeno kantiano, malgrado ultrapasse a pura aparência cartesiana, não integra a significação à existência porque esta é produto de uma consciência constituinte. A análise do ato de conhecer em Kant, diz Merleau-Ponty, conduz a um "pensamento constituinte ou naturante que subtende interiormente a estrutura característica dos objetos" (SC, 215). Noutras palavras, Kant toma a consciência como "meio universal" e a percepção torna-se, por isso mesmo, "uma variedade da intelecção" (SC, 216). É o que fica mais evidente na passagem da primeira à segunda edição da *Crítica da razão pura*. Na primeira edição, diz Merleau-Ponty, Kant ainda lenta associar o idealismo transcendental a um realismo empírico. Nesse primeiro momento, ele ainda distingue uma forma geral *a priori*, não derivada de nenhum evento corporal e psíquico, de conteúdos empíricos cuja existência atual é ligada a eventos exteriores. Na segunda edição, entretanto, essa distinção tende a desaparecer, em proveito do idealismo.[62] Tudo se passa como se, diante de uma consciência naturante, esses conteúdos empíricos, essas coisas inertes que seriam as sensações puras, acabassem por se tornar uma "noção limite", o que anularia de vez a "consciência sensível": uma análise que desejasse isolar o conteúdo percebido nada encontraria, segundo Merleau-Ponty,

> porque toda consciência de alguma coisa, desde que esta coisa ... é identificável e reconhecível ... *pressupõe*, pela impressão vivida, a apreensão de um sentido que *não está contido* nela, não é dela uma parte real. A matéria do conhecimento torna-se uma noção limite posta pela consciência em sua reflexão sobre si mesma e não um componente do ato de conhecer (SC, 216; grifos nossos).

A consciência *apresenta-se* como naturante não por relação ao ser do mundo, bem entendido, mas por relação à *significação*: o seu correlato não é o ser, mas o fenômeno; e se esse fenômeno se distingue da pura aparência, é justamente porque ele envolve a *significação*, de que a aparência é desprovida. Por isso mesmo, diante desse naturante, o conteúdo se dissolve, pois a significação, vinda aqui da consciência, *não é produto de uma atividade lógica*, de um simples juízo, e a percepção, portanto, não é uma simples "interpretação" (PhP, 46, 66). E como poderia sê-lo, se não há, se *não pode haver* nenhum dado prévio, nenhuma premissa sobre a qual o juízo se aplique? A sensação, a impressão vivida, pressupõe já a apreensão de um sentido e, portanto, o trabalho da consciência:

> a pura sensação [a premissa do juízo] definida pela ação dos *estímulos* sobre nosso corpo, é o 'efeito último' do conhecimento, em particular do conhecimento científico, e é por uma ilusão, aliás natural, que a

---

62 Sabemos como, assegura Merleau-Ponty, "a 2ª edição da *Crítica da razão pura* retira à sensibilidade a intuição formal – 'maneira pela qual nós somos afetados', dizia *A estética transcendental* –, e a entrega ao entendimento" (SC, 216; nota).

colocamos no começo e acreditamos que seja anterior ao conhecimento ... Pertence ao domínio do constituído e não ao espírito constituinte ... Para a própria consciência, como ela seria um raciocínio se não existem sensações que possam servir de premissas, como ela seria uma interpretação se antes dela não há nada para ser interpretado? (PhP, 46-7, 66).

Daqui, a matéria tem de passar ao "limite" e tornar-se produto de uma ilusão retrospectiva e o criticismo, finalmente, um idealismo transcendental, pois *tudo*, no final das contas, deve passar ao domínio do constituído. A perspectiva transcendental supera assim toda passividade, toda finitude. Eis aí aonde Merleau-Ponty quer chegar; assim, o sujeito transcendental é uma versão, entre outras, do "sujeito de sobrevoo". Nessa versão de idealismo, como Merleau-Ponty a interpreta, eu não poderia perceber-me "envolvido por meu corpo" se não pudesse *pensar* essa relação e por isso mesmo *escapar* a essa inerência; eu não poderia saber-me situado no mundo se estivesse *realmente* situado nele:

eu me limitaria a *estar* onde estou como uma coisa, e, se sei onde estou e me vejo no meio das coisas, é porque sou uma consciência, um ser singular que não reside em nenhum lugar e pode tornar-se presente a todas as partes em intenção (PhP, 47, 66).

A percepção não está em parte alguma, como uma coisa, senão não poderia fazer as coisas existirem para ela, a percepção é apenas pensamento de perceber. Assim, a encarnação não oferece nenhum "caráter positivo", e pela simples razão de que a consciência transcendental condena a matéria, a afecção, a consciência sensível, a passar ao limite: "se uma consciência constituinte universal fosse possível, a opacidade do fato desapareceria" (PhP, 74, 95). Tudo se passa, enfim, como se o acordo entre o sensível e o inteligível não pudesse ser mantido, já que ele se faz sob a égide do entendimento, como se o equilíbrio entre o "dado" e o "pensado" não pudesse ser sustentado: ou esse acordo se faz em Deus, ou o desequilíbrio é inevitável. Dizer, portanto, como Merleau-Ponty o faz, que a consciência é naturante, não significa dizer que Kant (nem, analogamente, o "segundo Husserl") pretendesse afirmar uma consciência naturante do ser do mundo, mas apenas, como lhe é próprio, de uma significação do mundo — entretanto, é tal acordo que se revela impossível, o acordo entre o dado e o pensado, a matéria e a forma, a passividade e a atividade, pois ele é pensado a partir de uma consciência que se afirma como "meio universal", como fonte da significação. Assim, o criticismo procuraria resolver "os problemas postos pelas relações entre a forma e a matéria, entre o dado e o pensado, entre a alma e o corpo, concluindo-se em uma teoria intelectualista da percepção" (SC, 217). Por aqui, pode-se medir as distâncias que separam Merleau-Ponty da outra interpretação que apontará justamente em Kant o aparecimento de um sentido *positivo* da finitude. A estratégia de Merleau-Ponty, ao contrário, consiste em incluir Kant em um prejuízo geral — sobre o qual falaremos adiante — que é *também* o do dogmatismo.

XIII

É verdade que também a estrutura nos conduziu a uma consciência como "meio universal", e, consequentemente, à atitude transcendental: as análises precedentes, diz Merleau-Ponty, "conduzem à atitude transcendental, isto é, a uma filosofia que trata toda realidade concebível como um objeto de consciência" (SC, 217). Mas o meio universal que nos foi revelado não é sinônimo de consciência absoluta, o transcendental de que aqui se fala está em "relação de simples homonímia" com o de inspiração criticista (SC, 222-3).[63] Verdade

---

63 É o que nos mostra uma análise das relações entre o corpo e a alma, problema que, "do ponto de vista da consciência absoluta, meio de universo, ... do ponto de vista criticista ... parece desaparecer" (SC, 218). Se, em contrapartida, a consciência como meio universal se enraíza em dialéticas subordinadas – se a alma se enraíza no corpo –, esse

Razão e experiência: ensaio sobre Merleau-Ponty

que Merleau-Ponty pretende ver essa filosofia de inspiração criticista mais em Brunschvicg do que no próprio Kant. Aliás, já no debate apresentado anteriormente, que pretende mostrar uma teoria intelectualista da percepção, a conclusão é remetida a Brunschvicg. É ele, não Kant, é o espiritualismo francês que, voltando-se para a percepção, pretende fazer dela uma "ciência iniciante", "uma primeira organização da experiência que só se conclui pela coordenação científica" (SC, 217). Afinal, se, para Merleau-Ponty, a segunda edição da *Crítica da razão pura* desequilibra o acordo entre o idealismo transcendental e o realismo empírico em favor do idealismo transcendental, é verdade também que essa leitura não esgota o interesse de Merleau-Ponty por Kant. Bem mais que a primeira, interessa a Merleau-Ponty a terceira *Crítica*, é ela que "contém indicações essenciais acerca dos problemas de que tratamos aqui" (SC, 223). E que problemas são esses?

Não é de estranhar que a referência à *Crítica do juízo* apareça justamente no momento em que, contra o transcendental da filosofia

---

problema reaparece, o corpo, dirá em suma Merleau-Ponty, não pode ser recalcado a ponto de tornar-se simples resíduo de uma análise ideal; tampouco ele pode ser pensado, na sua relação com a alma, a partir das metáforas do instrumento e do artesão que o utiliza, do navio e do piloto que o conduz. Aqui, ainda uma vez, é preciso pensar segundo a forma: a relação entre matéria, vida e espírito, condensada na relação corpo/alma, é a relação entre uma dialética inferior e uma dialética superior, de modo que a camada inferior (o corpo) não é senão "o solo dialético adquirido sobre o qual se opera uma formação superior", e a camada superior (a alma) "é o sentido que então se estabelece" (SC, 227). E se, a partir dessa forma, podemos pensar um acordo entre sensível e inteligível que rompa com a exterioridade entre os termos, exterioridade implicada na solução da consciência transcendental ou do infinito, é justamente porque o superior "conserva e integra" o inferior, porque este é suprimido como "momento isolado" no estabelecimento de uma nova dialética (SC, 214). A totalidade que a forma promove não é portanto uma mera significação; ao contrário, ela se funda em dialéticas inferiores, o que a impede de passar ao limite e conhecer a unidade do conceito. Daí por que a integração pode conhecer também o seu avesso, a desintegração, caso em que o corpo e a alma se distinguem – o que assegura a verdade do dualismo: a lesão parcial, a doença, a fome, a sede, rompem em algum momento com a formação. A integração, por sua vez, supõe "o funcionamento normal das formações subordinadas", mas nesse caso ela conserva, integrando, essas funções. Fundando "em princípio" o dualismo do corpo e da alma (SC, 227), a solução de Merleau-Ponty não consiste em reduzir um termo ao outro – o que significa dizer que ele tampouco afirma o monismo; parodiando o que será dito mais tarde a propósito do mundo (VI, 315), pode-se dizer que a totalidade corpo/alma não é um nem são dois – pois o que encontramos aí já não são substâncias, significações puras, mas uma estrutura, um fenômeno.

de "inspiração criticista", Merleau-Ponty opõe a estrutura que nos é revelada pela *Gestalttheorie*. No prefácio à *Fenomenologia da percepção*, Merleau-Ponty retoma a comparação entre a primeira e a terceira *Críticas*, procurando frisar ali que justamente na terceira *Crítica* Kant descobre um acordo entre o sensível e o conceito, entre mim e outrem que já não faz do sujeito "o pensador universal de um sistema de objetos rigorosamente ligados, a potência que sujeita o múltiplo à lei do entendimento"; ao contrário, este sujeito se descobre como "uma natureza espontaneamente conforme à lei do entendimento", de modo que a unidade, isto é, a significação, não é simplesmente posta, mas se faz em nível antepredicativo (PhP, XII-XIII, 15). Ora, é justamente esse modelo que Merleau-Ponty entende retomar pela estrutura, pois esta se revela a "junção de uma ideia e de uma existência indiscerníveis, o arranjo contingente pelo qual os materiais se põem diante de nós a ter um sentido" (SC, 223). Também aqui, o acordo entre o sensível e o conceito é "livre e indeterminado", ainda que, por ser ele agora veiculado pela estrutura, por já não se limitar ao juízo estético, por se espalhar por toda a experiência, é toda a atividade categorial que se vê condicionada por ele, e portanto é todo o conhecimento que repousa sobre ele. É no mundo percebido, finalmente, que se realiza tal acordo.

Ora, era baseado na virtude da forma que Merleau-Ponty fazia a defesa da *Gestalttheorie* em face das críticas que Husserl dirigia a ela, quando a colocava ao lado da psicologia atomista do século XIX. Para Husserl, com efeito, não há diferença de princípio entre a consciência tomada como soma de átomos psíquicos e a consciência vista como totalidade na qual os elementos não têm existência separável (SH, 17). De um modo ou de outro, a consciência é ainda uma coisa, e não uma consciência. Tal crítica conduzirá Husserl a reelaborar o conceito de totalidade de tal modo que a consciência apareça" como uma totalidade sem nenhum equivalente entre as coisas" (SH, 17). Ou, mais precisamente, essa crítica prepara justamente o que Merleau-Ponty quer evitar, a redução a uma consciência transcendental pura.

Daí por que ele chama a atenção para o outro aspecto da forma, para sua "verdade fenomenológica" (SH, 37), que Husserl teria deixado escapar. E esse aspecto consiste justamente na junção da ideia e da existência, do inteligível e do sensível, o que se vê pela "organização intrínseca" da forma, pela ausência, nela, de "eventos exteriores uns aos outros, sem laço interno". Quer dizer, essa nova totalidade, que não se confunde com um agregado, implica uma *significação* que não lhe vem de fora, que lhe é imanente; daí por que não é mais necessário o recurso a uma subjetividade – ou a nenhum outro princípio – que seria a fonte dessa significação. A forma traz um sentido que *não é* produto de uma atividade do espírito sobre materiais exteriores, ela implica uma "organização espontânea para além da distinção entre a atividade e a passividade"; esse sentido é "autóctone", advém da organização interna dos elementos (SH, 37), o que significa dizer que, no interior dela, tais elementos não têm existência separável, não são ligados de fora. A forma implicará então uma *intencionalidade* distinta da que resulta de uma pura consciência, da intencionalidade de ato "que faz o mundo repousar na atividade sintética do sujeito" (PhP, IV, 5), que faz do Espírito a fonte da significação.[64] A forma, porque envolve uma significação imanente, uma organização espontânea, pode prescindir da passagem a um sujeito transcendental, doador de sentido – embora ela envolva um sujeito, mas que não é fonte de significação.

Vem dessa significação imanente da forma a aproximação com o modelo da terceira *Crítica*, o que aponta um livre acordo entre o sensível e o conceito. De modo que, se é verdade, de um lado, que Kant, na história traçada por Merleau-Ponty, pertence à galeria dos intelectualistas, ao lado de Descartes, é verdade também, de outro, que o próprio Kant aponta a superação do modelo intelectualista, na terceira *Crítica* (como Merleau-Ponty pretende fazê-lo por relação ao

---

64 Teremos ocasião de voltar aos temas da "redução" e aos dois tipos de intencionalidade, a de ato (noética) e a operante (noemática).

Husserl intelectualista), já que ele aí descobre um juízo "que *faz nascer no objeto individual seu sentido e não lhe traz inteiramente feito*" (PhP, 53, 74; grifos nossos). Merleau-Ponty cita a *Crítica do juízo*:

> (a faculdade de julgar) deve portanto ela mesma dar um conceito, que na realidade não faz conhecer coisa alguma, e serve de regra apenas para ela, mas não de regra objetiva à qual adaptar seu juízo; pois agora seria preciso outra faculdade de julgar para poder discernir se se trata ou não do caso em que a regra se aplica (PhP, 53, 618; citação do Prefácio).

Kant abre um domínio em que a significação não é ainda exterior ao sensível, não é ainda posta por uma consciência naturante, mas "nasce no objeto individual" – o que, no modelo merleau-pontiano, implicará a autonomia da percepção por relação a uma consciência determinante, a uma consciência que teria, ela, "uma função universal de organização da experiência" (SC, 186). Kant, finalmente – e é o que importa a Merleau-Ponty –, abre a via de um projeto *genético* (PhP, XIII, 16), de busca da "gênese do sentido" (PhP, XIV; 17). Mas exatamente aí Merleau-Ponty não se afasta, ainda uma vez, de Kant, por pretender flagrar, *na percepção*, "a inteligibilidade em estado nascente"? (SC, 223) Justamente isso não aponta para um acordo diferente *mesmo do da terceira Crítica*? Não é afinal no mínimo questionável que a "Analítica do belo" nos ofereça algo como a junção de uma ideia e de uma *existência*, que o acordo aí em questão nos mostre um sentido nascendo em um *objeto* individual? O fato de Merleau-Ponty pretender flagrar o acordo lá no *mundo percebido* não o afasta, ainda uma vez, do criticismo?

Parece que sim, pois o sentimento de prazer e desprazer não designa enfim absolutamente nada no objeto, apenas a maneira pela qual o sujeito sente-se a si próprio quando é afetado pela representação.[65] Essa *redução ao elemento subjetivo* parece ausente da percepção

---

65 Kant, *Crítica do juízo*, "Analítica do belo", §1.

merleau-pontiana, que pretende flagrar no percebido a junção da ideia e da existência. É a posição de existência que parece suspensa em Kant, visto que o prazer não é determinado pela existência física do objeto: "se a questão é se algo é belo, não se quer saber se, para nós ou para quem quer que seja, importa algo a existência da coisa, ou sequer se pode importar; mas sim como a julgamos na mera consideração".[66] A redução ao subjetivo busca neutralizar o *fato*, que passa a exprimir apenas "um *direito* que a análise deve reencontrar",[67] de modo que o sujeito transcendental, seja ele sujeito reflexionante ou sujeito de entendimento, permanece sempre "um protocolo de condições de possibilidade (da beleza ou da objetividade), e é impossível, em última instância, encontrar na terceira *Crítica* a doutrina do sujeito encarnado que aprofundaria a do sujeito puro ...".[68] Assim, o acordo de que fala Merleau-Ponty não se passa, em Kant, lá no mundo percebido, ou na relação sujeito/objeto; ele não envolve em suma a existência da coisa; daí por que a desconfiança kantiana "em relação a toda ontologia prévia";[69] ao contrário, o problema, em Kant, da relação sujeito/objeto "tende a interiorizar-se", de modo que ela "se converte no problema de uma relação entre faculdades subjetivas que diferem em natureza" (sensibilidade, entendimento, imaginação)[70] – o que é substancialmente diferente do acordo buscado por Merleau-Ponty: o sentido aqui se assenta no fato, entrelaça-se ao sensível, ao passo que Kant "é sempre uma espontaneidade escondida que o inventa".[71] Tratar-se-ia então, para Kant, não apenas na

---

66 Kant, ibidem, §2.
67 Lebrun, *Kant e o fim da metafísica*, p.463.
68 Ibidem.
69 Ibidem, p.466.
70 Deleuze, G., *La philosophie critique de Kant*, p.24. Segundo Deleuze, "o problema de uma harmonia das faculdades é tão importante que Kant tem tendência a reinterpretar a história da filosofia na sua perspectiva". Cf. carta a Herz de 26 de maio de 1789: "Estou persuadido de que Leibniz, com a sua harmonia preestabelecida, que ele estendia a tudo, não pensava na harmonia de dois seres distintos, ser sensível e ser inteligível, mas na harmonia de duas faculdades de um único e mesmo ser, no qual sensibilidade e entendimento se conciliam para um conhecimento de experiência". Apud Deleuze, ibidem, p.35.
71 Lebrun, ibidem, p.463.

primeira mas também na terceira *Crítica*, de "recensear as condições sem as quais nossas *pretensões de fato* seriam injustificáveis",[72] e não, como supõe Merleau-Ponty, de "definir nossos poderes de conhecimento por nossa condição de fato"[73] – leitura que Merleau-Ponty supõe válida, evidentemente, apenas para a terceira *Crítica*, já que vê na última a superação do intelectualismo da primeira.

Certamente, o "fato" em Merleau-Ponty, por ser uma forma, por envolver uma significação, não é um puro fato, que não exprime nenhum *eidos*. Por isso, Koffka tinha razão, aos olhos de Merleau-Ponty, ao reagir às acusações de Husserl, de que a *Gestalttheorie* é "psicologista": se é verdade que não se pode fundar a lógica, válida universalmente, em atos psíquicos individuais, isto é, se é verdade que não se pode fundar o direito no fato, e se o psicologismo é a tentativa de fazê-lo, então, reagia Koffka, a *Gestalttheorie não é* psicologista. Pois a crítica de Husserl assenta-se no pressuposto de que as relações psicológicas são meramente *fáticas* ou externas. No entanto, como se trata de uma forma, os processos que compõem tal forma "são organizados segundo relações intrínsecas ou internas" – e, por isso mesmo, lembra Merleau-Ponty, "psicologia e lógica, existência e subsistência, realidade e verdade, não pertencem a domínios nem universos racionais totalmente distintos, entre os quais não haveria nenhuma relação inteligível".[74] A crítica de Husserl incidiria sobre a tentativa de fundar a significação em fatos despidos de qualquer significação; daí a necessidade, em Husserl, de despsicologizar o sujeito fundador.[75] A forma, entretanto, é já impregnada de significação,

---

72 Lebrun, ibidem. p.464.
73 Ibidem. p.464 e PhP, 255.
74 Apud Merleau-Ponty. *Les sciences de l'homme...*, p.37. Cf. também Koffka, *Principles...*, p.661.
75 Por essa mesma razão. Husserl constata a necessidade de abandonar o "prejuízo aristotélico", prejuízo segundo o qual a única forma de existência admissível é a existência individual. Por isso ele introduz as *essências*, "objetos *universais* onde se buscará a 'base' da abstração dos conceitos" (cf. Moura. *Crítica...*, p. 111). O filósofo que persiste no projeto de *fundação* dos conceitos já não retornará aos atos da consciência, mas à essência deles, e assim a base se universaliza, de modo que, sublinhando a diferença entre

ela é "junção de ideia e existência" e, por isso, não há o problema da passagem do simples fato ao direito, pois já não lidamos com dois universos radicalmente distintos, entre os quais não haveria "relação inteligível". A *Gestalttheorie*, contudo, para Merleau-Ponty, termina por incidir em psicologismo, à medida que ela *realiza* a forma, em que a toma como um "acontecimento da natureza" (SC, 147), o que a torna presa de postulados realistas.

Assim, o modelo merleau-pontiano não se enquadra no paradigma kantiano, nem no paradigma cientificista. Não se enquadra no último porque o cientificismo é "ingênuo" (SH, 16), partindo de uma objetividade que ele não põe em questão; não se enquadra no paradigma kantiano porque este é levado a afirmar uma subjetividade transcendental que desconhece toda passividade, toda finitude. Se é verdade que, também na terceira *Crítica*, Kant busca uma redução a um *puro sujeito*, então é verdade que Merleau-Ponty também se afasta desse projeto, malgrado nele se anuncie a busca da gênese do sentido, pois, para ele, trata-se finalmente disto: de buscar lá na percepção, *no mundo percebido*, a fonte da inteligibilidade.

XIV

Se se busca a fonte da inteligibilidade na percepção, então não é "penas uma faculdade de Reflexão que essa gênese deixa transparecer. O que significa então dizer que a experiência da percepção "nos coloca em presença do momento em que se constituem para nós as coisas, as verdades, os bens [que] ela nos entrega um *logos* em estado nascente"? (PrP, 67) — A percepção, tal como Merleau-Ponty pretende

---

eidos e *fato*, Husserl pretende espaçar ao psicologismo. De resto, algo parecido se passaria com o empirista, que, também segundo Husserl, simplesmente ignora a objetividade ideal, que, por preconceito nominalista, "por temor de ressuscitar as entidades 'metafísicas'", simplesmente recusa o geral, o universal, e não reconhece senão representações singulares, que utilizaríamos *como se fossem* gerais. Cf. Lebrun, "David Hume dans l'album de famille husserlien", p.47.

desvelá-la, deve nos colocar diante do originário, do constituinte, de um "vivido anterior ao número, à medida, ao espaço, à causalidade", pelo qual, finalmente, deve ser "apreendido o mundo intersubjetivo de que as ciências, aos poucos, precisa as determinações" (SC, 235-6). É nesse mundo já constituído, "completo e real", que as ciências se instalam, sem se darem conta de que a experiência perceptiva o "constitui" (SC, 235). Para que a percepção possa cumprir tal papel, é preciso, de início, que ela deixe de ser uma simples função sensorial, isto é, que ela ultrapasse os limites clássicos do sensível puro. Confinada ao sensível, ela é desprovida da determinação do objeto. Essa determinação virá ou do entendimento ou de princípios de associação, de algo, enfim, capaz de organizar o diverso da sensibilidade. Para que a percepção seja determinação de conteúdo, para que atinja, ela própria, a "coisa mesma", é preciso superar a exterioridade clássica entre sensível e inteligível e assegurar a autonomia da percepção por relação a uma consciência determinante. Já não poderei dizer que a cor vermelha que percebo é conhecida apenas por mim, pois isso limita o acordo intersubjetivo à "estrutura inteligível" do percebido (SC, 228) e subsume a experiência da realidade a um conceito. Ao contrário, é preciso que a significação encontrada em um conjunto sensível lhe seja "aderente" (SC, 228). Sendo assim, o que é feito do perspectivismo da percepção? No fim das contas, o percebido se dá apenas por perfis:

> para que haja percepção, ou seja, apreensão de uma existência, é absolutamente necessário que o objeto não se dê inteiramente ao olhar que se coloca sobre ele ... uma visão que não se faria de certo ponto de vista e nos daria por exemplo todas as faces de um cubo ao mesmo tempo é uma pura contradição nos termos, pois, para ser visíveis todas juntas, as faces de um cubo de madeira deveriam ser transparentes, ou deixar de ser as faces de um cubo (SC, 230).

Daí por que será necessário pensar, entre os aspectos e a coisa total, entre as perspectivas, os perfis, e o objeto, uma relação "origi-

Razão e experiência: ensaio sobre Merleau-Ponty

nal e característica" que não seja a relação externa entre signo e significado (SC, 230), já que, mediante as perspectivas individuais, é o objeto mesmo que eu apreendo, diretamente, sem o socorro de nenhum princípio. Por isso mesmo, e inversamente, o meu campo de percepção vivido dá-se apenas como uma perspectiva *de* "objetos dotados de propriedades estáveis, *de* um mundo e *de* um espaço objetivos" (SC, 236; grifos nossos) − mundo sobre o qual, afinal, labora a ciência. O esforço de uma análise da percepção deverá ser assim o de recuar à "experiência originária" mostrando como, *por meio* dela, sem a determinação do entendimento puro ou de nenhum princípio associativo, o mundo intersubjetivo é constituído.

É o que torna *necessário* o recuo à experiência perceptiva, e portanto uma fenomenologia da percepção. Trata-se então, para o filósofo, antes de mais nada, de mostrar − é esse o tema da Introdução à *Fenomenologia da percepção* − a necessidade desse recuo; trata-se de mostrar a necessidade de operar "uma *inversão* do movimento natural da consciência" (SC, 236; grifo nosso), que a lança no mundo de coisas, no mundo completo e real, fazendo-a esquecer que este mundo é inteiramente constituído − "constituição" que já não terá, evidentemente, o significado que Merleau-Ponty aponta no intelectualismo. Tal inversão (que terá, para ele, o sentido de uma "redução fenomenológica" (SC, 236), se faz necessária porque se mostra que o mundo completo e real, pleno e determinado, no qual nos instalamos, nós e os cientistas, é tardio, não é primeiro na ordem do tempo (PhP, 34,53). Ou, mais precisamente, porque que se mostra que o mundo originário *escapa* à objetividade científica. O que importa a Merleau-Ponty, nesta Introdução, é abrir um "campo fenomenal" diante do qual as objetividades científicas perdem toda "clareza aparente" (PhP, 65, 85), pois tais objetividades são já relacionadas ao mundo objetivo constituído, e por isso são "incapazes de exprimir a maneira particular pela qual a consciência perceptiva constitui seu objeto" (PhP, 34, 53). Dessa insuficiência da objetividade científica, impõe-se a necessidade de operar a redução, retornando "aos fenômenos", Mas isso não é tudo; a insuficiência da objetividade diante do mundo da experiência efetiva não é condição suficiente para nos fazer recuar a essa experiência, que poderia passar perfeitamente por pura contingência inabordável pelo conceito. Será necessário, por meio de "antecipações filosóficas", fixar "o ponto de vista do qual [as descrições da experiência perceptiva] podem parecer verdadeiras" (PhP, 77, 99). E esse ponto de vista é o que vai mostrar que as objetividades são constituídas por tal experiência. O filósofo não passa ainda, nesse texto introdutório, à efetiva constituição do mundo objetivo, mas tampouco se limita a mostrar a heteronomia do ser objetivo, do mundo "verdadeiro" de que trata a ciência, das objetividades com que ela lida.

Ora, mas o que há aqui de diferente em relação à *A estrutura do comportamento*? Também aí não se tratava de mostrar a *necessidade* de um recuo à percepção? Sim, certamente, e o texto terminava com esse apelo, lançando, para adiante, o programa de uma fenomenologia da percepção. No entanto, o filósofo não se colocava ainda, àquela altura, na perspectiva da percepção, isto é, na perspectiva efetiva da *constituição do mundo*, sobre o qual laboram as ciências, sobre o qual lançam determinações, mundo único que subjaz à diversificação de setores de que as ciências, de modo especializado, tratam. Essa mudança de objetivo deverá levar a uma mudança de perspectiva: enquanto a heteronomia do ser visado pelas ciências podia ser apontada na perspectiva objetiva do "espectador estrangeiro" (SC, 175; 199), a passagem ao tema da constituição exigirá, ao contrário, uma "adesão" (PhP, 34, 53) à experiência efetiva, desconhecida pelo "espectador estrangeiro", pois agora procura-se mostrar o trabalho efetivo dessa experiência.[76]

---

76 Dessa mudança de perspectiva, T. Geraets infere uma transformação no pensamento de Merleau-Ponty. Assim, segundo ele, Merleau-Ponty buscava, em 1938 (data de término da redação de *A estrutura...*), "uma nova filosofia transcendental que devia ser também uma filosofia da existência, da experiência total do homem, e na qual seriam reconhecidas a finitude e a encarnação da consciência assim como a fragilidade da razão" (*Vers une philosophie transcendantale*, p.134) — mas, a essa altura, Merleau-Ponty não via ainda "como seria possível desenvolver uma filosofia transcendental" se renunciasse à ideia de uma consciência constituinte universal (ibidem, p.130). Daí as oscilações: de um lado, ele reconhece a originalidade da percepção, mas, ao apresentá-la como acesso à

Razão e experiência: ensaio sobre Merleau-Ponty

Antes de passar à constituição efetiva do mundo objetivo, Merleau-Ponty procura portanto, nesta Introdução, abrir um campo fenomenal anterior à objetividade científica e não contemplado por ela. Nem é ainda o momento da reflexão e da constituição, nem é mais a indicação objetiva, feita por um espectador estrangeiro, da heteronomia do ser visado pelas ciências por relação ao mundo percebido. Trata-se agora de considerar a própria percepção e o mundo percebido, procurando mostrar a *necessidade* de um "retorno aos fenômenos", o que só se consuma de fato quando a objetividade se revelar, mesmo que por "antecipações", originária desse mundo pré-objetivo. Ora, nosso interesse em abordar a Introdução reside no fato de que aí, finalmente, Merleau-Ponty mostrará o prejuízo *comum* a idealistas e a empiristas — estratégia que lhe permitirá aproximar Descartes de Kant, mais do que o último poderia desejá-lo, e ambos de Hume ou Locke. É a exposição desse enorme prejuízo comum — chave da leitura merleau-pontiana de toda a filosofia moderna — que mostrará o ineditismo de uma fenomenologia da percepção. Se esse tema — o do prejuízo comum da filosofia moderna — não aparecia ainda em *A estrutura...*, era justamente porque não se tratava ali da *constituição* — mas

---

significação, ele o faz "do ponto de vista de uma consciência transcendental segura de si mesma" (ibidem, p.111) — pois, afinal, a significação intersubjetiva "é antes uma ideia que meu espírito possui de uma coisa que se oferece pouco a pouco à inspeção de um sujeito situado em algum lugar" (ibidem, p.106). De outro lado, essa consciência transcendental torna-se problemática "justamente do ponto de vista da consciência perceptiva". Conclusão de Geraets: Merleau-Ponty não se sente ainda em condições de escolher entre esses dois pontos de vista ou de reconciliá-los (ibidem, p.111). Ele não quer "nem renunciar a toda filosofia transcendental, nem assumir definitivamente o ponto de vista da consciência transcendental" (ibidem, p.2). Daí por que Geraets conclui que a diferença entre *A estrutura...* e a *Fenomenologia...* é mais profunda do que se supõe, pois apenas na última — sobretudo porque entre 1938 e 1945 Merleau-Ponty travou contato com a filosofia husserliana do último período —, apenas na *Fenomenologia...* Merleau-Ponty supera a perspectiva transcendental, perspectiva que pretende fazer "um inventário da consciência como meio de universo" (SC, 215, citado por Geraets, ibidem, p.156) e "igualar a consciência à experiência inteira, recolher na consciência para si toda a vida da consciência em si" (SC, 240, citado por Geraets, ibidem, p.156). E onde, afinal, Geraets vê o transcendentalismo de *A estrutura...*, que leva Merleau-Ponty, inevitavelmente, à consciência como "meio de universo", apesar de o programa merleau-pontiano fazer entrar no transcendental a encarnação da consciência, apesar de reconhecer a originalidade da percepção? Geraets vê esse transcendentalismo na perspectiva do *espectador estrangeiro*, "diante de quem, crê Geraets, o mundo inteiro, inclusive nós

de mostrar, com base na análise científica do comportamento, a necessidade de uma filosofia transcendental renovada. É a essa tarefa que se dedica a *Fenomenologia...*; daí por que se trata de passar, efetivamente, ao tema da constituição, visto agora a partir da experiência perceptiva.

XV

"Iniciando o estudo da percepção", diz Merleau-Ponty logo no primeiro parágrafo (PhP, 9, 23), encontramos a noção de "sensação". A sensação aparecerá relacionada ao mundo objetivo já constituído – por isso, resultado de um "prejuízo" – e inadequada à experiência efetiva, pela qual o mundo objetivo vem ao ser. Assim, confrontando a sensação com a experiência efetiva, Merleau-Ponty observa que a sensação, como pura impressão, como choque indiferenciado, não corresponde a nada de que tenhamos experiência; a clássica definição do sensível como o que está interiorizado no sujeito psicológico,

---

mesmos, se encontra exposto" (ibidem, p.2). Não é surpreendente que Geraets identifique a perspectiva objetiva do "espectador estrangeiro" à perspectiva da consciência transcendental, "mola essencial da ideia do saber absoluto" (ibidem, p.158); não é surpreendente que, comparando *A estrutura...* com a *Fenomenologia...*, mostre que nesta "o objeto puro é o objeto que é puramente diante de mim, ao qual eu sou inteiramente exterior, *estrangeiro*" (ibidem, p.159; grifo nosso); que termine mesmo por tornar todo "pensamento objetivo", inclusive o de uma fenomenologia transcendental, uma simples "forma" do pensamento do espectador estrangeiro (ibidem, p.169): nada disso surpreende se observarmos que, segundo Geraets, Merleau-Ponty só encontra a verdadeira solução, o verdadeiro transcendental, capaz de assimilar a encarnação da consciência, quando se coloca *no interior da percepção*, quando ele opera a passagem de um ponto de vista exterior a um ponto de vista interior (ibidem, p.185), o que, para Geraets, equivale à passagem da perspectiva do espectador estrangeiro à reflexão. Estamos de acordo com Geraets de que a *Fenomenologia...* passa ao plano da reflexão; aliás, é o próprio Merleau-Ponty que disso nos adverte (PhP, 75, 96). O que não aceitamos é que Merleau-Ponty estivesse prisioneiro, em *A estrutura...*, de um prejuízo que ele não se cansa de denunciar. Na verdade, a leitura de Geraets incorre num erro bastante comum entre os leitores de Merleau-Ponty (teremos oportunidade de mostrá-lo a propósito de outros leitores) e consiste em ver na crítica a idealistas e realistas duas perspectivas inconciliáveis, uma oscilação sem remédio: Merleau-Ponty nem assume o ponto de vista da consciência transcendental, pois na crítica a idealistas reconhece a necessidade de enraizar a consciência; nem renuncia totalmente a ela, pois na crítica a realistas descobre o domínio irrecusável das significações. O erro do Geraets consiste em acreditar que a significação intersubjetiva é apenas uma ideia, e por isso Merleau-Ponty só pode associá-la a uma consciência transcendental (nunca à percepção), consciência

Razão e experiência: ensaio sobre Merleau-Ponty

como evento subjetivo sem lugar no mundo objetivo, como sensação enfim, conforme a distinção das qualidades primárias e secundárias, é uma pura ficção de filósofos e psicólogos. Imperceptível, inencontrável em uma percepção *de fato*, eles julgam distingui-la *de direito* unicamente porque, em lugar de estarem atentos à experiência perceptiva, eles a esquecem em favor do objeto percebido, já completo e real (PhP, 9-10, 23-25). Pois, enfim, se, de um lado, esse dado perceptivo isolado é inconcebível, de outro, o objeto percebido é feito de fragmentos de matéria – do objeto constituído de partes, do atomismo físico, finalmente, ergue-se o atomismo psicológico, no qual as sensações seriam análogas aos átomos do objeto físico. A percepção efetiva é aqui posta de lado em benefício do objeto percebido.

Dizer no entanto que tal objeto físico, feito de fragmentos de matéria, é o objeto percebido, o apreendido em uma percepção efetiva, é ainda, aos olhos de um fenomenólogo, um prejuízo. Supondo que essa tese fosse verdadeira, ela lançaria a qualidade não na conta de sensação, de impressão subjetiva, mas de sensível, de átomo objetivo dado a uma percepção: "o vermelho e o verde não são sensações, são sensíveis, e a qualidade não é um elemento da consciência, é uma propriedade do objeto" (PhP, 10, 25). Nesse caso, a qualidade

tornada problemática quando Merleau-Ponty oscila para o lado da percepção. Mas a significação de que fala o filósofo, e ele pretende ver "aderida" ao sensível, não é uma significação *lógica*, de modo que nem a coisa é uma ideia, nem os lados dela são signos. O que Geraets não vê é que Merleau-Ponty busca justamente o domínio – pré-lógico – no qual significação e existência possam se unir, e por isso sua crítica a realistas não oscila para o lado idealista e vice-versa; ao contrário, é uma *única e mesma crítica*, ainda que com nuances, como mostraremos adiante, que Merleau-Ponty faz a ambos: realistas e idealistas mantêm exterioridade entre significação e existência: "trata-se de compreender, sem confundi-la com uma relação lógica, a relação vivida dos 'perfis' às 'coisas' que eles apresentam" (SC, 237). A perspectiva do "espectador estrangeiro", ao contrário do que pensa Geraets, não nos lança num transcendental puro. Trata-se antes de uma perspectiva em que se procura mostrar apenas a não autonomia do ser visado pelas ciências, ser objetivo, em que o tema da constituição ainda não está em questão, e justamente por isso não se vai até a fonte constitutiva, portanto não se opera a reflexão. É o trabalho de constituição que escapa à perspectiva do espectador estrangeiro, Onde há uma mudança de perspectiva (de *A estrutura...* com o espectador estrangeiro à *Fenomenologia...* com a reflexão), em razão de uma mudança de objetivo (não mais mostrar a heteronomia da objetividade mas ir à fonte constitutiva, isto é, à percepção), Geraets vê uma mudança de tese.

99

passa a ser configurada em um campo, inserida em um jogo de luz etc. Mas, contra essa tese, o fenomenólogo lembra que, se o objeto percebido é assim composto de tais qualidades, de tais átomos, eu deveria então perceber segmentos do mundo bem circunscritos e nítidos, como o são as qualidades – o que não acontece de fato na experiência efetiva: os limites do meu campo visual, por exemplo, não são precisos, não configuram um perímetro de visão bem traçado (PhP, 11-2, 26-7). Não basta, portanto, lançar a qualidade no mundo, "inseri-la" em um campo de relações, se elas permanecem pensadas no plano do *ser*, como qualidades *reais*, pois o objeto efetivamente percebido, *enquanto percebido*, não é um mosaico de tais qualidades; noutras palavras, ele não é tão plenamente determinado, tão sem lacunas. É preciso mais que lançar a qualidade no mundo, é preciso superar a definição da qualidade como ser real, ou, o que dá na mesma, como determinação plena, apreendida em uma percepção:

> existem duas maneiras de se enganar sobre a qualidade: uma é fazer dela um elemento da consciência, quando ela é objeto para a consciência ... a outra é acreditar que esse ... objeto, no plano da qualidade, seja pleno e determinado (PhP, 11,26).

Lançar a qualidade no mundo e inseri-la em um campo implica mergulhá-la em uma totalidade fenomênica que a supera como qualidade real (por exemplo, "posso estar familiarizado com uma fisionomia sem nunca ter percebido, por ela mesma, a cor dos olhos" (PhP, 18, 33), de modo que o efetivamente percebido deva aparecer mergulhado em uma "atmosfera" de indeterminação (PhP, 12, 27) incompatível com a definição da qualidade como ser real, plenamente determinada e pertencendo ao objeto efetivamente percebido, *enquanto percebido*. Pois, afinal, os objetos de nossa percepção não são ainda puros, absolutos, identificáveis; basta ver, nota Merleau-Ponty, que a percepção efetiva não acontece sem lacunas e impercepções, que os "limites" de meu campo visual não são precisos, são antes uma *visão de não sei o quê* (PhP, 12, 27), que um objeto percebido não tem um número de lados determinado etc. Ultrapassar o prejuízo do mundo pleno e determinado é portanto condição necessária para reconstituir a história da percepção efetiva, que se passa em uma atmosfera de ambiguidade.

Assim, o prejuízo do mundo se mantém, seja eu compondo a percepção com base em impressões puras, seja em qualidades sensíveis. Observe-se que a distinção clássica entre qualidades primárias e secundárias, distinção que lança o sensível na conta de evento psicológico, é superada a partir do momento em que o sensível não é mais objeto *da* consciência, mas *para* ela. Essa superação, entretanto, não basta; ela ainda se revela presa do mesmo prejuízo: em qualquer um dos casos, os elementos sensíveis são fechados em si mesmos, isto é, conforme o atomismo subjacente, exteriores uns aos outros. É por isso que a sensação será sempre "contato cego" e "pontual" (PhP, 21, 36), choque instantâneo (SC, 177). Daí resulta que a significação de um conjunto percebido não poderá advir senão *de fora*, de uma organização *exterior* aos dados elementares. A significação virá, por exemplo, segundo o empirismo, de múltiplas associações, já que esses dados são mudos, já que não se abrem uns aos outros de maneira que estabeleçam entre si uma conexão intrínseca e, portanto, uma significação autônoma. E é justamente isso o *fenômeno*: por oposição a esses átomos exteriores entre si e a uma significação vinda de fora, Merleau-Ponty aponta uma totalidade fenomênica em que as partes *não são* independentes entre si, como na percepção de uma figura sobre um fundo. É da mútua dependência que vem a significação do percebido; nesse sentido, ela não vem de fora; assim, por exemplo, o lado de um retângulo não é um simples traço; enquanto o lado de um retângulo tem uma face interior e uma face exterior, o traço isolado tem duas faces equivalentes (PhP, 45, 617-8; nota). Isso quer dizer que nós percebemos conjuntos significativos, não uma soma de elementos reais, que seriam sempre os mesmos, independentemente do campo do qual fazem parte. Há uma conexão intrínseca entre as partes, uma totalidade que significa justamente em virtude dessa mútua dependência e não por agregação de partes independentes, exteriores entre si, há uma abertura dos elementos sensíveis uns aos outros da qual vem, afinal, a significação do percebido. Já não estamos mais diante de elementos reais, de propriedades absolutas, mas de uma totalidade significativa, enfim, de um autêntico *fenômeno*. Diante deste, a sensação e as categorias dos objetivismos se revelam elementos tardios de uma consciência analítica, e *oriundos desse fenômeno*: não existem dados indiferentes, fechados em si mesmos, diz Merleau-Ponty,

> que em conjunto formam uma coisa porque contiguidades ou semelhanças de fato os associam; ao contrário, é porque percebemos um conjunto como coisa que a atitude analítica em seguida pode discernir ali semelhanças ou contiguidades. Isso não significa apenas que sem a percepção do todo nós não pensaríamos em *observar* a semelhança ou a contiguidade de seus elementos, mas, literalmente, que eles não fariam parte do mesmo mundo e elas não existiriam de forma alguma (PhP, 23, 39).

A percepção de que então se trata, a que o fenomenólogo quer trazer à luz, deixa de ser uma percepção possível, constituída com categorias dos objetivismos, para tornar-se uma percepção efetiva, *atual*, que não pode ser modelada por experiências passadas do mesmo modo que não o é por significações feitas.[77] É o que fica ainda mais claro a partir da crítica de Merleau-Ponty à presumida contribuição da memória na constituição da percepção. Claro que essa crítica não pretende romper toda relação com o passado, isolando a percepção no agora inefável. Trata-se de redefinir essa relação, colocando o centro na experiência atual, efetiva. Assim, para que uma experiência passada possa ser evocada, é preciso que a experiência presente manifeste características capazes de trazê-la ao presente. A contribuição do passado é "tornada possível" pela fisionomia dos dados atuais:

---

77 "Poderíamos dizer que a psicologia e a filosofia tendem para uma noção de *consciência atual* de que elas têm necessidade para dar conta do que há de específico na percepção, existências individuais que ela revela em nós ou fora de nós." (SC, 177).

Razão e experiência: ensaio sobre Merleau-Ponty

antes de qualquer contribuição da memória, o que é visto deve presentemente organizar-se de maneira que me ofereça um quadro em que eu possa reconhecer minhas experiências anteriores. Assim, o apelo às recordações pressupõe o que ele deveria explicar: a colocação em forma dos dados, a imposição de um sentido ao caos sensível. No momento em que a evocação das recordações é tornada possível, ela se torna supérflua, já que o trabalho que se espera dela já está feito (PhP, 27, 44).

Não é jamais o despertar de lembranças que, tal qual uma "força autônoma" (PhP, 26, 42), traz a significação para minha experiência atual; é preciso que a experiência atual tome de início uma forma e um sentido de modo que tais e tais lembranças sejam evocadas, e não outras (PhP, 28, 45). A significação resultante da associação, do "encontro" entre o sensível e as lembranças, seria ainda exterior aos dados sensíveis, de maneira que a objeção de Merleau-Ponty ao associacionismo é feita em nome de uma significação que, ao contrário daquela, "nasce no berço do sensível e não vem de outro lugar" (PhP, 28, 45), impregna o sensível de modo que o torne um "texto originário que traz em si seu sentido" (PhP, 29, 46) – significação da qual o passado é evocado, e não por outra razão o significado do passado se altera no curso de nossa experiência. Assim, não é com base em experiências passadas que nossa experiência atual ganha sentido – isso implicaria manter um passado subsistente em si e tornar a significação exterior aos dados sensíveis, produto de uma força autônoma de associação. Trata-se antes de compreender como, pela minha experiência presente, suscitada por ela, posso "reabrir" meu passado, como ele pode ainda estar "presente" a mim – problema que não se coloca já que se mantém uma exterioridade entre os momentos do tempo, em que passado e presente se comunicam apenas em virtude de uma terceira força, a lei de associação; mas é um problema que vem ao primeiro plano desde que, para assegurar a aderência da significação ao sensível, para assegurar que é essa significação autóctone que evoca o passado, eu já não possa inserir um terceiro elemento, e o presente deve portanto comunicar-se com o passado internamente. Daí a necessidade de uma teoria do tempo que nos permita falar em "presença" do passado, em "reabertura" do passado a partir do presente. Eis a configuração que vai tomando a experiência pré-objetiva, à medida que ela vai se revelando "originária".

XVI

Da crítica à associação empirista à crítica ao intelectualismo, os mesmos elementos reaparecem, ainda que a última apresente algumas especificidades. Tomando por tema a atenção, Merleau-Ponty observa que ao intelectualismo já não é a "conexão interna" entre os elementos que faz falta, mas a "contingência das ocasiões de pensar" (PhP, 36, 56) — e a razão é simples: justamente porque parte da consciência, o intelectualismo está seguro de possuir, *desde o início*, a verdade do objeto, isto é, a significação. Assim, se a consciência está de posse da significação, a atenção consistirá apenas em uma volta a si, "no sentido em que se diz que um homem desmaiado volta a si" (PhP, 35, 54). As objeções de Merleau-Ponty, entretanto, a esse máximo de clareza, para a qual a contingência nada acrescenta, nada trazem de novo, são idênticas àquelas feitas à "cegueira" do empirismo — afinal, empirismo e intelectualismo comungam de um *mesmo* prejuízo fundamental, prejuízo que vem do fato de que ambos passam em silêncio à constituição do objeto; nos dois casos, não nos instalamos na consciência *em vias de aprender*, isto é, não nos instalamos na percepção efetiva, pela simples razão de que, nos dois casos, o objeto a que se referem é o objeto completo e real; portanto, importa pouco se o mundo é tomado como realidade em si ou como termo imanente do conhecimento. Assim, as objeções de Merleau-Ponty à teoria intelectualista da atenção procuram mostrar que essa não é uma mera iluminação de dados preexistentes, como se ela fosse uma luz que não mudasse com os objetos que ilumina (PhP, 38, 58), já que a consciência constituinte possuiria desde sempre, isto é, antes do ato de atenção, a estrutura inteligível de todos os seus objetos (PhP, 36, 55). Contra essa atenção que nada cria, pois tudo é já dado, pois a significação é desde o início disponível, Merleau-Ponty opõe uma atenção criadora (PhP, 38, 58) — que não é a única, pois há uma "atenção segunda", aquela que se limita a lembrar um saber já adquirido (PhP, 38, 58). A descrição merleau-pontiana dessa "criação" antecipa a descrição da passagem do indeterminado ao determinado, no caso, passagem de uma atmosfera de indeterminação à constituição da *unidade* do objeto — unidade que, antes dessa constituição, não era dada senão a título de horizonte indeterminado (PhP, 39, 59).[78] Se o intelectualismo é passível da mesma crítica que o empirismo, é justamente porque também ele se esquece dessa história, porque também ele é vítima do mesmo prejuízo, o do *mundo determinado*, posto desde o início. Pois é esse o prejuízo que determina a busca das "condições de possibilidade", é esse mundo determinado que a análise reflexiva procura tornar possível, sem perguntar pela *origem* da ideia de mundo ou de verdade exata (PhP, 40, 60), sem mergulhar na história da constituição dessas determinações, passando-a em silêncio.

É o que se torna ainda mais evidente na análise do juízo. Vimos anteriormente que a análise intelectualista clássica da percepção, já que confina a última ao sensível puro, deixa à consciência a tarefa de determinar o conteúdo. Mas não conhecíamos ainda as razões dessa exterioridade entre o juízo de existência e o juízo lógico. Agora, podemos compreendê-las facilmente: se o juízo é "o que falta à sensação para tornar possível uma percepção" (PhP, 40, 60), se ele é a contrapartida intelectualista que organiza "a dispersão possível das sensações" (PhP, 40, 60), se ele pode assegurar, melhor que qualquer outra coisa, a determinação lógica, é porque o ser em questão é *completo e*

---

78 E se cabe aqui o termo "criação" é porque a significação não é dada previamente, "o resultado do ato de atenção não é dado em seu começo" (PhP, 39, 59). Assim, ao dizer que a identidade era dada desde o começo e por isso estamos seguros quanto às variações sensíveis, como na análise cartesiana do pedaço de cera na *Segunda meditação*, será preciso lembrar que a atenção nos revela uma "estrutura original" e, em função dela, projetamos *retrospectivamente* a identidade do objeto antes e depois do ato de atenção.

acabado, portanto só conhece determinações de ordem predicativa — tarefa que cabe, no intelectualismo, justamente ao juízo. Daí por que as objeções de Merleau-Ponty à teoria do juízo consistem, como antes acontecera na objeção ao empirismo, em mostrar que, aquém da significação lógica trazida pelo juízo, aquém da determinação plena e inequívoca, a percepção se defronta com uma significação não externa aos dados sensíveis, não exterior a eles, mas aderente a eles e, portanto, se exibe no espetáculo. E a propósito do juízo, Merleau-Ponty procura mostrá-lo perguntando: como distinguir a percepção verdadeira da falsa, se, como quer o intelectualismo, nós vemos o que julgamos? Como afirmar que o louco apenas acredita ver o que ele não vê de fato, onde está a diferença entre "ver" e "crer que se vê":

> se se responde que o homem não só julga segundo signos suficientes e sobre uma matéria plena, é porque há então uma diferença entre o juízo motivado da percepção verdadeira e o juízo vazio da percepção falsa, e, como a diferença não está na forma do juízo mas no texto sensível que ele põe em forma, perceber no sentido pleno da palavra ... não é julgar, é apreender um sentido imanente ao sensível antes de qualquer juízo (PhP, 44, 63).

Há pois apreensão de um sentido prévio, não ainda lógico, mas que, ao contrário, é condição do juízo lógico e, portanto, torna possível a predicação.[79]

XVII

Também o intelectualismo, segundo Merleau-Ponty, permanece em uma atitude "dogmática" (PhP, 49, 69; 40,60), também ele acei-

---

79 Certamente, o intelectualismo não se limita a uma teoria da atenção e a uma redução da percepção a um juízo, isto é, a uma atividade lógica de conclusão, de modo que as críticas anteriormente apresentadas "só se aplicam aos primórdios da análise reflexiva" (PhP, 46). Para além da atividade lógica, aparecerá uma atividade transcendental que supera toda finitude. Já abordamos a crítica de Merleau-Ponty a esse intelectualismo. A novidade dessa crítica em relação àquela feita em *A estrutura...* consiste apenas em apontar, dessa vez, o prejuízo do mundo determinado. Por isso, limitamo-nos aqui a apontar esse prejuízo.

Razão e experiência: ensaio sobre Merleau-Ponty

ta sem mais a ideia do verdadeiro e a ideia do ser; também o intelectualismo não acreditou necessário fazer uma "genealogia do ser" (PhP,
67, 86), assim, parte diretamente para a busca das condições que o
tornam possível, sem questionar sua origem; a percepção é então
construída pela junção dessas condições de possibilidade, quando
seria necessário, para ultrapassar o dogmatismo, "desvelar a operação que a torna *atual* ou pela qual ela se constitui" (PhP, 48, 68).
De modo que o erro da análise reflexiva, o seu prejuízo maior, o que
a leva a nos esconder o "núcleo vital da consciência perceptiva", é
justamente o fato de ela "buscar as condições de possibilidade do ser
absolutamente determinado" (PhP, 55, 76), passando em silêncio "o
momento *decisivo* da percepção" (grifo nosso), que é o "surgimento
de um mundo *verdadeiro e exato*" (PhP, 65, 85). Assim, o recuo ao fenômeno não nos deve levar a concluir que a percepção se mova em
um ambiente de indeterminação absoluta, que o mundo vivido seja
sem nenhuma relação com o mundo exato da verdade – ao contrário,
o recuo ao pré-objetivo deve justamente mostrar a gênese do mundo objetivo, ou, mais precisamente, deve mostrar "a passagem do
indeterminado ao determinado" (PhP, 39, 59), a passagem efetiva e
não meras condições de possibilidade do ser determinado. De modo
que já na percepção flagramos essa passagem. Mais ainda: segundo
Merleau-Ponty, a própria ordem pré-objetiva não apenas se "fixa"
realizando-se na instauração da objetividade lógica, mas de fato é
por essa instauração que ela começa a existir (S, 218). Quer dizer,
da mesma maneira que a ideia de uma gênese da verdade faz-nos
recuar a um mundo pré-objetivo, também o mundo pré-objetivo não
seria senão um fluxo ininterrupto sem a objetivação – assim, no
limite, não haveria consciência de coisa alguma.[80] Dessa forma, o

---

80 Falando da consciência mítica, Merleau-Ponty observa que, embora essa consciência não
coloque "diante de si termos definidos por certo número de propriedades isoláveis e arti-
culadas umas às outras", nem por isso ela "se arrebata a si mesma em cada uma de suas
pulsações, sem o que ela não seria consciência de coisa alguma. Ela não toma distância em
relação a seus noemas, mas se passasse com cada um deles, se não esboçasse o movimento
de objetivação, não se cristalizaria em mitos" (PhP, 338, 392).

107

método indireto – partir dos seres (ou das objetividades) para chegar ao ser – assenta-se na *natureza do ser*, que sempre se objetiva, ou, de outra, é a própria ontologia que é indireta.[81] O prejuízo do mundo determinado não vem, portanto, da ciência; ao contrário, ele se assenta na própria percepção, é a percepção que me leva à "obsessão pelo ser" (PhP, 85, 108), fazendo-me *esquecer* o perspectivismo de minha experiência efetiva – pois é a própria percepção que se orienta para um *em si* como para seu fim (PhP, 66, 85), é ela que se dá como percepção de um ser, e não por outra razão o objetivismo não acreditou necessário fazer uma genealogia do ser (PhP, 67, 86). Portanto, desvelar os fenômenos é ir "contra o movimento natural do conhecimento, que atravessa cegamente as operações perceptivas para ir diretamente ao seu resultado teleológico" (PhP, 71, 91), é inverter a inversão natural inscrita na própria percepção (SC, 236). Logo, é fácil ao senso comum dizer o que ele percebe: uma mesa, uma folha de papel, um livro etc. Mas, desde que se recua aos fenômenos, desde que se recua do objeto percebido à percepção efetiva, "nada é mais difícil do que saber ao certo *o que nós vemos*" (PhP, 71, 91). Mas é verdade também que atravessar as operações perceptivas não as anula, não as torna inexistentes, portanto a objetividade não deixa de ter sua origem no pré-objetivo. É o *esquecimento* que nos faz crer que a percepção é percepção de um ser, lançando no silêncio a história de sua constituição,[82] é ele que nos leva a pôr a determinação plena, o objeto – que, uma vez constituído, aparece então "como a razão de todas as experiências que dele tivemos ou que dele poderíamos ter" (PhP, 81, 103). É o esquecimento da história dessa constituição que permite, por sua vez, o desenvolvimento do prejuízo do mundo e faz a percepção aparecer como uma "ciência iniciante" (PhP, 69, 89), no

---

81 "É talvez uma lei da ontologia ser sempre indireta, e só conduzir ao ser a partir dos seres" (RC, 125).

82 "Mas se a essência da consciência é esquecer seus próprios fenômenos e tornar assim possível a constituição das 'coisas'" (PhP, 71, 92).

Razão e experiência: ensaio sobre Merleau-Ponty

sentido em que também ela se pautaria por determinações lógicas, como se a coisa, apresentando-se como o invariante da percepção, correspondesse ao conceito na ciência como "meio de fixar e objetivar os fenômenos" (PhP, 66, 86). A história que o fenomenólogo entende retomar é a que deve nos levar à objetividade, é a história de sua constituição, que vem ao mundo quando a percepção "refaz os seus passos, os contrai e os fixa em um objeto identificável, passa pouco a pouco do 'ver' ao 'saber', e obtém a unidade de sua própria vida" (PhP, 48, 68), quando ela retoma, "a cada instante, sua própria história na unidade de um novo sentido" (PhP, 39, 59) — "novo" porque essa unidade idêntica foi constituída, e não dada de início. Justamente aí reside a "dimensão constitutiva" (PhP, 48, 68) da percepção, constitutiva da objetividade, o que exigirá certamente uma nova intuição do tempo capaz de responder a essa retomada direta do passado que permite constituir uma unidade, uma identidade — retomada que, justamente por concluir aqui em uma objetividade, termina por "contrair" a espessura da duração escoada, por "reunir" o que foi repartido em "vários pontos do tempo", reunião e contração que consistem na passagem à objetividade:

> quando eu me ponho a perceber esta mesa, contraio resolutamente a espessura da duração escoada desde que a olho, saio de minha vida individual apreendendo o objeto como objeto para todos, reúno então de um só golpe experiências concordantes mas separadas e repartidas em vários pontos do tempo (PhP, 50, 71).

A história da constituição é a história da passagem da multiplicidade à identidade. Assim, em vez de dizer que a percepção é uma "ciência iniciante", o que lança sobre ela objetividades que em verdade ela constitui, será preciso, ao contrário, lembrar que a ciência "é uma percepção que esquece suas origens e se crê acabada" (PhP, 69, 89), já que não apenas a evidência da ideia tem mesma história que a da percepção, mas é uma história que a ciência ignora.[83] O projeto de Merleau-Ponty consiste em retomar essa história, lançar luz sobre ela, sobre o que permanece em silêncio, tornando a filosofia, "não certo saber, mas a vigilância que não nos deixa esquecer a fonte de todo saber" (S, 138). Não se trata de competir com a ciência, mas de situá-la — é essa a terapia que se propõe aqui para a crise da razão.

---

[83] "Eu não saberia que possuo uma ideia verdadeira se não pudesse, pela memória, ligar a evidência presente àquela do instante escoado... de forma que a evidência espinosista pressupõe a da recordação e da percepção" (PhP, 49-50, 70).

Parte 1

Percepção

II

O sujeito de percepção

I

Segundo Merleau-Ponty, a cisão cartesiana entre o interior e o exterior torna a aparência, em sentido inédito, inteiramente desprovida de significado. Se, contudo, a experiência é fundadora, se se trata de reconhecer positividade à experiência sensível, então a relação entre a perspectiva e o objeto deve ser de outra natureza. Diz Merleau-Ponty: "se o objeto é uma estrutura invariável, ele não o é *a despeito* da mudança das perspectivas, mas *nesta* mudança ou *através* dela" (PhP, 106, 133). Nesse caso, poderei dizer que tal objeto é, não o geometral de todas as perspectivas *possíveis* que se podem tomar sobre ele, não "o termo sem perspectivas do qual se podem derivá-las todas" (PhP, 81, 103), mas, no contrário, a *síntese* de todas elas: "quando olho o abajur posto em minha mesa, eu lhe atribuo não apenas as qualidades visíveis a partir de meu lugar, mas ainda aquelas que a lareira, as paredes, a mesa podem 'ver', o verso de meu abajur é apenas a face que ele 'mostra' à lareira" (PhP, 82, 105). Ora, o que me permite afirmar tal síntese?

Se, por exemplo, em um filme a câmera se detém sobre um objeto, e, em um corte, o apresenta a nós em primeiro plano, podemos nos *lembrar* de que se trata da mão de um personagem. No mundo, ao contrário, não há necessidade de reconhecimento. É que, neste caso, o *horizonte* me assegura a *identidade* do objeto: quando meu olhar se apoia sobre um fragmento da paisagem, "os outros objetos recuam para a margem e adormecem, mas não deixam de estar ali. Ora, com eles, tenho à minha disposição os seus horizontes, nos quais está implicado, visto em visão marginal, o objeto que fixo atualmente" (PhP, 82, 104-5). Assim, é o horizonte que me assegura a identidade do objeto e é por meio dele que posso afirmar a síntese de todas as perspectivas. Vale o mesmo para a perspectiva temporal: a casa que eu vi ontem é a mesma que vejo hoje. O objeto é visto "a partir de todos os tempos, assim como é visto de todas as partes" (PhP, 83, 106). E assim como as perspectivas espaciais formam um sistema, também o formam as perspectivas temporais, de modo que "cada momento do tempo se dá por testemunho todos os outros" (PhP, 83, 106). Nesse caso, a identificação exige que o tempo escoado seja "inteiramente retomado e apreendido no presente" (PhP, 83, 106). A identidade do objeto resulta, pois, em qualquer dos casos, de uma síntese de todas as perspectivas.

Mas isso não é tudo. O fenomenólogo deve ainda reconhecer que tal síntese de perspectivas, tal "série concordante e indefinida de perspectivas" não é ainda o objeto "em sua plenitude" (PhP, 84, 107) – pois este, em verdade, jamais se dá à percepção, não é nunca o objeto da minha experiência efetiva. Meu olhar humano "só *põe* uma face do objeto" (PhP, 83, 107) – ainda que, por meio dos horizontes, ele vise a todas as outras, o que significa dizer que a síntese dos horizontes é apenas *presuntiva* (PhP, 84, 107). Se, de um lado, é verdade que meu presente contrai a duração escoada, pois, do contrário, ele se isolaria em um agora inefável, o que tornaria necessário um terceiro termo para fazer a ligação entre presente e passado, de outro, é verdade também que meu presente possui o tempo escoado apenas em intenção, pois trata-se não do passado em pessoa, mas de como o vejo agora. Do mesmo modo, não tenho efetivamente a perspectiva que a lareira, a parede, a mesa têm do abajur.

Razão e experiência: ensaio sobre Merleau-Ponty

Isso, entretanto, não impede a consciência de "pôr objetos" (PhP, 86, 109), e, ao fazê-lo, que ela "esqueça" (PhP, 85, 108) o perspectivismo de sua experiência — até porque, se não o fizesse, se se mantivesse reduzida a certa perspectiva, a consciência nunca visaria ao objeto como "ser autônomo" (PhP, 85, 109), independente da percepção. Há aqui, portanto, um paradoxo: de um lado, a posição de um objeto, à medida que sintetiza todas as perspectivas "em um único ato politético" (PhP, 85, 109), excede a experiência perceptiva e a síntese de horizontes; de outro, reduzidos ao perspectivismo, é "a substancialidade do objeto [que] escoa" (PhP, 84, 107). É preciso reconhecer que a consciência tende a pôr objetos, pois ela "só é consciência, quer dizer, saber de si, enquanto ela mesma se retoma e se recolhe em um objeto identificável", mas que, inversamente, "a posição absoluta de um só objeto é a morte da consciência" (PhP, 86, 109), pois essa posição "imobiliza toda a experiência" (PhP, 86, 109), incapaz que é de retomar a história efetiva dessa experiência. Parece que estamos aqui diante de uma "alternativa": ou o objeto é posto, e nesse caso "eu decolo de minha experiência" e já não me ocupo "de meu corpo, nem do tempo, nem do mundo, tais como os vivo no saber antepredicativo", eu literalmente perco contato "com a experiência perceptiva" (PhP, 85-6, 109); ou, ao contrário, assumo o perspectivismo de minha experiência, e nesse caso o objeto permanece "inacabado e aberto" (PhP, 84, 107). A alternativa aqui é a de "nada compreender do sujeito" ou "nada compreender do objeto", Alternativa que Merleau-Ponty precisa ultrapassar se se trata, para ele, de reencontrar "a origem do objeto *no próprio coração de nossa experiência*" (PhP, 86, 109; grifos nossos). A tarefa que ele se impõe é a de compreender "como paradoxalmente há, *para nós*, o *em si*" (PhP, 86, 110): se, de um lado, a consciência tende a pôr objetos, quer dizer, se ela se orienta para um objeto autônomo, que independe de mim para existir, para um em si, é verdade também que isso se faz *do interior* mesmo da experiência, isto é, de uma perspectiva. Eis o paradoxo da percepção de que deve dar conta o fenomenólogo.

Ora, mas por que começar justamente por esse paradoxo quando o tema em questão é o *sujeito* de percepção? É que, a tal paradoxo – que é aqui, a essa altura, uma "antecipação" –, deve corresponder um sujeito que não seja nem consciência (que põe o objeto), nem um corpo entendido como dispositivo anatômico (que apenas registraria o sensível e se isolaria na perspectiva). Será ainda um *corpo* o sujeito de percepção, mas um corpo entendido em sentido inédito, um corpo que, como veremos, não se confunde com pura extensão e muito menos implica a ideia intelectualista de uma síntese em ato. Mas como pode o corpo, se é ele que estará "na gênese do mundo objetivo" (PhP, 86, 110), ser um corpo "cognoscente"? Como é possível o acesso a ele? O acesso é sempre indireto: partiremos do pensamento objetivo, diz Merleau-Ponty, e não colocaremos a ele questões que ele próprio não se coloca – são seus "embaraços" que nos levarão a "reencontrar a experiência atrás dele" (PhP, 86, 110). Partamos então daqui: do pensamento objetivo "operando na constituição do nosso corpo como objeto" (PhP, 86, 110), e vejamos em que medida o corpo pode tornar-se o sujeito de percepção.

II

É a própria fisiologia moderna, nota Merleau-Ponty, que põe em questão a representação estritamente mecânica da fisiologia mecanista, representação segundo a qual os eventos corporais são regulados por uma" causalidade mundana", isto é, real, entre estímulo e receptor (PhP, 87, 112); é a fisiologia moderna, e não a filosofia, que fala em "evento psicofísico" e em uma "reorganização" da excitação por funções transversais, superando a representação de uma série de processos em terceira pessoa, do tipo transmissão-recepção (PhP, 89-90, 114). Assim, o evento psicofísico já não pode ser concebido segundo o modelo clássico do objeto, definido como *partes extra partes*, por rigorosa oposição ao sujeito, definido, por sua vez, como presen-

Razão e experiência: ensaio sobre Merleau-Ponty

ça de si a si — mas tampouco esse evento pode ser concebido segundo um modelo estritamente psicológico, da ordem do para si. Daqui a necessidade, imposta pelas ciências, de revisarmos nossa herança cartesiana, isto é, nossas categorias ontológicas. Tomando por tema o problema do "membro fantasma" — caso em que o doente que perdeu um braço ou uma perna continua a "senti-lo" —, a fisiologia moderna aponta, de um lado, para a impotência das explicações estritamente fisiológicas, já que tal problema depende da história pessoal do doente, de suas lembranças, emoções etc., e, de outro, para o fracasso de uma explicação apenas psicológica, como se o membro fantasma não fosse mais que uma *cogitatio*, já que, por exemplo, a secção dos condutos sensitivos que vão para o encéfalo suprime o membro fantasma (PhP, 90-2, 115-7). O que a fisiologia moderna impõe aqui é a necessidade de pensar uma "engrenagem" entre determinantes psíquicos e condições fisiológicas, um "terreno comum", um meio de articular o psíquico e o fisiológico, o para si e o em si (PhP, 91-2, 116-7), e esse terreno não será outro que o corpo pré-objetivo.

Mas, então, é preciso, de início, desfazer-se do prejuízo segundo o qual Merleau- Ponty procuraria articular a pura exterioridade à pura Interioridade, quer dizer, o corpo à alma tal qual o objetivismo os define. Não por acaso o próprio Descartes confessava a incapacidade do espírito humano em conhecer tal união. A filosofia cartesiana, diz Merleau-Ponty, consiste talvez em assumir a contradição entre o que nos ensina a "inclinação natural", isto é, a união entre corpo e alma, e o que nos ensina a "luz natural', isto é, a distinção ontológica entre um e outra (PhP, 52, 73).[1] Merleau-Ponty é claro quanto às dificuldades cartesianas: elas se originam da clivagem entre o sujeito e o objeto, o interior e o exterior. A articulação entre um domínio e

---

1 Merleau-Ponty cita carta de Descartes a Elisabeth, de 28 de junho de 1643: "... não me parecendo que o espírito humano seja capaz de conceber muito distintamente, e ao mesmo tempo, a distinção entre a alma e o corpo e sua união, porque para isso é preciso concebê-los como uma só coisa e conjuntamente concebê-las como duas, o que se contraria" (PhP, 52, 618).

outro, entre os clássicos, o acordo entre o interior e o exterior, remete, como vimos, ao infinito positivo. Se a fisiologia moderna impõe a necessidade de pensar tal acordo, e se, de outro lado, a solução clássica se revela inaceitável,[2] só haverá um meio de superar essa dificuldade: será "atribuir à finitude uma significação positiva, e ... levar a sério esta estranha frase da IV Meditação que faz de mim 'um meio entre Deus e o nada'" (PhP, 54, 75). Ora, tomar a finitude positivamente significa dizer que, em vez de apoiar o pensamento humano no infinito, isto é, no que daria a ele a garantia da verdade, seria preciso tomá-lo *em sua condição de fato* como garantia de si mesmo; em vez de buscar a conexão entre essência e existência, interior e exterior, na ideia de infinito, seria preciso buscá-la na própria experiência (PhP, 55, 76). Mas, então, a experiência que se revela já não é, como a experiência clássica, uma experiência simplesmente *possível*, construída segundo um conjunto de condições *a priori*, mas uma experiência *atual*, efetiva, ou, no caso em tela, um corpo atual e vivo. É esse primeiro passo que Merleau-Ponty pretende extrair do próprio pensamento objetivo: ao mostrar que a excitação é reorganizada por funções transversais, que a percepção não é efeito da situação de fato fora do organismo, que os estímulos "não poderiam ser recolhidos sem os movimentos pelos quais eu exponho meus receptores à sua influência" (SC, 11), o pensamento objetivo traz para o primeiro plano o corpo *vivo* de minha experiência efetiva. Merleau-Ponty dá um exemplo: considere-se, em um inseto, o fenômeno de substituição de patas — uma pata cortada por uma pata sã. A nova ciência ensina que tal substituição não ocorre por um dispositivo automático de socorro (ela só ocorre sob pressão das condições externas, podendo ou não ocorrer conforme o solo sobre o qual o inseto deve percorrer (SC, 40)) — nem porque o animal tenha consciência de um fim a atingir e use seus membros como meios ("pois então a substituição deveria produzir-se a cada vez que o ato fosse impedido, e sabe-se que ela

---

2 Cf. supra, cap. 1, seção I.

não se produz se a pata apenas está presa" (PhP, 92, 117)). Em suma, nem mecanismo nem finalidade expressa dão conta desse fenômeno, e justamente por isso, diz Merleau-Ponty, "estes fatos são essenciais (...) pois eles põem em evidência, entre o mecanismo cego e o comportamento inteligente, uma *atividade orientada* de que o mecanismo e o intelectualismo clássicos não dão conta" (SC, 41; grifos nossos). É a própria ciência, pensa Merleau-Ponty, que traz para o primeiro plano essa atividade, que leva em si uma mistura que o objetivismo não pode compreender. Que se considere a percepção. Se, conforme ensina a fisiologia, a excitação é reorganizada por funções que a fazem assemelhar-se à percepção que ela *vai* suscitar, se, portanto,

> *adivinho* aquilo que ela pode ser, é abandonando ali o corpo objeto, *partes extra partes*, e reportando-me ao corpo *do qual tenho a experiência atual*, por exemplo à maneira pela qual minha mão enreda o objeto que ela toca antecipando-se aos estímulos e desenhando ela mesma a forma que vou perceber (PhP, 90, 114; grifos nossos).[3]

A fisiologia moderna requer, segundo Merleau-Ponty, nem mais, nem menos, que o *ser no mundo*: se o reflexo não é mais simples resultado de estímulos objetivos, mas se volta para eles, investindo--os de um sentido, então tais estímulos deixam-se inscrever em uma *situação* (PhP, 94, 118) e o sujeito é o sujeito *existente*, enquanto *tem* ou *é para* um mundo. A significação aí envolvida não é lógica, mas de ordem "prática" e a situação, correlativamente, é "aberta" – de modo que, na passagem à experiência efetiva, nós nos confrontamos com uma significação em curso, com um *sentido se fazendo*. É então que Merleau-Ponty denomina essa situação como uma "visão pré-objetiva" (PhP, 94, 119). É no pré-objetivo, finalmente, que encontraremos a experiência do corpo capaz de articular, de engrenar, o psíquico e o fisiológico, o para si e o em si. Vejamos como.

---

3 Voltaremos a falar, mais adiante, desse caráter prospectivo da percepção, aqui aludido.

III

Como revelar o pré-objetivo? Como trazer à luz tal experiência? Se é agora, finalmente, o momento de praticar a *reflexão*, que gênero de reflexão pratica o filósofo? Não deixa de ser surpreendente que, neste momento, Merleau-Ponty se debruce sobre o caso do membro fantasma e da anosognose (caso em que o doente "ignora" um membro deficiente). Antes de comentarmos essa estratégia, vejamos em quais "embaraços" Merleau-Ponty pretende flagrar o objetivismo. *Depois* de ter mostrado que a fisiologia moderna põe em xeque as explicações puramente fisiológicas *ou* psicológicas, já que ela aponta para uma engrenagem entre os dois domínios, Merleau-Ponty observa então: para a fisiologia, a anosognose será a ausência de um fragmento da representação do corpo que deveria ser dada, já que o membro correspondente está ali; o membro fantasma será a presença de uma parte da representação do corpo que não deveria ser dada, já que o membro correspondente não está ali. Para a psicologia, por sua vez, o membro fantasma será uma lembrança, um juízo positivo e a anosognose, um esquecimento, um juízo negativo (PhP, 95, 119-20). Nos dois casos, conclui o filósofo, "não saímos das categorias do mundo objetivo, em que não há meio-termo entre a presença e a ausência" (PhP, 96, 120), já que o pensamento objetivo lida com noções alternativas, com conceitos puros que se excluem – extensão, pensamento; signo, significado (PhP, 60-1, 80-1). A dificuldade do objetivismo consiste aqui em dar conta exatamente do que a doença evidencia, segundo a própria ciência: um meio ambivalente. É essa ambivalência que Merleau-Ponty explora:

> na realidade, o anosognósico não ignora simplesmente o membro paralisado: ele só pode desviar-se da deficiência porque sabe onde correria o risco de encontrá-la, assim como o paciente na psicanálise sabe o que não quer ver face a face, ou não poderia evitá-lo tão bom (PhP, 96, 120).

Razão e experiência: ensaio sobre Merleau-Ponty

É assim com o anosognósico, que foge da deficiência do seu membro paralisado e por isso deve conhecê-la justamente para evitá-la, é assim com o doente que "sente" um membro fantasma, pois ele foge da mutilação do membro, ignorando-a, mas deve justamente conhecê-la para poder fugir dela. Trata-se aqui de modalidades de consciência que não são do tipo da consciência tética, pois a ausência do membro na anosognose é uma ausência ambivalente e a presença de um braço fantasma é a "presença ambivalente de um braço" (PhP, 96, 121). Tampouco se trata aqui, como em Sartre, de um fenômeno de *má-fé* − que também não é da ordem da consciência tética, mas é ainda da ordem da consciência.[4] Ter um braço fantasma, em suma, não é ter a representação de uma presença, não é um fenômeno da ordem do "eu penso que...", como a psicologia é levada a interpretar.

Ora, são esses "embaraços" que o ser no mundo permite superar, pois os fenômenos apontados pela ciência requerem nada mais, nada menos, que um sujeito engajado em uma situação concreta. Ter um braço fantasma significará então "permanecer aberto a todas as ações das quais apenas o braço é capaz" e, portanto, "conservar o campo prático que se tinha antes da mutilação" (PhP, 97, 122), mas que o mundo contesta, justamente enquanto me oferece objetos manipuláveis que interrogam uma mão que eu não tenho mais (PhP, 97,122). Na perspectiva do ser no mundo, haverá assim um mundo habitual que desperta intenções habituais o qual o corpo doente já não pode efetivar. Há aí um paradoxo, diante do qual o objetivismo fracassa: o corpo *conserva* um campo prático, ele guarda um mundo habitual, ainda que esteja engajado em uma situação atual. O paradoxo que aqui se anuncia reside no fato de que o doente efetivamente percebe objetos manipuláveis que ele já não pode manipular. Ora, se isso é possível é porque o corpo parece comportar "como que duas camadas distintas, a do corpo habitual e a do corpo atual. Na primeira, figuram os gestos de manuseio que desapareceram da se-

---

4 Voltaremos a Sartre adiante.

gunda" (PhP, 97, 122-3). O doente tornaria explícito então que o corpo deve ser apreendido "não apenas em uma experiência instantânea, singular, plena, mas ainda sob um aspecto de generalidade e como um ser impessoal" (PhP, 98, 123). Essa estrutura é a mesma que encontramos no recalque, "de que fala a psicanálise". Em ambos os casos, trata-se de manter, ao longo dos tempos, um dos mundos momentâneos já passados e dele fazer a "forma de toda a vida" (PhP, 99, 125). No recalque, "continuamos a ser aquele que um dia se empenhou neste amor de adolescente, ou aquele que um dia viveu neste universo parental" (PhP, 98, 123). Nós passamos aqui a uma espécie de "escolástica da existência", uma vez que uma experiência antiga se cristaliza até dela restar apenas a "forma típica" (PhP, 99, 124).

Ora, tudo se passa como se apenas a doença pudesse nos revelar tal paradoxo. Pois, inversamente, o corpo habitual torna-se encoberto pelo funcionamento normal da estrutura, uma vez que tal funcionamento implica um processo de unificação no qual os sistemas subordinados *integram-se* como partes a um todo. A doença, por contraste, por provocar uma ruptura no processo de unificação, por cristalizar um momento passado, "deixando subsistir no comportamento certos sistemas relativamente isolados" (SC, 192), permite-nos ver o corpo habitual. Merleau-Ponty já advertia: as dialéticas subordinadas "não são reconhecíveis no conjunto quando este funciona corretamente, mas sua iminência é atestada pela desintegração em caso de lesão corporal" (SC, 224). Evidentemente, não se trata de dizer aqui que o corpo habitual seja privilégio do doente; trata-se apenas de dizer que a doença no-lo revela justamente porque cristaliza um momento de que o sistema depende. Que o funcionamento normal da estrutura encubra o corpo habitual, isso não significa que a consciência deixe de experimentar, "a cada instante", sua inerência a tal corpo, pois trata-se aqui de uma "presença à consciência de sua própria história" (SC, 224-5). Nesse caso, em vez de se perpetuar de forma cristalizada, como sistema relativamente isolado, como no caso da doença, o corpo habitual faz as vezes de uma "existência anônima

Razão e experiência: ensaio sobre Merleau-Ponty

e geral", à qual eu reporto o zelo de me manter em vida (PhP, 99, 124-5). Essa existência anônima significará uma "adesão pré-pessoal à forma geral do mundo" (PhP, 99, 125), inteiramente desconhecida pelo objetivismo, pois, enfim, a existência pessoal não pode reduzir jamais o organismo. Daí por que, não sendo o corpo habitual nunca inteiramente ultrapassado, nós oscilamos entre a existência pessoal e a existência anônima:

> enquanto estou abatido por um luto e entregue ao meu sofrimento, meus olhares já erram diante de mim, interessam-se sorrateiramente por algum objeto brilhante, recomeçam sua existência autônoma. Depois deste minuto no qual queríamos encerrar toda a nossa vida, o tempo, pelo menos o tempo pré-pessoal, recomeça a se escoar e arrebata, senão nossa resolução, pelo menos os sentimentos calorosos que a sustentavam (PhP, 100, 125).

A existência pessoal é "intermitente" e a dificuldade do objetivismo consiste em dar conta dessa "existência anônima", dessa "adesão pré-pessoal ao mundo", do passado, em suma. Mas, de onde vem tal dificuldade? Que no funcionamento normal da estrutura tal corpo seja encoberto, como parte unificada a um todo, isso não explica por que é necessário recorrer à análise da doença para no-lo revelar, em detrimento de uma reflexão direta.

Quando o intelectualismo afirma que eu não poderia perceber-me "circundado por meu corpo" se eu não pudesse pensar essa relação e assim escapar a ela no momento mesmo em que a represento (PhP, 47, 67), ele torna o corpo uma ideia e rompe com a opacidade. Aqui, ao contrário, trata-se de praticar uma reflexão, "radical", segundo Merleau-Ponty, que seja consciente "de sua própria dependência em relação a uma vida irrefletida que é sua situação inicial, constante e final" (PhP, IX, 11). É-lhe essencial conhecer-se como "reflexão sobre um irrefletido" (PhP, 76, 97) — em vez de ultrapassá-lo e dissolvê-lo, que é o que ocorre na reflexão direta objetivista. Daí por que a análise da doença: esta é aqui o recurso que nos coloca diante do *irrefletido*, ou, se se quiser, diante do pré-objetivo. E ela o faz justamente porque, ao implicar a cristalização de um momento passado, nos adverte para a *história* encoberta, como se detivesse nosso olhar que, de modo irresistível, se dirige *diretamente ao termo* dessa história, isto é, à objetividade plenamente constituída e determinada. A reflexão direta, do empirismo e do intelectualismo, é justamente a reflexão que vai diretamente à objetividade — seja corpo, seja alma — e, por isso mesmo, ignora o pré-objetivo. Mas trata-se aqui de um pré--objetivo ambivalente — ou, por outra, trata-se aqui da ambiguidade do corpo. Ora, é essa ambiguidade que requer a reflexão radical, pois ela escapa mesmo a uma reflexão que procura apreender o irrefletido — se essa reflexão for direta. É o que ocorre com Sartre, que também apontava a dificuldade em apreender o corpo vivido, dificuldade advinda do fato de que, ao visá-la, visamos a uma consciência *situada*.

Enquanto *sou* meu corpo, diz Sartre, ele não passa à classe de objeto do mundo: se toco a minha mão enquanto ela toca um objeto, não flagrarei jamais minha mão como sentido tátil, como atividade desvelante do mundo; ao contrário, minha mão, a meu toque, torna--se *objeto* para mim; do mesmo modo, não apreendo jamais a minha mão no ato de escrever, mas apenas o lápis: uso o lápis para traçar letras, não minha mão para segurar o lápis.[5] Eu *sou* minha mão, eu *sou* meu corpo,[6] o que significa dizer que meu corpo, ao menos na perspectiva do corpo enquanto age, do corpo para si irrefletido, é *inapreensível*. Na vida irrefletida, não tenho consciência *do* corpo, pois ele não é jamais para mim transcendente e conhecido. Antes disso, a consciência *existe* seu corpo, diz Sartre, fazendo uso transitivo do verbo "existir".[7] Assim, o corpo que eu sou pertence às estruturas da consciência não tética (de) si, mas de um modo peculiar: é que ele *não pode ser identificado a essa consciência não tética*, pela simples

---

5 Sartre, *L'être et le néant*, p.387.
6 Também Merleau-Ponty: "eu não estou diante de meu corpo, estou em meu corpo, ou antes *sou* meu corpo" (PhP, 175, 207-8; grifo nosso).
7 Sartre, ibidem, p.394.

Razão e experiência: ensaio sobre Merleau-Ponty

razão de que, enquanto cita última "é consciência (de) si enquanto projeto livre para uma possibilidade que é sua",[8] ela é consciência (do) corpo apenas como daquilo *"por cima do qual ela passa para ser o que tem de ser".*[9] O corpo é o *negligenciado*, o "passado em silêncio", pois ele é visado como "inapreensível contingência", como a carne da consciência que lhe escapa perpetuamente, como o inefável, e, como tal, justamente por isso, diferente do projeto da consciência que, esse sim, vem à consciência reflexiva. Assim, ao confinar o corpo a tal estrutura, ao torná-la inapreensível contingência, Sartre reintroduz uma ruptura entre consciência e corpo, uma vez que faz uma distinção entre o projeto, da ordem do para si, e o passado que é o corpo, mergulhado inteiro no "silêncio", negligenciado em favor da consciência que é livre projeto; o corpo, como o signo, "é o *transcendido rumo à significação*, o que é negligenciado em proveito do sentido ... aquilo para além do qual o olhar se dirige perpetuamente".[10] Vem daí que, na impossibilidade de trazer o corpo à consciência, teticamente, Sartre aponte algumas "experiências privilegiadas"[11] que permitem apreender, ao menos "lateralmente", tal contingência; e a privilegiada entre elas é a *dor física,*[12] que funciona como uma espécie de qualificação dessa contingência; na ausência da dor, entretanto, não deixamos de apreender o corpo; Sartre dá o nome de *náusea* à perpétua apreensão, lateral, de meu corpo por minha consciência.[13] Ora, o que é notável aqui é que, da impossibilidade de apreender reflexivamente o corpo vivido, resulta uma apreensão lateral desse corpo; vê-se então, pela comparação entre o corpo e o signo, como passados transcendidos, como a reflexão sartriana se limita ao domínio da significação. Sartre não "dissolve" o corpo, como o faz o intelectualismo, nem reduz o corpo a um puro objeto, como o faz o

---

8 Sartre, ibidem, p.395.
9 Ibidem; grifos de Sartre.
10 Ibidem.
11 Ibidem, p.396.
12 Ibidem.
13 Ibidem, p.404.

empirismo — é o corpo vivido que ele quer apreender, mas resta que para ele o corpo é uma inapreensível contingência, ou antes, apreensível apenas lateralmente. Merleau-Ponty, ao fazer a crítica do intelectualismo, nos advertia do risco de "dissolver" o corpo. Mas tampouco Merleau-Ponty, por evitar reduzir intelectualmente o corpo, por procurar apreender o corpo vivido, o lança em um passado transcendido, como o faz Sartre; tudo se passa como se Merleau-Ponty procurasse, ao contrário, *alargar o domínio da reflexão*, procurando apreender a existência e a significação, o signo e o significado, isto é, a *ambiguidade*, para ele constitutiva do irrefletido — sem operar a ruptura sartriana. Parece-nos, enfim, que a diferença básica remete a isso: ao visar ao corpo como contingência, Sartre pode constatar o fracasso da reflexão. Mas é que a reflexão equivale aqui a uma "presença do para si reflexivo ao para si refletido",[14] enquanto em Merleau-Ponty, ao contrário, a reflexão busca alargar seus domínios para além do para si. Daí essa reflexão de dois polos, em que apreendemos o funcionamento da estrutura normal *pela* doença, e vice-versa. A partir daí, a "reflexão radical" então alcançará um corpo que já não é mera contingência, mas o depositário de uma história, pois esse corpo lança seus poderes para além da instantaneidade, de modo que ele é bem mais que aquilo *sobre* o qual, *a partir* do qual, a consciência visa a seus projetos. O corpo habitual lança-nos pois em outra perspectiva: não a da contingência, mas a da ambiguidade do corpo — ou a da temporalidade.[15]

E, de fato, a ambiguidade do corpo (corpo atual e corpo habitual) deverá ser compreendida pela ambiguidade do tempo, pois o passado não deverá ser jamais completamente transcendido, ele deve perma-

---

14 Sartre, ibidem, p.201.

15 Vem daí que, ao hegelianismo de Merleau-Ponty, podemos apontar um anti-hegelianismo em Sartre: a cisão interna característica da consciência, a "cisão do igual a si mesmo", "em vez de conduzir, como na *Fenomenologia do espírito*, a uma integração mais elevada, só faz cavar mais profunda e irremediavelmente o nada que separa a consciência de si. A consciência é hegeliana [pois ela é ultrapassamento, movimento adiante], mas esta é sua maior ilusão" (Sartre, ibidem, p.201).

Razão e experiência: ensaio sobre Merleau-Ponty

necer, de algum modo, presente. O corpo habitual é essa "quase presença" do passado; não é uma imagem que podemos evocar, nem são traços gravados no corpo; por isso, o braço fantasma não deve ser confundido com uma simples lembrança ou com uma "percepção renascente". Ao contrário, o doente deve senti-lo atualmente, "sem nenhum índice de passado", como um "quase presente" (PhP, 101, 127), e é essa ambiguidade do tempo que será necessário mostrar. Mas por que, de outro lado, a secção dos condutos sensitivos que vão para o encéfalo suprime o membro fantasma? Deve-se notar que o corpo habitual constitui justamente a margem de existência quase impessoal, de existência anônima e geral — é essa existência que permite ao homem responder a certos estímulos sem que isso se faça "no centro de sua existência" (PhP, 103, 129). Se, como vimos, o comportamento humano representa um "modo de estruturação superior" (SC, 127) por relação ao comportamento animal, demasiado "aderido ao atual" (SC, 13 7), se o meio humano pode alargar-se e tornar-se um mundo, é porque entregamos a uma "parte" de nós mesmos, à nossa "periferia", o cuidado de responder a cada situação momentânea (PhP, 103, 129). Para que o homem se liberte do estado de êxtase em que vive o animal, para que seu meio se alargue para além do atual, é preciso que ele entregue a uma parte de si a elaboração da resposta a cada questão. É uma necessidade para a existência a mais integrada, diz Merleau-Ponty, "dar-se um corpo habitual" (PhP, 103, 129), de modo que, ao contrário do que se poderia supor, os circuitos sensório-motores "delineiam-se tanto mais claramente quando tratamos com existências mais integradas" (PhP, 102, 128).[16] É assim que cada situação momentânea já não constitui para o homem a totalidade do ser, cada estímulo do meio já não esgota todo seu campo prático, pois eles se dão para uma existência anônima e geral, em que também as respostas já são "desenhadas de

---

16 "É talvez no homem que encontraremos mais facilmente reflexos puros, porque ele é talvez o único a poder entregar isoladamente tal parte de seu corpo às influências do meio" (SC, 47).

127

uma vez por todas em sua generalidade" (PhP, 103, 129). Assim, a existência integrada, para alargar seu meio, deve renunciar "a uma parte de sua espontaneidade", deve confiar à periferia de si mesma a adesão pré-pessoal ao mundo – o que significa dizer que ela deve "engajar-se no mundo por órgãos estáveis e circuitos preestabelecidos" (PhP, 103, 129), que deve assentar-se em um domínio que já não é o "fisiológico", mas que Merleau-Ponty chama o "corpo habitual", a existência anônima que deixa de ser uma coisa inerte, como o em si, para esboçar, *também ela*, "o movimento da existência" (PhP, 99, 125). E de fato, se se pretende ligar interiormente o "psíquico" e o "fisiológico", essa junção só será realizada à medida que ambos são, não como o em si e o para si, que são categorias que exigem exclusividade, mas uma vez que são ambos "orientados para um polo intencional ou para um mundo" (PhP, 103, 129), em que são um *único* movimento que "ora se deixa ser corporal e ora se dirige aos atos pessoais" (PhP, 104, 130).

IV

A análise apresentada anteriormente nos mostra como o corpo próprio (e não o corpo *para si*, como em Sartre) pode, pela temporalidade, realizar a junção do "psíquico" e do "fisiológico". Mas tal ambiguidade aí revelada ainda não nos esclarece como o corpo pode se tornar o sujeito da percepção. Para tanto, será necessário apreender agora não tanto a "presença" do passado – como a análise do membro fantasma e da anosognose nos mostrou –, mas a "presença" do futuro, quer dizer, será necessário apreender agora o corpo voltado para um polo objetivo e, portanto, dotado de certa intencionalidade. Não que Merleau-Ponty passe já ao mundo percebido – este será um tema da segunda parte da *Fenomenologia*. Por isso mesmo, será necessário apreender o corpo enquanto ele se volta para um polo virtual – estratégia que nos permitirá apreender o corpo à parte do mundo. De todo modo, o corpo não será jamais sujeito de percepção se não se situar intencionalmente no passado *e* no porvir – como será mostrado adiante, quando passarmos à análise da percepção.

E também aqui, tal como se passou no primeiro momento, será necessário recorrer à doença – novamente, a reflexão só será radical se for indireta. Merleau-Ponty debruça-se então sobre o célebre caso Schneider, segundo a narrativa de Gelb e Goldstein. Schneider é um doente que, segundo a psiquiatria tradicional, sofre de "cegueira psíquica", já que é incapaz de, com os olhos fechados, executar "movimentos abstratos" – isto é, movimentos que não se dirigem a nenhuma situação efetiva, como mover os braços e as pernas sob comando, esticar ou flexionar um dedo (PhP, 119, 149). O mesmo doente, entretanto, executa perfeitamente os "movimentos concretos", necessários à vida, desde que lhe sejam habituais. Tal doente, incapaz de mostrar uma parte de seu corpo, leva vivamente a mão ao ponto em que um mosquito o pica (PhP, 120, 150). O que isso atesta, segundo Merleau-Ponty? Que o doente, ao revelar-se incapaz de *mostrar* o que ele pode *apreender*, *tocar*, coloca uma dificuldade ao objetivismo, pois atesta uma dupla consciência de lugar, enquanto, para o objetivismo, a consciência de lugar é uma consciência posicional cuja representação é ou não é. A partir daqui, torna-se necessário forjar conceitos capazes de exprimir que "o espaço corporal me pode ser dado em uma intenção de apreensão sem me ser dado em uma intenção de conhecimento" (PhP, 121, 151). Se essa necessidade se impõe, é porque, para Merleau-Ponty, não se trata simplesmente de apontar uma função que existe no normal (a execução de movimentos abstratos) e faz falta ao doente (PhP, 125, 155). Pois, nesse caso, correríamos o risco de *anular* o testemunho da doença, simplesmente apontando nela uma *falta*, quando se trata, bem ao contrário, de compreender o que ela revela ao estado normal e vice-versa, compreendendo uma pelo outro – o que supõe, certamente, um *fundo comum* entre a doença e o estado normal, o que se revelou a Merleau-Ponty, por exemplo, no momento em que apontava a "presença" do passado ou o corpo habitual, fundo que une ambos os polos. Daí por que, em vez de lançar um sinal negativo sobre a doença, será preciso compreendê-la como "uma forma de existência completa", cujos procedimentos, por sua vez, são "alusões" a uma função fundamental, função que representa justamente o fundo comum ao homem normal e ao doente, e do qual também os procedimentos patológicos não nos dão a "imagem direta" (PhP, 125, 155).

O doente, quando interrogado sobre a posição de seus membros, faz apelo a "movimentos preparatórios" para responder: para saber onde o tocam,

> começa por colocar em movimento todo o seu corpo e delineia assim a localização, depois ele a precisa movendo o membro que interessa e a completa por estremecimentos da pele na proximidade do ponto tocado (PhP, 124, 154).

O doente precisa realizar esses movimentos prévios para localizar o estímulo, movimentos que consistem em "fazer passar a parte tacada de seu corpo ao estado de figura" (PhP, 126, 156-7). Isso, para Merleau-Ponty, atesta a necessidade, para o doente, de suprir certa presença do corpo, que por sua vez é dada no homem normal (PhP, 125, 156). O homem normal pode se prestar a experiências, pode se colocar em situações fictícias, pode jogar com seu corpo, "irrealizar-se", como o ator, em um papel qualquer, destacar seu corpo da situação vital para jogar com ele no imaginário, no fictício, no puramente virtual (PhP, 121-2, 151-2). O homem normal não dispõe de seu corpo "apenas enquanto implicado em um meio concreto, não está em situação apenas a respeito das tarefas dadas de um ofício, não está aberto apenas para as situações reais, mas tem seu corpo, além disso, como correlativo de puros estímulos desprovidos de significação prática, está aberto às situações verbais e fictícias que pode escolher ou que um experimentador pode propor-lhe" (PhP, 126, 156), enquanto o corpo doente, ao contrário, tem necessidade de um "contato efetivo", isto é, de fazer passar a parte tocada ao estado de figura, sem poder reconhecer o virtual e o fictício, sem poder brincar com seu corpo, sem poder visar seu próprio corpo como capaz de "romper sua inserção no mundo dado e de desenhar em torno de [si] uma situação fictícia" (PhP, 129, 160). Ora, o que isso pode ensinar, segundo Merleau-Ponty? De que modo esses procedimentos, compreendidos também como fenômenos patológicos, podem nos aproximar de algo mais "fundamental", algo a que eles apenas "aludem" sem que dele possamos ter uma imagem direta e por isso nos obriga a essa reflexão de dois polos?

O doente, observa Merleau-Ponty, compreende a ordem dada, esta tem para ele uma significação intelectual, sem o que ele não poderia reconhecer o que há de imperfeito em suas tentativas nem reconhecer a realização do movimento pedido; não, evidentemente, que realize o movimento tão logo o peçam, ele não vai diretamente ao fim, pois nesse caso não haveria doença. Antes "agita seu corpo até que o movimento apareça", até que "o acaso da gesticulação traga o movimento pedido" (PhP, 128, 158-9). Não lhe faltam pois a motricidade e o pensamento, o que, para Merleau-Ponty, coloca sérias dificuldades ao empirismo e ao intelectualismo: não falta ao doente o movimento, entendido como processo em terceira pessoa, pois ele o realiza; não lhe falta tampouco o pensamento, isto é, a representação do movimento, pois ele reconhece o movimento pedido. O que falta aqui, nos casos em que o doente fracassa, é o reconhecimento do fim *pelo próprio corpo*, não pelo pensamento, uma antecipação ou uma apreensão do resultado pelo corpo *como potência motora*, o que Merleau--Ponty chama a "intencionalidade motora" (PhP, 128, 159).[17] Que o

---

17 Segundo R. Bernet, "os movimentos concretos são animados por uma 'intencionalidade motora' anônima, inscrita na estrutura e nos hábitos do corpo que percebe, ao passo que os movimentos abstratos fazem intervir uma forma subjetiva da intencionalidade..." Bernet, "Le sujet dans la nature", p.68. O que é essa "forma subjetiva de intencionalidade", distinta da intencionalidade motora, Bernet não esclarece. Bernet não vê que a reflexão de dois polos aponta para uma única intencionalidade, um fundo comum, que, no doente, se revela comprometida em certas situações — a do movimento abstrato, por exemplo. É apenas a intencionalidade motora que a análise da doença revela, nenhuma outra.

doente pense o movimento, que tenha dele a representação, ou que seu corpo se lance em ensaios cegos, realizando movimentos, isso atesta apenas, por contraste, no homem normal, algo que nem o empirismo nem o intelectualismo suspeitam, algo aquém do pensamento e do movimento cego, ou seja, o fato de que, no homem normal, o movimento, ou antes, *todo movimento é indissoluvelmente consciência de movimento*. O que se atesta aqui é um "projeto motor" (PhP, 128, 159), um projeto *do próprio corpo*, pelo qual é tornado possível o movimento abstrato, isto é, o movimento segundo o qual "o sujeito do movimento prepara diante de si um espaço livre onde aquilo que não existe naturalmente possa adquirir um semblante de existência" (PhP, 129, 160-1). Para o doente, ao contrário, o mundo é "inteiramente pronto", seu corpo só se engaja em "tarefas urgentes" (PhP, 130, 161), concretas, habituais. O doente possui portanto uma deficiência que não concerne nem ao pensamento nem ao movimento como processo em terceira pessoa − e, por contraste, nos revela a potência motora, motricidade que nos fará lançar a atenção não mais para o passado (corpo habitual), mas para o futuro (o fim, por meio da intencionalidade). Sendo assim, o que é, afinal, a potência motora, a intencionalidade motora e como um fim pode ser dado *ao corpo*?

V

A dificuldade de descrever a intencionalidade motora pura advém do fato de que "ela se esconde atrás do mundo objetivo que contribui para constituir" (PhP, 161, 630). Como sempre, a objetividade constituída arrasta o nosso olhar e nos faz esquecer a história que subjaz a ela. Nesse caso, a dificuldade consiste em apreender um *puro poder*, um "eu posso", sem decompô-lo em representação e automatismo − ou, mais acuradamente, sem reduzi-lo a um "eu penso", pois, se, no momento anterior, no desvelamento da "presença" do passado, era sobretudo diante do "corpo" do objetivismo que se desvelava a ambi-

Razão e experiência: ensaio sobre Merleau-Ponty

guidade do corpo, desta feita é sobretudo diante da alma, da consciência, que se desvela o corpo dotado de uma intencionalidade original, voltada ao porvir. Se os movimentos do corpo (uma mão que se levanta em direção a um objeto) não implicam nenhuma representação do objeto, é porque o corpo, não uma "consciência", nem o corpo comandado pela consciência, projeta-se para ele, é porque esse fim, sendo dado por antecipação (sem o quê os movimentos seriam cegos, meras tentativas de realizar o objetivo), o é a uma motricidade. Ora, é esse projeto motor que se trata de apreender e, ainda uma vez, isso só será possível indiretamente.

Na apraxia, por exemplo, o doente conserva a representação do movimento, mas essa significação intelectual nada diz a sua mão. O objeto está aqui presente ao conhecimento sem o estar ao corpo (PhP, 162, 193). Isso aponta, indiretamente, para o homem normal:

> o movimento a fazer [é] antecipado, sem sê-lo por uma representação, e exatamente isso só é possível se a consciência é definida não como posição explícita de seus objetos, mas, mais geralmente, como referência a um objeto prático tanto quanto teórico (PhP, 163, 631).

Pôr explicitamente um objeto significa formar dele uma representação; o corpo executa o movimento com base nessa representação, o que coloca a questão de saber "por qual operação mágica a representação de um movimento suscita justamente no corpo esse próprio movimento" (PhP, 163, 631). Mas o corpo *não põe* um objeto, é antes *referência* a um objeto; ele não tem necessidade de passar por representações, de modo que a motricidade não é uma "serva da consciência" (PhP, 161, 193), e o corpo não é automatismo, não pertence à região do em si. Não se trata portanto de dizer que o corpo é animado pela intencionalidade da consciência; ao contrário, trata-se de reconhecê-lo como dotado de uma intencionalidade original. Mas, como pode o corpo afinal tornar-se "corpo-cognoscente"? (PhP, 467, 547). E, nesse caso, não estaríamos simplesmente "transferindo" ao corpo um poder por longo tempo confiado à consciência, como pretende Kelkel?[18]

Para compreender o corpo como sujeito da percepção, vale a pena observar o que se esconde por trás da diferença entre a "referência a um objeto" e a "representação de um objeto". A compreensão integral dessa diferença envolve concepções distintas da temporalidade, ou, mais superficialmente, concepções distintas da ligação entre um agora e um futuro, um aqui e um ali. Para dizê-lo mais brevemente, no afastar a consciência, Merleau-Ponty pretende afastar sobretudo *certa ideia de síntese* que, uma vez feita pela consciência, recai na determinação total e tem por resultado uma unidade puramente intelectual, quando se trata, para ele, de assegurar horizontes de indeterminação e a positividade das partes envolvidas. As referências a Cassirer, por exemplo, ajudam a esclarecer esse ponto. Elas mostram que, malgrado o projeto cassiriano de exprimir, pela "pregnância simbólica", "a simultaneidade absoluta da matéria e da forma" – pregnância vital para o próprio Merleau-Ponty –, que, malgrado as "análises existenciais", Cassirer termina recaindo no intelectualismo, pois ele retoma "a fórmula kantiana segundo a qual a consciência só poderia analisar aquilo de que ela fez a síntese" (PhP, 148, 628). Ora, vimos que, ao objetar ao intelectualismo kantiano, Merleau-Ponty assinalava justamente que, diante do "Eu penso", diante da consciência naturante, a matéria passa ao limite e se dissolve – e a verdadeira pregnância da forma no conteúdo se perde,

---

18 "As transformações que ele [Merleau-Ponty] imporá a certos conceitos maiores da fenomenologia husserliana se cristalizarão na maneira pela qual a 'intencionalidade operante' se vê transferida da consciência ao corpo" (Kelkel, "Merleau-Ponty et le problème de l'intentionnalité corporelle – un débat non résolu avec Husserl", p.17). Transferência, aliás, inútil, pois, segundo Kelkel, "não se vê como se poderia fazer do corpo um *sujeito* no sentido próprio do termo" (ibidem, p.31). No final das contas, será necessário ainda um apelo à consciência, pois resta sempre a questão de saber "como se efetua a unificação [do corpo] e como ela é vivida concretamente por nós", já que também o corpo, tanto quanto "coisas materiais da natureza, objetos culturais, objetos ideais de todo tipo", é *construído*, o que, finalmente, só pode ser tratado "em termos de consciência" (ibidem, p.25).

Razão e experiência: ensaio sobre Merleau-Ponty

pois o conteúdo perde toda positividade.[19] A representação do fim tem aqui a mesma consequência: para que as etapas que levam ao fim, para que os diversos momentos tenham positividade, *é preciso que eles próprios realizem a síntese temporal,* é preciso que *cada momento presente* efetue a síntese, sem o que a síntese, feita então pela consciência, é intemporal (PhP, 150, 181), uma vez que domina o tempo. Daí o verdadeiro motivo pelo qual Merleau-Ponty deve afastar a consciência e colocar o corpo como sujeito — pois se trata de afastar uma "intencionalidade das representações", em proveito de uma "intencionalidade mais profunda, que outros chamaram de existência" (PhP, 141, 627; nota). E, para esclarecê-la, deve-se aqui observar que a referência ao objeto implica uma *antecipação,* uma "presença" do futuro (como antes, ao falar do corpo habitual, apontávamos uma "presença" do passado), presença que, entretanto, deve ser dada *por esta coisa bem determinada em direção à qual nos projetamos,* não por uma representação. A antecipação, ou melhor, a presença dessa coisa concreta adiante, é a alternativa à *representação* de um fim, é o fim sem a representação, isto é, sem a consciência; é o corpo que se deixa responder à solicitação das coisas, não a consciência que assinala um fim — e se as coisas solicitam, é porque não são coisas inertes, mas estão já permeadas de sentido. É essa diferença que Kelkel parece ignorar, ao supor que o corpo simplesmente toma a si a tarefa da consciência e nada muda quanto ao fenômeno, ao polo objetivo: a unidade do objeto para Merleau-Ponty, diz ele, "se realiza *unicamente* graças ao esquema corporal, isto é, através da unidade de meu corpo próprio".[20] Mas ainda não é o momento de falarmos da percepção. Observemos apenas que a síntese não é dada *a priori,* não é feita pela consciência, mas que, ao contrário, deve ser realizada a cada instante, no "presente vivo" (PhP, 150, 181): é o próprio movimento que realiza sua síntese, justamente por isso ele é temporal. E como nos-

---

19 Cf. supra, cap. 1, III.
20 Kelkel, ibidem, p. 23; grifo nosso.

so tema aqui, antes de ser o da síntese do objeto, é o da síntese do próprio corpo, voltemos então a ele. Pois, se afastar a consciência como sujeito do movimento implica afastar um foco cuja unidade é já dada e dá razão da sucessão dos movimentos, torna-se necessário explicar como o corpo pode, *na sucessão mesma dos movimentos*, acompanhar uma tal síntese — afinal, é preciso que o corpo esteja continuamente engajado nessa síntese. Ou, se se quiser, é preciso que uma "função única" (PhP, 160, 192), do lado do corpo, se exprima na sucessão dos movimentos, sem o que não teríamos uma síntese. O que é essa unidade do corpo, unidade que se constitui no próprio movimento — como "movimento de existência"? (PhP, 160, 192)

As partes do corpo não se colocam sob a dominação de um "eu penso"; antes disso, elas se unificam *enquanto estão orientadas* "para a unidade intersensorial de um 'mundo'" (PhP, 160, 192), de modo que a unidade do corpo se faz em curso, enquanto tem por correlato uma unidade "objetiva", também em curso. Se, por ora, omitirmos o tema do mundo percebido, ao qual voltaremos logo a seguir, resta que o corpo, como movimento *orientado* para um polo, se constitui como unidade, ou, como dirá Merleau-Ponty, como "conjunto sinérgico" (PhP, 366, 424). A ausência de uma consciência deixa à orientação do corpo em direção a um polo a constituição da unidade, que se torna então uma unificação em curso. Nas primeiras tentativas de preensão, por exemplo, "as crianças não olham sua mão, mas o objeto: os diferentes segmentos do corpo só são conhecidos em seu valor funcional e sua coordenação não é apreendida" (PhP, 174, 206). E, se esse "movimento de existência" não suprime "a diversidade radical dos conteúdos", é porque as partes, não sendo subsumidas a um "eu penso", se integram em forma de "sistema", em que o corpo funciona como "um só órgão", em que as percepções de um órgão, graças à unidade do corpo, são "traduzidas na linguagem dos outros órgãos" (PhP, 366, 425). Mas não se trata aqui, ainda, de percepção; trata-se de simples motricidade do corpo, de modo que é preciso buscar essa unidade considerando o corpo, digamos, à parte. Vem daí que

Merleau-Ponty procure mostrá-lo por um exemplo que incide sobre uma situação fictícia – já que, nesta primeira parte da *Fenomenologia...*, Merleau-Ponty trata do corpo, não ainda da percepção, o que envolveria a consideração do mundo percebido; visando a uma situação fictícia, em que o corpo "brinca consigo mesmo", em que "rompe sua inserção no mundo dado" (PhP, 129, 160), o filósofo pode como que "isolá-lo" e considerá-lo "à parte" do mundo percebido, adiando assim (para a segunda parte da *Fenomenologia...*), a descrição da percepção; mas como se trata de descrever uma experiência, não de elucidar um conceito de corpo, o corpo deve estar em ação, e a ação a que se visa é aquela em que o sujeito joga com seu corpo.[21]

Com base mais uma vez no exemplo da doença, Merleau-Ponty pretende mostrar a unidade concreta do corpo, unidade da motricidade não dada por um "Eu penso". Certos doentes são incapazes de imitar os movimentos do médico quando estão face a face com ele – eles precisam se colocar ao lado do médico. Ainda que possam formular e representar para si mesmos o que têm de fazer (o distúrbio não está portanto no pensamento), os doentes não podem aplicar a definição objetiva do movimento a seu corpo – não basta a eles saber que "a mão que aparece à direita de meu campo visual para meu parceiro é mão esquerda". O que essa doença nos revela, por contraste, na capacidade de imitação normal? Se o homem normal pode aderir de tal modo a um modelo, a ponto de sua mão esquerda identificar-se à de seu parceiro, é porque ele tem seu corpo não apenas como

---

21 Um exemplo do próprio Merleau-Ponty ilustra bem essa distinção entre uma situação concreta e uma situação "fictícia". Por exemplo, eu faço sinal para um amigo se aproximar; caso ele não queira me atender, eu modifico meu gesto. Se, por outro lado, "eu executo o 'mesmo' movimento, mas sem visar nenhum parceiro presente ou mesmo imaginário e como 'uma sequência de movimentos em si', ... meu corpo, que havia pouco era o veiculo do movimento, torna-se sua meta; seu projeto motor não visa mais alguém no mundo, visa meu antebraço, meu braço e meus dedos, e os visa enquanto eles são capazes de romper sua inserção no mundo dado ... ou mesmo enquanto, sem nenhum parceiro fictício, eu considero curiosamente essa estranha máquina de significar e a faço funcionar por diversão" (PhP, 128-9, 160).

"sistema de posições atuais" (PhP, 165, 196), mas também como "sistema aberto", já que, para haver imitação, o sujeito deve "se projetar ou se irrealizar" em seu modelo, identificando-se com este. A imitação revela portanto uma possibilidade de "mudança de coordenadas", pois, ao se identificar com o modelo, o corpo deve operar a passagem, ou a transposição, entre a mão que aparece à direita de seu campo visual e a mão esquerda que afinal deve mover. Para isso — eis afinal aonde queríamos chegar —, é necessário um "invariante", isto é, uma unidade do corpo, unidade que não é obra da consciência, pois o doente compreende a ordem dada, conserva intacto o pensamento, de modo que não é a consciência que assinala a passagem ou a transposição. O que a torna possível é antes o fato de que o corpo manifesta uma unidade autônoma, um "sistema de equivalências", de transponibilidade, que Merleau-Ponty denomina *esquema corporal*, "pelo qual as diferentes tarefas motoras são instantaneamente transponíveis" (PhP, 165, 196). Temos aqui — tal parece ser o argumento de Merleau-Ponty — uma unidade inteiramente autônoma, que nada deve a uma consciência, que se passa no corpo considerado apenas como potência motora. E desde que encontramos tal unidade sem consciência, sem um foco unitário, temos garantida a positividade das partes e, portanto, uma síntese que não se confunde com a síntese intelectualista, diante da qual a matéria se dissolve e para a qual já nem há o problema da encarnação, da relação corpo/alma.[22] Assim, nem as diferentes partes de meu corpo são "coordenadas" (PhP, 174, 206), pois não há, por exemplo, uma "tradução", na linguagem do tato, dos dados visuais — essa tradução precisaria fundar-se na unidade do corpo, em vez de ser ela que, pouco a pouco e por acumulação, constituiria uma unidade —, nem essa unidade se faz por subsunção a uma lei, pois ela não é dada pela consciência:

---

22 Não por acaso Kelkel, que exige, acima do corpo, a consciência, conclui seu artigo afirmando que "a verdade de uma fenomenologia do ser no mundo ... porá fim, de uma vez por todas, a toda filosofia das relações entre a alma e o corpo" (Kelkel, ibidem, p.37).

eu não ponho, expressamente, a unidade do corpo (PhP, 175, 207). Não é uma lei que reúne as sensações táteis à percepção visual: contra o empirismo, é preciso lembrar que a equivalência intersensorial é imediata, mas, contra o intelectualismo, que ela não é expressa, pois o corpo não é um objeto para um "eu penso". O corpo é antes um "nó de significações vivas" (PhP, 177, 210), um "conjunto de significações vividas que caminha para seu equilíbrio" (PhP, 179, 212). Dessa unidade autônoma advém, finalmente, a possibilidade de ser o corpo o sujeito da percepção.

VI

Vimos que é próprio da intencionalidade motora uma síntese que se realiza a cada instante, no presente vivo, já que se trata de uma síntese temporal. A unidade do corpo não é obra de uma consciência, mas se faz no curso do movimento de existência, enquanto o corpo está voltado para a unidade intersensorial do mundo. Mas o corpo, instalado no atual, no "presente vivo" (onde afinal se realiza a síntese), e voltado para o mundo, para o porvir, arrasta atrás de si o sedimentado, o corpo habitual. Como então conciliar esse elogio do atual, ou melhor, essa instalação no atual, enquanto o corpo está voltado para o porvir, com a presença da sedimentação, de hábitos que se instalam e se encarregam de dar respostas a situações momentâneas?[23] Temos aqui, de novo e sempre, a ambiguidade do corpo, que o fenômeno do membro fantasma já punha a nu e é compreendi-

---

23 Uma vez afastada a consciência, a significação de que então se trata é a significação motora, e o corpo não tanto a conhece quanto a "apanha" (*attrape*) (PhP, 167, 198). A apreensão dessa significação, a integração a si dessa significação constituirá o sedimentado, e, tratando-se do corpo, quando é o corpo que sedimenta, o sedimento se chama *hábito*. Ou antes, o corpo se revela capaz, pela apreensão de significação motora, de *acrescentar novos hábitos ao corpo habitual*. Após a análise da motricidade, Merleau-Ponty passa à do hábito porque procura mostrar como é possível o alargamento do corpo independentemente de uma consciência para si. Considere-se, por exemplo,

da pela ambiguidade do tempo: o corpo habitual, os hábitos, todo o domínio do sedimentado, manifestam um passado que não é jamais completamente transcendido, uma "presença" do passado que, por não ser ultrapassado, é assumido e responde a determinadas situações. De modo que, quando se diz que as respostas dadas pelo corpo habitual, isto é, pela existência anônima e geral, são "desenhadas de uma vez por todas em sua generalidade" (PhP, 103, 129), quando se desvela um largo domínio do hábito, igualmente encarregado de dar respostas a certas situações, não se quer dizer com isso que o sedimentado seja como uma massa inerte no fundo de nossa consciência. Ao contrário, o sedimentado se "alimenta secretamente" de meu presente (PhP, 101, 127); mais ainda, ele "exprime a cada mo-

---

o hábito de dançar. Saber dançar não é possuir a fórmula do movimento e recompô-la, guiando-se por esse traçado ideal; o saber de que aqui se trata é antes um saber do corpo, uma apreensão do corpo, isto é, uma apreensão motora de uma significação motora. Vale o mesmo para o hábito que envolve o uso de um instrumento. "Se tenho o hábito de dirigir um carro", diz Ponty, "eu o coloco em uma rua e vejo que 'posso passar' sem comparar a largura da rua com a dos para-choques, assim como transponho uma porta sem comparar a largura da porta com a de meu corpo" (PhP, 167, 198). O automóvel não é aqui um objeto com tais e tais grandezas, comparável a outros objetos; ele é uma "potência volumosa, a exigência de um certo espaço livre", ou, melhor ainda, ele é um *anexo* do corpo, como o é a bengala para o cego. O hábito de usar a bengala anexa de tal modo o instrumento que este já "não é mais percebido por si mesmo, sua extremidade transformou-se em zona sensível, ele aumenta a amplitude e o raio de ação do tocar, tornou-se o análogo de um olhar" (PhP, 167, 198). O hábito de dirigir um automóvel integra o último a ponto de torná-la parte de meu corpo, um "apêndice do corpo, uma extensão da síntese corporal" (PhP, 178,211), e avançar com o automóvel por uma rua estreita é comparável a avançar com o corpo por uma porta. Habituar-se a um automóvel, a uma bengala, é assim dilatar nosso ser no mundo pela anexação desses instrumentos. O ser no mundo é aberto a essa dilatação, cujo fundamento é a motricidade ou, antes, a intencionalidade motora − não a consciência para si. E a anexação de instrumentos apenas revela a amplitude dessa dilatação. Justamente essa possibilidade Sartre parece não poder contemplar. Pois, afinal, ao fazer um corte entre o projeto, da ordem do para si, e o corpo, como o ultrapassado inapreensível, Sartre parece fechar as portas para uma anexação, isto é, para uma sedimentação do corpo − que é a sedimentação de significação motora: o corpo não é aqui o depositário de uma história. Em Sartre, o corpo representa antes o passado permanentemente *ultrapassado*, lançado no limbo da inapreensível contingência e em oposição ao projeto do para si. Para Merleau-Ponty, ao contrário, os hábitos vêm se acrescentar ao corpo habitual, à existência anônima e geral que o fenômeno do membro fantasma nos revelou. Vimos ali que o comportamento humano conhece uma plasticidade não vista no comportamento animal, uma estruturação superior que, justamente por conta da sua maior plasticidade e alargamento, exigia

Razão e experiência: ensaio sobre Merleau-Ponty

mento a energia de nossa consciência presente" (PhP, 151, 183). É meu presente que o assume e o reintegra à existência pessoal, de modo que mesmo os reflexos não estão delineados em um fundo inerte, mas, também eles, "têm um sentido", também eles manifestam "o estilo de cada indivíduo" (PhP, 100, 126), na medida mesma em que eles se inserem em uma situação presente, ou melhor, uma vez que são retomados por uma situação presente, que, por sua vez, é voltada para o porvir.[24] E porque o sedimentado se alimenta de meu presente, porque ele exprime a energia de meu presente, a doença acarretará igualmente um enfraquecimento do sedimentado, uma "distensão" do "arco intencional" – arco que justamente nos situa no passado, no porvir, no meio físico, no meio humano etc. (PhP, 158, 190): o corpo presente, doente e enfraquecido, vê assim o seu adquirido, o seu solo, também limitado: não se trata portanto de sedimentos cristalizados de uma vez por todas.[25] O adquirido só é adquirido à medida que ele é "retomado em um novo movimento" (PhP,

---

um corpo habitual ao qual entregamos a elaboração da resposta a cada situação momentânea; o corpo habitual representa assim, para o homem, a possibilidade de libertar-se do estado de êxtase animal. O corpo pode "limitar-se aos gestos necessários à conservação da vida e, correlativamente, pôr em torno de nós um mundo biológico" (PhP, 171, 203). Ele pode também prolongar a libertação pela aquisição do hábito, sejam aqueles que, servindo-se do corpo, lançam um "sentido figurado" aos gestos, como a dança, sejam aqueles que, servindo-se de um instrumento, prolongam os poderes do corpo e nos lançam de vez em um "mundo cultural", para além do simples mundo biológico (PhP, 171, 203). Os hábitos enriquecem, ampliam, o que antes se denominou "corpo habitual", necessário, como vimos, aos atos pessoais.

24 Daí por que parece equivocado afirmar, como o faz R. Bernet, que "o corpo atual é o corpo enquanto se coloca a serviço de um interesse presente e efetivo do sujeito que percebe, enquanto o comportamento do corpo habitual persegue *projetos antigos* que, no entretempo, se sedimentaram, por assim dizer, na carne do sujeito" (Bernet, "Le sujet dans la nature", p.68; grifos nossos). O que seriam esses "projetos antigos"?... O interesse de Merleau-Ponty reside antes em mostrar a *unidade* do corpo – o corpo habitual, na situação *presente*, responde por aquela adesão pré-pessoal ao mundo, necessária a qualquer ato pessoal, pois constitui as dialéticas subordinadas.

25 A fadiga, a doença, lançam o corpo em dialéticas inferiores, reduzindo-o a um simples organismo ou a uma massa físico-química. É o caso dos movimentos de um moribundo no leito de morte. Merleau-Ponty (SC, 226) cita Proust, *O caminho de Guermantes*: "... sua mão ... afastava as cobertas com um gesto que teria significado outrora que essas cobertas a incomodavam e ... agora não significavam nada" (p.261). "Livre graças à dupla ação do oxigênio e da morfina, o sopro de minha avó não mais se debatia,

151, 183), à medida que ele é assumido pelo presente. Mas esta relação é de mão dupla. O sedimentado, embora dependa da energia da consciência presente, é o *solo* sobre o qual se estabelece a consciência presente: "a consciência conserva atrás de si as sínteses efetuadas, elas ainda estão disponíveis, poderiam ser reativadas" (PhP, 156, 188), de modo que "a consciência só é consciência de algo arrastando, atrás de si, seu rasto (...), para pensar um objeto, é preciso apoiar-se em um 'mundo de pensamento' precedentemente construído" (PhP, 159, 191). Dessa forma, finalmente, se é verdade que o ser no mundo, a partir de sua situação presente, dá sentido aos reflexos e assim os funda, é verdade também que ele se entrega a eles e por isso, para terminar, se funda neles (PhP, 102, 128).[26] Não se compreende o sedimentado sem o presente nem o presente, que é voltado para o porvir, sem um solo sobre o qual ele se funda, isto é, sem o sedimentado. O limite do sedimentado, isto é, aquilo sem o qual já não há existência integrada é, evidentemente, o corpo habitual, não os hábitos – o corpo habitual é o solo derradeiro sem o qual não há existência, e a passagem do corpo habitual aos hábitos é já a passagem do mundo biológico ao mundo cultural.

O meu corpo manifesta portanto uma ambiguidade. O corpo habitual e o corpo atual, a existência anônima e a existência pessoal, aparecem como um *único* ser visto que são ambos orientados para um polo intencional ou para um mundo (PhP, 103, 129). Eles, e não mais, apenas, as partes do corpo, se unificam nessa orientação. Pois, enfim, o corpo habitual, a existência anônima e geral, é "assumida"

---

não mais gemia, mas vivo, leve, deslizava, patinando, para o fluido delicioso. Talvez ao alento, insensível como o do vento na flauta de um caniço, se mesclasse, naquele canto, um desses suspiros mais humanos que, libertados à aproximação da morte, fazem acreditar em impressões de sofrimento ou de felicidade naqueles que já não sentem, e viessem acrescentar um acento mais melodioso, mas sem mudar-lhe o ritmo, àquela longa frase que se elevava, subia ainda mais, depois retombava, para lançar-se de novo, do peito aliviado, em perseguição do oxigênio" (ibidem, p.264).

26 Essa relação de "dupla direção" (*doublé sens*) é o que Husserl chamou relação de *Fundierung*. Voltaremos a ela adiante, no capítulo sobre a temporalidade, pois é o tempo que finalmente nos mostrará tal "equívoco" como definitivo (PhP, 451, 527-8).

pela existência pessoal e "reintegrada" a ela: o sedimentado é "retomado" pela situação, assim ele se alimenta do presente. E, reciprocamente, a existência pessoal nada seria se não dispusesse de nenhum meio de se efetuar, se não tivesse um solo sobre o qual se assentar. Portanto, o corpo não é uma tradução, no exterior, de um estado interior, ele não manifesta, fora, o que se passa na consciência. De modo que, se o corpo exprime o espírito, "não é como os galões significam a graduação ou como um número designa uma casa" (PhP, 188, 222). Ao contrário, o signo deve ser "habitado" pela significação, "ele é de certa maneira aquilo que significa" (PhP, 188, 222-3). E, ainda uma vez, Merleau-Ponty procura mostrar a relação de *expressão* entre corpo e espírito por meio da doença: trata-se de uma moça que, diante da proibição materna de rever o rapaz que ama, "perde o sono, o apetite e finalmente o uso da fala" (PhP, 187, 221). Nem a afonia é uma paralisia − pois, tratada com medicamentos psicológicos e deixada livre para rever o rapaz, a moça recupera a fala −, nem é um silêncio desejado: a moça não *deixa* de falar, ela *perde* a voz, como se perde uma recordação (PhP, 188,223). Como o histérico, o afônico impõe aqui outra alternativa que a da paralisia e a da simulação, a da terceira e a da primeira pessoa. É preciso supor uma relação intencional com o que é recusado, pois a perda da voz não é um evento em terceira pessoa, e o que é recusado tampouco o é expressamente, não é posto diante do sujeito como um objeto: estamos aqui aquém da ignorância e do saber (PhP, 189, 224). O que torna isso possível? Como uma lembrança pode ser assim ambivalente?

Observemos que o exemplo de Merleau-Ponty incide sobre a doença, isto é, sobre a *recusa* de certa região da vida, não sobre a assunção, não sobre a retomada dela, o que caracterizaria o funcionamento normal da estrutura. Novamente, o funcionamento normal encobriria o que está em questão − pois, ao integrar, ao unificar, ele nos esconde o que está subordinado. É o exemplo do afônico, do histérico, que, ao cristalizar certa região recusada, revela, por contraste, o funcionamento normal como uma retomada, uma assunção dessas dialéticas subordinadas, pois compreende-se aqui, novamente, uma experiência *pela* outra – não se *constrói* uma experiência *a partir* da outra. Mas o que torna possível a perda da voz, aquém da paralisia e da simulação? Simplesmente isto: é que lidamos aqui com uma zona de generalidade, com uma existência anônima e geral, como nos exemplos da anosognose e do membro fantasma. O corpo fornece pura a existência a possibilidade de se fazer anônima e passiva, de bloquear o movimento para o futuro, a comunicação com outrem, em um *sintoma corporal*. O corpo reserva essa possibilidade mesmo para o homem normal, que pode, a cada instante, esquivar-se disso:

> no próprio instante em que vivo no mundo, em que me dedico aos meus projetos, a minhas ocupações, a meus amigos, a minhas recordações, posso fechar os olhos, estirar-me, escutar meu sangue que pulsa em meus ouvidos, fundir-me a um prazer ou a uma dor, encerrar-me nesta vida anônima que subtende minha vida pessoal (PhP, 192, 227-8).

Daí por que, à medida que uma crise de nervos atinge seu paroxismo, ainda que, como quer Sartre, o sujeito a tenha buscado como meio de evadir a uma situação embaraçosa, ainda assim "a cada instante que passa, a liberdade degrada-se e torna-se menos provável" (PhP, 190, 225): à medida que dura, a afonia torna-se *consistente* como uma coisa.[27] Passando, a afonia torna-se consistente porque a existência se bloqueia em um sintoma corporal – a existência se faz anô-

---

27 Com isso, Merleau-Ponty precisa um pouco mais uma nota da *Fenomenologia...*, nas páginas 93-4, 622-3, nota na qual ele parece validar a crítica sartriana à teoria da emoção de Janet – justamente ali onde Sartre aponta uma concepção mecânica do psicólogo, pois ele toma a emoção como uma simples *derivação* de forças psicológicas. E de fato: a emoção em Janet, segundo Sartre, aparece como uma "conduta de fracasso" que se substitui a outra "por derivação". Quando uma tarefa é muito difícil, adota-se uma conduta inferior que necessita de uma tensão psicológica menor. Acontece que a crítica de Sartre tinha por objetivo apontar justamente o papel constitutivo da consciência na emoção. Assim, contra o mecanicismo de Janet, diz ele: não é porque não pode falar ao médico que a paciente chora, ela chora precisamente *para nada dizer*. A consciência deve intervir e conferir à emoção a significação de fracasso (*Esquisse d'une théorie des émotions*, p.25). A observação de Merleau-Ponty aqui, na página 190, 225, ao recuperar o papel do corpo, aponta com precisão a diferença de perspectiva entre os dois filósofos.

Razão e experiência: ensaio sobre Merleau-Ponty

nima e por isso "a liberdade se degrada". Isso só é possível, evidentemente, porque lidamos aqui não com uma pura consciência transparente, que guarda sempre a liberdade absoluta, mas com um corpo – ou, mais precisamente, com um corpo ambíguo, isto é, com um corpo habitual e um corpo atual, com uma vida anônima que subtende a vida pessoal. Para compreender esse papel do corpo, que metamorfoseia a afonia, tornando-a consistente como uma coisa, Merleau-Ponty compara a afonia ao sono:

> estiro-me em meu leito, do lado esquerdo, os joelhos dobrados, fecho os olhos, respiro lentamente, distancio de mim meus projetos. *Mas o poder de minha vontade ou de minha consciência termina ali.* Assim como os fiéis, nos mistérios dionisíacos, invocam o deus imitando as cenas de sua vida, eu chamo a visitação do sono imitando a respiração daquele que dorme e sua postura. O deus manifesta-se quando os fiéis não se distinguem mais do papel que representam, quando seu corpo e sua consciência deixam de opor-lhe sua opacidade particular e se fundem inteiramente no mito. Há um momento em que o sono 'vem', ele se assenta nessa imitação dele mesmo que eu lhe propunha, e consigo tornar-me aquilo que fingia ser: essa massa sem olhar e quase sem pensamentos, cravada em um ponto do espaço, e que só está no mundo pela vigilância anônima dos sentidos (PhP, 191, 226; grifos nossos).

Daí por que já não posso falar em "simulação", pois assim como o corpo transforma minha mímica de sono em sono efetivo, ele também *coisifica* a afonia: seu poder é transformar "ideias em coisas" (PhP, 191,227). De outro lado, se também não posso falar em paralisia, é porque, assim como o corpo dormente ainda está no mundo pela vigilância dos sentidos que, como portas entreabertas, permitem a volta das coisas, também o doente não rompeu completamente com a coexistência:[28] ele pode ainda perceber o invólucro sensível

---

28 A afonia é, antes de mais nada, a recusa da coexistência – pois é recusa da palavra, a função do corpo mais estreitamente ligada à coexistência (PhP, 187, 222).

do outro. Tal como o dormidor não é jamais completamente dormidor, também o doente não é jamais completamente doente – pois o corpo não se torna jamais uma coisa, nunca se curva inteiramente sobre si mesmo, não suprime jamais toda referência ao mundo (PhP, 192, 228).

A unidade entre existência anônima e existência pessoal, entre corpo e existência (pois "o corpo é a existência imobilizada ou generalizada, e a existência uma encarnação perpétua" (PhP, 194, 230)), nos assegura aqui o modelo de uma estrutura em que "o expresso não existe separado da expressão e em que os próprios signos induzem seu sentido no exterior" (PhP, 193, 229) – pois o corpo exprime a existência não como um número designa uma casa, mas à medida que ela se *realiza* nele.[29] E porque se trata aqui de unidade, torna-se impossível determinar o que se deve ao eu natural e o que se deve ao eu pessoal, ao corpo e ao espírito, à natureza e à liberdade – ao contrário, essa estrutura se furta, como mostrávamos a propósito do percebido, a toda determinação, a toda univocidade: "o equívoco", diz Merleau-Ponty, "é essencial à existência humana" (PhP, 197, 233).

---

29 É essa união que Bernet precisaria mostrar, para compreender a relação entre corpo atual e corpo habitual – relação que *A estrutura do comportamento* (p.195) já apontava como de parte a todo. Em vez disso, Bernet se limita a dizer: "a fronteira entre os dois tipos de existência corporal permanece bastante flutuante, pois as duas formas de comportamento perceptivo se ligam e passam uma na outra de uma maneira contínua" (Bernet, "Le sujet dans la nature", p.69). Um pouco mais preciso que Bernet, Madison vê na união do em si e do para si uma "circularidade". O corpo próprio é "circular", isto é, forma um "sistema" no qual "os dois termos são interdependentes" (Madison, *La phénoménologie de Merleau-Ponty*, p.43). E onde Madison pretende ver essa circularidade? No "estranho poder" que tem o corpo de "voltar sobre si mesmo, isto é, de se re-fletir" (ibidem, p.45). Quando o corpo volta sobre si mesmo e se flagra como objeto, ele se mostra um "*sistema* acessível de dois lados", uma "união ambígua" de sujeito e objeto. Também Madison não compreende essa união em sentido temporal, lá no pré-objetivo, antes que as objetividades sejam postas. Seria preciso observar-lhe que a união apontada por ele é ainda o problema a ser resolvido, e não a solução – é preciso ir à temporalidade.

III

O sujeito falante

I

Se o leitor presumir que o capítulo sobre a fala seja o modelo da fenomenologia merleau-pontiana da linguagem, certamente terá dificuldade em compreender por que esse capítulo figura na primeira parte da *Fenomenologia...*, que tem por tema "O corpo". Contra esse presumível mal-estar, vale observar, já de saída, que o tema aqui é menos a linguagem do que o *corpo falante*, o corpo capaz de um gesto que se deixa investir de um "sentido figurado" (PhP, 226,263) − não se trata, ainda, da linguagem como acesso à Verdade, mas, sim, de desvelar uma nova face do sujeito de percepção, já que ele é, também, um sujeito falante. Assim, nos limites da *Fenomenologia...*, Merleau-Ponty não investiga o "interior" da linguagem. Só mais tarde ele falará de "uma ligação lateral de signo a signo como fundamento de uma relação final do signo ao sentido" (S, 51), da natureza diacrítica, opositiva e relativa do signo etc. (S, 50-51). Aqui, valem os limites a que se propõe uma "fenomenologia da percepção", o que significa dizer que o tratamento da linguagem vai se encaminhar para a descrição do *gesto linguístico* e para a concepção da palavra como "modulação do corpo" (PhP, 461, 540) — ainda que, de passagem, Merleau-Ponty fale em um "interior" da linguagem (PhP, 225, 262), em um sentido das palavras que é "induzido pelas próprias palavras" (PhP, 208, 243).[1]

O sujeito falante deve vir a lume justamente porque — e na exata medida em que — a *fala* se revela uma operação expressiva, uma "região original" de significação (PhP, 203, 237), algo de que o próprio Husserl, segundo Merleau-Ponty em *Sobre a fenomenologia da linguagem*, só tardiamente se deu conta. Na Quarta *Investigação lógica*, por exemplo, Husserl ainda "propõe a ideia de uma eidética da linguagem e de uma gramática universal", que estariam para as línguas empíricas como o puro *eidos* para o fato: as línguas empíricas seriam "realizações 'confusas' da linguagem essencial" (S, 105), de modo que a consciência seria soberanamente constituinte, e a linguagem um objeto diante do pensamento, constituída por este. Mais tarde, contudo, segundo interpretação de Pos, reiterada por Merleau-Ponty, a fenomenologia da linguagem em Husserl já não buscará a "eidética de toda linguagem possível", pelo recuo a uma "consciência constituinte universal e intemporal", mas buscará, antes disso, retomar "ao sujeito falante, a meu contato com a língua quando eu falo" (S, 106).[2] As línguas existentes já não são realizações empíricas de

---

1 De todo modo, vale observar que a lógica interna à linguagem já aparece aqui em negativo — tal como a lógica interna ao mundo, de que falaremos adiante. Teremos oportunidade de voltar à fenomenologia da linguagem e sua relação com o capítulo sobre a fala no Capítulo 8.

2 A oposição entre a consciência e o sujeito falante aparece em Pos como a oposição entre observação e atividade linguística, respectivamente: "observação e atividade originária são completamente opostas. A atividade linguística é substancial, ela funciona sem se conhecer. Ao vê-la funcionando, acreditamos observar um prolongamento desta natureza inconsciente que produz não apenas seres vivos, mas também coletividades e solidariedades. Ninguém instituiu as significações destas palavras nem as regras de seus múltiplos empregos, e entretanto os sujeitos falantes, depois de um curto aprendizado, deles se servem de modo que corresponda a sua tendência para o mútuo entendimento. Este procedimento nada tem de refletido nem de previamente combinado. A conduta do mais simples sujeito falante é caracterizada por uma segurança quase instintiva que é própria aos atos comandados pela natureza. A consciência que acompanha esta conduta nada tem de um saber: para que haja saber acerca da realidade linguística, é preciso questionamento o observação" (Pos, *Phénoménologie et linguistique*, p.357-8).

Razão e experiência: ensaio sobre Merleau-Ponty

uma "linguagem essencial" (S, 105), mas têm, elas próprias – ou antes, para o sujeito falante que usa sua língua como meio de comunicação, essa língua reencontra, ela própria, "sua unidade"; ela aparece então como "um sistema no qual todos os elementos concorrem para um esforço único de expressão, voltado para o presente ou para o porvir e, portanto, governado por uma lógica atual" (S, 107). Porque esse sistema possui lógica interna e, portanto, a significação lhe é imanente, uma consciência soberana e doadora de significado cede lugar a um sujeito falante, que já não é mais puro pensamento, pois agora a própria fala veicula significação.

Mas, para trazer a lume o sujeito falante, para ver a fala como um ato original de significação, não é pela recusa da consciência soberana que começa Merleau-Ponty; é pela versão empírica da linguagem. O empirismo, com efeito, assinala a existência de "imagens verbais", que seriam "traços deixados em nós pelas palavras pronunciadas ou ouvidas" (PhP, 203, 237). A partir daí, que estímulos desencadeiem a articulação da palavra, que associações façam aparecer a imagem verbal conveniente, pouco importa: a fala reduz-se, em ambos os casos, a um evento em terceira pessoa. Não há aí um sujeito, isto é, um sujeito falante; há apenas "um fluxo de palavras que se produzem sem qualquer intenção de falar que as governe" (PhP, 204, 238), há apenas mecanismos que desencadeiam a fala e afastam por completo um sujeito – isto é, afastam por completo a fala significante. Contra o empirismo, Merleau-Ponty evoca, ainda uma vez, o testemunho da doença, capaz, como sempre, de revelar um irrefletido insuspeitado pelo adversário.

Seja, por exemplo, a afasia: ao contrário da anartria, doença que diz respeito apenas à articulação da palavra, a afasia implica também "distúrbios da inteligência" (PhP, 204, 238). Essa revelação põe em questão a imagem verbal e o estoque de palavras do empirismo porque o afásico mostra-se capaz de dispor de uma palavra na vida prática que já não consegue pronunciar no plano da "linguagem gratuita", quando não há esse interesse prático e vital – exatamente como se passava, por exemplo, com o doente que não podia *mostrar* o que podia *apreender*. A partir daí, é forçoso distinguir a palavra como "instrumento de ação" e como "meio de denominação desinteressada", o que mostra que o problema não está no estoque de palavras, perdidas pelo doente, mas em "uma certa maneira de utilizá-lo" (PhP, 204, 238). Pareceria haver aqui um duplo uso da palavra – como antes, na distinção entre o "mostrar" e o "apreender", entre o *Zeigen* e o *Greifen*, a dupla consciência de lugar. Verdade que, em vez de praticar uma reflexão de dois polos, em que a doença aparece como uma forma de existência completa e em que, por contraste, revela o que é o estado normal, podemos simplesmente lançar um sinal negativo sobre ela e tomá-la como uma *falta*. É o que aconteceria, por exemplo, se, assumindo essa duplicidade, apontássemos no afásico apenas um distúrbio do pensamento, da inteligência. Nesse caso, a linguagem concreta permaneceria um processo em terceira pessoa e a linguagem gratuita, aquela sem interesse vital, um típico fenômeno de pensamento, uma "autêntica denominação", como quer o intelectualismo (PhP, 204, 239). Teríamos, de um lado, o afásico, limitado à atitude concreta, incapaz de realizar a "autêntica denominação", e, de outro, o homem normal, capaz de subsumir o sensível a uma categoria, capaz de uma "operação categorial", para a qual a palavra não seria mais que um "invólucro" (PhP, 205, 240). Essa tese retoma, sem dúvida, um sujeito, mas um sujeito pensante, não um sujeito falante, pois, ainda assim, a palavra permanece, diante desse sujeito, um mero "signo exterior de um reconhecimento interior" (PhP, 206, 240). A palavra deixa de aparecer segundo as leis da mecânica ou da associação, como supõe a tese empirista, mas para tornar-se um "invólucro vazio", um "acompanhamento exterior do pensamento" (PhP, 206, 241). Nessa passagem ela, a palavra, nada ganhou: continua sem sentido, já que a "fala autêntica" resume-se aqui a uma "operação interior" (PhP, 205, 240).

Contra tal intelectualismo, curiosamente, Merleau-Ponty já não procura discriminar as objeções que a análise da doença e a reflexão de dois polos levantam, procurando mostrar, por exemplo, que elas pomemos em questão tanto o mecanicismo quanto a representação ou o pensamento — o que ele havia feito no momento de revelar a intencionalidade motora, o "eu posso" não redutível nem a um automatismo nem a uma representação. Mas, então, era apenas o corpo próprio que se revelava; desta feita, ao contrário, é *também um pensamento* — ou, mais precisamente, uma fala que é "idêntica ao pensamento" (PhP, 207, 636; nota). O esforço de Merleau-Ponty torna-se então o de mostrar que esse pensamento não é puro, não é representação, mas *só se consuma na fala, vem* da fala, se encarna nela — a fala "autêntica", "originária", a que "formula pela primeira vez" (PhP, 207, 636; nota); teremos ocasião de voltar a esse tema:

> se a fala pressupusesse o pensamento, ... não se compreenderia por que o pensamento tende para a expressão como para seu acabamento, ... por que o próprio sujeito pensante está em um tipo de ignorância de seus pensamentos enquanto não os formulou para si (PhP, 206, 241).

Assim, não é o pensamento que dá o sentido, é a palavra (*le mot*) que o "traz" (PhP, 207, 242), e ela, em vez de ser um simples invólucro inerte, "tem um sentido" (PhP, 206, 241). A fala (*la parole*) já não será uma tradução, em signos arbitrários, de um pensamento, de uma significação já feita; ao contrário, a fala a consuma, a realiza (PhP, 207, 242). É o que nos permite compreender a experiência do diálogo: se a fala simplesmente traduzisse um pensamento, em vez de, como gesto linguístico, conduzi-lo, aquele que escuta nada receberia, apenas efetuaria os mesmos pensamentos que o falante, que já deveriam se encontrar nele, uma vez que a fala não os leva em si, e nada enfim se passaria realmente de uma consciência a outra, de modo que a experiência da comunicação seria apenas "uma ilusão" (PhP, 208, 243). Reaparece aqui, indiretamente, a ideia de que um sujeito pensante implica um solipsismo irremediável, o que leva a colocar o pensamento, a significação, na fala, afastando assim, também aqui, o aparecimento de uma interioridade originária. A comunicação, o diálogo, exigem pois que a significação se encarne na fala, que a fala conduza, ela – já que é um gesto linguístico –, o pensamento, em vez de ser uma mera tradução de uma significação já feita. Numa palavra, o diálogo exige um *pensamento na fala* (PhP, 209, 244), o que torna finalmente possível a constituição de um "terreno comum" (PhP, 407, 474), de um domínio no qual eu e outrem coexistimos. Meus ditos e os do interlocutor, diz Merleau-Ponty, "são reclamados pelo estado da discussão", por esse terreno comum de que nem eu nem outrem somos os titulares (PhP, 407, 475) e no qual se encontra o pensamento. O sujeito falante não se confunde com uma subjetividade absoluta: a significação, em vez de *vir* de tal sujeito, vem da fala, nela vive e assim pode se oferecer a um espaço público, pode constituir tal espaço. Se, então, a crítica ao intelectualismo tem por alvo a ideia de uma consciência soberana, nem por isso vai ao ponto de recusar a ideia de um *sujeito* – aqui, sujeito falante: a fenomenologia da linguagem deve ser precedida da análise de tal sujeito.

Ora, mas justamente porque o pensamento se encarna na fala, podemos dizer, como sempre a propósito do pré-objetivo, que já não há uma relação de exterioridade entre signo e significado. Nem o pensamento é uma representação, nem a palavra um invólucro inerte; ao contrário, a palavra deve conduzir o sentido, e justamente por isso a fala, que é um gesto linguístico, se torna um ato original, uma operação expressiva: ela é um gesto que desenha ele mesmo o seu sentido; na fala, portanto, a significação se encarna. O pensamento, isto é, a significação, que nela se enraíza, não é uma representação, aquele que fala não pensa antes de falar, nem mesmo enquanto fala. As palavras não são representadas antes de pronunciadas – mas porque aqui o sujeito falante não é um sujeito pensante, é apenas um corpo que vocifera, que gesticula – servindo-se, para isso, de um mundo linguístico já constituído –, e tal corpo não dá a significação, do mesmo modo que, na percepção, não realiza a síntese do percebido. A significação se anuncia na própria fala, vive nela, dela se origina, e a fala é, não a tradução de um pensamento já feito, mas um ato

Razão e experiência: ensaio sobre Merleau-Ponty

original que a consuma, que a realiza. Passa-se na fala o mesmo que nas artes que não se servem da linguagem, como a pintura e a música. A significação musical da sonata, diz Merleau-Ponty, "é inseparável dos sons que a conduzem" (PhP, 213, 248): não há um significado prévio que os sons apenas traduziriam, a sonata está ali, ela "irrompe nos sons" (PhP, 213, 248). Ora, ocorre o mesmo na fala: o pensamento, o sentido, "não existe fora do mundo e fora das palavras", ele não é nada de "interior" (PhP, 213, 249); se a potência de significação da fala é "menos visível", é porque "temos a ilusão de já possuirmos em nós, com o sentido comum das palavras, o que é preciso para compreender qualquer texto" – por contraste, não pensamos que os sons brutos, já dados, bastem para formar o sentido musical de uma música (PhP, 209, 244). Assim, enquanto, de um lado, na música, na pintura, a significação parece inseparável dos signos, de outro, na prosa, na poesia, ela parece destacar-se deles e existir para si, "antes da expressão" (PhP, 213, 249). São os pensamentos já constituídos e expressos que nos dão essa "ilusão" (PhP, 446, 521), são eles que nos omitem que uma obra literária, menos que assentada em significações já expressas, traz significações novas. Passa-se o mesmo com a fala e, analogamente à obra literária – ela é um verdadeiro gesto porque contém o sentido.

II

A crítica aos objetivismos rivais nos conduziu a um sujeito falante e a uma palavra que tem sentido. Essa crítica representa aqui, sem dúvida, a passagem da objetividade ao domínio do pré-objetivo, ou a passagem à origem da significação aquém da significação constituí-da – passagem, é verdade, que apenas uma fenomenologia da linguagem pode esclarecer por completo. Aqui, no entanto, nos limites da descrição do corpo falante, é necessário mostrar o duplo aspecto – prospectivo, visando ao futuro, e retentivo, de retomada do passado –

do recuo à fala. Trata-se então de recuar a uma *fala originária* na qual a significação se encarna, significação que é aberta e em curso. E, por ser aberta, a significação não é comparável à resultante da solução de um problema: nesse caso, o termo é descoberto "por sua relação a termos conhecidos", pelo confronto dos dados que "atribui à incógnita um ou vários valores definidos" (PhP, 208, 243); assim, a solução é *dada*, já inscrita na relação dos termos uns aos outros. A significação em curso, por outro lado, não é dada, quer dizer, não é predeterminada; é ela, ao contrário, que, "retrospectivamente, faz aparecer os dados como convergentes" (PhP, 208, 243); não que esse termo novo nada deva aos "dados" do problema, a um sedimentado já constituído, o que implicaria dizer que ele é imotivado, mas não determinado, isto é, ele não se reduz a uma combinação de termos já dados: a literatura francesa não está contida na língua francesa (S, 114). Justamente porque vivemos em um mundo onde a fala é instituída, onde há significações já formadas, não nos apercebemos do poder de significação da fala e, precipitadamente, supomos "realizado o passo decisivo da expressão", perdendo o que há de "contingente" nela (PhP, 214, 250). O mundo da linguagem, diz Ponty, já não nos espanta, ele nos aparece como "já falado". Daí a necessidade de recuar ao momento decisivo da expressão, à "origem", ao "silêncio primordial" rompido pela fala originária: "nossa visão sobre o homem continuará a ser superficial enquanto não remontarmos a essa origem, enquanto não reencontrarmos, sob o ruído das falas, o silêncio primordial, enquanto não descrevermos o gesto que rompe esse silêncio" (PhP, 214, 250).[3]

---

3 Essa descrição *não é feita* no capítulo sobre a fala, nem poderia sê-lo, porque requer uma análise da linguagem. Aqui, no entanto, nos limites da *Fenomenologia...*, há ainda uma razão complementar: é que o silêncio rompido pela fala originária envolve ainda um silêncio da *consciência*. Portanto essa questão só poderá ser tratada no Capítulo 6, quando tratarmos do *cogito* merleau-pontiano. Cf. particularmente Capítulo V. Não se trata aqui, como parecerá ser o caso em *O visível e o invisível*, de um silêncio *do mundo*, e não da consciência. Nesse caso, o problema é explicitamente colocado como o da "passagem do sentido perceptivo" – que é silencioso – "ao sentido linguageiro" (VI, 230).

Razão e experiência: ensaio sobre Merleau-Ponty

Mas, recuar a uma fala originária, aquém de um mundo "já falado", não significa recuar a um estado anterior a toda linguagem. Para que eu compreenda as falas de outrem, por exemplo, devo conhecer antecipadamente seu vocabulário e sua sintaxe (PhP, 214, 249). O mundo dos sujeitos falantes é comum, "mundo linguístico e intersubjetivo" (PhP, 214, 250), como mundo de "significações disponíveis", disponibilizadas pelos "atos de expressão anteriores" (PhP, 217, 253), pelos quais é possível a operação expressiva, pois, afinal, o gesto linguístico não pode se constituir na ausência de toda significação − sem tais significações sedimentadas não podemos fazer aparecer significações novas.[4] Ora, mas justamente porque partimos do sedimentado parece que atestamos por aí a fortuidade do laço entre a significação a que visamos e o signo verbal de que nos servimos: se é fortuito o laço entre signo verbal e significação − o que, de resto, se comprova pela existência de várias línguas, vários signos designando as mesmas coisas −, como um gesto linguístico pode encarnar o sentido? Não se torna vã a pretensão de um gesto expressivo? A variedade de signos comprovaria, ao contrário, uma convencionalidade definitiva. Acontece, no entanto, que a arbitrariedade de que se trata aqui é aquela vista a partir de um signo verbal já dado e de uma significação conceitual determinada, universal. Ora, mas toda convenção supõe uma comunicação prévia, pela qual ela pode se estabelecer − o recuo ao pré-objetivo pretende ser o recuo a

---

4 Essa posição de Merleau-Ponty é "surpreendente", segundo Barbaras (*De l'être du phénomène*, p.62). É verdade, como ele aponta, que Merleau-Ponty não aborda, *na Fenomenologia...*, a relação entre o "mundo do silêncio" e a linguagem. A própria posição do capítulo sobre a fala (na primeira parte, dedicada ao corpo, e *antes* de tratar do mundo percebido) revela uma perspectiva distinta daquela dos anos 1950, em que a linguagem será tratada *depois* do mundo percebido (cf., por exemplo, o capítulo sobre o quiasma de *O visível e o invisível*) e, entre ambos, aparecerá a velha relação de *Fundierung*, de fundante a fundado. Mas é verdade também que a leitura de Barbaras parece implicar uma avaliação da *Fenomenologia... a partir de O visível e o invisível. Independentemente* da relação entre mundo percebido e linguagem, ou, mais geralmente, entre silêncio − que, na *Fenomenologia...*, envolve o silêncio da consciência − e linguagem, é necessário compreender a operação expressiva a partir de um sedimentado − no caso da fala, a partir de significações sedimentadas por atos de expressão anteriores. O mundo percebido, silencioso, não poderá cumprir, sozinho, *esse* papel.

essa comunicação, em que a significação não é ainda determinada, quer dizer, não é ainda conceitual, não é ainda pura significação, e, nos limites da *Fenomenologia*..., é apenas um gesto pelo qual a significação conceitual se forma: "se só consideramos o sentido conceitual e terminal das palavras, é verdade que a forma verbal ... parece arbitrária. Não seria mais assim se levássemos em conta o sentido emocional da palavra" (PhP, 218, 254). Nesse caso, a multiplicidade de línguas não representa uma multiplicidade de convenções arbitrárias para exprimir um *mesmo* significado – elas são antes "várias maneiras, para o corpo humano, de celebrar o mundo e finalmente de vivê-lo" (PhP, 218, 255): é que, na passagem ao pré-objetivo, passamos da significação conceitual à significação gestual, aos *gestos do corpo* que abrem uma paisagem mental. Por conta disso, não se pode mais falar em um significado universal que uma variedade de signos, arbitrariamente, exprimiria, pois, no pré-objetivo, não há ainda uma significação universal, mas um gesto significante – há uma variedade de maneiras de "cantar o mundo", diz Merleau-Ponty, uma variedade de gestos. Daí por que falar uma língua é viver *nesse mundo que ela exprime,* e de tal modo que, no final das contas, "o sentido *pleno* de uma língua nunca é traduzível em uma outra" (PhP, 218, 255).[5] A fala exprime um mundo, abre uma paisagem mental intersubjetiva, um mundo cultural, em vez de representar certo mundo objetivo, seja arbitrariamente, seja em função de um critério objetivo qualquer. Pois, afinal, essa mesma variedade de gestos permite mostrar que a recusa da convenção não acarreta a tese oposta – quer dizer, aproximar a linguagem das expressões emocionais não significa tornar "natural" o "signo artificial" da convenção. "Não há signo natural no homem" (PhP, 220, 256), diz brevemente Merleau-Ponty. E, para mostrá-lo, ele se serve da *variedade de gestos e de mímicas,* já que não é o signo verbal que está em questão, mas a fala, isto é, um gesto

---

5 E, se houvesse um "pensamento universal", nós só o obteríamos "retomando o esforço de expressão e de comunicação tal como foi tentado por *uma* língua" (PhP, 218, 255).

do corpo: a mímica da cólera ou a do amor não são as mesmas para um japonês e para um ocidental (PhP, 220, 256). Teríamos signos naturais se nossos gestos fossem definidos por nossa organização anatômica, se a ordem humana correspondesse, de maneira definida, à ordem biológica. Mas vimos que a ordem humana constitui um meio irredutível às ordens inferiores, que o comportamento humano manifesta uma plasticidade inencontrável no comportamento animal (SC, 175; 127), que, finalmente, não há uma "natureza humana", o que permite a variedade de mímicas e "não compromete o que a linguagem tem de específico" (PhP, 220, 256): "não basta que dois sujeitos conscientes tenham os mesmos órgãos e o mesmo sistema nervoso para que em ambos as mesmas emoções se representem pelos mesmos signos. O que importa é a maneira pela qual eles fazem uso de seu corpo, é a enformação simultânea de seu corpo e de seu mundo na emoção. O equipamento psicofisiológico deixa abertas múltiplas possibilidades" (PhP, 220, 256-7). Nem convenção, nem naturalidade: é a oposição definitiva entre ambas que é preciso superar, a oposição entre cultura e natureza, não importa qual delas seja reduzida a outra – e essa superação se consuma à medida que se afirmam ambas, *sem reduzir* uma a outra: não há ordem humana que não se enraíze em dialéticas inferiores, mas isso não significa que aquela seja por essas determinada: o superior se funda no inferior, mas é "liberado" dele (SC, 199). "No homem, tudo é natural e tudo é fabricado, como se quiser, no sentido em que não há uma só palavra, uma só conduta que não deva algo ao ser simplesmente biológico – e ao mesmo tempo não se furte à simplicidade da vida animal" (PhP, 221, 257). A fala, portanto, não o signo verbal, não é convencional nem natural.[6]

---

6 Para Barbaras, não basta "afirmar que a emoção é contingente em relação aos dispositivos objetivos do corpo"; isso não permite compreender como ela pode "se ultrapassar em significação linguística" (*De l'être du phénomène*, p.64). Dizer que o menor gesto não é mecânico, não explica que alguns entre eles "possam tornar-se verdadeiramente significantes" (ibidem, p.65). Merleau-Ponty mostra "que a linguagem não é impossível, ele não mostra como ela é possível" (ibidem, p.64), afirma Barbaras, retomando

III

O novo personagem, o sujeito falante, traz consigo um novo mundo – o mundo cultural, uma paisagem mental constituída por significações sedimentadas. A fala não é senão a tomada de posição do sujeito diante desse mundo (PhP, 225, 262), como o gesto o é em relação ao mundo sensível. Ela não exterioriza pensamentos, ela é antes certa modulação "nesse teclado de significações adquiridas", certo manejo desse mundo linguístico (PhP, 217, 253). A linguagem não se assenta portanto no pensamento puro. E, *como gesto*, ela significa algo tanto quanto um comportamento qualquer de meu corpo. A linguagem, diz Merleau-Ponty, não apresenta problema diferente daquele de um gesto, como o franzir de sobrancelha, que significa

---

aqui uma autocrítica de Merleau-Ponty em nota de trabalho de fevereiro de 1959 (VI, 229). Entretanto, ao julgar que o filósofo não dá conta da possibilidade da linguagem, Barbaras acredita que o problema é o de "conciliar o *arbitrário do signo* com a dimensão gestual da palavra" (ibidem, p.63; grifos nossos); ele nota, por exemplo, que a recusa da existência de um gesto natural não é bastante para dar conta "deste comportamento *eminentemente convencional* que é a linguagem" (ibidem, p.64; grifos nossos): Merleau-Ponty pretende, interpreta Barbaras, não ter feito uma "redução naturalista", isto é, ele pretende não ter reduzido a linguagem à expressão naturalista das emoções, e, para isso, apoia-se na recusa da naturalidade do gesto; mas é ainda, julga Barbaras, o problema de "conciliar o gestual e o convencional" (ibidem, p.64) que está em questão para Merleau-Ponty. No final das contas, mesmo esse gesto, mesmo o "corpo significante", é ainda "um corpo vivo", antes de ser "corpo do espírito": Merleau-Ponty ainda conserva uma "concepção naturalista do corpo" (ibidem, p.65), de modo que, menos que descrever a percepção como possibilidade da expressão, menos que mostrar "a gênese da idealidade no percebido", Merleau-Ponty se ocupa antes em mostrar, segundo Barbaras, "a irredutibilidade do percebido" à idealidade. São duas ordens distintas, a percepção e a significação, o que finalmente arrisca fazer do percebido uma "simples aparência", sem sentido diante do entendimento puro e da significação. Ora, parece-nos que Barbaras ignora, ainda uma vez, a dimensão do pré-objetivo, na qual já não há tal problema, o de conciliar o gesto linguístico com a convencionalidade do signo. Para Merleau-Ponty, trata-se de mostrar, como sempre, uma nova relação entre signo e significado – o signo é a fala, o significado *não é ainda* conceitual, mas gestual. Tudo se passa como se Barbaras acreditasse que o recuo da linguagem à percepção, do conceito ao silêncio, fosse o recuo ao pré-objetivo. Antes disso, é necessário o recuo a uma *fala originária* de significação, que não é mais percepção nem é ainda conceito e, por sua vez, envolve o silêncio primordial. E no domínio da fala originária, signo e significado, fala e sentido emocional, desenham uma relação que nenhuma convencionalidade poderia admitir. O recuo ao pré-objetivo não equivale apenas ao recuo à percepção, mas também ao recuo a uma fala, a um sujeito e a um mundo que essa fala exprime.

meditação: o gesto linguística nada mais é que "uma contração da garganta, uma emissão de ar sibilante entre a língua e os dentes, uma certa maneira de desempenhar de nosso corpo [que] deixam--se repentinamente investir de um *sentido figurado* e o significam fora de nós" (PhP, 226, 263). Tudo se passa como se a linguagem fosse reconduzida a um comportamento qualquer, entre quaisquer outros, significante como qualquer outro; e, uma vez que *todos* eles significam, a análise da linguagem termina apenas por manifestar, também ela, uma "natureza enigmática do corpo próprio" (PhP, 230, 267), expressa na sua capacidade de "secretar em si mesmo um 'sentido' que não lhe vem de parte alguma, projetá-la em sua circunvizinhança material e comunicá-la aos outros sujeitos encarnados" (PhP, 230, 267). O gesto linguística, porque significa, é tão "miraculoso" quanto o franzir de sobrancelha ao significar meditação, quanto a emergência do amor no desejo. Claro que esse "milagre" não se produz sem a utilização de um "alfabeto de significações já adquiridas" (PhP, 226, 263), sem a referência a um passado sedimentado. Mas há uma especificidade do gesto linguística como significante: é que ele é o único, entre todas as operações expressivas, "capaz de sedimentar--se e de constituir um *saber* intersubjetivo" (PhP, 221, 257-8; grifo nosso), uma significação intelectual. Quer dizer: o gesto linguística é de tal ordem que a fala se esquece de si mesma e a significação parece destacar-se dela, dos signos que a conduzem, dando-nos a ilusão de que existe para si, antes mesmo do gesto que a produziu. Surge então "o ideal de um pensamento sem fala" (PhP, 221, 258), de uma significação pura além de toda contingência, enquanto, por contraste, a ideia de uma música sem sons, por exemplo, é absurda; surge enfim "a ideia de verdade", que se torna então "o limite presuntivo" (PhP, 221, 258) do esforço do gesto linguística. Enquanto o sentido de todo outro comportamento não se destaca do último para aparecer, o sentido do gesto linguística parece libertar-se de sua inerência à fala e existir para si, como sentido puro. Isso se deve à virtude da linguagem de se fazer esquecer: a expressão se apaga diante do expresso, e por isso ela pode passar despercebida em seu "papel mediador" (PhP, 459, 537); o signo parece se anular e eu sou tomado inteiro pelo significado. Quando leio, por exemplo, "sigo com os olhos as linhas no papel e, a partir do momento em que sou tomado por aquilo que elas significam, não as vejo mais" (PhP, 459, 537). Entretanto, não há um sentido autônomo, posto em um céu inteligível, que não tenha se originado na fala, mas é justamente a presunção desse limite – a Verdade – que a fala instala em nós. Tudo se passa como se o sentido, por parecer destacar-se da fala e existir como sentido puro, tornasse possível "falar sobre a fala"; e, mesmo que não haja um puro sentido para si, um sentido liberto de sua inerência a toda fala,

> resta que no caso da fala a operação expressiva pode ser indefinidamente *reiterada*, que se pode falar sobre a fala enquanto não se pode pintar sobre a pintura, e que enfim todo filósofo sonhou com uma fala que *esgotaria* todas as outras, enquanto o pintor ou o músico não esperam esgotar toda pintura e toda música possíveis (PhP, 222, 258; grifos nossos).

Mas de onde vem essa especificidade do gesto linguística? De onde vem que o sentido trazido por ele pareça destacar-se e existir para si, de onde vem que a expressão se apague diante do expresso? Vem simplesmente do fato de que esse sentido "não pode ser definido por nenhum objeto natural" (PhP, 229, 266): ele não se encarna, como o sentido do percebido, na coisa natural porque constitui, ele próprio, um novo *mundo*, uma paisagem mental; o sentido da fala *não tem um suporte natural*, o que leva a existência a procurar alcançar-se "para além do ser", isto é, para além do ser natural, dos suportes dados, e justamente por isso "ela cria a fala como apoio empírico de seu próprio não ser" (PhP, 229, 267). A fala representa então "o excesso de nossa existência por sobre o ser natural" (PhP, 229, 267) e o sentido que ela veicula está além de todo ser natural, o que dá margem à ilusão de um sentido puro, para si, destacável do signo, quando é a fala que, ao contrário, veicula o sentido. Ora, tal

Razão e experiência: ensaio sobre Merleau-Ponty

especificidade do gesto linguístico cria a possibilidade de uma fala *não expressiva*; é que a fala expressiva não cria apenas novas significações, que se sedimentam por sua vez; ela constitui também o mundo linguístico, pois, para exprimir um sentido não definível por nenhum objeto natural, o ato de expressão "faz voltar a cair no ser aquilo que tendia para além" (PhP, 229, 267). A fala é um "apoio empírico", de modo que, finalmente, também as *linguagens*, "quer dizer, os sistemas constituídos de vocabulário e de sintaxe, os 'meios de expressão' que existem empiricamente", apoios da fala expressiva, também eles são constituídos pela fala, eles são "o depósito e a sedimentação dos atos de *fala* nos quais o sentido não apenas encontra o meio de traduzir-se no exterior, mas ainda adquire a existência para si mesmo" (PhP, 229, 266). O ato de expressão constitui então "um mundo linguístico e um mundo cultural" (PhP, 229, 267). Ora, é então que se torna possível uma fala que desfrute desse mundo linguístico instituído, visto que ele próprio é o "depósito" do sentido, a sedimentação do sentido. Daí por que Merleau-Ponty fala na existência de dois gêneros de fala: de um lado, a *fala falada*, banal, "que desfruta as significações disponíveis como a uma fortuna obtida" (PhP, 229, 267); tais significações, já formadas, suscitam em nós apenas "pensamentos secundários", que se traduzem em outras falas banais "que não exigem de nós nenhum esforço verdadeiro de expressão e não exigirão de nossos ouvintes nenhum esforço de compreensão" (PhP, 214, 250). A fala não é aqui uma verdadeira operação expressiva, como o é todo outro comportamento, pois ela se limita ao mundo linguístico já instituído, ou melhor, ela se vale dessas significações sedimentadas, já formadas, e embora tais significações se manifestem nessa fala, esta não tem com elas a relação que todas as outras operações expressivas nos revelam: o sedimentado, a cada vez, deve entrar na operação expressiva como um passado retomado em um ato prospectivo, em que uma significação se encontra em curso, justamente o que não encontramos na fala falada, pois a *significação é aí já formada*. Há aqui uma exterioridade entre fala e sentido, pois o sentido é dado e a fala não é expressiva; ela é antes "uma parada no processo de expressão" (PhP, 446, 521). E isso só é possível porque a própria linguagem é depósito do ato de fala, o que cria condições para um gesto linguístico limitado ao já realizado. Mas há, de outro lado, a fala produtora de sentido, a *fala falante*, originária, autêntica, transcendental, a que "formula pela primeira vez" (PhP, 207, 636; nota), "aquela da criança que pronuncia sua primeira palavra, do apaixonado que revela seu sentimento" (PhP, 208, 636; nota). Essa fala é uma operação expressiva porque nela "a intenção significativa se encontra *em estado nascente*" (PhP, 229, 266; grifos nossos). E porque há aqui um sentido em curso, esse sentido já não é exterior à fala, já não é formado, mas se encontra no horizonte dos atos de fala, anuncia-se nela. Pode-se dizer então que, de um lado, a significação é dada e a fala é banal, mas que tal fala "supõe realizado o passo decisivo da expressão" (PhP, 214, 250) e, de outro, a fala traz o sentido e é, portanto, expressiva. Mas ela o é, evidentemente, porque se funda em significações já disponíveis e em um mundo linguístico constituído que, como passado retomado, são o solo da operação expressiva. Essa retomada do sedimentado em uma intenção significativa é o que distingue a fala falante da fala falada: enquanto essa se move no interior de significações já formadas, aquela é "fato último", pois toda explicação que dela se quisesse dar "consistiria em suma em negá-la" (PhP, 447, 521). Ela é finalmente "criadora".

Já dissemos que na *Fenomenologia...* o silêncio prévio rompido pela fala falante envolve uma *consciência* que só vai aparecer no capítulo sobre o *cogito*: "a linguagem", diz Merleau-Ponty nesse capítulo, "pressupõe uma consciência da linguagem, um silêncio da consciência que envolve o mundo falante e em que em primeiro lugar as palavras recebem configuração e sentido" (PhP, 462, 541). Ora, mas sendo assim, por que tratar da fala na primeira parte da *Fenomenologia...*, quando essa consciência ainda não pode aparecer? Se isso explica a ausência do tema da passagem do silêncio à linguagem *neste capítulo*,

Razão e experiência: ensaio sobre Merleau-Ponty

entretanto, de outro lado, isso deixa em aberto a questão de saber por que a fala aparece aí. Parece-nos que Merleau-Ponty visa aí a explicitar menos a linguagem do que "a natureza enigmática do corpo próprio" que a fala revela. Fazendo um balanço desse capítulo, ele diz: "melhor ainda do que nossas observações sobre a espacialidade e a unidade corporais, a análise da fala e da expressão nos faz reconhecer a natureza enigmática do corpo próprio" (PhP, 230, 267). O corpo mostra-se capaz de tornar-se falante e veicular uma significação linguageira, sem que por isso ele manifeste "uma outra potência, pensamento ou alma. Não se via que, para poder exprimi-lo, em última análise o corpo precisa tornar-se o pensamento ou a intenção que ele nos significa. É ele que mostra, ele que fala, eis o que aprendemos neste capítulo" (PhP, 230, 267).[7]

---

7 Veremos, no Capítulo 6 que a consciência, o *cogito* tácito pressuposto pela linguagem, não implica de modo algum transcender o corpo falante, e portanto não se equivale à outra potência de que fala Merleau-Ponty. Mas é o próprio autor que, alguns anos depois, em uma nota de trabalho, afirma: "meu capítulo sobre o *cogito* não está ligado ao capítulo sobre a fala ..." (VI, 229).

IV

O mundo natural

I

O objeto de minha percepção me é dado como existindo em si mesmo, no mundo objetivo, apesar de meu corpo não apreendê-lo nunca em sua integralidade, apesar de ele não ver jamais as seis faces de um cubo – mas, nem por isso, deixamos de reconhecer o cubo em si mesmo, com *suas* seis faces iguais. Não preciso dar voltas em torno do cubo para sabê-la, não preciso construir a ideia de um geometral que dê razão dessas perspectivas: "o cubo já está ali diante de mim e desvela-se através delas" (PhP, 237, 275). Não preciso objetivar minha percepção para poder reconstituir, por trás da aparência perspectiva, a forma absoluta do objeto. Não;

> se para mim existe um cubo com seis faces iguais e se posso alcançar o objeto ..., é porque pela experiência perceptiva eu me afundo na espessura do mundo. O cubo com seis faces iguais é a ideia-limite pela qual exprimo a presença carnal do cubo que está ali, *sob meus olhos, sob minhas mãos, em sua evidência perceptiva* (PhP, 236-7, 275; grifos nossos).

De modo que o em si de que aqui se fala não é sinônimo de uma objetividade sem os homens, de uma objetividade *efetivamente* em si (PhP, 370, 429), mas de uma objetividade que "*se apresenta* àquele mesmo que a percebe como coisa em si" (PhP, 372, 432; grifos nossos). Merleau-Ponty reconhece o que dizia Berkeley: "mesmo um deserto nunca visitado tem pelo menos um espectador, e este somos nós mesmos quando pensamos nele" (PhP, 370, 429). Uma coisa portanto não pode ser separada de alguém que a perceba — ainda que a percepção a encontre como algo que "repousa em si", que "nos ignora" (PhP, 372, 432). Eis, novamente, o paradoxo da percepção, do qual Merleau-Ponty também partira ao tratar do sujeito de percepção. A questão que se colocava ali era "reencontrar a experiência" por sob os escombros do pensamento objetivo (PhP, 86, 110). E, então, era a propósito do corpo que se visava ao pensamento objetivo, já que o corpo, segundo Merleau-Ponty, é o sujeito que opera "na gênese do mundo objetivo" (PhP, 86, 110): é pelo corpo então reencontrado, pelo corpo próprio — não pela consciência, não pelo corpo receptor —, que se pode dar conta do paradoxo da percepção. Ora, também aqui tratar-se-á de "despertar" uma experiência — dessa vez, a "experiência do mundo" (PhP, 239, 278). Mas se em tal experiência está implicado o corpo próprio, sujeito de percepção, é certo, como já adiantava Merleau-Ponty, que o corpo, retirando-se do mundo objetivo, arrasta "os fios intencionais que o ligam ao seu ambiente" e nos revela não só o sujeito que percebe mas também o "mundo percebido" (PhP, 86, 110). É isso o que deve ser mostrado agora.

O corpo, como vimos, é "unidade expressiva", e essa unidade não é dada por uma lei, mas assumida no movimento de existência. Daí por que a estrutura "comunica-se ao mundo sensível" (PhP, 239, 278), e de tal modo que corpo e mundo formam um "sistema" (PhP, 235, 273). Pois, se é verdade que a unidade do corpo se faz no movimento em direção a um polo, é verdade também que a síntese do objeto se faz pela percepção: "eu não poderia apreender a unidade do objeto sem a mediação da experiência corporal" (PhP, 235, 273).

Razão e experiência: ensaio sobre Merleau-Ponty

Assim, se se trata de "despertar a experiência do mundo tal como ele nos aparece", será preciso partir do fato de que "percebemos o mundo com nosso corpo", enquanto nosso corpo é "como que o sujeito da percepção" (PhP, 239, 278). Merleau-Ponty começa então pelo *sentir* – que não é o mesmo que "sensação", termo final, elemento derradeiro da reconstrução analítica da percepção. A sensação era o ponto de partida lá na Introdução à *Fenomenologia...*; aí, tratava-se de fazer a crítica dos objetivismos, a crítica da inversão da ordem do conhecimento, de modo que se mostrasse a *necessidade* de um retorno à experiência originária. Dessa feita, já partimos do corpo próprio; daí por que, em lugar da sensação, conceito do pensamento objetivo, Merleau-Ponty fale em "sentir", que remete a uma experiência efetiva e atual do ser no mundo. Mas, por que exatamente o "sentir"?

Já sabemos que a sensação, como evento puramente subjetivo, como pura impressão, não corresponde a nada de que tenhamos experiência. E tampouco corresponde à experiência a percepção de qualidades sensíveis, de qualidades objetivas, pois a qualidade assim concebida permanece pensada, segundo a crítica merleau-pontiana, como qualidade real, plenamente determinada. O que percebemos efetivamente, diz Merleau-Ponty, são antes conjuntos cujas partes são mutuamente dependentes e indeterminadas. E o "sentir", por sua vez – Merleau-Ponty serve-se aqui das observações da psicologia indutiva –, não acontece sem um "acompanhamento motor", isto é, a sensação não vai sem certos movimentos, de tal modo que o "lado perceptivo" e o "lado motor" se comunicam (PhP, 243, 283). Ora, justamente por isso Merleau-Ponty começa pelo "sentir", pois, dessa "comunicação" entre motricidade e percepção assegura-se a passagem contínua da primeira à segunda parte da *Fenomenologia...*, isto é, a passagem do corpo para o mundo percebido. O que será então a sensação? Não um choque instantâneo e pontual, pois ela justamente se prolonga em reações motoras; o vermelho, por exemplo, aumenta a amplitude de nossas reações, ele "dilacera", o azul "cede ao nosso olhar", o verde é uma cor "repousante", o amarelo é "picante" (PhP,

244, 284) etc. Cada cor anuncia certa atitude do corpo "que só convém a ela e a determina com precisão" (PhP, 244, 284), a tal ponto que podemos falar em atitude do azul, atitude do vermelho, do verde etc. A partir daqui, certamente, pode-se afastar a consciência – pois a sensação não é o conhecimento ou a posição de certo *quale*, e o sujeito da sensação não é o espírito, mas o corpo –; pode-se afastar ainda o corpo em si, pois a sensação não é a modificação de um meio inerte, não é um choque pontual, já que ela "deixa-se reconhecer por um tipo de comportamento" (PhP, 245, 285), por uma atitude, já que não vai sem um acompanhamento motor, de modo que o sensível não produz uma afecção, mas é para mim a "proposição de um certo ritmo de existência" (PhP, 247, 288), de certa "maneira de ser no mundo" (PhP, 245-6, 286): "o azul é aquilo que solicita de mim uma certa maneira de olhar" (PhP, 243, 283-4), não é um puro *quale*, não é um espetáculo objetivo. E porque, finalmente, o sensível é a proposta de um ritmo de existência, à qual eu posso me abrir ou me fechar, sensível e sujeito da sensação devem estar "sincronizados", em "comunhão": "meu olhar acopla-se à cor, minha mão acopla-se ao duro e ao mole, e nesta troca entre o sujeito da sensação e o sensível não se pode dizer que um aja e o outro padeça, que um dê sentido ao outro" (PhP, 248, 288). Sentir é, literalmente, coexistir, o que consuma, enfim, a passagem da motricidade, isto é, do corpo ao mundo percebido.

II

Mas isso não é tudo. Afinal, a sensação parece ser assunto particular de cada um dos sentidos: a cor, da visão, o som, da audição etc. De modo que, para além da relação entre aquele que sente e o sensível, ou melhor, na esteira dessa relação, emerge o problema da unidade não mais do corpo, mas da *experiência do mundo*, ou, se se quiser, o problema da unidade das nossas experiências sensoriais enquanto elas devem configurar um mundo único – um único objeto. Já não se trata mais da unidade simples do corpo — ainda que a teoria do esquema corporal fosse já "implicitamente, uma teoria da percepção" (PhP, 239, 278) —, mas da unidade da significação sensível; entretanto, porque se trata de significação *sensível*, porque se trata da síntese do objeto, é preciso abordar também o problema da *unidade dos sentidos*, uma vez que, dada a sincronia entre sentido e sensível, uma síntese não vai sem a outra. É como se, antes, tivéssemos abordado o corpo em seu aspecto puramente subjetivo, quando se trata, agora, de abordá-la em seu trabalho efetivo de percepção, pois é a experiência do mundo que se procura agora descrever. O problema ganha relevância, visto que é o corpo, não o espírito, o sujeito da percepção — visto, portanto, que já não há uma "potência de ligação" (PhP, 40, 60) na base da percepção. Na ausência dessa potência, os sentidos recobram positividade, pois é então a partir deles que aparecerá a síntese. O que é um sentido?

Para determiná-lo, lembremo-nos do que dizíamos anteriormente a propósito do corpo habitual. O corpo habitual é a "parte" de nós mesmos encarregada de responder a certos estímulos, sem que isso se passe no centro da existência, como se entregássemos à periferia de nós mesmos uma parte de nossa vida. Ora, a sensação não é senão um conteúdo dessa "parte" de nós mesmos, antes determinada, quando analisávamos o braço fantasma, apenas em seu aspecto subjetivo:

> pela sensação, eu apreendo, à margem de minha vida pessoal e de meus atos próprios, uma vida de consciência dada da qual eles emergem, a vida de meus olhos, de minhas mãos, de meus ouvidos que são tantos Eus naturais. Toda vez que experimento uma sensação, sinto que ela diz respeito não ao meu ser próprio, ... mas a um outro que já tomou partido pelo mundo ... Eu experimento a sensação como modalidade de uma existência geral, já consagrada a um mundo físico e que crepita através de mim sem que eu seja seu autor (PhP, 250, 291).

A sensação ocupa apenas uma parte de nós mesmos, é, nesse sentido, "parcial" — e o eu que vê é um "eu especializado", voltado ao anonimato, de onde vem a "aparência de automatismo" (PhP, 250, 292) – mas, para além desse eu anônimo, há o eu dos atos pessoais. E, correlativamente, há ser para além do que eu vejo atualmente; logo, de ambos os lados, o que está em jogo é apenas uma *parte*. Ou, para usar a expressão recorrente, o que está em jogo é apenas certo *campo*. O *sentido* não é, afinal, senão isto: "um pensamento sujeito a um certo campo" (PhP, 251, 292). Toda sensação pertence portanto a um campo, de modo que nós temos um campo visual, um campo tátil etc. – e esses campos não implicam ainda o eu pessoal, o ser de que sou responsável, mas constituem um meio de generalidade, anônimo e pré-pessoal. Ora, a partir daqui, como compreender a unidade da significação sensível, e, antes disso, como assegurar a unidade dos sentidos?

Do afastamento da "potência ligante", resulta a positividade do "diverso", dos "materiais", o que assegura a distinção dos sentidos, dos diversos campos. A partir daí, desse meio anônimo cujos momentos são "concretos" (PhP, 256, 299), como assegurar a unidade dos sentidos? O intelectualismo, atento à unidade, toma a matéria contingente como um "momento ideal", portanto "os sentidos [para o intelectualismo] não existem", existe apenas a consciência (PhP, 251, 293) já que, diante da unidade intelectualista, o conteúdo se dissolve. Não há contribuição dos sentidos na experiência do espaço; antes disso, o espaço é que "põe em perspectiva e coordena" o conjunto das impressões, porque ele é "a *forma* da objetividade em geral" (PhP, 251, 293; grifo nosso). Resulta daí que todos os sentidos são espaciais, mas apenas no sentido em que todos eles se abrem sobre o *mesmo* espaço. Contra isso, o empirismo procura mostrar que o espaço pertence unicamente à visão e o tato, por exemplo, não é articulado segundo o espaço – o empirismo parte então em busca do "tátil puro", procurando assegurar, assim, a separação dos sentidos (PhP, 252, 293-4). O que Merleau-Ponty tem a dizer aqui a cada um dos adversários? Toda sensação é espacial – de modo que, contra o empirismo, será preciso mostrar que o cego tem a experiência de um espaço –, mas as sensações não são espaciais porque uma forma

Razão e experiência: ensaio sobre Merleau-Ponty

geral as coordene, e sim porque, se elas são contato com o sensível, não uma simples modificação de um meio inerte, são já constitutivas de um "meio de coexistência, isto é, de um espaço" (PhP, 255-6, 298).[1] Assim, se o espaço não é uma forma, mas "um meio de coexistência", então já não temos um espaço único, mas maneiras de ser no espaço e, de alguma maneira, de fazer espaço (PhP, 256, 299). Ou melhor: não temos um espaço único se este for entendido como "condição universal de todas as qualidades" (PhP, 256, 299), pois é nessa medida que ele anula a contribuição dos sentidos. Temos entretanto a unidade se a compreendermos como ponto de fuga, como correlato dos diversos sentidos: a unidade do espaço, diz Merleau-Ponty, "só pode ser encontrada na engrenagem dos domínios sensoriais uns nos outros" (PhP, 257, 300). Correlativamente, é abrindo-se a essa "unidade" que os sentidos se comunicam, que manifestam unidade: "os sentidos comunicam-se entre si *abrindo-se* para a estrutura da coisa" (PhP, 265, 308; grifo nosso; trad. modificada). Noutras palavras, os sentidos se constituem como unidade uma vez que estão orientados para um polo intencional, e a unidade sensível, no caso, a unidade do espaço, se faz nesse horizonte de articulação dos sentidos. Merleau-Ponty procura aqui, ao mesmo tempo, assegurar a diferença dos domínios sensoriais — o tato não é espacial como a visão o é, o campo tátil não tem a amplitude do campo visual — e garantir que essa diferença de domínios sensoriais não implica sentidos separados, pois o tato também se abre ao espaço, isto é, à totalidade, e ele é espacial ao menos no sentido de "apreensão das coexistências" (PhP, 258, 301). A experiência do sentido separado, ao contrário, é que resulta de uma atitude de análise, exatamente como a da qualidade sensível, inencontrável na percepção efetiva (PhP, 261, 305).

---

1 Na versão brasileira consta, em lugar de "meio de coexistência", "meio de experiência".

III

A reflexão, se quer ser "radical", deve evitar, novamente, os riscos da objetivação e procurar mostrar como nos colocar diante do irrefletido — ou melhor, como nos revelar a história da percepção. Lembremo-nos afinal de que a "reflexão radical" é reflexão sobre um irrefletido, que sua tarefa consiste, "paradoxalmente", em "reencontrar a experiência *irrefletida* do mundo" (PhP, 279, 324; grifo nosso), apreensão evidentemente indireta, uma vez que uma apreensão direta a *objetivaria* e torná-la-ia, por isso mesmo, mera significação — toda a estratégia de análise da doença não era senão um meio de apreensão indireta de um irrefletido. Ou, mais profundamente, uma apreensão direta nos lançaria no ser determinado, já que ela vai diretamente ao tema em questão, perdendo de vista a história de sua constituição, isto é, a formação da ideia de sujeito e de objeto, de modo que a reflexão, se quer ultrapassar o prejuízo do ser determinado, de que são vítimas intelectualismo e empirismo, deve procurar apreender a experiência antes que ela seja objetivada. Conforme célebre citação das *Meditações cartesianas*, tantas vezes retomada: "é a experiência pura e, por assim dizer, ainda muda que se trata de trazer à expressão pura de seu próprio sentido" (PhP, 253-4, 296). A reflexão será assim reflexão sobre um irrefletido — sobre um irrefletido que é, não indeterminação absoluta, mas passagem à determinação. Daí por que a reflexão, que "sucede" o irrefletido "originário", deve mostrar sua própria "possibilidade" (PhP, 247, 287) a partir do irrefletido, deve mostrar o fundo irrefletido "pressuposto" por ela, "do qual ela tira proveito" (PhP, 280, 325). A reflexão radical, diz em suma Merleau-Ponty, "é aquela que me reaprende enquanto estou prestes a formar e formular a ideia do sujeito e a do objeto" (PhP, 253, 295). E o fundo irrefletido, desta feita, não é mais o corpo próprio, que a doença, indiretamente, nos revelava. Agora, é uma experiência do mundo que, pura e ainda muda, deve ser trazida à expressão.[2] Mas o que permite fazê-lo, o que permite despertar a experiência irrefletida do mundo? A estratégia de Merleau-Ponty já não é a mesma de antes, quando o corpo estava em questão, isto é, já não se trata de usar a doença, como ruptura no processo de estruturação, para nos revelar, por contraste, a história encoberta na estrutura normal. O que permite abrir mão de tal recurso? Simplesmente o fato de que *já partimos do corpo* como sujeito da percepção – isto é, de que já estamos engajados, quando procuramos descrever o "sentir", em uma estrutura pré-objetiva. Trata-se aqui, pois, simplesmente, de mostrar como a unidade expressiva que é o corpo se comunica ao mundo sensível. Já não é necessário recorrer à doença – a partir do corpo próprio, podemos despertar a experiência irrefletida do mundo.

E, de fato, a unidade dos sentidos, conforme vimos, se revela pela unidade do polo intencional e, correlativamente, a unidade do polo intencional se revela pela unidade dos sentidos. Uma unidade se faz pela outra, sincronicamente. Vem daí que tenhamos, de um lado, uma percepção sinestésica e, de outro, um mundo intersensorial: "a forma de uma prega em um tecido de linho ou de algodão", diz Merleau-Ponty,

> nos faz ver a flexibilidade ou a secura da fibra, a frieza ou o calor do tecido ... No movimento do galho que um pássaro acaba de abandonar, lemos sua flexibilidade ou sua elasticidade, e é assim que um galho de macieira e um galho de bétula imediatamente se distinguem. Vemos o peso de um bloco de ferro que se afunda na areia, a fluidez da água, a viscosidade do xarope (PhP, 265, 309).

Assim, para além dos mundos separados de cada sentido – pois cada sentido, justamente por manter sua contribuição na constitui-

---

2 "Se nos reportarmos aos objetos tais como eles nos aparecem quando vivemos neles *sem fala e sem reflexão*, e se procurarmos descrever fielmente seu modo de existência ..." (SC, 200; grifos nossos).

ção da unidade, justamente por manter sua positividade, "traz consigo uma estrutura de ser que nunca é exatamente transponível" (PhP, 260, 303), permitindo, com isso, falar em mundos correlatos separados –, para além desses mundos separados, os sentidos, porque se comunicam, permitem também falar em "núcleo significativo" pelo qual os dados dos diferentes sentidos se comunicam (PhP, 266, 309). A percepção natural, diz Merleau-Ponty, "se faz com todo nosso corpo no mesmo tempo e abre-se a um mundo intersensorial" (PhP, 260-1, 304). E, assim como se mostrou que a unidade do corpo nada deve à consciência, que essa unidade se faz não por subsunção a uma lei, mas pelo movimento, *também aqui* será preciso mostrar que a natureza da unidade sensível não é do tipo da unidade do conceito, da significação intelectual, já que ela "resulta" justamente da unidade do corpo, já que corpo e mundo são correlatos. Será preciso distinguir, com toda clareza, a síntese perceptiva da síntese intelectual.

Vem daí que a unidade do percebido não possa ser confundida com um objeto único, que seria a "razão comum" das aparências – tal como Vênus é a razão comum da Estrela da Manhã e da Estrela da Tarde: reativaríamos aqui justamente o que queremos evitar, uma significação puramente intelectual, *exterior* aos dados sensíveis, que se *acrescenta* a eles. A "reunião" de nossas experiências sensoriais não se faz segundo um invariante – antes, a história oculta da nossa percepção deve nos conduzir a um domínio pré-objetivo pelo qual o invariante se constituirá. E, para mostrar a "reunião" dessas experiências, Merleau-Ponty se serve do exemplo da visão binocular que apreende um único objeto:

> quando meu olhar está fixado no infinito, tenho uma imagem dupla dos objetos próximos. Quando por sua vez eu os fixo, vejo as duas imagens se reaproximarem juntas daquilo que será o objeto único, e desaparecerem nele (PhP, 266, 310).

Não é um ato espiritual que reúne as duas imagens

se se tratasse de um ato espiritual ou de uma apercepção, ele deveria produzir-se assim que observo a identidade das duas imagens, quando de fato a unidade do objeto se faz aguardar por muito mais tempo: até o momento em que a fixação as escamoteia (PhP, 266, 310)

mas tampouco essa reunião se deve a um dispositivo do sistema nervoso, pois, contra esse centro visual, basta lembrar que a diplopia se produz algumas vezes (PhP, 267, 310). Tal como no exemplo do inseto, no fenômeno de substituição de pata, é preciso reconhecer uma "significação prática", uma "situação aberta" (PhP, 93, 118):

para que meu olhar se reporte aos objetos próximos e nele concentre os olhos, é preciso que ele *sinta* a diplopia como um desequilíbrio ou como uma visão imperfeita, e se oriente para o objeto único como para a reso-lução dessa tensão e a conclusão da visão (PhP, 268, 311-2; grifo nosso).

A unidade, o objeto único, deve ser visto então como unidade *em curso*, o que significa dizer que ela já não pode ser tomada como *efeito* da convergência, como *resultado* dela.[3] Tal unidade, evidente-mente, não é "nocional": do fato de ela não resultar de um processo em terceira pessoa, não se deve inferir que resulte de uma "inspeção do espírito": "não é o sujeito epistemológico que efetua a síntese, é o corpo, quando sai de sua dispersão, se ordena, se dirige por todos os meios para um termo único de seu movimento, e quando, pelo fenômeno de sinergia, uma intenção única se concebe nele" (PhP, 269, 312). Assim, a unidade dos sentidos tem por correlato uma unidade sensível que não se confunde com o conceito.[4] E por que não? Por

---

3 Voltaremos adiante a essa distinção, que envolve, de um lado, uma *antecipação* do objeto único, inexistente no pensamento objetivo, e, de outro, um simples efeito. É a antecipação que nos permite ver a constituição da unidade, a unidade se fazendo.

4 Evidentemente, o exemplo da percepção binocular deve ser expandido, pois ele figura a título de exemplo do que se passa com a unidade de todos os sentidos e com a unidade sensível, de modo que "o objeto intersensorial está para o objeto visual assim como o objeto visual está para as imagens monoculares da diplopia, e na percepção os sentidos se comunicam assim como na visão os dois olhos colaboram" (PhP, 270, 314).

que a unidade sensível deve ser ainda diferenciada da unidade do conceito? Essa diferença não vem do fato de que, sendo unidade *intersensorial*, esta seria para o domínio da sensibilidade o que é o conceito para o domínio do entendimento. Antes disso, a "unidade" intersensorial se distingue do conceito como o pré-objetivo se distingue do objetivo: "a série de minhas experiências apresenta-se como concordante e a síntese tem lugar não enquanto elas exprimem todas um certo invariante e na identidade do objeto, mas enquanto elas são todas *recolhidas pela última delas e na ipseidade da coisa*" (PhP, 269, 313; grifos nossos): isto é, a unidade em questão é uma unidade *em curso permanente*, não concluída, não acabada, de modo que a síntese perceptiva é uma síntese temporal — e que se faz lá, *na coisa mesma*, não em um sujeito pensante. Assim, temos de um lado uma unidade "aberta e indefinida" do corpo, garantida pelo movimento, e uma unidade da coisa percebida, igualmente aberta e indefinida, pois a coisa é o "termo transcendente de uma série aberta de experiências" (PhP, 270, 313), que não se expõe jamais diante de nós sem mistério, sem um convite a perceber para além.

IV

O que nos assegura, em última instância, que a síntese perceptiva prescinda de um ato efetivo de ligação é o fato de ela ser uma síntese temporal. Na verdade, uma atividade efetiva de ligação só aparece quando eu cesso de mergulhar no objeto percebido e me volto para mim mesmo; na percepção natural, eu estou inteiramente mergulhado na coisa percebida, e não me percebo percebendo-a (PhP, 275, 319). A atividade de ligação inexiste aqui, e o que o permite é o fato de que meu corpo goza de um "saber habitual do mundo", de que meus sentidos são esse saber, essa "ciência implícita ou sedimentada" (PhP, 275, 319) — vem daí que eu não necessite de uma perene atividade de ligação, que refaça ela mesma, integralmente, a síntese do percebido: essa atividade se faz necessária justamente porque eu abandono a percepção natural e tento reconstruí-la, porque dissocio a multiplicidade. Dizer que percebo com o corpo significa dizer que minha percepção "se beneficia de um trabalho já feito" (PhP, 275, 319), de um *passado* que a teoria da atividade de ligação ignora. Nosso olhar serve-se pois de um "saber latente", que "permanece sempre aquém de nossa percepção", mas que é retomado por ela – o que impede, definitivamente, que aquele que percebe seja "desdobrado diante de si como uma consciência deve estar" (PhP, 275, 320): a "espessura histórica" envolvida na percepção nos impede de tomar o sujeito de percepção como transparência absoluta. Ao contrário, toda percepção tem sempre "algo de anônimo" (PhP, 275, 320). Nós nos confundimos com esse corpo habitual, que "sabe mais que nós sobre o mundo" (PhP, 276, 320); somos com ele um único movimento: "eu vivo a unidade do sujeito e a unidade intersensorial da coisa, eu não os penso como o farão a análise reflexiva e a ciência" (PhP, 276,320). E novamente aqui o que permite compreender essa retomada do passado é, como já o mostrávamos, a ambiguidade do tempo – que se exprime no fato de que o sedimentado manifesta um passado não transcendido, uma "presença" ou "quase presença" do passado, já que ele é retomado e assumido pelo presente e, por isso mesmo, alimenta-se do presente; e, inversamente, embora tal passado dependa de uma retomada feita pelo presente, ele é, reciprocamente, o solo da consciência presente. Sendo assim, como descrever a síntese perceptiva – síntese temporal que se consuma na coisa percebida?

Diz Merleau-Ponty:

> abro os olhos à minha mesa, minha consciência é abarrotada de cores e de reflexos confusos, ela mal se distingue daquilo que se lhe oferece, através de seu corpo ela se espalha no espetáculo que ainda não é espetáculo de nada. Repentinamente, fixo a mesa que ainda não está ali, olho à distância quando ainda não há profundidade, meu corpo centra-se em um objeto ainda virtual e dispõe suas superfícies sensíveis de maneira a

torná-lo atual. Posso remeter *ao seu lugar no mundo* o algo que me atingia porque posso, afastando-me no futuro, remeter ao passado imediato a primeira investida do mundo em meus sentidos, e *orientar-me em direção ao objeto determinado* assim como em direção a um futuro próximo. O ato do olhar é *indivisivelmente prospectivo*, já que *o objeto está no termo* de meu movimento de fixação, e *retrospectivo*, já que *ele vai apresentar-se como anterior à sua aparição*, como o 'estímulo', o motivo ou o primeiro motor de todo o processo desde o seu início (PhP, 276-7, 321; grifos nossos).

Essa longa citação contém todos os elementos da síntese perceptiva. De início, vale notar que se a percepção, forçosamente, lança o objeto no passado, é porque, temporal que é, "a percepção que a sucede ocupa e também oblitera minha consciência" (PhP, 277, 322), de tal modo que não há aqui uma subjetividade absoluta, isto é, intemporal: percebendo, estou suficientemente ocupado para que não possa perceber-me percebendo; a percepção se faz sem que eu a constitua, ela é anônima, não um ato pessoal. Nesse sentido, a percepção "não faz *atualmente* a síntese de seu objeto" (PhP, 277, 322; grifo nosso), não há uma consciência que constitua "*atualmente* o mundo que ela percebe" (PhP, 275, 319; grifo nosso). Mas isso ocorre justamente porque há uma "pré-história" da percepção, porque há um sedimentado: a síntese não é feita atualmente, quer dizer, integralmente na atualidade, ela aparece *pelo* tempo — a síntese *atual* se faz necessária apenas porque o múltiplo aparece aí dissociado, objetivado, e ela é então apenas a contrapartida da análise (PhP, 279, 323-4; 275, 319). Kelkel vê "ambiguidade" na atitude de Merleau-Ponty em afirmar a síntese perceptiva e em recusar a síntese como contrapartida da análise.[5] Não há aqui ambiguidade alguma: a síntese que Merleau-Ponty recusa é a feita *integralmente na atualidade*, necessária apenas

---

5 Kelkel, "Merleau-Ponty et le problème de l'intentionnalité corporelle — un débat non résolu avec Husserl", p.21: "para compreender a atitude ambígua de Merleau-Ponty face no problema que o conduz ao mesmo tempo a afastar pura e simplesmente a noção de síntese, como se ela fosse apenas um artifício da análise teórica, e a confiá-la não à consciência, mas no corpo, tentemos ilustrá-la tal como a descreve o fenomenólogo".

Razão e experiência: ensaio sobre Merleau-Ponty

como contrapartida de uma análise que dissocia o múltiplo; a síntese perceptiva, por outro lado, assenta-se em um solo, em um sedimentado, e por isso ela se beneficia de um trabalho já feito, de um saber latente, de um passado. Aquela síntese, como atividade efetiva de ligação, feita integralmente na atualidade, ignora esse passado, isto é, o corpo, e por isso ela é feita pela consciência, por um sujeito absoluto, em vez de aparecer pelo tempo. Sem esse passado, sem esse sedimentado, o intelectualismo, segundo Merleau-Ponty, precisa colocar uma subjetividade absoluta, de modo que, inversamente, a "presença" do passado permite que a percepção se faça pelo tempo, segundo "um encaixe e uma retomada das experiências anteriores nas experiências ulteriores", sem que isso implique "uma posse absoluta de mim por mim" (PhP, 278, 322-3). O que é enfim essa síntese que não é feita por um sujeito, que produz um novo presente que retém o passado e, por isso mesmo, é "simultaneamente distendida e refeita pelo tempo"? (PhP, 278, 323)

Não se pode rejeitar a síntese e dizer que a percepção "revela os objetos assim como uma luz os ilumina na noite" ou, como Malebranche, imaginar a alma saindo pelos olhos e visitando os objetos no mundo. Por que não? Porque, "para perceber uma superfície, por exemplo, não basta visitá-la, é preciso reter os momentos do percurso e ligar um ao outro os pontos da superfície" (PhP, 279, 325). Para compreendermos esse percurso e sua síntese, lembremo-nos do que dizia Merleau-Ponty a propósito da visão binocular: o olhar se orienta para o objeto único *como para a resolução de uma tensão*, sente a diplopia como um desequilíbrio (PhP, 268, 312). Ora, mas tal desequilíbrio não existe em si mesmo, pois "nas próprias

---

E a descrição que se segue é já a de um ato expresso, não a da atitude natural, na qual um objeto não tem para mim tais e tais lados. Seria preciso observar a Kelkel o que diz Merleau-Ponty: "na atitude natural, não tenho *percepções*, não ponho este objeto ao lado deste outro objeto e suas relações objetivas ... Paris não é para mim um objeto com mil facetas, uma soma de percepções" (PhP, 325, 377). Os atos expressos "não podem servir para a análise do campo perceptivo, já que são antecipadamente retirados dele, já que o pressupõem e que nós os obtemos justamente utilizando as montagens que adquirimos na frequência do mundo" (PhP, 325-6, 378).

retinas, consideradas como objetos, só existem dois conjuntos de *estímulos* incomparáveis" (PhP, 268, 311); noutras palavras, o desequilíbrio só faz sentido para um sujeito, ou, mais precisamente, só faz sentido se o objeto único é já *antecipado* — o objeto único não é mero *efeito* da convergência dos olhos —, pois é essa antecipação que torna a diplopia um desequilíbrio, não a representação do objeto único. O desequilíbrio não existe em si, mas para um sujeito que procura fundir os fenômenos monoculares e que tende à sinergia (PhP, 303, 353). Quer dizer, a unidade está ali "desde o momento em que as imagens monoculares se apresentam como 'disparates'" (PhP, 303, 353) — e justamente por isso elas se dão como disparates. Uma vez que a visão do objeto único não é efeito da fixação, mas é antecipada na fixação, podemos dizer que "a fixação do olhar é uma 'atividade prospectiva'" (PhP, 268, 311). E é nesse sentido que podemos falar em *gênio perceptivo*, o que tende sempre ao mais determinado (PhP, 304, 354), pois o fim aqui não é dado a ele de início, como significação feita, o que anularia qualquer genialidade, mas é antecipado por ele.

Mas o ato do olhar não é apenas prospectivo; ele também é retrospectivo — o que, ainda sob esse aspecto, obriga a contextualizar a ideia de "gênio". Assim, por exemplo, um desenho perspectivo "não é percebido primeiramente como desenho em um plano, depois organizado em profundidade", pois a percepção em profundidade não é uma construção do entendimento, não é produto de uma relação de significação. Afastar o entendimento não significa, entretanto, abrir o flanco a um gênio que, criador *ex nihilo*, produz significações, segue em direção a um fim; aqui, é o próprio "conjunto do desenho" que vai buscar "seu equilíbrio escavando-se segundo a profundidade", portanto "é o próprio desenho que tende para a profundidade assim como uma pedra que cai vai para baixo" (PhP, 303, 353-4). Nesse sentido, o ato do olhar aparece como "retrospectivo", pois o sentido do percebido, não *constituído* por mim, aparece como "*instituído* nele" (PhP, 305, 355; grifo nosso), de modo que não sou a origem solitária do sentido, mas apenas "reúno um sentido esparso por todos os fenômenos", eu apenas digo "aquilo que os fenômenos querem dizer de si mesmos": "toda fixação é sempre fixação de algo que se oferece como a ser fixado" (PhP, 305, 356). O gênio perceptivo, ao assumir uma situação, dá a ela uma resposta que *já está envolvida na questão*. Por isso mesmo, a atividade do olhar é "retrospectiva", pois o objeto fixado se dá como anterior à fixação, como motivador dela.[6] Daí por que a resposta se dá como "irresistível" — ao menos quando se trata de um campo visual normal, não ambíguo: "quando passeio em uma avenida, não chego a ver os intervalos entre as árvores como coisas e as próprias árvores como fundo" (PhP, 304-5, 355), de modo que o gênio perceptivo aparece aqui finalmente como o que "sabe dar às coisas a devida resposta que elas esperam para existirem diante de nós" (PhP, 305, 356). Assim, como retrospectiva, a percepção fixa um objeto que já estava ali, um objeto *natural*, enraizado em um mundo natural. Mas justamente a fixação, a unidade da significação sensível que daí resulta (trata-se de uma unidade aberta), não implica que tal unidade seja, se não nocional, ao menos intencional, e assim correlato de um sujeito? Como então falar de coisa *natural*? Como a coisa pode ser correlata de um sujeito, isto é, *para nós*, e natural, sempre já ali, isto é, *em si*?

V

Vimos que a síntese não é efetuada por um sujeito epistemológico, que o sujeito de percepção é antes o corpo, não uma consciência;

---

6 "O que se entende por um motivo e o que se quer dizer quando se diz, por exemplo, que uma viagem é motivada? Entende-se por isso que ela tem sua origem em certos fatos dados, não que esses fatos por si sós tenham a potência física de produzi-la, mas enquanto eles oferecem razões para empreendê-la. O motivo é um antecedente que só age por seu sentido, e é preciso acrescentar que é a decisão que afirma esse sentido como válido e que lhe dá sua força e sua eficácia. Motivo e decisão são dois elementos de uma situação: o primeiro é a situação enquanto fato, o segundo a situação assumida... decidindo fazer esta viagem, eu valido esse motivo que se propõe e assumo essa situação. Portanto, a relação de motivante ao motivado é *recíproca*" (PhP, 299-300, 348-9; grifo nosso): entre motivo e decisão, vemos pois, novamente, a relação de dupla direção que Husserl chamou *Fundierung*.

assim o sensível pode "me convidar" a uma "focalização", a uma "fixação" (PhP, 367, 426); assim ele pode "despertar uma certa intenção motora" (PhP, 366, 425), e ser "uma questão" a qual nossos sentidos "respondem exatamente" (PhP, 366, 425). Por isso eu não sou a fonte do sentido, mas apenas reúno um sentido já esparso pelos fenômenos.[7] O sensível não é um espetáculo objetivo nem o correlato de uma consciência, pois a unidade, ao contrário do que supõem tais objetivismos, está no termo de um movimento de fixação do corpo, e por essa razão tal unidade é intersensorial, não nocional: tal como os dois olhos colaboram na visão binocular, apreendendo um único objeto, do mesmo modo os sentidos se integram em uma única ação, como potências de um mesmo corpo, apreendendo uma única coisa, que é então uma coisa intersensorial. É ver-

---

7 Segundo Madison (*La phénoménologie de Merleau-Ponty*), o filósofo, embora, "como Heidegger, tenha reagido ao idealismo husserliano e à sua noção de um Eu transcendental que seria a fonte constituinte de tudo o que aparece à consciência", não colocou em questão, "na época da *Fenomenologia*, a noção mesma de intencionalidade". Ele quis "conservar esta noção husserliana, rejeitando contudo suas implicações idealistas. É talvez um projeto, no fundo, impossível, é a fonte de toda ambiguidade da obra de Merleau-Ponty" (ibidem, p.52). Merleau-Ponty teria mantido a intencionalidade husserliana, embora a transferindo ao corpo: "a intencionalidade e a constituição temáticas de Husserl tornam-se, em Merleau-Ponty, a intencionalidade e a constituição operantes, corporais. Mas, sob suas novas formas, as noções permanecem no fundo as mesmas" (Ibidem, p.53). Há portanto "uma ambiguidade na análise de Merleau-Ponty", e essa ambiguidade se deve à presença, em sua análise, "de dois pontos de vista entre os quais ele oscila imperceptivelmente" (ibidem, p.54): o idealista, fruto da manutenção da intencionalidade husserliana, e outro, pelo qual ele pretende ter ultrapassado esse idealismo, mas apenas entregando ao corpo o que outrora pertencia à consciência. Mas não basta colocar o corpo no lugar da consciência, assegura Madison, é preciso redefinir a intencionalidade. Parece-nos que Madison não vê que a oposição à *Sinngebung* husserliana (PhP, VI, 7): a oposição à imposição de um sentido a partir do esquema *Auffassung--Inhalt* (PhP, 178, 632), foi feita por Merleau-Ponty e ela tem como contrapartida uma "'reflexão *noemática*' que permanece no objeto e explicita sua unidade primordial em lugar de engendrá-la" (PhP, IV; 5). Dessa explicitação, o sensível pôde aparecer então como impregnado de sentido, sem que este viesse de uma fonte subjetiva; o sentido torna-se então espalhado pelos fenômenos, e a síntese, forçosamente, se faz no próprio sensível. O corpo não opera a síntese, se por isso se entende que a síntese se passa *nele*, como se ele fosse a origem do sentido; o corpo apenas diz o que os fenômenos, por si mesmos, querem dizer. Merleau-Ponty reagiu ao idealismo husserliano e redefiniu a intencionalidade. A "intencionalidade operante" não é outro nome da "intencionalidade temática"; antes disso, ela é a "que faz a unidade *natural e antepredicativa do mundo e de nossa vida*" (PhP, XIII, 16; grifos nossos).

dade que não alcançamos jamais a ipseidade da coisa, pois a síntese é temporal, mas é verdade também que os sentidos não representam aqui uma duplicação da realidade, uma realidade secundária; antes, eles são nosso acesso ao real, à coisa mesma: "eu atravesso as aparências" (PhP, 367, 426) e chego à coisa real, o que se evidencia pelo fato de que a síntese, a unificação, motivada pela própria coisa, se faz *lá nela mesma*, não em um sujeito pensante, o que justamente caracteriza a síntese perceptiva e a distingue da síntese intelectual (PhP, 269, 312). E como termo de tal síntese, a coisa está aqui no horizonte aberto de uma experiência sinestésica. Os fantasmas, o ilusório, o engano, já não são uma realidade sensível comparada a uma realidade inteligível; a "plenitude de ser", o "ser verdadeiro" (PhP, 251, 293), será aqui a coisa dada *aos meus diferentes sentidos*, quando ela chega ao seu "máximo de riqueza" (PhP, 367, 426), quando os dados dos diferentes sentidos "são orientados para o polo único" (PhP, 368, 427), que polariza então nossa existência, e, por contraste, o fantasma será um reflexo ou um sopro leve do vento que se oferece apenas a um de meus sentidos (daí por que os fantasmas só se manifestam à noite, diz Ponty (PhP, 251, 293)) e, para que o fenômeno se aproxime da existência real, ele precisará tornar-se capaz de "falar aos meus outros sentidos, como por exemplo o vento quando é violento e se faz visível na agitação da paisagem" (PhP, 368, 427); é assim que teremos a coisa "em pessoa", "em carne e osso". Daí a célebre referência de Merleau-Ponty a Cézanne: "um quadro contém em si até o odor da paisagem" (PhP, 368, 427). Quer dizer: se a obra de arte retoma totalmente a coisa, então o que lá está deve conter respostas à interrogação de todos os meus sentidos, como acontece com a coisa "em pessoa". Vem daí que o real se encontre "carregado de predicados antropológicos", já que todas as relações que nele podemos assinalar se acham "mediadas por nosso corpo" (PhP, 369-70, 429). Entendamos: o que antes parecia ser a coisa em si, a coisa mesma, não uma realidade duplicada, revela-se agora, também, como *para nós*, pois, se ela se mostra carregada de predicados antropológicos, é porque se põe "na extremidade de um olhar ou ao termo de uma investigação sensorial que a investe de humanidade" (PhP, 370, 429).

Entretanto, a coisa não é apenas o "termo de uma teleologia corporal" (PhP, 373, 432) – pois a coisa nos ignora, repousa em si, apresenta-se àquele que a percebe como coisa em si:

> não começamos por conhecer os aspectos perspectivos da coisa; ela não é mediada por nossos sentidos, nossas sensações, nossas perspectivas, nós vamos diretamente a ela e é secundariamente que percebemos os limites de nosso conhecimento e de nós mesmos enquanto cognoscentes (PhP, 374, 434).

Daí por que a síntese parece se fazer na própria coisa: o sentido da coisa se constrói "sob nossos olhos", autonomamente, e se confunde "com a exibição da coisa" (PhP, 373, 433) – em vez de vir de fora ou de se esconder por trás dela: "o sentido de uma coisa habita essa coisa como a alma habita o corpo: ele não está atrás das aparências ... ele se encarna" nela (PhP, 369, 428). Vem daí a definição merleau-pontiana do "núcleo de realidade":

> uma coisa é coisa porque, o que quer que nos diga, ela o diz pela própria organização de seus aspectos sensíveis. O 'real' é este meio em que cada momento é não apenas inseparável dos outros, mas de alguma maneira sinônimo dos outros, em que os 'aspectos' se significam uns aos outros em uma equivalência absoluta (PhP, 373,433; trad. modificada).

Assim, embora a coisa, ao termo da exploração sensorial, esteja carregada de predicados *antropológicos*, ela não se reduz a um polo de minha vida corporal, pois repousa em si mesma, nos ignora (PhP, 372, 432), está enraizada "em um fundo de natureza inumana" (PhP, 374, 434), ela é natural. Eis, enfim, o problema a que nos referíamos, o do "em si para nós": "como compreender ao mesmo tempo que a coisa seja o correlativo de meu corpo cognoscente e que ela o negue?" (PhP, 375, 436).

VI

Dizer que a coisa é correlato de meu corpo, dizer que eu percebo com o corpo, significa dizer que *não* constituo a coisa, que *não* ponho "ativamente e por uma inspeção do espírito as relações de todos os perfis sensoriais entre si e com meus aparelhos sensoriais" (PhP, 376, 437). É o próprio espetáculo que dá as "indicações" ao meu olhar, que não faz senão reunir um sentido esparso nele, que reúne apenas o que se oferece para ser reunido (PhP, 377, 437; 305, 355). Ora, mas justamente mostrávamos que essa síntese, à medida que requer a mediação do corpo, investe a coisa de "humanidade", carrega-a de predicados antropológicos. É certo contudo que a percepção "existe sempre no modo do 'Se'" (PhP, 277, 322), que ela "atesta e renova em nós uma 'pré-história'" (PhP, 277, 322). A percepção, dizíamos acima, goza de um "saber habitual do mundo" (PhP, 275, 319), de um sedimentado que afasta a ideia de um sujeito que faça, ele mesmo, a síntese (PhP, 275, 319-20). Ora, é justamente por connta desse saber, dessa "ciência sedimentada" (PhP, 275, 319), que Merleau-Ponty poderá dizer que "meu olhar 'sabe' aquilo que significa tal mancha de luz em tal contexto" (PhP, 377, 437): de fato, se na percepção eu não faço "atualmente a síntese" do percebido, mas *meu olhar* "compreende a lógica da iluminação" (PhP, 377, 437), é porque tal síntese "aparece pelo tempo" (PhP, 277-8, 322), quer dizer, porque o corpo (ele, não eu como "sujeito autônomo" (PhP, 277, 322)) compreende essa lógica — e essa compreensão atesta justamente um saber sedimentado: a percepção, de uma vez por todas, "não é um ato pessoal" (PhP, 277, 322). Ela retoma um saber adquirido, saber que nosso olhar utiliza e a mergulha no anonimato: dizer que se percebe com o corpo significa justamente dizer que a percepção, "considerada em sua ingenuidade, não efetua ela mesma essa síntese, ela se beneficia de um trabalho já feito, de uma síntese geral constituída de uma vez por todas" (PhP, 275, 319). Ora, que síntese *geral* é essa?

Até aqui, falamos de um saber sedimentado que tornava prescindível a síntese como ato efetivo de ligação: por causa desse passado, podemos afastar a ideia de um sujeito de síntese e, por isso, a síntese se faz lá na coisa mesma, de modo que o corpo apenas reúne um sentido já espalhado pelo sensível. Mas ainda não chamávamos a atenção para o fato de que o saber sedimentado do corpo compreende não apenas uma certa lógica, *esta* lógica *deste* segmento do mundo, mas que, antes disso, é *toda* a "lógica do mundo que meu corpo inteiro esposa" (PhP, 377, 437); daí por que "síntese *geral*", e daí a conclusão de Merleau-Ponty:

> ter sentidos, ter a visão por exemplo, é possuir essa montagem geral, essa típica das relações visuais possíveis com o auxílio da qual somos capazes de assumir qualquer constelação visual dada. Ter um corpo é possuir uma montagem universal, uma típica de todos os desenvolvimentos perceptivos e de todas as correspondências intersensoriais para além do segmento do mundo que efetivamente percebemos (PhP, 377, 437-8).

Ter um corpo é ter uma ciência implícita, sedimentada, do mundo *em geral*, e de que uma coisa é apenas "uma das concreções possíveis" (PhP, 377, 438). Essa montagem universal não se confunde com um conjunto de condições de possibilidade, à maneira kantiana, pela razão simples de que aqui "o mundo tem sua unidade sem que o espírito tenha chegado a ligar suas facetas entre si e integrá-las na concepção de um geometral" (PhP, 378, 438-9).

Mas, então, se eu tenho uma típica de *quaisquer* relações intersensoriais, de *qualquer* concreção possível, é porque o mundo conserva o mesmo estilo em todas elas, é porque ele se conserva o mesmo independentemente do desenvolvimento da percepção, pois já não há aqui uma subjetividade que legisle. E o mundo conserva o mesmo estilo para mim porque *permanece*, porque está aí desde sempre, desde a primeira percepção; essa permanência do mundo é a permanência da generalidade, do horizonte de toda percepção, do fundo de que todo percebido não é senão a figura. O mundo é uma generalidade permanente, um "imenso indivíduo do qual minhas experiências são antecipadamente extraídas" (PhP, 378, 439). Se, momentaneamente, eu me absorvo em pensamentos e deixo de ouvir um burburinho, "no momento em que retomo contato com os sons, eles me aparecem como já estando ali, eu reencontro um fio que tinha deixado cair e que não está rompido" (PhP, 379, 440); se, aproximando-me de uma cidade de automóvel, eu a olho intermitentemente, meu campo visual de agora já não é o mesmo de antes, de modo que, se "eu uno as duas aparências", é porque "ambas são extraídas de uma única percepção do mundo, que consequentemente não pode admitir a mesma descontinuidade" (PhP, 380, 441). Essa generalidade permanente no horizonte de minha vida, essa *omnitudo realitatis* sempre em face de mim, não é uma significação comum a minhas experiências; ao contrário, a unidade do mundo é comparável à unidade da coisa na visão binocular: "minhas experiências do mundo integram-se a um só mundo, assim como a imagem dupla desaparece na coisa única" (PhP, 380,441). Assim, não posso dizer que minha visão atual seja limitada a meu campo visual efetivo, e, por exemplo, que o lado oculto dessa lâmpada ou a paisagem por trás dessa colina sejam *representados* por mim, pois isso implicaria dizer que eles são apenas possíveis – o que é representado não está aqui diante de nós, eu não o percebo atualmente (PrP, 44). Tampouco posso dizer que eles são evocados ou antecipados por mim como percepções que *necessariamente* se produziriam se eu girasse a lâmpada ou atravessasse a colina – eles seriam conhecidos, nesse caso, como consequência de uma lei, tal como a solução de um problema matemático (PrP, 45). Entretanto, os lados ocultos da lâmpada, a colina por trás da paisagem, são apreendidos por mim como *presentes*, como já aí, ou, mais precisamente, como horizontes da lâmpada e da paisagem. Não é apenas o objeto, este objeto, que me é dado, mas o mundo inteiro, toda a *omnitudo realitatis* para a qual remete o objeto e da qual, afinal, ele é extraído. Quando fixo uma mesa, oriento-me em direção ao objeto determinado, mas remetendo-a a seu lugar no mundo, de onde ela é extraída: a percepção é prospectiva, porque o objeto está no termo da fixação, e retrospectiva, porque ele se apresenta como já estando ali, como um objeto natural enraizado em um mundo natural – o que significa dizer que a percepção envolve o mundo natural. Meu corpo compreende toda a lógica do mundo para além *desse* segmento percebido aqui e agora, já que ele possui um saber sedimentado, uma típica, uma ciência implícita do mundo em geral. Correlativamente, a generalidade que é o mundo se estende para além do campo efetivo de percepção, nos horizontes dele, como horizonte mundial da coisa percebida, como o "fundo de natureza inumana" de onde a coisa é tirada, extraída. Não há campo presente sem um vasto horizonte mundial para o qual ele remete. Não há uma presença *em ato*, pois os horizontes são abertos e a síntese perceptiva não pode ser jamais concluída. Daí por que a coisa percebida deve ser tomada, também ela, em sentido temporal, pois ela tem seus horizontes, passado e futuro: "quando digo que vejo um objeto à distância, quero dizer que já o possuo ou que ainda o possuo, ele está no futuro e no passado ao mesmo tempo que no espaço" (PhP, 306, 357). Nesse sentido, é necessário ultrapassar o objetivismo e pensar a coisa e o mundo não no plano do ser, mas no plano do tempo: é preciso tomar o tempo, frisa Merleau-Ponty, como "medida do ser" (PhP, 381, 443); agora *o presente já não equivale ao apresentado, já não o esgota, pois a coisa não é presente sem horizontes*, isto é, sem passado e sem futuro. Mas, inversamente, assim como não há presente sem passado, sem esse fundo sobre o qual ele se assenta, também o passado depende de uma retomada presente, ou, considerando o caso em tela, do mesmo modo que o presente não esgota o apresentado, também, inversamente, *o apresentado só se apresenta por meio do presente*: meu presente não esgota o apresentado porque remete à transcendência dos horizontes (o que impede, definitivamente, de fazer da percepção, como o realismo, uma coincidência com a coisa)

(PhP, 376, 436), mas o apresentado carece de um presente, de um ponto de vista, pois

> se a coisa e o mundo pudessem ser definidos de uma vez por todas, se os horizontes espaço-temporais pudessem, mesmo idealmente, ser explicitados e o mundo pudesse ser pensado sem ponto de vista, agora nada existiria, eu sobrevoaria o mundo e, longe de que todos os lugares e todos os tempos se tornassem reais ao mesmo tempo, todos eles deixariam de sê-lo porque eu não habitaria nenhum deles

(o que afasta, definitivamente, a síntese do idealismo, que supõe uma ubiquidade efetiva e não apenas intencional) (PhP, 382-3, 445). Ao contrário do objetivismo, que impõe noções alternativas, descobrimos aqui uma ambiguidade que não nos impõe a escolha entre, de um lado, o inacabamento do mundo, o mundo em aberto, horizonte mundial, e, de outro, sua existência, sua presença (PhP, 383, 445) – pois essa ambiguidade se resume à do tempo, que é um meio só acessível se nele ocuparmos uma situação e o apreendermos por meio dos horizontes dessa situação (PhP, 383, 445) – como procuraremos mostrá-lo no capítulo dedicado à temporalidade. Finalmente, temos aqui a chave para a compreensão da contradição do em si para nós – contradição que, em vez de cessar, deve se generalizar (PhP, 381, 443), que a análise da temporalidade deve nos mostrar como" definitiva" (PhP, 451, 527): tal como para o corpo foi preciso redefinir o psíquico e o fisiológico, o para si e o em si, também aqui é preciso compreender que o mundo *não é* para nós (o mundo, e não apenas a coisa, já que, por seus horizontes, a coisa envolve o mundo inteiro, de onde ela é tirada), no sentido em que nós produziríamos a síntese do mundo, a significação "mundo", visto que nós *não* constituímos o mundo, a síntese do mundo é feita pelo tempo. Mas, como o mundo se apresenta em um campo de presença, aí ele se manifesta *para nós*. Inversamente, o mundo *não é* em si, no sentido objetivista, como efetivamente em si, já que não há mundo que não se manifeste a um sujeito, em um presente, já que o mundo é retomado por nós, e é portanto "presente" a nossa percepção. Mas ele é *em si* no sentido em que tem sua unidade sem que nós a tenhamos constituído.[8]

VII

Resta aqui uma questão por esclarecer: o que significa a adesão pré-pessoal, adesão do corpo habitual, ao mundo? O que significa esse passado permanente, esse fundo de toda percepção — essa fixação, essa inerência do sujeito ao mundo? O mundo, que permanece o mesmo por toda a minha vida, já "está nos confins da primeira percepção da criança como uma presença ainda desconhecida, mas

---

8 Diante da contradição do em si para nós, Madison faz a seguinte observação: "ainda que o pensamento de Merleau-Ponty tenha a tendência de ir nesta direção [reduzir o mundo "unicamente a um projeto existencial"] e de 'relativizar' o ser do sujeito e do mundo definindo os dois termos como correlatos um do outro, há também nesta obra ao menos uma vontade de salvaguardar a plenitude do ser do mundo" (*La phénoménologie de Merleau-Ponty*, p.51). E, segundo Madison, a solução está, ainda uma vez (como ele julgou estar, quando apontava a solução para a ambiguidade do corpo próprio), na "circularidade e implicação recíproca", dessa vez, circularidade "entre o sujeito que percebe e a coisa percebida". Para precisar um pouco mais: "como o corpo próprio é um sistema circular no qual o corpo como consciência e o corpo como objeto são os dois momentos, assim também o corpo próprio e o mundo percebido formam entre si um verdadeiro sistema" (ibidem, p.50). Mas essa precisão não vai muito longe, exceto para lembrar que corpo e mundo implicam uma dualidade que impede esse sistema de se concluir em identidade. Mas então seria necessário mostrar aqui uma homogeneidade de base entre corpo e mundo, uma *carne* única, ainda que marcada pela cisão (ou pela "negatividade", como dirá *O visível e o invisível*). Madison não esclarece esse ponto, que põe em questão, afinal, a relação entre *Fenomenologia...* e *O visível e o invisível*. Ou antes, que lhe permite fazer a crítica da *Fenomenologia...*, ainda que ele implique uma perspectiva que o próprio Madison não vê muito bem como caber no texto, e lhe permite tomar o último como mal resolvido. Assim, diz ele: "a questão que a análise da coisa e mundo natural levanta, em Merleau-Ponty, é uma questão que ela deixa finalmente em suspenso e que é de fato a 'besta negra' (*la bête noire*) da fenomenologia. É a questão do estatuto ontológico do mundo, do ser do mundo" (ibidem, p.51). Enquanto, para Husserl, o ser é ser para um sujeito, a objeção de Merleau-Ponty a esse idealismo, sem uma redefinição do conceito de intencionalidade, o leva a "oscilações" (ibidem, p.54). De um lado, o mundo é *para* um sujeito, como em Husserl, mas o sujeito merleau-pontiano não é um Eu transcendental, mas o corpo próprio, o que teria levado Merleau-Ponty a acreditar ter evitado o idealismo husserliano e a afirmar, de outro lado, um mundo natural que nós não constituímos. Já mostramos que Madison ignora a redefinição do conceito de intencionalidade e a consequente transformação do sensível, que aparece então impregnado de sentido. Por não ver essa transformação, Madison censura Merleau-Ponty: se, no momento anterior, na solução da ambiguidade do corpo próprio, a ambiguidade

irrecusável" (PhP, 378, 439). Já essa primeira percepção, diz Merleau-
-Ponty, é inconcebível sem nenhum fundo (PhP, 326, 378), já ela
aparece como "a execução de um pacto *mais antigo* concluído entre
X e o mundo em geral" (PhP, 293, 342; grifos nossos). Não haverá
portanto uma percepção sem mundo – podemos conceber um suje-
to sem campo auditivo, mas não um sujeito sem mundo (PhP, 379,
440). Toda percepção, por isso mesmo, conta com uma pré-história,
ela é já a retomada de uma "tradição pré-pessoal" (PhP, 293, 342),
de modo que podemos falar em um "espírito cativo ou natural",
abaixo de mim, para quem o mundo existe *antes* que eu aí estivesse,
e é o meu corpo como "sistema de 'funções' anônimas que envolvem
qualquer fixação *particular* em um projeto *geral*" (PhP, 294, 342; grifos
nossos). E porque se trata aqui de funções anônimas, Merleau-Ponty
pode falar em pacto entre *X* e o mundo em geral. Meu corpo implica
assim uma "adesão cega ao mundo", um "prejuízo em favor do ser"
(PhP, 294, 342). O que é esse prejuízo, essa adesão? Como revelá-
-la se, à medida que ela é adesão de funções anônimas, ela é opaca
à reflexão? Merleau-Ponty voltará à doença, a casos excepcionais,
ao sonho, ao mito, à alucinação, com o mesmo objetivo de antes:
alargar o domínio da reflexão, lançando uma luz sobre o irrefletido e
servindo-se para isso, novamente, de uma variação da experiência.

---

aparecia a Madison com um sentido positivo, em que em si e para si "se intercambia-
vam" (ibidem, p.45), desta feita ela aparece negativamente, "no mau sentido do termo"
(ibidem, p.55), pois não se sabe qual afinal o estatuto do ser do mundo: se é em si, se
é para um sujeito: "sobre a questão do ser do mundo, o pensamento de Merleau-Ponty
permanece bastante ambíguo. É como se houvesse no seio de sua fenomenologia um
conflito de posições filosóficas mal resolvido ... a tentativa de Merleau-Ponty de formular
uma filosofia que fosse capaz de ultrapassar as antinomias do idealismo e do realismo
deixa finalmente muito a desejar. Para dizer a verdade, na *Fenomenologia*... Merleau-Ponty
não cuida muito bem deste problema e nem mesmo parece ter tomado plena consciência
dele. Aqui, ele se interessa quase exclusivamente pelo *sujeito* da percepção" (ibidem,
p.55-6). Será preciso esperar, julga Madison, pelos textos posteriores, quando Merleau-
-Ponty, então, deverá "ultrapassar definitivamente a fenomenologia (mas realizando-
-a) e a noção husserliana de intencionalidade. É então que veremos sua ontologia
tomar forma" (ibidem, p.56). Contra a interpretação de Madison e os quiproquós pelos
quais ela se envereda, é preciso mostrar que a solução para a ambiguidade do mundo
deve ser pensada temporalmente: desde que o mundo apareça como temporal, perde
sentido a questão de saber se ele é puramente subjetivo ou puramente objetivo.

O pensamento objetivo rejeita o testemunho do sonho, do mito, do esquizofrênico, como o da existência, porque ele os julga "impensáveis", sem significado tematizável (PhP, 334-5, 388). Se pensa a percepção, por exemplo, como o faz Descartes, é por meio de um critério intelectual, de uma análise reflexiva: "na reflexão, o filósofo acredita saber aquilo que percebe melhor do que o sabe na percepção"; ele acredita saber o que vivem o sonhador e o esquizofrênico melhor que eles mesmos (PhP, 335, 388). Ele retira valor positivo à experiência mítica, à experiência do sonho etc., porque nivela todas as experiências a um único mundo — o mundo objetivo, do espaço geométrico — e a uma única consciência (PhP, 335, 389), isto é, a um único critério. Mas o que significa, em contrapartida, tomar essas diversas experiências por testemunho da relação entre o sujeito e seu mundo — da adesão cega ao mundo? E como fazê-lo?

Como antes, buscando compreender uma experiência pela outra — como recurso metodológico para restituir uma dimensão pré-objetiva na qual a experiência irrefletida é desvelada e não construída reflexivamente, não sendo, assim, submetida a critérios estranhos, comprometida pela prioridade do pensamento objetivo. Mas a tentativa de buscar assim o irrefletido originário parece deparar com um obstáculo insuperável — o de que o esquizofrênico, por exemplo, por não viver mais no mundo comum, mas em um mundo privado (PhP, 332, 386), instalado nesse mundo, já não possa nos dizer coisa alguma. O reconhecimento dos mundos antropológicos consagraria assim uma variedade sem remédio — o que inviabiliza o recurso metodológico usado até aqui. Entretanto, essa variedade mesma, para Merleau-Ponty, não poderia ser reconhecida sem um *fundo comum* — o doente não poderia apontar-nos algo que a reflexão direta omite se algo comum não nos unisse.[9] De modo que o afastamento do *cogito*

---

9 "No interior de minha própria situação me aparece a situação do doente que interrogo e, neste fenômeno com dois polos, aprendo a me conhecer tanto quanto a conhecer a outrem. É preciso recolocar-nos na situação efetiva em que as alucinações e o 'real' se oferecem a nós, e apreender sua diferenciação concreta no momento em que ela se opera na comunicação com o doente" (PhP, 389, 453).

Razão e experiência: ensaio sobre Merleau-Ponty

universalista do objetivismo não deve implicar uma queda em um *cogito* psicológico, "que permanece na experiência de sua vida incomunicável" (PhP, 337, 391). Nesse caso, contudo, a recusa de submeter a experiência a racionalizações e a critérios "universais" vê-se confrontada com a tarefa de mostrar, por conta mesmo do recurso à variedade de experiências, o solo comum que as perpassa. A tarefa de trazer a experiência à expressão pura de seu próprio sentido parece depender, portanto, de uma comunicação possível entre as experiências. O sonho, o mito, a loucura "não são fechados sobre si mesmos", diz Merleau-Ponty, eles não são "ilhotas de experiência sem comunicação e de onde não se poderia sair" (PhP, 338, 392). Nós nos comunicamos com a consciência mítica, por exemplo, porque também ela se *abre* para uma Alteridade, para o mundo, também a consciência mítica vive sobre esse "fundo perceptivo", pois o mito "forma um mundo, quer dizer, uma totalidade em que cada elemento tem relações de sentido com os outros" (PhP, 338, 392). Não, evidentemente, que a consciência mítica tome distância em relação a seus noemas e seja consciência de *coisa* — como, de resto, também a percepção não o faz. Mas se, ao contrário, ela passasse com cada um de seus noemas, "se não esboçasse o movimento de objetivação, ela não se cristalizaria em mitos" (PhP, 338, 392-3). O primitivo, como o civilizado, se abre para uma totalidade natural, também ele vive sobre esse fundo, também ele reconhece esses horizontes que são o mundo: eis o solo comum que nos perpassa e nos permite comunicar. Dá-se o mesmo com o sonho: durante o sonho, "não abandonamos o mundo" (PhP, 339, 393) — pois, sonhando, nos utilizamos ainda das articulações do mundo real, e é ainda sobre o mundo que sonhamos (PhP, 339, 393). Não se trata aqui de dissolver o discurso do negativo (da loucura, por exemplo), de tutelar a desrazão; trata-se do contrário, de fazê-las falar, e por isso mesmo não há lugar aqui para o Sujeito soberano, diante do qual o negativo é erro e ilusão.

Nada disso, entretanto, nos mostra a natureza da adesão ao mundo. Sabemos apenas, por ora, que essa adesão é comum a toda consciência, que a encontramos no mito, no sonho etc., e que justamente ela, porque é adesão a um mundo natural, a uma totalidade genérica, permite a comunicação dos variados mundos antropológicos. Para discuti-la, Merleau-Ponty começa observando que os esquizofrênicos, por exemplo, distinguem suas alucinações de suas percepções, reconhecendo que falta algo ao mundo mórbido para ser uma realidade: a alucinação distingue-se do conteúdo sensorial. Mas isso não significa dizer, à maneira intelectualista, que a alucinação é uma mera *crença*, um simples juízo, como se os alucinados apenas acreditassem ver o que de fato não veriam. Pois então eles tomariam a alucinação como "verdadeira", o que precisamente eles não fazem, pois, nesse plano do juízo, eles distinguem a alucinação da percepção (PhP, 385-6, 448-9).[10] E de pouco adiantará, para compreender a alucinação, causar-se a si mesmo alucinações por meio de uma injeção de mescalina, como o fez Sartre:[11] não apreendo jamais a alucinação como ela é *para si mesma*, como de resto não apreendo outrem, meu passado etc., pela razão simples de que não há jamais *coincidência*: "é verdade que não se falaria de nada se só se devesse falar das experiências com as quais se coincide, já que a fala já é uma separação" (PhP, 388, 452). Tratar-se-á aqui, como sempre, de compreender a alucinação pela experiência normal e a experiência normal pela alucinação:

> o que é dado não é o eu e, por outro lado, outrem, meu presente e, por outro lado, meu passado, a consciência sã com seu *cogito* e, por outro lado, a consciência alucinada, somente a primeira sendo juiz da segunda e estando reduzida, naquilo que concerne a esta, às suas conjecturas internas − o que é dado é o médico *com* o doente, eu *com* outrem, meu passado *no horizonte* de meu presente (PhP, 389, 452).

---

10 "Uma doente senil que se queixa de encontrar pó em seu leito sobressalta-se quando verdadeiramente encontra nele uma fina camada de pó de arroz: 'o que é isso? Esse pó é úmido, o outro é seco'" (PhP, 385, 448).
11 Sartre, *L'imaginaire*, p.302.

Razão e experiência: ensaio sobre Merleau-Ponty

Por meus sentidos, tenho consciência de apreender um espetáculo comum a mim e a outrem. E mesmo o que não faz parte de minha perspectiva, como os lados ocultos dos objetos, é implicado nela. O fenômeno alucinatório, ao contrário, não é acessível a outrem, ele se desenrola em outra cena. Falta-lhe a plenitude que encontramos na coisa percebida, que a faz repousar em si. Daí por que podemos dizer que a alucinação "é em primeiro lugar alucinação do corpo próprio" (PhP, 391, 455): a ilusão se faz sem contrapartida sensorial, ou seja, o corpo, por suas próprias montagens, produz fantasmas exteriores:

> a maior parte das alucinações são não coisas com facetas, mas fenômenos efêmeros, picadas, tremores, estouros, correntes de ar, ondas de frio ou de calor, centelhas, pontos brilhantes, clarões, silhuetas (PhP, 392-3, 456).

O mundo mórbido é um mundo "factício" (PhP, 393, 457). Mas nem por isso ele deixa de valer como realidade para o alucinado; há aqui uma "impostura alucinatória" (PhP, 394, 458) que o intelectualismo, ao partir de uma consciência constituinte, não pode compreender, pois afinal o intelectualismo precisa explicar como a consciência pode se enganar acerca de um objeto que ela própria constitui, como ela pode se enganar se a verdade ou a falsidade de uma experiência não está mais na relação com um ser exterior, mas deve ser legível nela de modo intrínseco (PhP, 387, 450). O problema, insolúvel nos quadros do intelectualismo, consiste em mostrar como a alucinação, diferente da percepção, pode no entanto suplantá-la e valer como realidade para o alucinado.

Isso só ocorre, quer dizer, a ficção do alucinado só vale para ele como realidade, porque, embora a alucinação seja diferente da percepção, ambas são modalidades de uma *mesma função* — vem dessa função única a possibilidade de tomar a coisa da alucinação por coisa real. E essa função, evidentemente, não pode ser a constituição da coisa, uma operação intelectual, pois permaneceríamos atados às dificuldades do intelectualismo. É preciso que tal função nos permita situar "ora em pleno mundo, ora à margem do mundo", permitindo-nos portanto perceber e alucinar – e, nesse caso, permanecermos na "constituição solitária de um ambiente fictício" (PhP, 394, 458). Ora, se, malgrado a diferença, a alucinação pode passar por realidade, é finalmente porque a própria percepção, oriunda da mesma função, não é uma operação intelectual, não goza de nenhuma certeza intrínseca, nenhum *index sui* – essa função é tal que, *antes* de toda verificação, nós simplesmente cremos no que vemos (PhP, 394, 458), ou seja, a consciência *não sabe* o que faz, e justamente por isso a ilusão é possível. O doente aceita a ilusão porque se instala nessa "indistinção primitiva do verdadeiro e do falso" (PhP, 396, 461), em que não há nenhuma certeza intrínseca. Naturalmente, para que o doente aceite a ilusão, é preciso que se coloque à margem justamente do que pode barrá-la, isto é, à *margem do mundo*, pois é o horizonte da coisa percebida, enquanto a ele estou aberto, que permite corrigir as ilusões e nos instala na verdade perceptiva. Se a percepção, por sua vez, se revela verdadeira é justamente porque, aberta a um horizonte de verificações presumidas, a experiência liga-se a si mesma e a concordância se mantém – e eu *presumo* que ela se manteria para uma observação mais detalhada (PhP, 343, 399). Enfim, a ilusão alucinatória é possível porque, percebendo ou alucinando, estamos no domínio da *opinião originária*, porque ainda estamos no domínio do ser antepredicativo, porque enfim essa função não é uma operação intelectual e não traz em si nenhuma certeza intrínseca. De um lado, a alucinação situa-se à margem do mundo, quer dizer,

> o fenômeno alucinatório não faz parte do mundo, ... ele não é *acessível*, não existe caminho definido que conduza dele a todas as outras experiências do sujeito alucinado ou à experiência dos sujeitos sãos" (PhP, 390, 454)

mas é verdade também que, separado do ambiente efetivo, o corpo que alucina evoca, "por suas próprias montagens, uma pseudopre-

Razão e experiência: ensaio sobre Merleau-Ponty

sença desse ambiente" (PhP, 392, 456), ele "usa de seus campos sensoriais e de sua inserção natural em um mundo para fabricar-se, com os fragmentos deste mundo, um ambiente factício" (PhP' 393, 457). De outro lado, isto é, na percepção, a abertura ao mundo é condição mesma da verdade perceptiva; essa verdade não é legível na consciência a título de marca interna; ao contrário, ela só aparece à medida que a experiência liga-se a si mesma concordantemente e, por isso, ela se assenta integralmente, antes de qualquer verificação, em uma *crença no mundo*, em uma adesão cega ao mundo, pois eu presumo, sem jamais ter diante de mim todos os horizontes interiores e exteriores do objeto, que a concordância se manteria para uma verificação expressa: "perceber é envolver de um só golpe todo um futuro de experiências em um presente que a rigor nunca o garante, é crer em um mundo" (PhP, 343-4, 399). É justamente por conta da natureza dessa adesão que a ficção pode passar por realidade: a adesão ao mundo não é uma operação intelectual, é apenas "o movimento que nos leva para além da subjetividade, que nos instala no mundo antes de toda ciência e de toda verificação, por uma espécie de 'fé' ou de 'opinião originária'" (PhP, 395,459). O mundo, por sua vez, não é necessário: nós apenas aderimos a ele, não o constituímos; ele está aquém da demonstração e da dúvida. A fé nos instala não na verdade, mas na realidade, e portanto temos apenas, por meio dessa adesão, facticidade, não necessidade (PhP, 396, 460). Já nossa primeira percepção nos encontra "operando em um mundo" (PhP, 293, 342); não *qualquer* mundo, não qualquer meio particular, mas o que está na origem de todos. Evidentemente, essa adesão cega ao mundo não se manifesta apenas no início de minha vida – minha primeira percepção já se serve desse pacto, dessa pré-história –, mas, mais que isso, essa adesão é retomada a cada momento, em cada percepção, de modo que a percepção "indica no interior do sujeito o fato de seu nascimento, a contribuição perpétua de sua corporeidade, uma comunicação com o mundo mais velha que o pensamento" (PhP, 294,342). Merleau-Ponty se pergunta: "o que temos então no começo?" (PhP, 279, 324) – pergunta que deve ser retificada: agora e sempre, o que temos nós?[12]

Não um múltiplo dado com uma apercepção sintética que o percorre de um lado a outro, mas um certo campo perceptivo sobre fundo de mundo. Aqui nada é tematizado. Nem o objeto nem o sujeito são *postos*. No campo originário, não se tem um mosaico de qualidades, mas uma configuração total que distribui os valores funcionais segundo a exigência do conjunto (PhP, 279, 324).

---

12 "Essa adesão cega ao mundo, esse prejuízo em favor do ser não intervêm apenas no começo de minha vida. É ele que dá seu sentido a toda percepção ulterior do espaço, ele é recomeçado a cada momento" (PhP, 294, 342).

V

O mundo humano

I

Toda percepção retoma uma tradição pré-pessoal, um eu anônimo e natural. A coisa percebida é extraída de um fundo natural, de um mundo sempre já ali, coisa portanto também natural, feita de cores, qualidades táteis etc., dada a esse eu natural. A síntese perceptiva igualmente é feita por um tempo que funciona sozinho e eu não constituo. Estou portanto lançado em uma natureza e ela é visível não só fora de mim, mas também no centro de minha vida – pois, afinal, mesmo minha vida voluntária se vê misturada a essa potência, o tempo natural, sempre ali, que a impede de se concluir (PhP, 398,464). Mas não há só natureza em torno de mim; há também um mundo humano: estradas, cidades, igrejas, utensílios etc., objetos que trazem implicitamente (*portent en creux*) (PhP, 399, 465) a marca da ação humana, ainda que, é verdade, eles levem a existência anônima das coisas, ainda que "desçam na natureza"; mas eles aí se depositam sob a forma de um mundo cultural: os objetos humanos, os utensílios, diz Merleau-Ponty, "nos aparecem como *postos* sobre o mundo, ao passo que as coisas estão *enraizadas* em um fundo de natureza inumana" (PhP, 374, 434; grifos nossos). Assim, diferentemente da coisa natural, o objeto cultural me faz "sentir a presença próxima de outrem", ainda que "sob um véu de anonimato" (PhP, 400, 466), pois o objeto cultural concretiza uma sedimentação de atos humanos e, portanto, anuncia outrem; assim, a partir de um desses objetos, posso apreender outrem.

Mas não é de nenhum deles que parte Merleau-Ponty — é do *corpo*, "o primeiro dos objetos culturais ... aquele pelo qual todos os outros existem" (PhP, 401, 467). E seja a propósito dos "vestígios", seja a propósito do "corpo de outrem", o problema é o mesmo: o de saber como, a partir desses objetos, chegamos a um sujeito pessoal, como tais objetos no espaço podem tornar-se "o rastro falante de uma existência" — ou, inversamente, como uma intenção "pode separar-se do sujeito pessoal e tornar-se visível fora dele em seu corpo, no ambiente que ele se constrói" (PhP, 401, 467). Ora, é porque põe a questão dessa maneira que Merleau-Ponty pode abandonar a discussão a propósito da constituição de outrem, da relação *cogito* a *cogito*, e colocá-la em termos de *percepção de outrem*. Note-se que o capítulo que ora analisamos, "Outrem e o mundo humano", é o terceiro capítulo da segunda parte, que tem por título "O mundo percebido": o mundo humano é, literalmente, *parte* do mundo percebido. Todo o problema da intersubjetividade, na *Fenomenologia...*, é posto por Merleau-Ponty em termos de percepção; daí por que ele toma o corpo como "objeto cultural", e, por isso mesmo, a questão começa por assumir o "paradoxo" — de um pensamento que reside no exterior, de uma consciência vista pelo lado de fora. Mas que essa linguagem não nos engane: o paradoxo aqui não é o de uma interioridade que se manifesta fora, que se exterioriza; é antes o de uma subjetividade que, lida no corpo, é ainda anônima. O paradoxo é então o de *outrem anônimo*, o de uma consciência sem sujeito, isto é, sem Ego, e anônima (PhP, 401, 467), percebida no corpo. Ora, esse paradoxo remete-nos ao corpo próprio de que falávamos anteriormente, pois víamos ali justamente um corpo sujeito, um anônimo sujeito de percepção. E, de fato, vimos que a síntese perceptiva prescindia de um Ego, já que ela aparecia como uma síntese essencialmente temporal e não como uma atividade de ligação realizada por um sujeito. Mas então o corpo deveria gozar de um saber habitual, deveria apresentar-se como um corpo habitual, para ser capaz, autonomamente, de percepção. É desse corpo anônimo, ainda uma vez, que fala Merleau-Ponty, do corpo capaz de sedimentação, capaz de tornar-se o rastro falante de uma existência – ainda uma vez, é da consciência perceptiva que fala Merleau-Ponty.

Comecemos então pelo corpo, mas pelo corpo enquanto ele se mostra capaz de sedimentação, enquanto é um eu anônimo e natural. Daí a diferença radical entre a *démarche* de Merleau-Ponty e a de Sartre.[1] Sartre, com efeito, recusa tomar o corpo como ponto de partida na abordagem da intersubjetividade: "a aparição do corpo do outro não é o encontro primeiro", diz ele.

> Ao contrário, não passa de um episódio de minhas relações com o outro ... o outro existe para mim primeiro, e capto-o como corpo *depois*; o corpo do outro é para mim uma estrutura secundária.[2]

E a razão disso é que a relação entre corpos não seria ainda, para Sartre, uma relação entre sujeitos: "se, com efeito, a relação fundamental entre meu ser e o ser do outro se reduzisse à relação entre meu corpo e o corpo do outro, seria pura relação de exterioridade"[3] – isto é, seria relação de coisas, como a mesa e a cadeira, sem relação entre si,[4] pois, para Sartre, o corpo do outro é já uma "objetivação do outro".[5] O outro, contudo, não se revela de início à nossa percepção; antes disso, essa percepção supõe "a referência a uma relação primeira de minha consciência com a do outro, na qual este deve me

---

1 Essa diferença nos permitirá completar o comentário que fizemos anteriormente, no Capítulo 2 (verif.), acerca do papel do corpo para os dois filósofos.
2 Sartre, *L'être et le néant*, p.405.
3 Sartre, ibidem.
4 Ibidem, p.286.
5 Ibidem, p.405.

aparecer diretamente como *sujeito*".[6] Para que o outro não seja apenas provável – pois, reduzido à objetividade, dado à nossa percepção, seria apenas provável que essa voz que ouço seja a voz de um homem e não o canto de um fonógrafo –, é preciso uma captação fundamental do outro; ou antes, essa probabilidade mesma requer a revelação do outro: "se o outro não me é imediatamente presente e sua existência não é tão certa quanto a minha, toda conjectura a seu respeito carece totalmente de sentido. Mas, precisamente, não conjecturo a existência do outro: eu a afirmo."[7] A probabilidade se assenta pois em uma pressuposição fundamental, a intuição do outro, sem o quê a questão do outro nem sequer se colocaria. E de que modo o outro nos aparece? Como Sartre pretende mostrar, para além de toda probabilidade a que nos conduz a objetividade, o outro como sujeito?

Não se trata aqui de *provar* a existência do outro, assim como não se prova a própria existência:

> Descartes não *provou* sua própria existência. Porque, de fato, eu sempre soube que existo, jamais deixei de praticar o *cogito*. Igualmente, minhas resistências ao solipsismo ... provam que sempre soube da existência do outro, que sempre tive uma *compreensão* total, embora implícita, de sua existência.[8]

Descubro a presença concreta e indubitável do outro, de *tal* ou *qual* outro concreto na experiência do *olhar*: "pelo olhar experimento o outro concretamente como sujeito livre e consciente".[9] Trata-se bem disso para Sartre: de outrem como sujeito consciente, não, como para Merleau-Ponty, de outrem como sujeito anônimo. E, de fato, se apreendo um *olhar* não percebo os *olhos* que me veem: o olhar já não pode ser reduzido a um simples objeto. As situações são exclusivas: ou eu percebo os olhos e nesse caso percebo um objeto; ou apreendo

---

6 Sartre, ibidem, p.311, grifo nosso.
7 Ibidem, p.308.
8 Ibidem.
9 Ibidem, p.330.

Razão e experiência: ensaio sobre Merleau-Ponty

um olhar, e nesse caso apreendo um sujeito, uma liberdade, que se situa *além* do mundo dos objetos. A alma se manifesta aqui, portanto, literalmente, no olhar – não nos olhos, cuja percepção representa já uma objetivação do outro. De modo que o olhar se sobressai assim como o recurso sartriano que permite prescindir do corpo e ir diretamente à consciência, ao *cogito* do outro, pois é disso que se trata: do *cogito* do outro e do meu próprio *cogito*. Não entraremos nos detalhes dessa análise; sublinhamos apenas que a apreensão do outro implica passar *por cima* do seu corpo – e portanto por cima do mundo –, corpo que não nos dá nunca um sujeito, outro eu que não eu, pois ele representa já uma objetivação do outro.

Em Merleau-Ponty, ao contrário – vimos isso na análise da percepção –, o corpo é sujeito, como consciência anônima, capaz de percepção sem necessidade de uma atividade de ligação. Vem daí que a *démarche* de Merleau-Ponty, em vez de passar por cima do corpo, comece por retomar esse sujeito sem transparência, anônimo, e procure resolver, a partir dele, o problema da existência de outrem. Isso vai significar, evidentemente, ainda em oposição a Sartre, que também aqui, como antes na análise da percepção, não é um *cogito* que se procurará desvelar, não é o *cogito* de outrem que se buscará, já que o corpo de outrem não é para Merleau-Ponty, como o é para Sartre, "uma estrutura secundária", uma pura contingência, um passado transcendido, para além do qual se anuncia um *cogito*, mas um sujeito. Não será necessário um olhar que, por cima do corpo, revele a mim a subjetividade de outrem, o *cogito* de outrem. Antes disso, a estrutura mesma do corpo sujeito, que a análise da percepção me revelou, me permite conceder o mesmo estatuto a outrem sem tal ato iluminador.[10] Se o corpo não é aqui um em si exposto diante da

---

10 Outrem não é então extramundano, como o é para Sartre, do mesmo modo que a coisa mesma não anuncia um em si extramundano, ou "transfenomenal" (Sartre, *L'être et le néant*, p.29), como diz Sartre. Ao contrário, para Merleau-Ponty o *significado* é sempre aderente ao signo: não há outrem extramundano, não há em si transfenomenal, ainda que, é verdade, eu não alcance jamais a ipseidade da coisa e de outrem.

consciência, mas uma consciência que descobre em si mesma, com os campos sensoriais, "a opacidade de um passado originário" (PhP, 403, 470), uma pré-história, um saber habitual sedimentado que a torna capaz de percepção, "por que os outros corpos que percebo não seriam, reciprocamente, habitados por consciências? Se minha consciência tem um corpo, por que os outros corpos não 'teriam' consciências? (PhP, 403, 470). Não temos aqui as antinomias do objetivismo que, partindo de uma subjetividade absoluta e constituinte, não pode reconhecer outra subjetividade, pois esta deveria figurar no seu horizonte, tal qual o mundo, como constituída. O sujeito merleau--pontiano é anônimo, por isso o reconhecimento de outro sujeito anônimo não envereda por antinomias, pois o mundo e os outros não se reduzem a correlatos desse sujeito.[11]

Mas apontar a ausência das antinomias do objetivismo não é ainda mostrar o encontro com outrem. É preciso mostrar que outrem não é deduzido, "por analogia", a partir de meu próprio corpo (PhP, 404, 471), que não se trata de "conceder" ao corpo de outrem o mesmo estatuto que encontramos no nosso. Já não se tratará, é verdade, de um ato iluminador, específico, mas não será menos um acesso efetivo a outrem: será, não a apreensão de um *cogito*, mas a "percepção de outrem" (PhP, 404, 471). E porque se trata de um sujeito anô-

---

11 A experiência de outrem, melhor que a da fala ou a do mundo percebido, observa Merleau-Ponty, põe em questão a pura consciência, o puro sujeito, diante do qual há apenas objetos inteiramente explícitos. Aqui, mais que em qualquer outro lugar, o filósofo idealista deveria refletir "sobre o modo de presença do objeto ao sujeito, a concepção do objeto e do sujeito" (S, 116), pois, enfim, "a posição de outrem como outro eu mesmo não é possível se a *consciência* deve efetuá-la: ter consciência é constituir, portanto eu não posso ter consciência de outrem, pois seria constituí-lo como constituinte, e como constituinte em relação ao ato mesmo pelo qual eu o constituo" (S, 117). Esse problema, segundo Merleau-Ponty, é posto por Husserl na Quinta *Meditação* cartesiana: "se delimitamos o *ego* em seu ser próprio, e se abarcamos com um olhar de conjunto seu conteúdo e suas articulações ... a seguinte questão necessariamente se coloca: *como* meu *ego*, do interior de seu ser próprio, pode, de algum modo, constituir o 'outro' 'precisamente como lhe sendo estranho', conferir-lhe um sentido existencial que o coloca fora do conteúdo concreto do 'eu mesmo' concreto que o constitui" (Husserl, *Cartesianische Meditationen*, §44). Embora Husserl tivesse colocado a dificuldade, ele não a "superou": "Husserl passa adiante" (S. 117), diz Merleau-Ponty.

Razão e experiência: ensaio sobre Merleau-Ponty

nimo, essa percepção deve encontrar outrem tal como, refletindo sobre minha própria percepção, encontrei meu próprio corpo, isto é, também um sujeito anônimo, "um pensamento mais velho do que eu trabalhando em meus órgãos de percepção" (PhP, 404, 471). A experiência deve equivaler assim à revelação do irrefletido pela reflexão radical, quando tematiza a minha própria percepção, pois em ambos devemos encontrar um sujeito anônimo. Daí por que o exemplo de Merleau-Ponty, ao procurar mostrar a percepção de outrem, incide sobre um caso em que tal anonimato parece inquestionável: a percepção de um bebê de quinze meses ... "Um bebê de quinze meses", diz ele,

> abre a boca se por brincadeira ponho um de seus dedos entre meus dentes e faço menção de mordê-lo. E todavia ele quase não olhou seu rosto em um espelho, seus dentes não se parecem com os meus. Isso ocorre porque sua própria boca e seus dentes, tais como ele os sente do interior, são para ele imediatamente aparelhos para morder, e porque minha mandíbula, tal como ele a vê do exterior, é para ele imediatamente capaz das mesmas intenções (PhP, 404, 471).

O bebê, sem analogia, percebe em meu corpo as mesmas intenções que percebe no seu: essa é a percepção de outrem.[12] Mas então outrem não deve ser confundido com uma interioridade, com um espaço privado, com uma consciência que, sem fora e sem partes, é inacessível a todos, exceto a seu titular.[13] Antes, outrem é um corpo

---

12 Considerando o mesmo exemplo, Barbaras (*De l'être du phénomène*) afirma: "a psicologia da criança coloca em evidência o caráter originário da experiência do mundo humano ... A relação com outrem é imediata: longe de ser inferida a partir de conteúdos sensíveis, [outrem] é já presente em e como esses conteúdos, isto é, como seu próprio corpo. A originariedade da percepção de outrem exclui que esta percepção repouse sobre uma inferência" (p.40). Não basta, contudo, afirmar isso. É preciso ir além — o que não faz Barbaras — e mostrar o estatuto do corpo percebido, o corpo como sujeito natural, capaz de sedimentação, sem o quê não se vê como aqueles "conteúdos" poderiam me dar outrem.

13 "A criança vive em um mundo que ela acredita imediatamente acessível a todos aqueles que a circundam, ela não tem nenhuma consciência de si mesma, nem tampouco dos outros, como subjetividades privadas, ela não suspeita que nós todos e ela estejamos limitados a um certo ponto de vista sobre o mundo. É por isso que ela não submete à

no mundo, ainda anônimo e pré-pessoal, e, por isso, o corpo de outrem não é um objeto para mim, nem o meu para ele, como supõe Sartre, mas eles são antes "comportamentos" (PhP, 405, 472). Trata-se aqui do corpo que percebe e do corpo percebido, de dois sujeitos anônimos, não de duas consciências privadas, pessoais.

Mas se o sujeito de percepção é anônimo e pré-pessoal, se é um corpo cujas percepções "permanecem excêntricas em relação a ele enquanto centro de iniciativas" (PhP, 405, 472), então também o mundo não é um correlato desse sujeito de percepção, também o mundo não é um espetáculo privado; ele é antes um mundo público que ultrapassa tal sujeito. E como, enfim, outrem percebido não é um *cogito* extramundano, outrem é, ao contrário, "coextensivo ao ser", eu também o sou e nós somos parte desse mesmo mundo público. Minhas perspectivas não são *minhas*, no sentido em que elas se passariam em um Ego que as unificaria; ao contrário, a síntese se faz lá, na coisa mesma, não em mim, e nossas perspectivas, as minhas e as de outrem, são recolhidas nesse mundo único do qual participamos todos (PhP, 405-6, 473), como se tivessem uma existência material, a ponto de uma criança se perguntar como os olhares não se quebram ao se cruzarem (PhP, 408, 476). Uma síntese que se fizesse em um Ego transformaria o mundo em espetáculo privado, e, com o mundo, também outrem, o que reativaria as antinomias da intersubjetividade, de modo que, por contraste, o "mundo único e intersubjetivo" aparece como o lugar mesmo da comunicação dos "sujeitos psicofísicos" (PhP, 406,473). É esse "terreno comum", não criado por nenhum dos sujeitos, que assegura a comunicação entre os sujeitos. Merleau-Ponty dá o exemplo do diálogo – exemplo que, paralelamente à coexistência dos sujeitos psicofísicos no mundo natural, anuncia a coexistência "dos homens

---

crítica nem seus pensamentos, nos quais crê na medida em que eles se apresentam e sem procurar ligá-los, nem nossas falas. Ela não tem a ciência dos pontos de vista. Para ela, os homens são cabeças vazias dirigidas a um mundo único, um mundo evidente em que tudo se passa, mesmo os sonhos que, ela acredita, estão no quarto, mesmo o pensamento, já que ele não é distinguido das falas" (PhP, 407-8, 475).

em um mundo cultural" (PhP, 530):[14] "na experiência do diálogo, constitui-se um terreno comum entre outrem e mim, meu pensamento e o seu formam um só tecido, meus ditos e aqueles do interlocutor são reclamados pelo estado da discussão, eles se inserem em uma operação comum da qual nenhum de nós é o criador" (PhP, 407, 474-5). O terreno é comum justamente porque nenhum de nós o criou e a comunicação se faz porque ele mesmo requer de cada um de nós intenções, ditos, e por isso nós nele nos lançamos e nele coexistimos. Passa-se o mesmo com a coexistência dos sujeitos psicofísicos no mundo natural: trata-se de um mundo comum, não criado por nós, que nos arranca intenções de tal modo que não somos nós que constituímos o sentido do percebido; apenas "reunimos um sentido esparso por todos os fenômenos" (PhP, 305, 355), como o mostramos a propósito da percepção, apenas dizemos o que o mundo oferecia para ser dito, e por isso o mundo nos é comum e nele coexistimos. A coexistência e a comunicação vêm então daí: já não é necessário um terceiro termo que faça a mediação das consciências separadas, das ilhas de subjetividade, cada qual com seu espetáculo privado, com seus pensamentos intraduzíveis pela linguagem e incomunicáveis; mas é então porque eu não sou um sujeito absoluto, transparente para mim mesmo – ao contrário, eu arrasto um corpo atrás de mim, corpo capaz de intenções e que é justamente percebido por outrem. O mundo já não é meu correlato, não é constituído por mim, mas é o mundo natural dado a todos nós, o mundo *em carne e osso, em pessoa,* no qual nos encontramos todos. Mas, então, se em um mundo comum nos comunicamos, é porque esse mundo, não sendo constituído por mim, não é mero signo cujo significado fosse dado por minha consciência. Nesse sentido, a coexistência e a comunicação se assentam, como sempre, nisto: na "certeza primordial de tocar o próprio ser" (PhP, 408, 476), isto é, de que o mundo no qual nos encontramos é o *mundo mesmo.*

---

14 Citado da *Table des matières,* não reproduzida na edição brasileira.

II

Esse mundo de "coexistência pacífica" (PhP, 408, 476), que apaga a individualidade das perspectivas, que faz desaparecer o Ego, que reduz os sujeitos ao anonimato, parece, entretanto, acarretar o problema oposto, pois, afinal, como fazer aparecer a "pluralidade das consciências"? O problema diante do qual se vê Merleau-Ponty é: se, de um lado, é verdade que eu percebo o luto ou a cólera de outrem em seu comportamento, em seu corpo, sem nenhum empréstimo a uma experiência "interna", é verdade também, por outro, que "o luto de outrem e sua cólera nunca têm exatamente o mesmo sentido para ele e para mim. Para ele, trata-se de situações vividas, para mim de situações apresentadas" (PhP, 409, 477). Merleau-Ponty repõe o problema da coexistência, mas agora a "coexistência das liberdades e dos Eus" (PhP, 530),[15] não mais dos sujeitos anônimos. Por isso, já não bastam os termos do simples comportamento – afinal, o luto de Paulo, por exemplo, o seu sofrimento por ter perdido a sua mulher, é diferente do meu sofrimento, que é um sofrimento diante do seu; um projeto comum, meu e de Paulo, não é nunca um *projeto* único, não nos atemos a ele um tanto quanto o outro, nem da mesma maneira (PhP, 409, 477). Reaparece aqui, em suma, um conflito, e esse conflito reaparece porque o comportamento *percebido* de outrem, agora, *já não é inteiramente outrem*. E esse conflito parece insanável pois, desde que eu vá além do comportamento, pouco importa dizer que "eu resolvi viver em um intermundo no qual dou tanto lugar a outrem quanto a mim mesmo" porque este intermundo será visto sempre como "um projeto meu" (PhP, 409, 478). Coloca-se então o problema: se, antes, tínhamos a coexistência de sujeitos anônimos, pré-pessoais, garantida por um mundo comum, um mundo natural não constituído por nós, mas para o qual nós nos lançávamos, que

---

15 Citado da *Table des matières*, não reproduzida na edição brasileira.

Razão e experiência: ensaio sobre Merleau-Ponty

arrancava de nós intenções e assim nele nós coexistíamos, agora, dessa vez, vemos aparecer uma existência que "permanece sempre aquém dos atos em que quer se engajar", aquém do comportamento, e isso justamente uma vez que ela "se sabe dada a si mesma" (PhP, 410, 479), uma vez que todo comportamento "atesta um si que se toca antes dos atos particulares" (PhP, 411, 479). O conflito dos sujeitos deve-se aqui, portanto, ao aparecimento de um *cogito*, de uma "presença de si a si" que parece implicar agora um "solipsismo vivido" inultrapassável (PhP, 411, 480).

Evidentemente, não se trata aqui de um Ego constituinte, e por isso não se trata de afastar a generalidade anônima do corpo que a análise da percepção nos mostrou; voltaremos adiante, com mais detalhes, à análise do *cogito*; essa análise nos permitirá ver com mais clareza que a *retomada* dessa generalidade, desse sedimentado, *por cada ato particular vivido*, permitirá a compreensão do "Eu indeclinável" — é a retomada temporal que desenhará a relação de si a si. Por ora, contudo, observemos apenas que, se não se trata de um Ego constituinte, trata-se ao menos de um si, se não se trata de um sujeito universal, absoluto, trata-se ao menos de um solipsismo vivido, ou do que Merleau-Ponty vai chamar o *cogito* "tácito". E é dessa peculiaridade que o filósofo procura tirar proveito para tentar superar o impasse do solipsismo — ou, antes disso, para tentar mostrar o solipsismo como parte de um fenômeno mais amplo. Pois, se o reconhecimento do *cogito* não chega aqui ao reconhecimento de um sujeito constituinte, se eu não sou um sujeito absoluto, se eu não sou Deus, mas tenho apenas pretensão à divindade (PhP, 412, 481), então a situação se reduz ao "ridículo de um solipsismo a vários" (PhP, 412, 482). Daí por que Merleau-Ponty pode retomar, sem contradição, o que estabeleceu atrás, quanto à coexistência de sujeitos anônimos, e afirmar que a comunicação (que envolve um espaço comum e afasta um sujeito constituinte) e a solidão (a dos *cogitos*) "não devem ser os dois termos de uma alternativa, mas *dois momentos de um único fenômeno*", já que, de fato, ele conclui, "outrem existe para mim" (PhP, 412, 482; grifos nossos).[16] Eu nem mesmo falaria de outrem, nem mesmo falaria de solidão, se outrem não fosse dado a minha experiência, se eu não percebesse outrem, se não houvesse coexistência. Merleau-Ponty tenta segurar aqui as duas pontas do fenômeno, minha subjetividade (solidão) e minha transcendência para outrem (comunicação, coexistência): *"eu sou dado*, quer dizer, encontro-me já situado e engajado em um mundo físico e social – *eu sou dado a mim mesmo*, quer dizer, esta situação nunca me é dissimulada, ela nunca está em torno de mim como uma necessidade estranha" (PhP, 413, 482). Mas para que tal equilíbrio se mantenha, é fundamental que o *cogito*, a subjetividade, não signifique uma transparência absoluta, que o contato de mim comigo mesmo não seja absolutamente posto (PhP, 342, 397); pois, se tivéssemos uma consciência transparente, para a qual a aparência fosse realidade, e ser e aparecer fossem um e o mesmo, forçosamente nos colocaríamos em uma perspectiva de apreensão do Ego absoluto de outrem, e não da percepção de outrem, e mergulharíamos em antinomias. Mas o *cogito* não implica a posição desse contato absoluto, e por isso não é o Ego de outrem que está em questão para mim. Ao contrário, o *cogito* de que fala Merleau-Ponty é ambíguo, e por isso ele não afasta a comunicação, a coexistência, mas faz com ela um único fenômeno. O que é essa ambiguidade?[17]

---

16 Vimos, no segundo capítulo, que o sujeito anônimo e o sujeito pessoal são um único ser, que o ato pessoal se assenta em uma generalidade anônima e que, inversamente, a generalidade anônima é retomada pelo ato pessoal. Daí por que não há contradição em afirmar o encontro entre os sujeitos psicofísicos e a solidão dos Eus como dois momentos de um só fenômeno, pois, de um lado, a consciência arrasta um corpo – que assegura o encontro –, sobre o qual ela se assenta, e, de outro, a consciência retoma essa generalidade –, retomada que, finalmente, desenha essa "outra generalidade" (PhP, 411, 480) que não a do corpo, essa relação de si a si, que assegura a solidão. Evidentemente, os termos unificados já não são os do objetivismo, de modo que o corpo não é em si nem o Eu é para si, no sentido do *cogito* cartesiano. Quanto ao *cogito*, voltaremos a discuti-lo no Capítulo 6.

17 Essa mesma questão é assim colocada por Barbaras: "Outrem aparece *como tal* e, nessa medida, sua doação não remete a uma consciência insular; entretanto, se verdadeiramente a relação repousasse sobre uma subjetividade anônima, ele perderia toda significação, na falta de uma distinção no seio deste anonimato, isto é, finalmente, na falta de

O *cogito*, diz Merleau-Ponty, é vivido *"aquém* de qualquer afirmação" (PhP, 342, 397; grifo nosso), "ele está *aquém* da verdade e do erro desvelados" (PhP, 343, 398; grifo nosso), ele constata um "fundo de existência", uma "insuperável generalidade" *aquém* dos atos particulares, aquém do que me aparece expressamente de mim mesmo, de modo que meu ser não se reduz a essa aparência, eu não me reduzo àquilo que vivo. Aqui, o particular, o que aparece (a experiência) não esgota a generalidade, o ser (o fundo constatado pelo *cogito*, aquém de toda experiência, de toda posição), assim como o presente não esgota o apresentado. Por outro lado, o contato vivido aquém de toda afirmação, a generalidade, como toda generalidade, como todo fundo, nada: é sem a particularidade, sem a figura: o apresentado, por fim, carece de um presente, de uma manifestação – verdade que a generalidade aqui já não é a do corpo, mas a que se anuncia pela

---

uma consciência a qual ele pudesse aparecer. O *ego* e o *alter ego* têm destinos paralelos: no momento em que o *ego* se desvanece no anonimato do ser no mundo, outrem sofre a mesma sorte, e deixa então de ser *outro*, na falta de permanecer uma consciência (...) Alteridade e egoidade não se opõem: ao contrário, porque é dotada de identidade, porque é consciência de si, uma consciência pode ser outra, isto é, diferir de uma outra. A partir daí, se a relação a outrem exclui consciências transparentes a si mesmas, ela recusa na mesma medida a ideia de uma corrente psíquica indiferenciada, pois só uma consciência, uma relação a si, pode engendrar uma diferença ... O movimento de crítica da egologia husserliana, que se apoia sobre a descoberta do anonimato do ser no mundo e vem convergir com a perspectiva de Scheler, requer agora um movimento inverso, que leva a reivindicar uma verdade de Husserl contra Scheler. A existência de outrem só tem sentido enquanto é apreendida do ponto de vista de um *ego*, ao qual ela possa aparecer e do qual ela possa se distinguir a título de *alter ego*" (*De l'être du phénomène*, p.53). A maneira mesma de colocar a questão, que afasta a "corrente psíquica indiferenciada" como terreno para a solução do problema da intersubjetividade, e exige que essa solução seja posta do ponto de vista do *ego*, revela a dificuldade de Barbaras: há, de um lado, "um anonimato originário", mas que deve ser recusado porque ele é "experimentado e portanto divisado pelas consciências que nele se fundem"; há, de outro, um "solipsismo inultrapassável" que, entretanto, deve também ser recusado porque "a experiência que a consciência faz de sua solidão pressupõe um fundo prévio de comunicação com outrem": a solidão é experiência da ausência dos outros, e a *ausência* é apenas "modalidade da presença" (ibidem, p.53-4). Para Barbaras, a *Fenomenologia...* atesta um "fracasso" na solução do problema da intersubjetividade porque esse problema "é posto negativamente sob a forma de uma *dupla exclusão*, de Scheler [o anonimato] e de Husserl [a egoidade]" (ibidem, p.54; grifos nossos). O que falta a Barbaras, parece-nos, é ver que a ambiguidade do Eu e de outrem só pode ser resolvido mostrando que egoidade e anonimato não são excludentes, mas que são um único ser – e essa unidade só pode ser explicada por um recurso à temporalidade.

retomada da generalidade do corpo. Daí por que o *cogito* "não é distinto de minha inserção no mundo" (PhP, 413, 483), daí porque ele é permanentemente engajado, situado, e finalmente a consciência de si e a consciência do mundo são "rigorosamente contemporâneas" (PhP, 344, 400). Assim, embora o *cogito* constate uma generalidade aquém da experiência particular, eu já não posso encerrar-me em mim mesmo e fechar-me completamente para o mundo: só posso tentar fugir do ser *para* o ser (PhP, 413, 483), diz Merleau-Ponty. Ou seja: estou irredutivelmente ligado ao mundo, permanentemente engajado e situado em uma perspectiva. Assim, a constatação da generalidade, por um lado, permite compreender o solipsismo, já que meu ser está sempre aquém de todo ato particular, mas, por outro, a inserção no mundo dessa generalidade permite relativizá-lo, de maneira que o solipsismo "só seria rigorosamente verdadeiro para alguém que conseguisse constatar tacitamente a sua existência sem ser nada e sem fazer nada, o que é impossível, já que existir é ser no mundo" (PhP, 414-5, 484). Mas, por que Merleau-Ponty, ao anunciar uma generalidade para além do ato particular, não permaneceu com a generalidade do corpo, por que, ao contrário disso, apresenta uma generalidade que se sabe dada a si mesma? Por que, além da montagem do corpo, o Si? Porque o Si aparece justamente na retomada temporal dessa generalidade, desse passado sedimentado, porque essa retomada implica uma presença de si a si, legível, como veremos, a partir da estrutura do tempo. É o que permite a suspensão da comunicação, já que eu posso retirar-me do mundo e mergulhar em minha natureza, já que o fundo inalienável "marca os limites de toda simpatia" (PhP, 414, 484), mas ela não é jamais aniquilada, pois eu me encontro inevitavelmente situado e, assim, sou dado à percepção. E, por isso mesmo, porque se trata também aqui de percepção, eu afirmo sempre mais, na percepção de outrem, do que realmente apreendo:

> quando digo que vejo o cinzeiro que está ali, suponho acabado um desenvolvimento da experiência que iria ao infinito, envolvo todo um por-

Razão e experiência: ensaio sobre Merleau-Ponty

vir perceptivo. Da mesma maneira, quando digo que conheço alguém ou que o amo, para além de suas qualidades eu viso um fundo inesgotável que um dia pode fazer estilhaçar a imagem que me faço desta pessoa (PhP, 415, 485).[18]

III

O debate em torno da "percepção de outrem" é, para Merleau-Ponty, a alternativa à constituição ou à apreensão do *cogito* de outrem. E porque se trata de percepção, o tema da intersubjetividade pode estender-se para além dos limites estritos de *outrem*, isto é, além dos limites de *outra* subjetividade, para colocar um verdadeiro *mundo humano* ou *social*.[19] Assim, do mesmo modo que as coisas percebidas anunciam um mundo natural, eus percebidos (e objetos culturais) anunciam um mundo humano — é pela percepção, não nos esqueçamos disso, que há para nós coisas e outros. Mas é preciso compreender bem essa equivalência: ela procura mostrar que, assim como

---

18 Para Barbaras, o problema de outrem é "posto" por Merleau-Ponty, mas "não resolvido" (*De l'être du phénomène*, p.54). Ao colocar o problema, no momento de explicitar a experiência do *alter ego*, "Merleau-Ponty abandona, de maneira abrupta, o terreno da intersubjetividade, para remeter o leitor a suas conclusões anteriores" (ibidem, p.54) — Barbaras se refere aqui, ao que parece, à passagem à questão da unidade do sujeito (*cogito* e engajamento), questão que, enfim, permite compreender solidão e encontro como dois momentos de um só fenômeno. É essa unidade — não vislumbrada por Barbaras — que dá sustentação à solução de Merleau-Ponty. A partir daí, ele vai enxergar na experiência de outrem, "melhor que em qualquer outra", "a que ponto Merleau-Ponty permanece tributário das *dualidades* da filosofia objetiva que ele, entretanto, denuncia" (ibidem, p.55; grifo nosso). Merleau-Ponty "oscila", assevera Barbaras, entre a negação da consciência intelectual, "sob a forma de uma consciência impessoal, de uma noite onde todas as consciências são uma só", e a afirmação da consciência. Merleau-Ponty procurará então "conciliar o inconciliável, a identidade e a diferença, a fusão e a separação" (ibidem, p.56). Mas a experiência de outrem, crê Barbaras, "se situa aquém da oposição da identidade e da diferença", a existência de outrem, assegura ele, "deve ser abordada aquém da oposição do um e do múltiplo" (ibidem, p.56). Como não é essa a perspectiva da *Fenomenologia...*, o autor "fracassa" ... De nossa parte, parece-nos que Barbaras ignorou o momento da solução, aquele da unidade, apontado por Merleau-Ponty.

19 Afinal, a constituição de outrem, diz Ponty, "não ilumina inteiramente a constituição da sociedade, que não é uma existência a dois ou mesmo a três, mas a coexistência com um número indefinido de consciências" (PhP, 401, 467).

a coisa mesma é dada à percepção, mas jamais em sua ipseidade, igualmente outrem é dado à percepção, mas também não em sua ipseidade: eu não vivo jamais a presença de outrem a si mesmo, assim como não apreendo a ipseidade da coisa. A ambiguidade é, novamente aqui, a de uma "imanência de princípio" e a de uma "transcendência de fato" (PhP, 418, 488); portanto, se, de um lado, outrem é transcendente, de outro, basta que ele seja dado a minha percepção, em um presente vivo, para que eu possa dizer que "minha vida tem uma atmosfera social" (PhP, 418, 489). Isso, entretanto, não nos esclarece a questão essencial do *mundo*: quem diz "mundo", diz generalidade, "horizonte de todos os horizontes" (PhP, 381, 442) — ora, como falar de um *mundo* humano se a generalidade de que falamos até agora é apenas a constatada pelo *cogito*, é apenas o fundo de existência? O mundo natural é uma *omnitudo realitatis* para a qual remete a coisa percebida — ou, ainda, de onde as coisas são tiradas. Quanto ao mundo humano, será ele, analogamente, uma generalidade? Mas a generalidade de que fala o autor nesse capítulo é apenas e tão somente aquela do *cogito*, não a de horizontes mundiais de objetos e eus percebidos. Parece bastar aqui, para estabelecer o mundo social, apontar apenas, em contrapartida à generalidade do *cogito*, a presentificação minha e de outrem, pela qual nos comunicamos e somos dados à percepção. Ora, mas se olharmos mais de perto, talvez encontremos aí mesmo a resposta a nossa questão — no significado da coexistência minha e de outrem.

O que é essa coexistência? Em que sentido ela forma um mundo? Para que haja um verdadeiro Todo, um *mundo*, não um agregado, não uma soma de sujeitos, eu não posso pensar a multiplicidade de sujeitos sem um laço que os una intimamente, que os faça depender uns dos outros. Se, ao apontar o fundo de existência, o *cogito*, nós fizemos aparecer, para além da coexistência pacífica dos sujeitos psicofísicos, a "pluralidade das consciências", então surge aqui o problema de saber como essa pluralidade pode formar um mundo. Ora, esse debate em torno do Todo e da multiplicidade de consciências

Razão e experiência: ensaio sobre Merleau-Ponty

é o debate que Sartre trava com Hegel — e pode ensinar-nos algo sobre Merleau-Ponty. Hegel, diz Sartre, encara o problema do outro do ponto de vista do Todo, não do ponto de vista de uma consciência particular, não do *seu* ponto de vista: Hegel

> esqueceu sua própria consciência; ele é o Todo ... ele não coloca a questão das relações entre sua própria consciência e a do outro, mas, fazendo inteiramente abstração da sua própria, estuda pura e simplesmente a relação entre as consciências dos outros.[20]

Só assim ele pode captar "como equivalentes, ao mesmo tempo, meu ser e o ser dos outros" e afirmar uma totalidade. Contra isso, Sartre exige, como ponto de partida, "a interioridade do *cogito*": "devo me estabelecer *em meu ser*", diz ele,

> e colocar o problema do outro a partir de meu ser ... Deve-se entender com isso que cada um há de poder, partindo de sua própria interioridade, reencontrar o ser do outro como uma transcendência que condiciona o próprio ser desta interioridade.[21]

Mas então, nesse caso, a multiplicidade das consciências é in-transponível:

> posso, sem dúvida, transcender-me *rumo* a um Todo, mas não me esta-belecer nesse Todo para me contemplar e contemplar o outro. Nenhum otimismo lógico ou epistemológico poderia, portanto, fazer cessar o es-cândalo da pluralidade das consciências.[22]

Ora, observado de perto, tudo se passa como se encontrássemos em Merleau-Ponty, a um só tempo, mas não de modo equivalente, a

---

20 Sartre, ibidem, p.299-300.
21 Ibidem, p.300.
22 Ibidem.

pretensão que Sartre denuncia em Hegel e o que ele lhe critica – para retomar aqui o mote que Lebrun apontava no sujeito estético kantiano.[23] Ou seja: a pretensão a uma totalidade e o ponto de partida em um sujeito. Ora, o que, em Merleau-Ponty, permite conciliar o que Sartre denuncia como inconciliável?

De início, a percepção de outrem, pois é por ela que "eu transponho em intenção a distância infinita que sempre separará minha subjetividade de uma outra, eu supero a impossibilidade conceitual de um outro para si para mim" (PhP, 494, 579-80). E a transponho porque outrem não é aqui uma interioridade extramundana, porque o corpo percebido de outrem é um comportamento que o revela, não um objeto. Mas então o sujeito não é mais aquele em nome do qual Sartre critica Hegel: em lugar de uma consciência para si, ele é apenas um sujeito anônimo de percepção, consagrado a um mundo, a um terreno comum a todos nós, não constituído por nós, e justamente por isso esse sujeito não nos condena a uma multiplicidade sem remédio. Mas, então, também a "totalidade" não é a que Sartre denuncia em Hegel, totalidade pensada a partir de uma negatividade recíproca ("toda consciência, sendo idêntica a si mesma, é outra que não o outro").[24] O mundo humano não é aqui pensado a partir de um reconhecimento mútuo de consciências, de um reconhecimento que passa por negação recíproca; ele não resulta de uma relação frente a frente entre sujeitos, não é uma república de espíritos extramundanos. O *mundo* aqui não pode ser compreendido sem a ideia de um mundo natural, ou melhor, sem a ideia de um *mundo comum*, um mundo público e único não constituído por nenhum dos sujeitos, para o qual os sujeitos se lançam, para o qual convergem e se abrem e aí coexistem. Como o *Mitsein* heideggeriano, eu coexisto com os

---

23 Lebrun, *Kant e o fim da metafísica*, p.501: "o drama do sujeito estético kantiano é que, ao mesmo tempo em que emite a pretensão que Sartre denuncia em Hegel, ele vive a crítica que Sartre faz a Hegel".

24 Sartre, ibidem, p.299.

Razão e experiência: ensaio sobre Merleau-Ponty

outros porque somos abertos ao mesmo mundo, porque partilho com eles a abertura ao mundo.[25]

Mas essa é apenas uma parte da questão, pois, além disso, é preciso observar que outrem é *dado a nossa percepção*, que outrem *aparece nesse mundo*: o mundo humano não é apenas um mundo comum a nós, mas um mundo *do qual somos parte*, no qual nos apresentamos, de modo que o mundo comum é aqui o mundo do qual os sujeitos são coextensivos: não é apenas um mundo de coisas naturais, mas também de sujeitos (e objetos) que levam em si sedimentos, um mundo de corpos, como subjetividades anônimas, situados nesse mundo único. Eis aí enfim a totalidade, o *mundo humano*, e se Merleau-Ponty não se deteve nos horizontes mundiais desses novos objetos de percepção é porque estes nada mudam com relação ao que se disse do mundo natural, é porque se pensa aqui *a partir* do mundo natural, único e comum, do qual já se falou. Como a generalidade do *cogito* nada é sem o engajamento do sujeito no mundo, esse engajamento, pensado a partir do *mundo* comum, nos garante uma autêntica coexistência: como não há Egos absolutos, o mundo único, porque nele se apresentam corpos e objetos culturais, torna-se o mundo *humano*.[26] É verdade, contudo, que dada a generalidade do

---

25 Heidegger, *Ser e tempo*, §26: "Sobre a base desse ser no mundo que não pertence apenas a mim, o mundo é de início o que eu partilho com os outros. O mundo do *Dasein* é um *mundo comum*. O ser em é *ser com* os outros. O ser em si intramundano desses é a coexistência". Sobre isso, Biemel diz: "Estou em uma exposição de quadros, olho um retrato expressivo. Um outro visitante chega, olha a mesma tela e é igualmente tocado por sua força de evocação ... Que se passou? Nós olhamos juntos o quadro (um com o outro). Outrem entrou na zona que me é desvelada. O mesmo ente, isto é, o quadro, tornou-se manifesto também para o outro. Logo, eu partilho com ele o que me é tornado manifesto em meu mundo e, assim, em suma, o próprio mundo. A partilha do mundo: eis o que constitui nosso ser com. Graças a essa partilha, nós temos algo em comum – o mundo. Na base dessa posse comum se desenvolverá nossa comunidade, sob as diferentes formas de ser com, que se estendem do amor e da apreciação recíproca até a indiferença e o ódio". Biemel, W., *Le concept de monde chez Heidegger*, p.92.

26 Para Barbaras, "a assimilação apressada do problema de outrem ao do mundo determina o fracasso da análise" de Merleau-Ponty (*De l'être du phénomène*, p.57): nos dois casos, Merleau-Ponty considera "a consciência intelectual como obstáculo" e, contra ela, a consciência perceptiva aparece como a que deveria liberar a transcendência do mundo e a de outrem; mas trata-se, segundo Barbaras, de duas transcendências distintas:

cogito, "outrem nunca existirá para nós como nós mesmos, ele é sempre um irmão menor" (PhP, 495, 580); mas, dado o engajamento dos sujeitos, a presentificação, eles podem "aqui enlaçar-se" (isto é, no presente vivo) e minha vida "pode tomar um horizonte social" (PhP, 495, 580). É no presente, portanto, no "presente pré-objetivo", que nos encontramos todos, e é a partir dele que Merleau-Ponty vai encontrar, sempre, "a solução de todos os problemas de transcendência" (PhP, 495,580).

"a transcendência de outrem *não tem precisamente a mesma significação que a do mundo*" (ibidem, p.57; grifos do autor): de um lado, "a abertura ao mundo é subordinada a uma consciência", é uma transcendência *para* a consciência, transcendência na imanência; de outro, "outrem só pode ser outro se ele o é absolutamente: sua transcendência é uma exterioridade sem imanência, sem retorno": outrem não é transcendente *para* a consciência, mas transcendente a ela. No primeiro caso, temos uma "transcendência fenomenal"; no segundo, "ontológica" (ibidem, p.58). Não basta, portanto, assevera Barbaras, "denunciar a consciência intelectual para fundar a experiência de outrem": essa experiência deve excluir a imanência subjetiva e proibir a recorrência a um polo egológico (ibidem, p.58), o que Merleau-Ponty ainda não faz na *Fenomenologia...* Daí por que o problema de outrem deve levar Merleau-Ponty a "radicalizar o problema da percepção" e adotar, mais tarde, "uma perspectiva ontológica" – o que ele fará em *O visível e o invisível*. Não nos deteremos aqui na passagem da *Fenomenologia...* para as obras posteriores. Observemos apenas que, se é verdade que, para Merleau-Ponty, a experiência de outrem, "mais claramente" que a do mundo percebido, põe em questão a consciência do intelectualismo, é verdade também que ela o faz mais claramente "*mas não de outra maneira*" (S, 117; grifos do autor). Evidentemente, não se percebe um corpo como se percebe uma coisa: uma coisa anuncia um mundo natural, um corpo, que é um comportamento, anuncia projetos, intenções, uma consciência, mas, *em ambos os casos*, trata-se sempre do acesso a uma alteridade. Por trás da distinção de Barbaras, encontra-se um equívoco que esclarece bem a perspectiva do comentador: Barbaras, com efeito, toma a imanência como um polo egológico, e ele não vê a unidade do sujeito. Justamente por isso, ele não pode apreciar a derradeira característica da solução de Merleau-Ponty, apontada por nós: a formação de um *mundo humano*, que já não é um mundo de puros *cogitos*, mas coextensivo ao mundo natural e, assim, dado à percepção, pois dele somos parte, nele nos apresentamos.

VI

O cogito tácito

I

Vimos que o sujeito de percepção é um sujeito anônimo, não faz atualmente a síntese de seu objeto, mas, nem por isso, a percepção é um evento em terceira pessoa; minha visão, diz Merleau-Ponty, é "pensamento de ver" "se por isso se quer dizer que ela não é simplesmente uma função como a digestão ou a respiração, um feixe de processos recortados em um conjunto que acontece ter um sentido" (PhP, 463, 542). O objeto não lhe é dado "inteiramente acabado e sem motivação"; ao contrário, a visão faz a síntese de seu objeto, mas uma síntese temporal, que não se confunde com um ato do espírito, um ato efetivo de ligação dado em uma transparência absoluta. O objeto aparece aqui no termo de um movimento de fixação. Com isso, Merleau-Ponty afasta o sujeito absoluto do idealismo e, uma vez que não há somente a coisa dada, mas uma *experiência* temporal da coisa que a organiza, deve haver um sujeito que, se não legisla sobre a natureza, deve ao menos trazer consigo um saber do mundo, uma ciência capaz de assumir uma constelação visual e possibilitar a síntese, temporal. Nem realismo, que afirma uma coincidência com a coisa, que a deixa repousar em si mesma, inteiramente estranha a nossos poderes, em uma transcendência absoluta; nem idealismo, que afirma uma síntese intemporal do percebido, feita por um sujeito absoluto que domina e pensa a matéria da percepção, que liga do interior todos os aspectos da coisa, fazendo assim que a coisa perca sua transcendência e sua opacidade (PhP, 376, 436). Nem transcendência absoluta, nem imanência absoluta. Contra ambos, contra o realismo, que afirma "a transcendência efetiva e a existência em si do mundo" (PhP, 423, 493), e contra o idealismo, que mergulha o mundo na imanência, expondo-o sem mistérios a uma consciência absoluta, Merleau-Ponty revela uma *experiência* da coisa que coloca a última no termo de um movimento de fixação. Mas tal movimento, tal síntese, só pode se fazer se o sujeito de percepção já traz em si sedimentos que o tornam capaz de assumir um campo perceptivo: é verdade que a coisa, sendo transcendente, não se apresenta sem segredos ao sujeito de percepção, mas tampouco ela lhe deve ser inteiramente hostil e estranha, como um Outro resolutamente silencioso (PhP, 372, 432). O sujeito deve ser capaz de assumi-la, ou mais precisamente: o sujeito deve ser capaz de assumir não certo campo perceptivo, mas *qualquer* campo — extraído, evidentemente, dessa *omnitudo realitatis* que é o mundo; aquém da percepção particular, o sujeito deve trazer consigo "um projeto total ou uma lógica do mundo que as percepções empíricas determinam e que elas não poderiam engendrar" (PhP, 463, 542). Dirigindo-se para coisas das quais antecipadamente não tem a chave — já que elas são transcendentes, Outros absolutos —, o sujeito de percepção as prepara "no mais profundo de si mesmo" (PhP, 376, 436), já que ele deve ser capaz de assumir um campo perceptivo. Noutras palavras, a experiência das coisas transcendentes exige que eu traga e encontre em mim mesmo seu projeto (PhP, 423, 494). A percepção de uma árvore envolve um saber sedimentado, de que ela é apenas a concreção parcial, de modo que a percepção não é mais que a concreção de um poder de conhecimento capaz de assumir todo campo perceptivo.

Razão e experiência: ensaio sobre Merleau-Ponty

A objeção à transcendência efetiva do realismo, finalmente, uma vez que requer uma experiência da coisa, leva-nos a reconhecer "uma verdade definitiva no retorno cartesiano das coisas ou das ideias ao eu" (PhP, 423, 494), já que ela nos leva a um projeto do mundo instalado "no coração da subjetividade" (PhP, 463, 542).

Evidentemente, esse retorno de que fala Merleau-Ponty não é equivalente a uma retomada do *cogito* cartesiano, e o ponto essencial, ele frisa, consiste em apreender bem esse projeto do mundo que nós somos (PhP, 463-4,543). Tratar-se-á, nesse "retorno cartesiano", de evitar recair em uma subjetividade absoluta, pois, para essa subjetividade, o "projeto do mundo" se confunde com uma síntese efetiva do mundo, o que, para Merleau-Ponty, significa dizer que ela só encontra no "exterior" o que ela ali colocou (PhP, 428, 499). Tratar-se-á, enfim, de evitar cair em uma adequação absoluta, em uma coincidência de mim comigo mesmo que ignoraria a minha finitude. Mas, então, como o "retorno cartesiano ao eu" pode nos levar, não a um sujeito absoluto, mas a um novo *cogito*? Para isso, é preciso, de início, que a pertença do mundo ao sujeito não anule a transcendência e a opacidade da coisa, portanto, toda síntese só possa ser feita lá na própria coisa, não no sujeito, que o *em si* não se reduza ao *para nós*. A partir daí, uma vez que o mundo não é reduzido, poderemos compreender a pertença do sujeito a si mesmo: se não há redução, então a pertença deverá ser algo diferente de um contato absoluto comigo mesmo, de uma coincidência comigo mesmo, pois então a minha experiência abre-se a *outro absoluto* (PhP, 376, 436); se o mundo não é reduzido a um *cogitatum*, o contato com meu ser, em uma experiência do mundo, não pode ignorar que ela é experiência *do mundo, de outrem*, de uma alteridade, e a consciência de si deve ser "rigorosamente contemporânea" (PhP, 344, 400) da consciência do mundo. Tudo se passa então como se justamente a transcendência devesse impedir que o projeto da coisa pudesse ser confundido com uma síntese constitutiva da coisa, pois então a coisa transcendente não poderia ser absorvida e reduzida à imanência do espírito: quem percebe, afinal, não é o espírito, mas o corpo, que não pode "reduzir" uma transcendência, mas atingi-la lá onde ela está, e atingi-la porque goza de um saber habitual que são os sentidos. A transcendência da coisa impediria o idealismo de absorvê-la. Ora, mas o que significa a redução idealista?

Para Merleau-Ponty, o idealismo absorve o mundo à medida que o expõe sem mistérios diante da consciência; a tese é a de que, se a percepção de alguma coisa (ou qualquer pensamento) é ao mesmo tempo coincidência absoluta consigo, *então esse "alguma coisa" se dissolve na imanência*, é tornado espírito como ela, portanto não é um *Outro*.[1] Haverá então apenas espírito, estarei encerrado em mim mesmo, no absoluto de meu pensamento criador, não serei jamais ultrapassado, pois não há um Outro se sou eu que construo a totalidade do ser, se o *ser* se reduz a um *pensar*. Mas, então, tudo se passa como se, contra a redução idealista, Merleau-Ponty pretendesse afirmar, diante da consciência, uma transcendência irredutível. Sim, essa

---

1 Para Merleau-Ponty, há contradição na tese husserliana da constituição do "esboço e das estruturas essenciais do mundo", mas não do mundo existente: "a certeza que tenho das premissas transcendentais do mundo deve estender-se até o próprio mundo e, minha visão sendo de um lado a outro pensamento de ver, a coisa vista é em si mesma aquilo que dela penso, e o idealismo transcendental é um realismo absoluto. Seria contraditório afirmar ao mesmo tempo que o mundo é constituído por mim e que, dessa operação constitutiva, só posso apreender o esboço e as estruturas essenciais; ao termo do trabalho constitutivo é preciso que eu veja surgir o mundo existente, e não apenas o mundo em ideia, ou eu só teria uma construção abstrata e não uma consciência concreta do mundo" (PhP, 430-1, 502). Se o pensamento constitui o sentido do ser, ele constitui também, *malgrado os protestos idealistas*, o ser. Tudo se passa como se, trazendo para dentro o sentido, tornando-o constituído, o idealismo, em suas diversas formas (Descartes, Kant, Husserl), trouxesse também a coisa existente, e a razão disso é que eu não posso separar o sentido e a coisa existente em uma consciência concreta do mundo. Mas, dir-se-á, é justamente de uma consciência *concreta* que Husserl quer se afastar — para Merleau-Ponty, justamente esse afastamento torna irrealizável o projeto husserliano; Merleau-Ponty reconhece que Husserl não pretende dar conta da "origem do mundo", da coisa existente; o que ele afirma é que o trabalho de constituição não levará jamais a consciência constituinte a se igualar a uma consciência do mundo, que ela não terá jamais a mesma riqueza que esta; ela não será mais que uma "construção abstrata", nessa medida, é incapaz de dar conta da *origem da verdade, da determinação, não mais do mundo, não mais do ser*. Ela torna incompreensível, por exemplo, a intersubjetividade. Não se trata, para Merleau-Ponty, como para ele também não se tratou para Husserl, de descrever uma consciência concreta do mundo, mas de dar conta da origem do *Logos*, e é *dessa tarefa* que a consciência constituinte se revela incapaz.

Razão e experiência: ensaio sobre Merleau-Ponty

é a perspectiva de Merleau-Ponty; mas ela requer, por sua vez, uma explicação: de onde vem, afinal, a irredutibilidade da transcendência, e o que se torna, enfim, a pertença do sujeito a si mesmo? É preciso observar que a irredutibilidade da transcendência, no caso em tela, a da coisa do mundo natural dada à percepção, não é sinônimo de *exterioridade* da coisa diante da consciência. Não há exterioridade, como não há interioridade, e para que o compreendamos, para que compreendamos melhor a objeção de Merleau-Ponty à redução e em que sentido podemos falar em uma pertença do mundo ao sujeito e, finalmente, do sujeito a si mesmo (o novo *cogito*), consideremos mais de perto o que diz Merleau-Ponty não apenas sobre a percepção, mas também sobre outros atos do sujeito.

II

Afirmar, como o faz Descartes, que tenho certeza do meu pensamento de ver, mas não da coisa vista, é separar ato e correlato natural e dar um passo decisivo na redução do mundo a um *cogitatum*, pelo qual o mundo se faz acompanhar do índice existencial "pensamento de ...". Mas essa separação, para Merleau-Ponty, é impossível, pois ver é corresponder a certa proposta do mundo, adotando certo ritmo de existência, certa maneira de existir, é portanto estar "sincronizado", "em comunhão" com o objeto do mundo, o que supõe "abertura a um real ou a um mundo" (PhP, 429, 501). Se vejo um cinzeiro *no sentido pleno da palavra*, diz Merleau-Ponty — e por isso se entenda: correspondendo a uma proposta que me é feita pelo mundo, abrindo-me a ela, há uma adequação entre minhas intenções visuais e o visível —, então "é preciso que ali exista um cinzeiro" (PhP, 429, 500), de onde parte a proposta. Percepção e percebido se correspondem de tal modo — "têm a mesma modalidade existencial" (PhP, 429, 500) — que eu não poderia perceber se não houvesse ali uma presença efetiva de algo alcançado por mim. Ver é ver *alguma coisa*, é atingir a *coisa mesma* do mundo natural.[2] Assim, a dúvida levantada sobre a presença da coisa deve se estender à própria percepção ou, ao contrário, a certeza de meu pensamento deve envolver a da coisa percebida: não poderia estar seguro de ver se não visse isto e aquilo (PhP, 432, 503), eu nem mesmo formularia a ideia de um "pensamento de ver" se já não tivesse a experiência de uma visão autêntica que tenha envolvido, por sua vez, a certeza da coisa vista (PhP, 430, 501).

Ora, não se deve inferir daí uma relação sintética entre a consciência e a coisa, que impediria a redução, pois essa relação, ao colocar uma *consciência,* já se instalou nos quadros do idealismo.[3] Para Merleau-Ponty, deve-se compreender a percepção, em comunhão com o percebido, como um ato temporal que "se ultrapassa a si mesmo" (PhP, 431, 503), como uma síntese em curso, jamais acabada — é essa temporalidade que vai impedir a redução. Assim, não se trata, para ele, de afirmar a transcendência da coisa *diante* da consciência (seja, como quer Barbaras, transcendência para a consciência transcendência "fenomenal" do mundo —, seja transcendente a consciência, transcendência "ontológica" de outrem),[4] pois essa transcendência tem ainda um sentido espacial. Ao contrário, a percepção

---

2 Esse é o sentido mais imediato do conceito de intencionalidade. A separação entre sensibilidade e entendimento, que permitiu a Descartes, por exemplo (pensemos na análise do pedaço de cera), reduzir a aparência sensível a mero signo de uma essência que apenas o entendimento pode alcançar, essa separação deve ser superada pelo conceito de intencionalidade. Perceber não remete mais a uma "inspeção do espírito"; agora, sensibilidade e entendimento se imbricam a ponto de a aparência — que se torna então "fenômeno" — me entregar a essência, a "coisa mesma". Daí o bordão: "toda consciência é consciência de alguma coisa" — quer dizer: toda consciência é consciência da coisa mesma, não de um signo em relação de exterioridade com o significado.

3 É o que faz Sartre. No início da primeira parte de *L'être et le néant* ele afirma: "o concreto só pode ser a totalidade sintética da qual tanto a consciência como o fenômeno são apenas momentos. O concreto é o homem no mundo, com essa união específica do homem com o mundo que Heidegger, por exemplo, chama 'ser no mundo'. Interrogar a 'experiência', como Kant, acerca de suas condições de possibilidade, ou efetuar uma redução fenomenológica, como Husserl, que reduzirá o mundo ao estado de correlato noemático da consciência, será começar deliberadamente pelo abstrato. Mas não se vai conseguir recuperar o concreto pela adição ou organização dos elementos abstraídos" (p.37-8). Daí por que Sartre começa pela descrição objetiva de condutas humanas, que flagra "a totalidade homem no mundo" sem abstrair, sem separar.

4 Barbaras, *De l'être du phénomène*, p.57-8.

Razão e experiência: ensaio sobre Merleau-Ponty

mesma, em comunhão com o percebido, é transcendência, e agora em sentido temporal, quer dizer, ela é um ato que se ultrapassa a si mesmo. A tese da constituição do mundo, ao mergulhar em uma consciência, não comete o erro de arrastar para dentro o que estava fora; ela comete o erro de introduzir uma consciência que, por dar sentido ao mundo, deve possuí-lo *inteiramente*: não é a favor de uma exterioridade que fala Merleau-Ponty, mas a favor de um *inacabamento* do mundo, mundo que se constitui *nessa* percepção efetiva, em ato. A tese da constituição não ignora a coisa externa "irredutível" ao espírito, ela ignora que o mundo está em curso temporal; é a temporalidade, finalmente, que inviabiliza a constituição e a redução, não a presumida exterioridade da coisa. A temporalidade requer uma *atualidade* (mundo em curso) que a tese da constituição do sentido do mundo não pode dar conta, pois se o sentido é constituído pela consciência, ela deve então conhecê-lo, e o mundo não tem mais o mistério que tem quando esse sentido é constituído pelo tempo, em curso, e é portanto inacabado. A alteridade de que fala Merleau-Ponty não é a da coisa diante de mim (ou a de outrem diante de mim), mas a da coisa (e de outrem) cuja ipseidade eu não alcanço porque ela se desdobra temporalmente, e se o idealismo a dissolve, ao mergulhar na imanência, é porque a consciência a conhece de parte a parte. Diante disso, que é então o *cogito*, se já não é sinônimo de consciência absoluta em plena posse de si? Nós o compreenderemos melhor se considerarmos o domínio da "experiência interna".

III

Quando se trata de sentimentos, por exemplo, a consciência parece "retomar seus direitos e a plena posse de si mesma", pois os sentimentos parecem ser antes de mais nada "operações interiores" que fabricam seus objetos (PhP, 432, 504). Que o objeto do amor seja real ou imaginário, o amor, independentemente do objeto, parece certo e indubitável. Considerado em si mesmo, o sentimento, desde que é sentido, parece verdadeiro, e assim, ao menos em mim, a aparência é realidade. No domínio da "experiência interna", encontramos então, diferentemente do que se passa na percepção, a adequação absoluta. Entretanto, diz Merleau-Ponty, reconhecemos que há sentimentos verdadeiros e sentimentos falsos. Não que eu reconheça viver um falso amor enquanto o vivo, pois nesse caso há apenas má-fé. Trata-se antes, e ainda uma vez, de uma situação de *ambiguidade* (PhP, 435, 507): eu vivo um falso amor mas não o diferencio como tal; para isso, precisaria de um conhecimento de mim mesmo que só obteria com a desilusão (PhP, 434-5, 507). Essa é a situação que Merleau-Ponty nos convida a compreender e, como sempre, uma situação de ambiguidade. Como é possível a ilusão? Como posso viver um falso amor sem discerni-lo como tal?

Essa questão é a mesma que enfrentamos anteriormente, acerca da impostura alucinatória: lá, como aqui, trata-se de mostrar como uma ilusão pode passar por realidade. Para isso, é preciso reconhecer, de início, o que o intelectualismo nos mostra: há uma *diferença intrínseca* entre a ilusão e a percepção, ou, no caso em tela, entre o falso e o verdadeiro amor (PhP, 343, 398; 434, 507), sem o que não os reconheceríamos nunca como tais. Mas é certo também que o intelectualismo reconhece essa diferença à medida que ele se instala no *cogito*: aqui, a verdade e a falsidade devem estar inscritas de modo intrínseco, sem o que o próprio *cogito* estaria em questão.[5] Entretanto, a partir daí, o intelectualismo se envereda por aporias, pois será preciso explicar como, afinal, o sujeito pode se enganar em regime de transparência total. Contra o intelectualismo, é preciso observar

---

5 "O *cogito* nos ensina que a existência da consciência confunde-se com a consciência de existir, que portanto nela não pode haver nada sem que ela o saiba, que, reciprocamente, tudo aquilo que sabe com certeza ela o encontra em si mesma, que por conseguinte a verdade ou a falsidade de uma experiência não devem consistir em sua relação a um real exterior, mas devem ser legíveis nela a título de denominações intrínsecas, sem o que nunca poderiam ser reconhecidas" (PhP, 387, 450).

Razão e experiência: ensaio sobre Merleau-Ponty

que a diferença intrínseca entre ilusão e percepção não se deve a nenhum "caráter intrínseco" — verdade ou falsidade intrínsecas — com que cada uma seria marcada, a um *index sui* inscrito nelas. "Se, em uma estrada vazia, acredito ver ao longe uma grande pedra chata no chão, que na realidade é uma mancha de sol, nunca posso dizer que vejo a pedra chata no sentido em que, *aproximando-me, eu veria a mancha de sol*" (PhP, 343, 398; grifos nossos). Há uma diferença intrínseca entre ilusão e percepção, mas tal diferença *só aparece ao terreno de um movimento de exploração*, e justamente por isso, embora haja diferença, eu sou capaz de iludir-me. Ou, mais precisamente, sou capaz de iludir-me porque a própria percepção é modalidade de uma função na qual são ainda indistintos o verdadeiro e o falso, na qual não há ainda nenhuma "certeza" intrínseca, como supõe o intelectualismo; se uma verdade perceptiva aparece, não é porque ela é dada intrinsecamente à consciência, mas porque a experiência se liga a si mesma concordantemente; a ilusão, ao contrário, revela-se de tal modo que "eu não posso desdobrá-la diante de mim por movimentos de exploração" (PhP, 343, 398). Ao ver uma pedra ilusória, eu já me preparo para senti-la sob meus pés: não há nada nessa ilusão, nenhuma marca interna, que a indique para mim como ilusão — visão correta e visão ilusória, diz Merleau-Ponty, "não se distinguem como o pensamento adequado e o pensamento inadequado, quer dizer, como um pensamento absolutamente pleno e um pensamento lacunar" (PhP, 343, 398-9). A ilusão é possível porque a consciência não é plena posse de si, mas adesão *cega* ao mundo; entretanto, a mesma adesão permite corrigir a ilusão, pois ela termina por "barrá-la": se me iludo, isso não quer dizer que estou condenado à ilusão, pois a ilusão, também ela, "utiliza a mesma crença no mundo", quer dizer, também ela está aberta ao mundo, e por isso "aberta a um horizonte de verificações presumidas", de modo que, finalmente, "ela não me separa da verdade" (PhP, 344, 399). Não estou garantido contra o erro, pois não sou transparência absoluta, mas também não estou separado da verdade, pois estou aderido a um mundo. Posso portanto iludir-me sobre mim mesmo e viver um falso amor, mas só o saberei ao termo de algum tempo; será a verdade dos sentimentos futuros "que fará aparecer a falsidade dos sentimentos presentes" (PhP, 435, 508). Não há uma marca intrínseca que distinga o amor presente, como não há uma marca intrínseca que distinga a percepção da ilusão. Daí por que é o sentimento *futuro* que estabelece a verdade ou a falsidade do sentimento *presente*, correlativamente, "um amor verdadeiro termina quando eu mudo ou quando a pessoa amada mudou", portanto, quando a experiência *já não pode mais ligar-se concordantemente a si mesma*; já um falso amor "revela-se falso quando volto a mim" (PhP, 434, 507), isto é, não porque mudei, não porque o amado mudou, mas porque minha experiência, *ligando-se a si mesma*, desfez a ilusão.[6]

IV

Instalada a possibilidade de ilusão acerca da "experiência interna", não é o *cogito* que se torna impossível? Desde que se recusa a *plena* consciência de si não é simplesmente a consciência de si que se recusa? O problema aqui pode ser posto da seguinte maneira: uma vez definido o sujeito "pela existência, quer dizer, por um movimento em que ele se ultrapassa" — pois foi o que fizemos, ao defini-lo como transcendência — "não é ao mesmo tempo consagrá-lo à

---

6 Uma vez desfeita a ilusão do falso amor, reconhecerei que "só amava *qualidades* (este sorriso, que se assemelha a um outro sorriso, esta beleza que se impõe como um fato, esta juventude dos gestos e da conduta) e não a maneira de existir singular da pessoa" (PhP, 434, 506): não foi o outro que mudou, foi, ao contrário, seu ser mesmo que se impôs. Quanto a mim, que vivia esse falso amor, reconhecerei que "eu não estava conquistado por inteiro, regiões de minha vida passada e de minha vida futura escapavam à invasão, eu conservava em mim lugares reservados para outra coisa"; o falso amor só concerne a um "personagem", "o homem de quarenta anos" (amor tardio), o "viajante" (amor exótico) etc.: eles são vividos "com a periferia de nós mesmos" (PhP, 434-5, 506-7): também aqui, do mesmo modo, meu próprio ser se impôs, eu "voltei a mim" e a ilusão se desfez.

Razão e experiência: ensaio sobre Merleau-Ponty

ilusão, já que ele nunca poderá *ser* nada?" (PhP, 437-8, 511) – pois, enfim, definido como transcendência é a identidade do sujeito que se torna impossível, e, portanto, a "realidade" de nós mesmos que se torna inapreensível, o que torna suspeito o movimento de "volta a si mesmo" quando é desfeita a ilusão do falso amor. Como reatar "os elos entre nós e nós mesmos", únicos capazes de restabelecer a "verdade" – e, por extensão, o conhecimento de nós mesmos, o *cogito* –, se somos transcendência, se jamais coincidimos com o nosso próprio ser? "Não estamos diante da alternativa de uma consciência absoluta ou de uma dúvida interminável? E, rejeitando a primeira solução, nós não tornamos o *cogito* impossível?" (PhP, 438, 511). O que me garante, afinal, que o erro não seja, simplesmente, incorrigível, que o falso amor não se prolongue indefinidamente? – até porque, não havendo mais um "centro" de nós mesmos, não faz sentido falar em "periferia de nós mesmos" que viveria aquele falso amor. Essa objeção, levantada pelo próprio Merleau-Ponty, "nos faz chegar ao ponto essencial" (PhP, 438, 511), pois ela permite, finalmente, pôr fim ao movimento de vaivém pela afirmação da ambiguidade.

Minha existência não se possui inteiramente, por isso se ilude, mas ela tampouco é estranha a si mesma – quer dizer, o *cogito* é sempre possível – simplesmente porque "ela é um ato ou um fazer, e porque um ato, por definição, é a passagem violenta daquilo que tenho àquilo que viso, daquilo que sou àquilo que tenho a intenção de ser" (PhP, 438, 511). Noutras palavras, a existência, não sendo plena posse de si, não sendo portanto "consciência", não se ignora contudo justamente porque ela é passagem de um agora a um porvir, do que é àquilo que será, do que tem àquilo que visa, e porque, para ser *passagem*, deve reter o momento passado e visar a um porvir, deve ser, como o mostramos a propósito da percepção, retrospectiva e prospectiva, justamente por isso ela se sabe a si mesma: vem da temporalidade, em suma, a possibilidade do *cogito*.[7] Não se trata, entre-

---

7 Como antecipávamos no Capítulo 5, II.

tanto, do *cogito* cartesiano, de uma pura consciência transparente a si mesma; trata-se antes de um saber de si que não suprime a possibilidade de ilusão. Como isso é possível? Por ora, observemos que a existência, por ser temporal, por ser retenção e protensão, sabe-se a si mesma, à medida que, indivisivelmente, se conserva e se projeta para diante. Mas, justamente por isso, porque é um *fazer*, uma síntese que se faz *atualmente*, ela se sabe a si mesma *em ato*. Daí por que, segundo Merleau-Ponty, a consciência que eu tenho de ver ou de sentir "não é o desdobramento de uma potência constituinte que conteria eminentemente e eternamente em si mesma toda visão e sensação possíveis", ela é antes "a própria efetuação da visão" (PhP, 431-2,503): é efetuando a visão que pode haver consciência de ver; daí por que o amor "não é um objeto diante de minha consciência", ele é antes "o movimento pelo qual eu me volto para alguém, a conversão de meus pensamentos e de minhas condutas" (PhP, 436,509): sei que quero, amo ou creio, querendo, amando ou crendo efetivamente (PhP, 438, 511).

Mas então, uma vez que tal ato efetivo é uma síntese temporal em curso — e por isso se sabe a si mesmo —, toda percepção interior será "inadequada". O próprio Descartes, segundo Merleau-Ponty, teria reconhecido a dificuldade da adequação absoluta: "Descartes não fez a dúvida cessar diante da certeza da própria dúvida, como se o ato de duvidar bastasse para obliterar a dúvida e trouxesse a certeza" (PhP, 457-8, 535). Descartes, segundo Merleau-Ponty, não concluiu "eu duvido, eu sou", mas "eu penso, eu sou" — quer dizer, Descartes foi um pouco mais longe, e a razão disso é simples: é que o ato particular implica um saber de si, ou melhor, um saber *do* Si, *de uma generalidade que não se esgota* nesse ato particular. Tudo se passa como se Descartes, segundo a interpretação merleau-pontiana, procurasse dar conta dessa generalidade, mas ele o faz dizendo que a dúvida é certa não como dúvida efetiva, mas como pensamento de duvidar (PhP, 458, 535), o que significa *reduzir* a dúvida efetiva *ao pensamento* que dela formulo. Seria preciso, ao contrário, afirmar o

Si, a generalidade, mas sem que isso implique dissolver a particularidade efetiva: "não é *porque* eu penso ser que estou certo de existir, mas, ao contrário, a certeza que tenho de meus pensamentos deriva de sua existência efetiva" (PhP, 438, 511). É primeiro em minha relação com "coisas", diz Merleau-Ponty, é em ato no mundo, não em pensamento, que eu me conheço, e "a percepção interior vem depois": para efetuar o *cogito*, isto é, para torná-la expresso, é preciso que antes "eu efetivamente queira, ame ou creia" (PhP, 438, 511) – mas não só: é preciso que, em ato, eu me conheça, ainda que apenas tacitamente,[8] e assim o ato seja presente a si, sem o que o *cogito* cartesiano não seria possível, e ele sabe-se a si mesmo porque é temporal, porque é parte de uma síntese que se faz no tempo, a tal ponto que, no final das contas,

> nenhum ato, nenhuma experiência particular preenche exatamente minha consciência e aprisiona minha liberdade ... não há uma certa posição da lingueta que feche definitivamente a fechadura" (PhP, 458, 535).

Ou seja, há "um reduto de não ser, um Si", por trás de todo ato particular (PhP, 458, 536). Eis aí, enfim, e como sempre quando se trata da temporalidade, a ambiguidade, qual seja: temos uma particularidade (o ato) que implica uma generalidade, um fundo de existência que ela arrasta e sem o qual não haveria consciência, e, inversamente, temos uma generalidade que nada é sem a particularidade efetiva, que se faz a partir dos atos particulares. Daí a conclusão de Merleau-Ponty: "sei que penso por tais e tais pensamentos particulares que tenho, e sei que tenho esses pensamentos porque eu os assumo, quer dizer, porque sei que penso em geral" (PhP, 458, 536). Já não se trata, seguramente, da ambiguidade do corpo, que é corpo atual e corpo habitual; mas, como essa e como a da coisa, que

---

8 "É em minha relação com 'coisas' que eu *me* conheço, a percepção interior vem depois" (PhP, 439, 512; grifo nosso): quer dizer, há um *cogito* implicado na minha relação com as coisas, e o que "vem depois" é o *cogito* cartesiano. Aquele será condição deste.

é em si e para nós, é ainda de uma ambiguidade que se trata. Será, dessa vez, a ambiguidade do ser para si, ou melhor, a de uma existência que é *para si* e *no mundo*, que deve ser visada de um termo transcendente e visão de si mesma visando a esse termo (PhP, 458, 536). Também aqui a temporalidade é a chave para compreender essa ambiguidade. Vimos que ela impõe limites à redução, de modo que a pertença do mundo ao sujeito não pode redundar na tese da constituição, pois esta implica uma transparência do sentido que justamente a temporalidade rejeita, já que ela nos mostra um sentido em curso que não podemos penetrar; assim, para Merleau-Ponty, tudo se passa como se, em última instância, fosse contraditório falar em constituição do sentido, de um lado, e mundo que se desdobra temporalmente, de outro. Do mesmo modo, e na mesma medida, tudo se passa como se fosse contraditório falar em consciência constituinte, de um lado, e atos que se desdobram temporalmente, de outro. Daí, finalmente, a necessidade de manter o sujeito como transcendência sem mergulhar em uma pura consciência transparente para si mesma, que reduz o ato a pensamento. Daí, em suma, *o ser no mundo*. Correlativamente, se não há pertença absoluta do sujeito a si mesmo, pois o sujeito é ele próprio transcendência, síntese em curso, e assim não se possui inteiramente, então, de outro lado, e justamente porque é síntese temporal, ele não se ignora, pois a própria temporalidade desenha uma relação não tética de si a si. Assim, ser no mundo e ser para si implicam-se mutuamente, "estão em uma relação circular" (PhP, 458, 536) desenhada pela temporalidade.

E aqui, finalmente, podemos responder à questão que colocávamos anteriormente: como é possível afirmar o saber de si e a ilusão acerca de si mesmo? Se, apenas por ser transcendência, o sujeito pode corrigir tal ilusão, o que garante que algum dia ele *possa* fazê-lo, se, exatamente por ser transcendência, não há uma "realidade", um sujeito absoluto para o qual ele possa se voltar e dissipar assim o erro? Se jamais coincidimos com nosso próprio ser, como restabelecer a verdade acerca de nós mesmos? O essencial do argumento de

Razão e experiência: ensaio sobre Merleau-Ponty

Merleau-Ponty consiste em assegurar um *cogito* que não torna impossível a ilusão, e o que lhe permite fazê-lo é a ambiguidade do sujeito, que é ser no mundo e ser para si. O ser no mundo é a particularidade a partir da qual se faz o para si, o ato efetivo de que se alimenta a consciência, isto é, a síntese em curso, e o para si é o fundo de existência sem o qual o ato particular não poderia ser assumido. Há portanto uma subjetividade que é, ao mesmo tempo, "dependente e indeclinável" (PhP, 459, 536). Dependente, porque ela se faz no mundo, porque é ser no mundo; indeclinável, porque o ser no mundo a pressupõe. A ilusão é possível porque o para si não reduz o ser no mundo, ou, se se quiser, porque o para si não é coincidência total consigo. Mas, então, como há para si, é preciso dizer que a ilusão é sempre ilusão *acerca de um ato*, de uma experiência particular, do ser no mundo, e o saber de si, por sua vez, é saber *do Si*, da generalidade, do fundo de existência que acompanha todo ato. Como particularidade e generalidade são partes de um mesmo fenômeno, a ilusão é possível mesmo lá onde há *cogito*. Passa-se aqui o que mostramos antes (no Capítulo 4) acerca da generalidade do mundo: podemos errar a propósito de uma coisa em particular, mas não acerca do mundo: "existe certeza absoluta do mundo em geral, mas não de alguma coisa em particular" (PhP, 344, 399). Uma coisa pode parecer incerta, mas é certo que há coisas, isto é, um mundo (PhP, 396, 460). Posso iludir-me acerca de uma experiência, mas é certo que há experiências, isto é, um sujeito: "há ilusão e verdade em relação a mim mesmo" e a *"mesma razão* me torna capaz" de ambos: "é que existem atos nos quais me concentro para me ultrapassar" (PhP, 439,512; grifos nossos). Pode haver certeza sobre o mundo e ilusão perceptiva simultaneamente, pois também a ilusão implica adesão ao mundo, e é justamente essa adesão que permite corrigi-la. O que permite tal ambiguidade é o fato de que a "certeza" sobre o mundo não é uma operação intelectual, mas uma adesão cega, um prejuízo em favor do ser. Quanto à "certeza" de si, vale a pena observar que Merleau-Ponty não fala em prejuízo, em uma opinião originária, mas, de todo modo, é também uma" certeza" aquém de todo conhecimento. Pois, enfim, é preciso sempre, para qualquer dos casos, um horizonte de certeza para que se possa falar em erro e ilusão — a ideia mesma de erro absoluto é contraditória, assim como a fórmula "nada sei" (PhP, 457, 535)[9] —, mas a certeza aqui, a certeza de tocar o próprio ser, a certeza do mundo, a certeza do Si, é a certeza de um *horizonte*, não de um ser, quer dizer, não de um Eu absoluto que fosse a verdade absoluta de mim mesmo, não do mundo ou da coisa penetrada de parte a parte, mas de generalidades, horizontes de mim mesmo e do mundo.

V

Para Madison, é compreensível que, depois de ter descoberto no corpo próprio "um poder de significação agindo antes de qualquer operação intelectual", o esforço de Merleau-Ponty se limite então, ao escrever o capítulo sobre o *cogito*, "a mostrar como a vida intelectual repousa sobre uma vida que a precede e como, segundo Merleau-Ponty o diz, 'todo saber se instala nos horizontes abertos pela percepção'."[10] Madison se confunde, entretanto: dessa vez, o que está em questão não é tanto a união entre corpo e alma, mas a união entre ser no mundo e ser para si. É que o tema aqui, na passagem à terceira parte da *Fenomenologia...*, não é tanto coroar o corpo com um *cogito*, como julga Madison, mas, como Merleau-Ponty o diz no fim da segunda parte, ultrapassar a "descrição direta" levada a cabo até essa altura, que nos deu a unidade do *Lebenswelt*, para procurar "um Logos mais fundamental" que legitime essa unidade como constitutiva;[11]

---

9 Não faz sentido falar em falso amor que se prolonga interminavelmente porque o falso amor só é falso quando a ilusão se desfaz; pode-se dizer "eu *vivi* um falso amor", jamais "eu *vivo* um falso amor"; posso dizer "eu *sonhei*", jamais "eu *sonho*". Não há erro incorrigível porque o erro só aparece como tal *depois*, quando a verdade futura o desfaz.

10 Madison, *La phénoménologie de Merleau-Ponty*, p.72; citação de PhP, 240, 280.

11 A unidade pré-objetiva é constitutiva em sentido específico, como se verá no Capítulo 7: ainda uma vez, haverá ambiguidade.

do contrário, em face do *Logos* do pensamento objetivo, todas as descrições levadas a cabo até agora, justamente porque trouxeram para o "centro da filosofia" a contradição, não são "pensáveis", isto é, "não querem dizer absolutamente nada"; essas descrições valeriam apenas como revelação de "uma camada de experiências pré-lógicas ou mágicas" (PhP, 419, 489), camada plenamente superada pelo pensamento objetivo que se dissolve diante deste, que se regula pela não contradição. À "fenomenologia" das duas primeiras partes, deve acrescentar-se uma "fenomenologia da fenomenologia" que nos dê não apenas "um *Logos* mais fundamental que o do pensamento objetivo", mas um *Logos* que dê a este seu "direito relativo e, ao mesmo tempo, o coloque em seu lugar" (PhP, 419, 489-90). Esse *Logos* deve ser, portanto, original e originário. Trata-se, para Merleau-Ponty, no capítulo sobre o *cogito*, de buscar esse *Logos*, de início, no *cogito* – o que explica o tema da união entre ser no mundo e ser para si:[12] o ser no mundo visado por essa terceira parte é já a totalidade de tudo o que foi descrito anteriormente (o corpo, a fala, o mundo, a coexistência), é o corpo no mundo coexistindo com outros corpos, tratando-se agora, apenas, nessa passagem à "fenomenologia da fenomenologia", de saber se essa unidade se funda na consciência. A descoberta da generalidade, do Si, no-lo mostra como fundante? A unidade do mundo da vida, *tal qual nos apareceu*, encontra no Si a fundação definitiva de que necessita para que não se limite a ser uma esfera pré-lógica, condenada à pura aparência diante do pensamento objetivo? Essa é a questão posta a esse capítulo. Não nos esqueçamos de que o Si foi revelado a partir da necessidade de um "retorno cartesiano ao eu" – justificado por Merleau-Ponty pelo fato de que o sujeito de percepção deve trazer em si um projeto do mundo, se a experiência do mundo deve finalmente organizá-lo para nós. Entretanto, já vimos que há uma "relação circular" entre ser no mundo e ser para si,

---

12 O título da terceira parte é precisamente "O ser para si e o ser no mundo".

o que, evidentemente, impede o para si de ser puramente fundante. Apesar contudo de já ter mostrado que a subjetividade, embora "indeclinável", é também "dependente", Merleau-Ponty procura mostrá-lo ainda uma vez "através do exemplo da linguagem" (PhP, 459,536) − o que reafirmará, de novo, a impossibilidade de o para si ser fundante. Por que essa passagem? Porque não basta mostrar a relação circular a propósito de tais e tais vividos do sujeito − percepção, sentimentos, atos do "pensamento puro". É preciso ainda considerar o próprio *cogito* cartesiano, o sujeito transparente a si mesmo, menos, é verdade, para que ele nos dê o *Logos* fundamental que buscamos, e mais, a essa altura, para colocá-lo "em seu lugar", dando a ele um "direito relativo" − como o fizemos a propósito da coisa em si, que remete a uma experiência perspectivada do sujeito, "esquecida" por um objetivismo que apenas *põe* o objeto; como o fizemos a propósito do sujeito, que se encarna em "dialéticas subordinadas", encarnação também "esquecida" à medida que o sujeito aparece como pensamento puro. E se o *cogito* cartesiano aparece aqui mediado pela linguagem é porque é, antes de mais nada, um *cogito* verbal. Vejamos isso mais de perto.

VI

Vimos que para Merleau-Ponty a fala é expressiva, que o sujeito que fala "encontra em suas próprias falas mais do que pensava nelas colocar" (PhP, 445, 520), que ela, em vez de ser um invólucro inerte, "consuma" a significação (PhP, 207, 242). Mas vimos também que, ao contrário do que ocorre com a percepção ou com outras operações expressivas, a fala possui uma especificidade − o sentido trazido por ela parece destacar-se dos signos que o conduzem e valer eternamente como significação pura, para si, além de toda contingência; "a expressão se apaga diante do expresso" e o "papel mediador" da fala "passa despercebido" (PhP, 459, 537); daí por que o sentido, ao sedimentar-se, constitui um saber intersubjetivo (PhP, 221, 258), "eterniza-se em verdade" (PhP, 445, 519): "na fala, melhor que na música ou na pintura, o pensamento parece poder separar--se de seus instrumentos materiais e valer eternamente" (PhP, 448, 523). Mas essa significação eterna é na realidade um sedimento, ela, que existiria para si, é na verdade "resultado da expressão" (PhP, 446, 521), já que um dia, pela fala originária, começou a existir, e de tal modo que, se não tivesse havido um homem com um corpo, "não teria havido fala nem ideias" (PhP, 448, 523).[13]

Ora, é justamente dessa virtude da linguagem que se vale Descartes ao enunciar o *cogito*: a linguagem "se faz esquecer" (PhP, 459, 537), o signo se apaga diante do significado e este parece existir para si. Assim, não é o eu existente que Descartes revela – Merleau-Ponty, ao que parece, não antropologiza o pensamento cartesiano; ao contrário, o *cogito* cartesiano é justamente um *cogito* fixado por palavras, um *cogito* verbal, por isso o que apreendo, lendo a Segunda Meditação, é um "eu em ideia" (PhP, 459, 536), uma verdade que aparece separada da expressão e de que a expressão seria apenas "a veste e a manifestação contingente" (PhP, 459, 537). Descartes, diz Merleau--Ponty, nem mesmo menciona a linguagem – o que apenas mostra o quanto ela é, para ele, contingente. Ora, mas tal apreensão não alcança sua meta, e não alcança porque "uma parte de nossa existência, aquela que está ocupada em fixar conceptualmente nossa vida e

---

13 Embora seja a fala que instale em nós a ideia de verdade (PhP, 459, 537), nem por isso há uma diferença fundamental entre os modos de expressão, à medida que todos eles são ancorados no tempo. Merleau-Ponty lembra aqui a "crítica moderna das ciências", que denuncia a pretensão da fala científica de "traduzir uma verdade da natureza em si", apontando o que há nelas de construtivo (PhP, 448, 523). A ciência já não é tradução de verdades eternas e, mais geralmente, deixa de haver simplesmente uma significação para si destacada de todo signo, inseparável da expressão, transcendente ao tempo ilusão que tem origem justamente na linguagem. A medida que novos atos de expressão retomam significações sedimentadas, como herança do passado, elas são da ordem do "adquirido" e, assim, não atemporais, mas "de todos os tempos", isto é, *omni*-temporais (PhP, 450, 525), à medida pelo menos que elas são retomadas, de modo que mesmo as ideias, significações sedimentadas pela linguagem, "duram ou passam, o céu inteligível muda para uma outra cor" (PhP, 447-8, 522).

em pensá-la como indubitável, escapa à fixação e ao pensamento" (PhP, 460, 538). A tarefa de uma reflexão radical, por outro lado, consiste justamente em não deixar escapar essa "parte de nossa existência", por isso ela deve mencionar esse fundo irrefletido pressuposto por ela e de que tira proveito (PhP, 280, 325), ela deve reencontrar, paradoxalmente, o irrefletido (PhP, 279, 324). Ao fixar o eu, o cartesianismo se revela não suficientemente radical, pois pretende fixar uma significação pura, omitindo o fundo irrefletido, esquecendo a história oculta dessa fixação. E o fundo dessa fixação verbal não é a própria linguagem — embora, noutra parte, Merleau-Ponty afirme que o sentido das palavras é induzido pelas próprias palavras (PhP, 208, 243), que a significação de uma linguagem é secretada pela própria estrutura dos signos (PhP, 369, 428). Não; aqui, as palavras de Descartes não teriam nenhum sentido "se eu não estivesse, antes de toda fala, em contato com minha própria vida e meu próprio pensamento, e se o *cogito* falado não encontrasse em mim um *cogito* tácito. Era a esse *cogito* silencioso que Descartes visava ao escrever as *Meditações*" (PhP, 461, 539). É ele o fundo da fixação verbal. As palavras remetem aqui a uma consciência não tética de si, a uma significação pré-linguageira.

A consciência, portanto, não é produto da linguagem, mas, inversamente, tampouco a linguagem será produto da consciência: nem a palavra nem o sentido são *constituídos* pela consciência (PhP, 461, 539). Quanto à palavra (*le mot*), é certo que ela não se reduz jamais a um signo inscrito no papel nem a esse som que atravessa o ar — reconheço a palavra em todas essas reproduções, mas ela "não se esgota nelas" (PhP, 461, 539). Ela tampouco é uma representação, um objeto para a consciência — "o sujeito falante se lança na fala sem representar-se as palavras que vai pronunciar" (PhP, 461, 540). A palavra é antes "um certo uso de meu aparelho de fonação, uma certa modulação de meu corpo enquanto ser no mundo" (PhP, 461, 540). Ela jamais foi "inspecionada, analisada, conhecida, constituída, mas apanhada e assumida por uma potência falante" (PhP, 462, 540).

Em suma, é verdade que ela não se reduz a um simples signo ou som, mas tampouco é constituída pela consciência. O mesmo se passa com relação ao sentido da palavra: "eu o aprendo assim como aprendo o uso de um utensílio, vendo-o empregado no contexto de uma certa situação" (PhP, 462, 540). A consciência tampouco o constitui, pois ele "brota para ela em seu comércio com o mundo e com os outros homens que o habitam" (PhP, 462, 541). Assim, nem a consciência é *produto* da linguagem, pois esta não a esgota, mas, ao contrário, a pressupõe – ao menos como fundo que escapa à fixação verbal –, nem a linguagem é *produto* da consciência, pois traz significações novas.[14] Dessa forma, se há um fundo de existência pressuposto pela linguagem, tal fundo não é constituinte. Trata-se, uma vez que precede a linguagem, de um fundo silencioso – ou, como diz Merleau-Ponty, de um "silêncio da consciência que envolve o mundo falante" (PhP, 462, 541). É a "experiência de mim", a "subjetividade indeclinável" que, entretanto, é também "dependente". Pois, enfim, a subjetividade que transparece sob o ruído das falas, o fundo silencioso, a generalidade, só pode ser vislumbrada à medida que for "fixada e explicitada pela exploração perceptiva e pela fala" (PhP, 463, 541). Se todo "saber particular" nela se funda, ela espera por sua vez "ser reconquistada": a generalidade, por não ser constituinte, requer, como sempre, a particularidade, com ela está em "relação circular", pois, enfim, se o *cogito* tácito é o fundo do *cogito* cartesiano, é verdade também que "o *cogito* tácito só é *cogito* quando se exprimiu a si mesmo" (PhP, 463, 542). A "subjetividade última", finalmente, não se confunde com uma consciência absoluta, com uma esfera de imanência, e por isso só pode ser vislumbrada se se lançar naquilo de que ela não possui o segredo, no mundo, na linguagem, mais parti-

---

14 Quando se dedicar de fato a uma fenomenologia da linguagem, Merleau-Ponty mudará algumas das concepções defendidas na *Fenomenologia...* Essas mudanças estarão na origem da sua recusa posterior da tese do *cogito* tácito (VI, 224). Discutiremos a fenomenologia merleau-pontiana da linguagem no Capítulo 8.

cularmente na linguagem, pois é por esta que ela se revela.[15] Nós "invocamos" a unidade do Eu, não a experimentamos (como, de resto, apenas invocamos a unidade do mundo), e ela é invocada "a cada vez que efetuo uma percepção, a cada vez que obtenho uma evidência" (PhP, 465, 545). O que sou eu, afinal, "na medida em que posso entrever-me fora de qualquer ato particular? Eu sou um campo, sou uma experiência" (PhP, 465, 545), uma única experiência inseparável de si mesma, uma única "coesão de vida", uma única temporalidade (PhP, 466, 546). Não um Eu central que pensa o mundo, mas uma generalidade que só se confirma no mundo, que é portanto "inerência ao mundo", que é para si "estando no mundo" (PhP, 466, 546). Não um pensador que desdobra o mundo diante de si, mas um sujeito em situação, que só realiza sua ipseidade em situação, e assim não é um sujeito absoluto, mas — eis finalmente o que significa estar em situação para Merleau-Ponty — "sendo efetivamente corpo e entrando, através desse corpo, no mundo" (PhP, 467, 547).

---

15 Essa solução será explicitamente criticada em *O visível e o invisível*: "o que chamo o *cogito* tácito é impossível, ... para fazer a 'redução', para voltar à imanência e à consciência de ... é necessário ter as palavras. É pela combinação de palavras ... que eu *faço* a atitude transcendental, que eu *constituo* a consciência constituinte" (VI, 225) — o que, até aqui, em nada contradiz, ao que parece, a *Fenomenologia*... Mas Merleau-Ponty acrescenta: "as palavras não remetem a significações positivas e finalmente ao fluxo dos *Erlebnisse* como *Selbstgegeben*. Mitologia de uma consciência de si para a qual remeteria a palavra 'consciência' — Há apenas *diferenças* de significações" (VI, 225). O fim do cogito tácito implicará um rearranjo do tema da linguagem. Aqui, entretanto, na *Fenomenologia*..., esse tema foi dividido a ponto de a passagem do silêncio à linguagem não poder ser tematizada lá no capítulo sobre a fala, quando, no entanto, o autor já anunciava que nossa visão sobre o homem permaneceria "superficial" enquanto não reencontrássemos, "sob o ruído das falas, o silêncio primordial" (PhP. 214, 250). Aqui, tampouco, no capítulo sobre o *cogito*, Merleau-Ponty trata dessa passagem; ele apenas procurou mostrar a relação circular entre ser no mundo e ser para si. Se o tema da linguagem aparece novamente nesse capítulo, é porque o *cogito* é dela dependente.

VII

A significação transcendental do tempo

I

As descrições levadas a cabo nas duas primeiras partes da *Fenomenologia...* procuraram mostrar a unidade do mundo da vida, isto é, a unidade do sistema eu − outrem − mundo e da fala. Na passagem à terceira parte da obra, Merleau-Ponty põe em questão o valor dessa unidade, ou seja, das descrições empreendidas: para que elas não façam figura de curiosidades, mero desvelamento de uma "camada de experiências pré-lógicas ou mágicas", é preciso que elas sejam "a ocasião de definir uma compreensão e uma reflexão mais radicais do que o pensamento objetivo" (PhP, 418, 489). Essa radicalidade se exprime na relativização do próprio pensamento objetivo em face de tal camada − e por "relatividade" deve-se entender aqui que o pensamento objetivo deve encontrar seu *fundamento* naquelas experiências. Ora, de fato, a descrição direta nos revelou uma "unidade natural e antepredicativa do mundo e de nossa vida" (PhP, XIII, 16) que subjaz às objetividades: vimos, a cada vez, a objetividade em questão remeter a um fundo "esquecido", pressuposto por ela, fundo que, nos poucos, se firmava como sistema, como unidade mais vasta − do corpo à fala, ao mundo e aos outros. Temos dito que tal fundo é "constituinte", "fundante". Entretanto, é necessário assegurar-se dessa relação; não basta mostrar uma camada de experiências, não coberta pela objetividade, que subjaz a esta; não basta mostrar a objetividade como termo de uma relação cujo começo é pré-objetivo; é preciso legitimar essa relação, o que será feito apenas à medida que aquelas descrições levarem a um *Logos* "mais fundamental do que o do pensamento objetivo" – para além do qual "nada há a compreender" (PhP, 419, 489-90) – que nos mostre ser essa relação desenhada por ele mesmo: não basta apontar a unidade do mundo da vida e as ambiguidades que lhe são inerentes, remetendo a elas as objetividades; é preciso assegurar-se de que essa relação está inscrita no coração do próprio *Logos* fundamental, que deve ser, portanto, original e originário. Enquanto não tomarmos o forte da cidadela, todas as nossas conquistas, alcançadas até aqui pela descrição direta, encontram-se em *sursis*. Mas, como chegar a ele?

Vimos que as ambiguidades do mundo vivido, expressas na relação de *Fundierung*, tinham todas uma forma temporal, que o tempo tornava compreensível, a cada vez, a ambiguidade com que esse mundo se nos apresentava. Mas vimos também, no Capítulo 6, o aparecimento de um para si *para além* do mundo da vida – ou antes, em relação de *Fundierung* com esse mundo, ou ainda, para ser mais preciso, com o ser no mundo, tomado aqui como um ser que arrasta consigo os fios do mundo, "como a rede traz do fundo do mar os peixes e as algas palpitantes" (PhP, X, 12).[1] Apareceu um "reduto de não ser, um Si", uma visada de si mesmo visando ao mundo. Mas

---

1 Merleau-Ponty usa essa expressão para falar das essências, que "devem trazer consigo todas as relações vivas da experiência" (PhP, X, 12). O autor usa idêntico raciocínio ao referir-se à passagem da primeira à segunda parte da *Fenomenologia...*, como já tivemos ocasião de mostrar (cf. supra, cap. 2, I, e cap. 4, I): ao dizer que, para despertar a experiência por trás do pensamento objetivo, começará pelo corpo, ele completa: "como a gênese do corpo objetivo é apenas um momento na constituição do objeto, o corpo, retirando-se do mundo objetivo, arrastará os fios intencionais que o ligam ao seu ambiente e finalmente nos revelará o sujeito que percebe assim como o mundo percebido" (PhP, 86, 110).

Razão e experiência: ensaio sobre Merleau-Ponty

esse ser não pode fundar a unidade do mundo vivido − outrem, por exemplo, não se funda no *cogito*; essa subjetividade, ao contrário, é "dependente", conforme vimos, o que a impede de tecer os fios desse mundo. Assim, a revelação do Si não significa uma *segunda redução*, dessa vez diante do *Lebenswelt*, tal como Husserl propõe, redução pela qual "as estruturas do mundo vivido devem, por sua vez, ser recolocadas no fluxo transcendental de uma constituição universal, em que todas as obscuridades do mundo seriam esclarecidas" (PhP, 419, 651; nota). A "fenomenologia da fenomenologia" não é uma redução do próprio *Lebenswelt* na busca de um naturante universal: o Si não é constituinte, mas parte do mundo vivido. Daí por que, no *final* do capítulo sobre o *cogito*, Merleau-Ponty *recoloca* o problema da constituição, problema que também o *cogito* não pôde resolver:

> mas, ... se a unidade do mundo não está fundada na unidade da consciência, se o mundo não é o resultado de um trabalho constitutivo, de onde provém que as aparências sejam concordantes e reúnam-se em coisas, em ideias, em verdades − por que nossos pensamentos errantes, os acontecimentos de nossa vida e os da história coletiva, adquirem, pelo menos em certos momentos, um sentido e uma direção comuns e se deixam apreender sob uma ideia? Por que minha vida consegue retomar-se a si mesma e projetar-se em falas, em intenções, em atos? Este é o problema da racionalidade (PhP, 467, 547-8).

Já descrevemos como uma coisa, como uma significação, remete numa multiplicidade concordante e como essa multiplicidade se alarga até formar a multiplicidade concordante do mundo vivido. A questão agora é mostrar que a camada assim desvelada é original e originária. O capítulo sobre o *cogito* desempenha aqui um papel fundamental; ele não é puramente negativo, como se apenas procurasse mostrar o caráter *não* constitutivo do sujeito. Não; ele nos abre uma dimensão nova do sujeito − o para si − que a pura descrição do mundo da vida não podia nos abrir. O sujeito não é constituinte, certamente, mas é, ainda assim, para si; o *cogito* não é a transparência de uma consciência para si mesma, mas é, ainda assim, um *cogito*; dessa vez, para além da totalidade do mundo da vida, ou em relação de *Fundierung* com um ser no mundo que arrasta essa totalidade, abre-se uma nova dimensão do sujeito, que apenas como ser no mundo não conhecíamos. Já não se trata da ambiguidade do corpo, cuja unidade é tecida pelo tempo; trata-se agora de, *a partir da temporalidade*, apontar uma nova dimensão do sujeito, pois foi a temporalidade, e nada mais, que desenhou a relação não tética de si a si, que fez do sujeito para si e ser no mundo, e do Eu, se por abstração o pensarmos "fora de qualquer ato particular" (PhP, 465, 545), uma "coesão de vida", uma "única temporalidade" (PhP, 466, 546). Daí por que, ao abrir o capítulo sobre a temporalidade, Merleau-Ponty afirma: "já encontramos uma relação muito mais íntima entre o tempo e a subjetividade" — muito mais íntima do que a que coloca nossas experiências dispostas "segundo o antes e o depois", que faz da temporalidade "a forma do sentido interno" (PhP, 469, 549). Essa intimidade nos "convida" "a fazer-nos do tempo e do sujeito uma concepção tal que eles se comuniquem do interior" (PhP, 469, 549). É o que deverá fazer esse capítulo da *Fenomenologia*...; mas, como sempre, é preciso partir do pensamento objetivo — no caso, do tempo objetivado —, não da própria subjetividade: do fato de que tempo e sujeito se comuniquem por dentro, isso não autoriza a partir do sujeito, como se o sujeito, suficientemente desdobrado, nos desse o tempo: sujeito e tempo não estão em relação de substância e atributo. De fato, lembra Merleau-Ponty, "não existem problemas dominantes e problemas subordinados" — o que é essencial, por sua vez, à via da ordem das razões, explicitamente recusada em *O visível e o invisível* (VI, 220) —, mas apenas problemas "concêntricos". E aqui, na análise do tempo, o que teremos é, nada mais, nada menos, que o centro dos centros, o forte da cidadela, sem o qual todas as descrições feitas até aqui permanecem em questão. Tratar-se-á então de seguir a "dialética interna" do tempo, partindo do tempo dos objetivismos, e se, a partir daí, "seremos conduzidos a refazer nossa ideia do sujeito" (PhP, 470, 550), é porque o tempo, o centro dos centros, revelar-se-á, ele próprio, como o *sujeito*. É então que teremos alcançado o *Logos* fundamental que vai, retrospectivamente e de uma vez por todas, legitimar as descrições do mundo vivido, não expulsando a ambiguidade que temos encontrado em toda parte, mas instalando-a no centro da filosofia, tornando-a definitiva.

II

Merleau-Ponty começa por uma versão do objetivismo, a que lança o tempo no "mundo objetivo" (PhP, 470-2, 550-2). O tempo, segundo essa versão célebre, "passa ou se escoa" como um rio, cujas águas correm do passado em direção ao presente e ao futuro. Para Merleau-Ponty, essa versão objetivista se esquece pura e simplesmente do sujeito. Pois, consideradas "as próprias coisas" – quer dizer, as coisas objetivamente tomadas –, verificamos que elas se revelam incapazes de "trazer o tempo" (PhP, 471, 552). Quando se diz que o tempo é como um rio que passa, que vem do passado em direção ao presente e ao futuro, omite-se que a fusão das neves lá atrás só é passado porque sub-repticiamente se introduz um testemunho que assistiu ali à fusão das neves e agora vê a mesma água passar. A fusão das neves é um acontecimento passado porque um sujeito o recupera agora como tempo passado. Sem essa "perspectiva finita", não há mudança, não há tempo, de modo que um mundo rigorosamente objetivo é um mundo sem mudança, sem sucessão, um presente eterno, que, não estando presente a ninguém, "não tem caráter temporal" (PhP, 471, 552). A água que passará amanhã está agora em sua nascente, a água que acaba de passar está agora um pouco mais embaixo: não há temporalidade, sucessão, entre esses "acontecimentos" porque não há um sujeito para quem eles possam se ligar como um acontecimento lá no passado que agora tem tal outro aspecto. O tempo, assim, não é um processo real, que eu apenas registraria; ao contrário, "ele nasce de *minha* relação com as coisas" (PhP, 471, 552), pois é para mim que elas se sucedem. A pura exterioridade do mundo objetivo, a sua incapacidade de absorver o não ser do passado e o não ser do futuro, sua plenitude, tornam-no não temporal. A temporalidade requer uma perspectiva finita que "funde a individualidade do acontecimento", isto é, que o mantenha no seu lugar temporal, e é só nessa relação de acontecimento passado a acontecimento presente que há temporalidade: "o tempo supõe uma visão sobre o tempo" (PhP, 470,551), sobre o conjunto das dimensões temporais, e se a metáfora do rio se justifica é porque colocamos, nessa coisa "inteiramente exterior a si mesma" (PhP, 470, 551), um testemunho de seu curso: não, é verdade, um sujeito, mas o próprio rio como "indivíduo"; tudo se passa como se o rio fosse o testemunho de si mesmo, como se houvesse um passado do rio (lá na fonte), um futuro do rio (o mar para onde se dirige), e o rio finalmente se escoasse, como se fosse ele próprio um sujeito, uma individualidade, como se houvesse "um interior do riacho" que desdobrasse, "no exterior, suas manifestações" (PhP, 470, 551). É esse o pressuposto que permite a essa versão do objetivismo falar em tempo: colocando o rio como indivíduo, como conjunto das dimensões temporais, que traz em si mesmo o passado, o presente e o futuro.

Mas essa não é a única versão do objetivismo. No modelo sempre pendular de Merleau-Ponty, a outra versão é a que consiste em transportar o tempo das coisas para nós, que permanece ainda objetivista porque nesse transporte o tempo é ainda pensado como uma "sucessão de agoras", segundo expressão de Heidegger. De nada adiantará, por exemplo, explicar a consciência do passado por meio de uma conservação corporal do passado, de certos traços cerebrais. Nem tampouco por meio de uma "conservação psicológica" do passado, pois, em ambos os casos, a presença do passado permanece uma presença *de fato*. Contra a conservação fisiológica e a conservação psicológica ("recordações conservadas 'no inconsciente'"), Merleau-Ponty observa que "nenhuma conservação, nenhum 'traço' fisioló-

Razão e experiência: ensaio sobre Merleau-Ponty

gico ou psíquico do passado pode fazer compreender a consciência do passado", uma vez que esses traços são ainda *presentes*, o que significa dizer que o *reconhecimento* deles como passados *já exige que eu tenha uma consciência do passado*. Se essa mesa traz traços de minha vida passada, se nela inscrevi meu nome, não são esses traços presentes que, "por si mesmos", remetem ao passado; antes disso, é preciso que eu tenha "o sentido do passado", é preciso que eu "traga em mim essa significação" (PhP, 472, 553). Assim, se uma percepção passada reaparece, ela será uma percepção presente, e só poderá me indicar um acontecimento passado se eu tiver *outra visão* sobre ele que me permita reconhecê-la como passado (PhP, 472, 553-4). Quer dizer, é preciso que eu tenha "uma espécie de contato direto com o passado em seu lugar" (PhP, 473, 554), é preciso que eu possua essa significação, sem o que nenhuma reprodução me levaria a ele, pois elas estariam sempre no presente. Pior ainda no que se refere ao futuro, pois, ao contrário do passado, ele ainda não pôde deixar em nós nenhum traço — assim, para projetar o porvir é necessário, antes de mais, que tenhamos o sentido do porvir (PhP, 473, 554), que tenhamos também com ele uma espécie de contato direto.

Mas, se é assim, então o sujeito deve, em intenção, "estar presente ao passado assim como ao porvir", e portanto não pode estar *situado* no tempo, encerrado nele, e o tempo, assim, deve ser "pensado por nós antes das partes do tempo" (PhP, 474, 555). Por isso mesmo, o tempo já não é um dado da consciência; antes, é preciso que "a consciência desdobre ou constitua o tempo" (PhP, 474, 555): a "idealidade do tempo" aparece aqui, portanto — é a solução husserliana —, como uma consequência da crítica aos objetivismos: contra o tempo esfacelado dos objetivismos, aparece o tempo pensado como totalidade. A consciência já não pode se encerrar no presente, já não pode ser "obcecada por 'conteúdos'", por traços conservados que não remetem por si mesmos ao passado. Ao contrário, ela agora é leve, sem conteúdos, ela agora tem um contato direto com o passado e com o futuro, ela "caminha livremente de um passado e de um porvir que não estão longe dela, já que ela os constitui como passado e como porvir e já que eles são seus objetos imanentes, para um presente que não está perto dela, já que ele só está presente pelas relações que ela estabelece entre ele, o passado e o porvir" (PhP, 474, 555-6), e não porque ela se situa no presente. Aqui, as relações temporais tomam o lugar de todo conteúdo – mas então, para pôr fim a todo conteúdo e para pensar apenas as relações temporais, para estar presente ao passado e ao porvir, é a situação da consciência, é a consciência situada no presente, que já não conseguimos pensar (como, aliás, é de praxe ocorrer, a cada vez, ao intelectualismo). A consciência caminha livremente do passado, que não está longe dela, ao presente, porque ela os constitui a todos, presente que já não está perto dela, porque ela já não está situada. "O tempo enquanto objeto imanente de uma consciência é um tempo nivelado" (PhP, 474, 556) – mas, então, ele não é mais tempo, pois o tempo não pode ser "completamente desdobrado", "completamente constituído", seus momentos não podem "coexistir diante do pensamento", a consciência não pode ser "contemporânea de todos os tempos" (PhP, 474-5, 556), pois então não há mais tempo, isto é, *passagem*. Será necessária, é verdade, uma síntese, mas uma síntese que não pode ser feita por uma consciência, já que, nesse caso, ela "o domina e o envolve", já que tal consciência "destrói o fenômeno do tempo" (PhP, 475, 557), pois, enfim, é essencial ao tempo não ser jamais completamente constituído, por isso a síntese do tempo não pode ser jamais acabada. É preciso, portanto, abandonar o tempo imanente da consciência. A consciência não pode dominar o tempo, nivelá-lo; só assim, em vez de lidar com um tempo constituído, que não é o próprio tempo, mas "seu registro final, o resultado de sua *passagem* que o pensamento objetivo sempre pressupõe e não consegue apreender" (PhP, 474, 556), só assim poderei dar conta da efetiva *passagem*, do *trânsito* do tempo em vez de caminhar livre e descompromissadamente por suas dimensões. É preciso, em suma – eis a conclusão que é preciso tirar contra o intelectualismo de tipo husserliano –, que a consciência se *situe* no tempo, pois, se a consciência constitui o tempo, se o tempo é um objeto imanente da consciência, então ela não está situada, ela o domina, e o tempo, para ela, não passa: se mergulho no para si, já não há ser no mundo, e não pode haver passagem do tempo.

III

Merleau-Ponty começa lembrando que é em meu "campo de presença" que eu me situo. É lá que "tomo contato com o tempo, que aprendo a conhecer o curso do tempo" (PhP, 475, 557). Mas trata-se de um *campo*, não de um presente instantâneo, não de um átomo de tempo, não de um agora, como se eu, no curso do tempo, passasse por uma série deles "dos quais eu conservaria a imagem e que, postos lado a lado, formariam uma linha" (PhP, 476, 558). Não, pois, afinal, é verdade que eu não percebo coisas com limites definidos, teticamente postas, plenamente determinadas; instalado em um campo perceptivo, eu percebo totalidades fenomênicas, partes que anunciam outras como seus horizontes, de modo que, correlativamente, também não posso dizer que eu ponho teticamente o meu presente:

> o papel, minha caneta, eles estão ali para mim, mas eu não os percebo explicitamente, eu antes conto com uma circunvizinhança do que percebo objetos ... eu antes me dedico a minha tarefa do que estou diante dela" (PhP, 476, 558).

Ora, esse é meu campo perceptivo, esse é meu presente, e ele é um campo que "continua por linhas intencionais" (PhP, 476, 558), portanto minha percepção se estende por um campo de horizontes como meu campo de presença se estende pelos horizontes de passado e de futuro. Afinal, o campo de presença é, justamente, a condição da percepção de um campo: também aqui o meu presente me "ancora em uma circunvizinhança", e por meio de intencionalidades –

as retenções e as protensões — que partem do próprio campo perceptivo, não de um Eu central, meu campo perceptivo "arrasta atrás de si seu horizonte de retenções e por suas protensões morde o porvir" (PhP, 476, 558). Nesse momento em que trabalho, por exemplo, meu campo de presença tem, "atrás dele, o horizonte da jornada transcorrida e, diante dele, o horizonte da tarde e da noite" (PhP, 475, 557). Ele não é um agora instantâneo sem horizontes. A jornada transcorrida não está atrás de mim como uma representação, do mesmo modo que não represento o lado do objeto que não vejo mais, "ela ainda está ali, não evoco nenhum de seus detalhes, mas tenho o poder próximo de fazê-lo, eu a tenho 'ainda em mãos'" (PhP, 476, 557) como um passado presente, ou melhor, *quase* presente. Também não penso na noite que virá, "e todavia ela 'está ali', como o verso de uma casa da qual vejo a fachada, ou como o fundo sob a figura" (PhP, 476, 557). É nesse campo de presença que estou situado, e é nele que experimento a *passagem* do tempo.

Já sabemos que o tempo não passa como se fosse uma linha reta — pois então teríamos apenas uma sucessão de agoras —, nem como se estivesse desdobrado diante da consciência, pois então o tempo se nivelaria, se homogeneizaria, como se fosse espaço.[2] É necessário ter um contato direto com o passado em seu lugar, com o porvir em seu lugar, sem o que não há temporalidade, mas presente eterno; mas é preciso também dar conta das retenções e protensões de meu campo de presença sem fazê-las partir de um Eu central, sem o que o tempo se desdobraria diante da consciência e não haveria mais tempo, pois já não haveria *passagem*. É preciso convir, em suma, que, "a cada momento que chega, o momento precedente sofre uma mo-

---

2 Trata-se aqui, evidentemente, do espaço objetivado, não daquele que descrevemos no Capítulo 3. Contra Bergson, Merleau-Ponty observa não apenas a existência de uma "espacialidade primordial", aquém do espaço homogêneo, mas nota ainda que "pode-se ficar muito longe de uma intuição autêntica do tempo" apenas pela denúncia de uma "tradução sistemática do tempo em termos de espaço. Foi isso que aconteceu a Bergson" — e sobretudo porque ele quis formar o tempo com recordações *conservadas*, com "recordações em si" acumuladas no inconsciente (PhP, 474-5, 652-3; nota).

dificação"; portanto, passado, presente e porvir não *são* no mesmo sentido, o que o intelectualismo parece ignorar: o momento precedente ainda está ali, mas já "desce para baixo da linha dos presentes"; é ainda ele, "exatamente ele", não estou separado dele, "mas ele não seria passado se nada tivesse mudado" (PhP, 476, 558). E quando sobrevém um terceiro momento, ele sofre nova modificação: "de retenção que era, ele se torna retenção de retenção, a camada de tempo entre mim e ele se espessa" (PhP, 476, 558), Ainda tenho em mãos o passado, ele mesmo, mas agora modificado, "eu o alcanço em sua ecceidade recente e todavia já passada" (PhP, 477, 559). Essa é a condição que o gráfico a seguir procura ilustrar:[3]

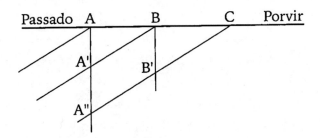

Linha horizontal: série dos "agora". Linhas oblíquas: *Abschattungen* dos mesmos "agora" vistos de um "agora" ulterior. Linhas verticais: *Abschattungen* sucessivos de um mesmo "agora".

Se é no presente que estou situado, então é a partir dele que devo ter o passado em sua ecceidade recente e, todavia, já passada. Se o meu presente é B, então A, passado, deverá ser tido por mim, sem o que estaríamos ilhados em instantes discretos e não teríamos temporalidade. Mas A não pode ser alcançável por mim sem modificação, pois, tornando-se passado, ele muda; do contrário, teríamos, ainda uma vez, uma homogeneização do tempo, um tempo nivelado.

---

[3] Sobre a "rede de intencionalidades" do tempo e a relação de *Fundierung*, ver Moura, "A cera e o abelhudo" in *Racionalidade e crise*.

Para resolver essa ambiguidade, falar-se-á em *perfil de A*: o perfil de A, no gráfico A', é o que tenho quando estou em B: A me é dado, sim, mas ele é visto "por transparência" através de A' (PhP, 478, 560). Mas então é preciso que A' seja um perfil de A, como uma face o é de um cubo: é exatamente isso que significa dizer que A' é retenção de A. E se o meu presente é C, então A deverá ser tido por mim através de A'': A'' é ainda um perfil de A, retenção de retenção de A, novo perfil de A. Ora, mas o que me garante que A' e A'' são *Abschattungen* de A, que em B e C é ainda A que eu tenho em mãos, através de A' e A'', que eu alcanço o passado em sua ecceidade, que eu tenho contato direto com ele, embora não tal qual ele foi? Se o tempo é constituído pela consciência, conforme crê o intelectualismo husserliano interpretado por Merleau-Ponty, ela está presente ao passado e ao porvir, em contato direto com eles uma vez que eles são seus objetos imanentes, mas, nesse caso, porque domina e envolve o tempo, a consciência já não distingue passado, presente e futuro — o tempo é nivelado, homogeneizado, e assim já não há passagem do tempo. É preciso situar o sujeito: é porque situamos a consciência em um presente que o passado alcançável já *não pode* ser o mesmo, sem modificação — pois teríamos uma consciência que caminha livremente e, assim, vai lá ao passado tal qual ele foi, em sua ecceidade e sem modificação; a consciência tornar-se-ia então "contemporânea de todos os tempos" (PhP, 474-5, 556). A síntese do tempo não pode ser feita pela consciência, pois então, ainda uma vez, ele se objetiva. Mas é preciso uma síntese, pois se eu não tenho o passado, se não o alcanço a partir de meu presente, então simplesmente não há temporalidade: é essa ambiguidade que a tese dos *Abschattungen* pretende resolver. Se nosso passado só nos fosse dado sob forma de recordações expressas, "a cada instante seríamos tentados a evocá-lo para verificar sua existência", como o doente que se vira para assegurar-se de que os objetos estão ali (PhP, 479, 561). É preciso, portanto, que, em B, eu tenha A, mas não sem modificação — por isso, eu tenho, em verdade, A'.

IV

Por certo B deve ligar-se interiormente a A, pois eu o alcanço sem necessidade de um *tertius*, mas a A passado, isto é, a A'. E, advindo C. B deve cair no passado e A soçobrar ainda uma vez, e C deve portanto ligar-se interiormente a B' e a A'', perfis de B e A. É preciso, em suma, uma *síntese* do tempo, uma unidade temporal, sem o que voltaríamos ao tempo esfacelado, mas essa síntese não pode ser feita pela consciência, pois o tempo se nivelaria, se objetivaria diante dela e não seria mais tempo – o tempo exposto se distinguiria da subjetividade. A deve ser alcançável, do contrário B estaria isolado como instante discreto, mas a consciência não deve alcançá-lo como objeto imanente, pois a subjetividade exporia o tempo diante de si. É preciso, assim, uma *síntese passiva* do tempo, uma "unidade natural e primordial" do tempo (PhP, 479, 561), unidade formada por uma "intencionalidade operante" (*fungierende Intentionalität*), abaixo de uma "intencionalidade de ato", abaixo de uma consciência tética. Mas, o que isso significa? o que significa o paradoxo designado por "síntese passiva"? Ao dizer "síntese passiva", observa Merleau-Ponty, nós temos apenas "um índice para designar um problema", não temos ainda uma "solução" (PhP, 479, 561). Passemos então a ela.

Para a compreendermos, comecemos por avaliar o que significam os instantes A, B, C. Já sabemos que A, B e C não são instantes discretos, mas isso não significa que eu deva *fundir* um no outro, como se fosse possível "*explicar* a unidade do tempo por sua continuidade", já que isso significaria "confundir passado, presente e porvir" (PhP, 481, 563) e não estabelecê-los mais como tais: por mais vizinhos que sejam os instantes uns dos outros, eles "não são indiscerníveis" (PhP, 481, 563). Se passado, presente e futuro não se afirmam, não há mais tempo. Seguramente, é preciso manter, contra a tese dos instantes discretos (que necessitaria de uma síntese externa), a continuidade do tempo, mas essa continuidade não deve, sob o risco de negar o tempo, fundir os instantes uns nos outros, como bola de neve. Daí por que é preciso dizer que A, por mais vizinho que se queira de B, ainda assim *se diferencia* de B: "os 'instantes' A, B, C não *são* sucessivamente, eles se *diferenciam* uns dos outros" (PhP, 479, 561). É assim que eles se afirmam: diferenciando-se uns dos outros. Um instante se positiva como instante discreto afirmando-se por diferenciação.

Mas é verdade também, lembra Merleau-Ponty, que eles se diferenciam *na sucessão*: se uma mera continuidade ignora a individualidade do instante, essa individualidade, por sua vez, só aparecerá na continuidade. Ou seja: os instantes A e B se afirmam por diferenciação, um liga-se internamente ao outro visto que a afirmação de cada um decorre da relação com o outro, mas isso se faz na sucessão. Assim, é preciso ver cada "instante" como *passagem* do futuro ao presente e dele próprio ao passado. É por aí que haverá uma síntese, uma coesão do tempo, na justa medida em que ela escoa, em que passa; há uma síntese *em trânsito*, há "um só fenômeno de escoamento" (PhP, 479, 562). E se essa totalidade é movente, se ela está permanentemente passando, então o "instante" é expulso do ser por outro "instante", que por sua vez já era anunciado por ele, e soçobra ainda uma vez porque um terceiro "instante" já era anunciado pelo anterior, de modo que, como parte dessa totalidade movente, o "instante" não cessa de modificar-se; se "o presente novo é a passagem de um futuro ao presente e do antigo presente ao passado" (PhP, 479, 561), se, no tempo, "ser e passar são sinônimos" (PhP, 480, 563), e, por isso, passando, um acontecimento não deixa de ser, se o tempo ainda o conserva, então não temos apenas uma sucessão de instantes A, B, C (a linha horizontal do diagrama) — temos ainda a mudança de A em A', A'', A'''; de B em B', B''; de C em C' etc., pois, afinal, se A, tornando-se passado, não deixa de ser, mas, como parte da totalidade movente, deve modificar-se incessantemente, então A, tornando-se passado de B, "passa" em A', e B, tornando-se passado de C, "passa" em B' e A' em A''. B torna-se C porque ele nunca foi mais que a antecipação de C como presente, mas também ele não foi mais que sua própria passagem ao passado (PhP, 481, 563-4) – quer dizer, ao advir C, B torna-se B', e no mesmo momento A' cai em A''. Se visualizarmos o tempo na *passagem* de A a B, ele será, correlativamente, passagem de A a A'; e, depois, de B a C, ele será, correlativamente, passagem de B a B' e de A' a A''. Daí por que o tempo é "uma fuga geral para fora do Si, a lei única desses movimentos centrífugos" (PhP, 479-80, 562), um *passar* permanente, que não cessa (de A a A' a A'' a A''', de A a B a C a D etc.), e não uma simples sucessão. O tempo é um meio movente que se estabelece "por um só movimento" (PhP, 481, 564) e no qual se vê uma permanente "dissolução", uma "deiscência total" (PhP, 480, 562). Assim, o que existe é "um só tempo que se confirma a si mesmo", porque "cada presente reafirma a presença de todo o passado que expulsa e antecipa a presença de todo por-vir" (PhP, 481, 564). O tempo é um movimento generalizado para fora de si, o que implica dizer que a síntese do tempo é uma síntese que escoa, que passa, uma síntese em trânsito, ou "síntese de transição" (*Uebergangssynthesis*) (PhP, 480, 562). Não basta, portanto, lançar os olhos sobre a série dos "agora"; é preciso compreendê-la como uma síntese, uma coesão, já que os *tempora* se "comunicam interiormente" (PhP, 481, 564), mas uma síntese que passa, em trânsito, o que torna o tempo como uma lei de movimentos centrífugos, ou um *ek-stase*.

V

Assim tomada, a síntese temporal nos permite legitimar o que buscávamos – seja a ambiguidade trazida para o centro da filosofia e revelada pela "descrição direta" das duas primeiras partes da *Fenomenologia*...; sejam, finalmente, os direitos relativos do pensamento objetivo em face da camada originária que essa mesma descrição nos revelou. Comecemos pela *primeira*.

A síntese do tempo é passiva "porque cada um dos *tempora* já compreendia, além de si mesmo, a série aberta dos outros *tempo-*

ra" (PhP, 481, 564). A unidade do tempo é aqui como a de um jato d'água: cada onda sucessiva do jato retoma as funções da precedente, impelente em relação à que impelia, impelida em relação a outra. Claro que essa unidade só é possível porque, da fonte ao jato, as ondas não estão separadas, mas formam um só ímpeto; o mesmo acontece com o tempo e a coesão dos *tempora*, de modo que, tal como o jato, o tempo forma um só ser — como o rio que passa, o tempo faz um consigo mesmo (PhP, 482, 565). A unidade do tempo é portanto "natural", isto é, passiva — o tempo é um único ser — e assim não necessita de um ato externo que lhe configure unidade. Mas então essa noção de síntese passiva nos permite dizer que o tempo *permanece*, que ele não passa, pois, do mesmo modo que a água muda mas o jato permanece, também os *tempora* mudam mas o tempo permanece, e o tempo permanece porque a unidade natural, passiva, não pode admitir lacuna entre os *tempora* — o que significa dizer que ele é um contínuo sem lacunas, sem interrupção. Seria a lacuna, a exterioridade entre os instantes, que requereria um ato externo de unificação, o que nos daria um tempo objetivado. O tempo seria objetivado ainda uma vez se, passando para o lado da subjetividade, resultasse em um tempo imanente, constituído pela consciência, completamente desdobrado, exposto diante dela. O tempo, que se retirou do mundo objetivo e *passou para o lado do sujeito*, não requer entretanto um ato do sujeito. E por que não? Porque sua unidade é natural, porque ele faz um consigo mesmo, logo não requer um ato de unificação — em suma, como o afirma Merleau-Ponty, porque o tempo é, ele próprio, o sujeito: o tempo é o sujeito, quer dizer, ele não é *para* alguém, ele é alguém (PhP, 482, 564-5).[4] Tentemos compreendê-lo melhor.

Sabemos que é necessário uma subjetividade que venha "romper a plenitude do ser em si, desenhar ali uma perspectiva, ali introduzir

---

4 Ou, se se quiser: o tempo é aqui o sujeito porque ele, não um Ego central, não uma consciência, forma a unidade pré-objetiva. O tempo, definitivamente, toma o lugar da consciência transcendental.

Razão e experiência: ensaio sobre Merleau-Ponty

o não ser" (PhP, 481, 564). Não há *tempo* sem uma perspectiva finita que liga um acontecimento passado a um acontecimento presente. Mas o tempo não se expõe ao sujeito, pois isso romperia a passagem, o trânsito. Tal trânsito só é compreensível se finalmente o tempo tiver algo como uma unidade natural, se sua coesão for passiva. Os *tempora* devem ligar-se então internamente, o que significa dizer que, se o tempo não é *para* um sujeito, deve haver ao menos "no âmago do tempo" um *olhar*, pois se o passado é um presente recente, se o presente é um passado próximo, se presente e passado são um por relação ao outro, então é preciso um olhar que trate cada dimensão "*como* outra coisa que não ela mesma" (PhP, 482, 565). Dizer que o tempo, e não um Eu absoluto, não uma consciência, é *o* sujeito significa dizer que as dimensões temporais exprimem todas "uma só dissolução ou um só ímpeto" e o exprimem porque "se confirmam umas às outras", "se recobrem perpetuamente" (PhP, 482-3, 566). O tempo é o sujeito, quer dizer, ele é *para si*, porque cada parte *vê* as outras, porque as "conhece", enquanto são partes internamente ligadas de um único todo. Sujeito se define aqui pela unidade *autônoma* — não objetivada diante de outra instância — consciente de si, cujo ser "coincide com o ser para si" (PhP, 483, 566). Mas então essa subjetividade não é intratemporal, ela não está *no* tempo porque ela própria é tempo. Ela não é feita de instantes que se sucedem, pois isso exigiria um ato de síntese acima dela; ela é a própria temporalidade permanente que escoa, aquela permanência análoga ao jato (mudam as águas, o jato permanece; mudam os *tempora*, o tempo permanece); ela é, enfim, a "subjetividade última" ou "temporalidade originária", na justa medida em que não é intratemporal, na justa medida em que *permanece* sempre a mesma, permanece continuadamente: ela é enfim a subjetividade transcendental. Eis o primeiro aspecto da síntese temporal, síntese passiva em movimento.

Mas, por outro lado, dizer que a subjetividade não é intratemporal não significa dizer que ela é eterna, o que nos leva a precisar melhor esse primeiro aspecto da síntese. Se o tempo é um todo, um único ser, é verdade também que ele é um único ser *em movimento*, uma totalidade *em trânsito*, que lhe é essencial a *passagem*, e assim essa totalidade se efetua "pouco a pouco e passo a passo" (PhP, 483, 566). Se o jato d'água permanece o mesmo, conforme mudam as águas, é verdade também que ele só permanece por causa do "ímpeto continuado das águas": a eternidade "se alimenta do tempo" (PhP, 484, 567). Quer dizer, se temos de um lado uma permanência, uma "generalidade" (PhP, 484, 567), é verdade também que essa permanência não é eternidade porque ela *passa*; se temos um único ser, uma totalidade que permanece, já que não há lacunas nessa unidade contínua, é verdade também que esse ser permanente se faz na sucessão, como o jato, que só permanece o mesmo devido ao ímpeto da água, e a continuidade, a unidade, em vez de dissolver os instantes, tornando-os indiscerníveis, se faz pela sucessão dos *tempora*.

O tempo passa, permanentemente passa: "o que não passa no tempo, diz Merleau-Ponty, é a própria passagem do tempo" (PhP, 484, 567). E é assim, finalmente, que ele "se recomeça", que mantém o "ritmo cíclico", a "forma constante", Mas então, embora as dimensões temporais se recubram, se confirmem umas às outras, é verdade também, de outro lado, que só podemos tratar o futuro como passado se acrescentarmos: um passado *por vir*, e só podemos tratar o passado como um porvir se acrescentarmos: um porvir *já advindo*, "o que representa dizer que, no momento de nivelar o tempo [e afirmar uma eternidade, que, em verdade, é apenas "o tempo do sonho" (PhP, 484, 568)], era preciso afirmar novamente a originalidade de cada perspectiva e *fundar* essa quase eternidade *no acontecimento*" (PhP, 484, 567; grifos nossos). Daí a necessidade de enraizar a eternidade, daí a necessidade de enraizar o "tempo do sonho" em um "tempo desperto": é apenas "vindo ao presente que um momento do tempo adquire a individualidade indelével, o 'de uma vez por todas' que lhe permitirão em seguida atravessar o tempo e nos darão a ilusão da eternidade" (PhP, 484, 568).

Razão e experiência: ensaio sobre Merleau-Ponty

Mas, o presente não é aqui um instante discreto, é antes um "campo de presença" (PhP, 484, 568). Assim, se é verdade que o passado e o futuro não são, pois eles não me são dados em pessoa, e o presente, ao contrário, "me é tão próximo que nem mesmo se expõe diante de mim e não posso *vê-lo*, assim como não posso ver meu rosto" (PhP, 484, 568), isso não significa de modo algum que o sujeito esteja *encerrado* no presente, na intratemporalidade. A passagem para o presente – que permite legitimar a ambiguidade que temos encontrado em toda parte na descrição do *Lebenswelt* – busca mostrar apenas que o sujeito não é eterno, transparente para si mesmo, que o passado retido por ele é um passado modificado, soçobrado e que essa retenção é, portanto, ambígua: "reter é ter, mas à distância" (PhP, 484, 567). Por linhas intencionais, ele ainda retém o passado e morde o porvir e, justamente por isso, é *para si*; ele não tem o passado e o futuro como objetos imanentes, por isso não é transparência absoluta, eternidade, mas é ainda sujeito à medida que, também aqui, as dimensões temporais exprimem uma unidade, que elas se confirmam, que cada uma vê as outras, isto é, que o sujeito se sabe a si mesmo. Trata-se aqui, finalmente, de *situar* o sujeito. Pois, se a generalidade soçobra permanentemente, se ela está em permanente deiscência, é porque os *tempora* mudam: se um *tempora* passado permanecesse tal qual foi no presente, teríamos eternidade, imanência do tempo a um sujeito, e portanto *distinção* entre sujeito e tempo; se, no contrário, o passado é acessível apenas como já modificado, é porque *ele é acessível a partir do presente*, é porque eu não o tenho, apenas o retenho. Noutras palavras, *o sujeito está situado no presente*. Daí por que, segundo Merleau-Ponty, a subjetividade última, aquela generalidade não intratemporal (se fosse intratemporal, exigiria uma síntese acima dela), "não é um sujeito eterno que se aperceba em uma transparência absoluta, pois tal sujeito seria definitivamente incapaz de decair no tempo e não teria portanto nada de comum com nossa experiência – ela é a consciência do presente" (PhP, 485, 568-9). Trata-se, então, disto: de afirmar um tempo que se recobre a si mesmo, mas, nem por isso, de colocar uma eternidade: a subjetividade última, não intratemporal, é "presença no mundo" (PhP, 531).[5] Esse sujeito, evidentemente, não deixa de ser um só ímpeto, um único ser em que as dimensões se confirmam umas às outras; ela não é eterna, certamente, mas dizer que está situada *no* presente não significa dizer que é intratemporal, pois se confunde aqui com a própria coesão do tempo, pois se transcende para o passado e para o futuro.

Ora, mas Merleau-Ponty não visa apenas a assegurar que a subjetividade última é presença no mundo, que o sujeito é aí situado; ele precisa ainda acrescentar que não é, por isso mesmo, de sujeito apenas que se trata — sujeito que sabe de si e é situado. Pois o sujeito é então para si e *ser no mundo*, de modo que, se investigarmos esse sujeito situado, algo mais deve aparecer, pois falta aqui, justamente, o outro termo da equação "ser *no mundo*". Evidentemente, não se trata de deduzir o mundo; trata-se antes de mostrar que, segundo Merleau-Ponty, o presente é justamente aquela "zona em que o ser e a consciência coincidem", em que o ser e a consciência" são um e o mesmo" (PhP, 485, 569). Ora, ao falar de *ser*, e não mais apenas de consciência, é da *situação* que Merleau-Ponty procura dar conta, e não apenas de puras relações entre as dimensões temporais, não apenas de um puro para si.[6] Pois, enfim, no presente, em situação, o "ter consciência" não aponta apenas para uma relação não tética de si a si, não aponta simplesmente para puras relações temporais, já

---

5 Citado da *Table des matières*, não reproduzida na edição brasileira.

6 Para ilustrar a afirmação de que, no presente, é de ser que se fala, que, no presente, a consciência é, Merleau-Ponty dá um exemplo: a recordação de uma percepção antiga visa ao passado em seu lugar; o ato de representar, por sua vez, diferentemente da experiência representada, está efetivamente presente para mim. Conclui o autor: "uma experiência antiga e uma experiência eventual precisam, para me aparecer, ser trazidas ao ser por uma consciência primária, que é aqui minha percepção interior da rememoração" (PhP, 485, 568). Isso ilustra o "privilégio" do presente, a situação, enfim. E se aí no presente encontramos a consciência última, aquela que não tem nenhuma outra por trás de si, é justamente porque ela é condição desses *atos* de consciência, que a pressupõem como consciência prévia e derradeira, não tética: não poderia,

Razão e experiência: ensaio sobre Merleau-Ponty

que o presente não decorre apenas das relações entre as dimensões temporais, como acontece em um tempo constituído pela consciência, que não pode estar situada justamente para estar presente ao passado e ao porvir como objetos imanentes, que portanto pensa o tempo antes das partes do tempo, que parte das relações temporais para nelas encontrar a possibilidade de acontecimentos no tempo (PhP, 474, 556). Dizer que a consciência coincide com o ser, "ter consciência", significa dizer que, no presente, isto é, em situação, já não afirmamos da consciência meras relações, um puro para si, mas dizemos finalmente que ela é como ser *no mundo*. Daí por que Merleau-Ponty não fala apenas de ser, mas de *"ser em..."* (*être-à...*): "minha consciência de existir, diz Merleau-Ponty, confunde-se com o gesto efetivo de 'ex-sistência'" (PhP, 485, 569; tr. modificada), isto é, com o ser para fora de si, com o ser em... O tempo portanto, não uma consciência transparente, não um Eu de posse de si, é o sujeito, sujeito que sabe de si e está situado no mundo.[7] Logo, comentando o *cogito*, Merleau-Ponty afirmava que meu pensamento só encontra consigo mesmo "através do mundo" (PhP, 344, 400), reafirma, ainda uma vez: "é comunicando-nos com o mundo que indubitavelmente nos comunicamos com nós mesmos. Nós temos o tempo por inteiro e estamos presentes a nós mesmos porque estamos presentes no mundo" (PhP, 485, 569).

---

por exemplo, por um ato, fixar um objeto sem essa unidade prévia ainda não teticamente posta, mas apenas costurada pelo tempo – que, justamente por isso, é o sujeito. "Abaixo da 'intencionalidade de ato', que é a consciência tética de um objeto e que, na memória intelectual, por exemplo, converte o isto em ideia, precisamos reconhecer uma 'intencionalidade operante' (*fungierende Intentionnalität*), que torna a primeira possível e que é aquilo que Heidegger chama de transcendência" (PhP, 478, 560-1). A intencionalidade operante "forma a unidade natural e antepredicativa do mundo e de nossa vida ... e fornece o texto do qual nossos conhecimentos procuram ser a tradução em linguagem exata" (PhP, XIII, 16).

7 Não por outra razão dois sujeitos, isto é, duas temporalidades, não se excluem, como o fazem duas consciências, "porque cada uma só se sabe projetando-se no presente e porque aqui elas podem enlaçar-se" (PhP, 495, 580).

VI

O que isso mostra, finalmente? Se o tempo não é constituído pela consciência, pois isso equivaleria a negá-lo como tempo, se, em vez disso, o tempo é ele próprio o sujeito, já que sua unidade (pois é necessário uma unidade, do contrário teríamos apenas uma sucessão de agoras) é "natural", quer dizer, se o tempo é o sujeito porque forma uma unidade consigo mesmo, um só ímpeto não unificado de fora, que portanto se sabe a si mesmo, e se esse ímpeto, se essa totalidade se efetua pouco a pouco, se ela *passa*, do contrário seria eternidade, e se, para passar, essa totalidade, esse sujeito temporal, deve se situar no presente, pois é apenas situado que o sujeito *retém* o passado, em vez de tê-lo como objeto imanente portanto não modificado, não passado, se, em suma, o sujeito é temporalidade, então ele é uma unidade que se *situa* no presente. Ora, acontece que essa unidade, essa consciência, não pode ser "descrita" (PhP, 485, 569), ou melhor, ela não se explicita, não se manifesta, senão à medida que se consuma em uma objetividade, em um instante. Eis aqui, finalmente, o que buscávamos com essa "fenomenologia da fenomenologia": os direitos relativos do pensamento objetivo, a legitimidade da relação entre o pré-objetivo e o objetivo.

Pois, se o tempo é o sujeito, se ele forma uma unidade que torna possível o ato, a intencionalidade tética (e portanto o *sujeito empírico*), é verdade também, reciprocamente, que é *pelo ato*, pela objetivação, que esse sujeito existe. Ele não é um puro sujeito transcendental constituinte; por isso, a manifestação de si, a experiência, não é constituída; ele não constitui seus *Erlebnisse*, seus vividos no presente, ele não é o verdadeiro sujeito de que o eu empírico seria apenas mera sombra, pois assim haveria sempre a possibilidade de "retirar-nos no constituinte", sem que isso, sem que essa reflexão aparecesse, se manifestasse, como uma reflexão "sem lugar e sem data" (PhP, 488, 571). Se o Eu é o Eu transcendental de Kant, "nunca compreenderemos como ele possa em algum caso confundir-se com seu rastro no

Razão e experiência: ensaio sobre Merleau-Ponty

sentido interno, nem como o eu empírico [é] ainda um eu" (PhP, 486, 570). Mas o sujeito não é um puro sujeito transcendental. Ele é temporalidade e está, por isso mesmo, situado no mundo. Todo o segredo da relação entre temporalidade e objetividade reside nisto: em que esse sujeito só se explicita por um *ato*. O raciocínio é circular, ou, como temos dito, ambíguo: o sujeito transcendental é condição do sujeito empírico, está na origem deste, mas nada é sem o ato, de modo que, reciprocamente, este está na origem daquele. Assim, é preciso ver em toda experiência, todo vivido, a manifestação da unidade, não um fato fechado em si, e, reciprocamente, toda generalidade, "toda consciência como projeto global" (PhP, 486, 570), manifestar-se-á a si mesma apenas em atos, em experiências. É preciso ver no amor de Swann por Odette, diz Merleau-Ponty, a "manifestação de uma estrutura de existência ainda mais geral que seria a pessoa de Swann", em vez de tomá-la como fato psíquico isolado, fechado em si mesmo, em relação de causalidade com outros fatos; e, reciprocamente, a pessoa de Swann nada seria (talvez, como a eternidade, apenas sonho) se não se manifestasse a si mesma "em atos, experiências, 'fatos psíquicos' em que ela se reconhece" (PhP, 486, 570). É a ruptura entre transcendental e empírico que deve aqui desaparecer: o transcendental é a unidade temporal, e o empírico nada mais são que as objetividades, as manifestações, as experiências, o múltiplo. Justamente porque o sujeito manifesta-se a si mesmo, torna-se possível discriminar uma multiplicidade sucessiva, isto é, uma série de manifestações distintas ou uma "série desenvolvida dos presentes" (PhP, 487, 571). Mas isso, por outro lado, não permite tomar a consciência como sendo, isoladamente, ou aquela unidade, como "potência indivisa", ou essa multiplicidade sucessiva: "a consciência, afirma Merleau-Ponty, não é um ou o outro, ela é um e o outro, ela é o próprio movimento de temporalização" (PhP, 485-6, 569).

Se a temporalidade "ilumina" a subjetividade, é porque tudo isso vem da natureza do tempo. Se o tempo, não um Eu central, é o sujeito, então é a natureza do tempo que deve determinar a nova relação entre transcendental e empírico. E o que é o tempo? É "afecção de si por si", o que significa dizer: o tempo é passagem para um porvir, passagem que – é essencial lembrar – se faz *do presente*; por isso, essa passagem é também transição *a um novo presente*, pois é desse novo presente que novamente se faz a mesma passagem para um novo porvir, de modo que essa passagem é tanto passagem para um porvir quanto transição de um presente a um presente. Diz Merleau-Ponty: "o tempo é 'afecção de si por si': aquele que afeta é o tempo enquanto ímpeto e passagem para um porvir; aquele que é afetado é o tempo enquanto série desenvolvida dos presentes; o afetante e o afetado são um e o mesmo, porque o ímpeto do tempo é apenas a transição de um presente a um presente" (PhP, 487, 570-1). Daí por que o tempo é uma "potência indivisa" – e ele o é como passagem, como ímpeto, conforme vimos – que se "projeta" em um "termo que lhe está presente" (PhP, 487, 571). "Necessariamente" esse fluxo originário "deve dar-se uma 'manifestação de si mesmo'" (PhP, 487, 571). É o tempo, portanto, como afecção de si por si, enquanto se projeta em um presente, que nos permite "delimitar fases ou etapas de nossa vida", é ele, como coesão que se manifesta, que nos permite considerar "como fazendo parte de nosso presente tudo o que tem uma relação de sentido com nossas ocupações do momento", é ele que desenha uma interioridade, pois, ao se projetar, desenha uma relação de si a si, sai de si, abre-se a um Outro e desenha uma dualidade (PhP, 487, 571).

Eis, finalmente, o que torna compreensível a síntese passiva. Se o tempo é o sujeito, se o tempo é alguém, esse alguém "se dá emblemas de si mesmo na sucessão e na multiplicidade", ele se desenvolve no múltiplo, e esses emblemas *"são ele"* (PhP, 488, 572; grifo nosso). É a temporalidade que pode "satisfazer" à dupla condição acarretada pela noção de síntese passiva: primeiro, não havendo um Ego central, compreende-se que não é minha consciência que unifica a experiência, que não é ela a autora da síntese, e é visível, de fato, que, se é o tempo o autor da síntese, "eu não sou o autor do tempo, assim

Razão e experiência: ensaio sobre Merleau-Ponty

como não sou autor dos batimentos de meu coração", assim como "não escolhi nascer" (PhP, 488, 572). Segundo, e reciprocamente, esse ímpeto do tempo "não é um simples fato que eu padeço": eu não sou passividade porque posso encontrar, nesse ímpeto, "um recurso contra ele mesmo, como acontece em uma decisão que me envolve ou em um ato de fixação conceptual" (PhP, 488, 572). Mais geralmente, em todo ato encontro um recurso contra o tempo e, assim, "o múltiplo é penetrado por nós", isto é, *vem de nós, sem que sejamos nós o autor de sua síntese.* O ato pressupõe uma unidade temporal, uma generalidade, e só assim ele é possível, mas, sem esse ato, sem a fixação, sem a particularidade, ele seria sonho. A ambiguidade é definitiva: o tempo faz a síntese do múltiplo, mas este não pode vir senão de nós, por um ato. Tudo isso advém da dualidade do tempo, do tempo sujeito que se projeta em um termo presente; advém, finalmente, do fato de que o tempo sujeito é todo e múltiplo, de que ele é ambíguo, e definitivamente ambíguo porque só há totalidade na multiplicidade, generalidade na particularidade.

Parte 2

Linguagem

VIII

Fenomenologia da linguagem

I

Em 1947, dois anos após a publicação da *Fenomenologia...*, Merleau-Ponty anuncia, em uma nota de "O metafísico no homem", um projeto de trabalho que parece ser a retomada e a continuação da obra de 1945: "seria oportuno, evidentemente, descrever com precisão a passagem da fé perceptiva à verdade explícita tal como a encontramos no nível da linguagem, do conceito e do mundo cultural. Pensamos fazê-lo em um trabalho consagrado à *Origem da verdade*" (SNS, 115). Que a passagem "da fé perceptiva à verdade explícita" represente, como pretendemos, a passagem da *Fenomenologia da percepção* (e de *A estrutura do comportamento*, de 1942) às obras subsequentes − *A prosa do mundo* e *Origem da verdade* (que, com o tempo, tornar-se-á *O visível e o invisível*) −, fica mais claro no texto que o filósofo remeteu a Guéroult por ocasião de sua admissão no Collège de France, em 1952. Trata-se de um breve relatório no qual o filósofo, como postulante a uma cadeira no Collège, faz uma exposição de sua carreira intelectual a Guéroult, encarregado, por sua vez, de apresentá-lo a seus colegas do Collège. E, aí, Merleau-Ponty é explícito: em seus "dois primeiros trabalhos", procurou "restituir o mundo da percepção". Doravante, ele deve mostrar "como a comunicação com outrem e o pensamento retomam e ultrapassam a percepção que nos iniciou na verdade" (In, 402). Na primeira fase, *A estrutura...*, ao que nos parece, partindo da objetividade científica, se incumbiu de apontar a necessidade do recuo à percepção, visto que aquela objetividade remete à vida perceptiva como ao fundo não relacional pressuposto por ela. Tal recuo, por sua vez, foi longamente desenvolvido pela *Fenomenologia...* Na segunda fase, depois de 1945, o prolongamento dessas pesquisas vai requerer, como afirma agora Merleau-Ponty, o movimento para além (ou "acima") do mundo percebido, em direção ao "campo do conhecimento propriamente dito", lá onde o espírito ascende ao Saber universal pela posse da Verdade (In, 405). E, dessa vez, Merleau-Ponty adianta como pretende fazê-lo: o ultrapassamento da vida perceptiva vai requerer uma "teoria da verdade" e uma "teoria da intersubjetividade"; são estas que, finalmente, devem prolongar o trabalho já realizado, restrito, até então, à vida perceptiva. Trata-se, certamente, de *ultrapassar* o mundo percebido, mas *retomando-o*, como o afirma explicitamente Merleau-Ponty, pois, afinal, se é verdade, de um lado, que o conhecimento e a comunicação com outrem são "formações originais" em relação à vida perceptiva, é verdade também, de outro, que" eles a continuam e a conservam, transformando-a" (In, 405): já a percepção, como a *Fenomenologia...* procurou mostrá-lo, nos "inicia" na verdade. Sendo assim, como abordar o prologamento do mundo percebido até o domínio do Saber, que serão exatamente as teorias da verdade e da intersubjetividade?

O interesse do filósofo, depois de 1945, se volta para uma teoria da verdade porque esta o leva para além da vida perceptiva, em direção ao conhecimento. A consecução dessa teoria, por sua vez, só é levada a cabo por uma análise da linguagem, porque é *pela linguagem que ascendemos ao Saber*. Veremos então, na obra subsequente de Merleau-Ponty, diversos textos consagrados a uma fenomenologia da linguagem, desde os cursos proferidos na Sorbonne, entre 1949 e

Razão e experiência: ensaio sobre Merleau-Ponty

1952, até finalmente *O visível e o invisível*. Quanto à teoria da intersubjetividade, vale lembrar que não apenas a "comunicação com outrem" aparece como "pressuposta" pelo conhecimento (In, 405), portanto pela Verdade, mas que ela é mesmo condição de uma teoria da história, que Merleau-Ponty, no texto de 1952, coloca em seu horizonte último de trabalho, como o termo do ultrapassamento da vida perceptiva. Mas é interessante observar que, para a história ou para o "conhecimento", é ainda e sempre a "relação linguística entre os homens" (In, 407) o tema maior: é ela que nos permitirá "compreender uma ordem mais geral de relações simbólicas e de instituições, que asseguram não apenas a troca de pensamentos, mas de valores de toda espécie, a coexistência dos homens em uma cultura e, além de seus limites, em uma única história" (In, 407). Enfim, intersubjetividade e linguagem aparecem aqui na raiz mesma dos objetivos mais imediatos e longínquos de Merleau-Ponty, que são, a um só tempo, a retomada e o ultrapassamento do trabalho da primeira fase, ultrapassamento da vida perceptiva em direção à Verdade e à cultura. Por certo, tais teorias ligam-se intimamente, na medida mesma em que a intersubjetividade será visada agora na perspectiva da "relação linguística entre os homens", da "comunicação com outrem". Não nos esqueçamos, contudo, de que a linguagem e a intersubjetividade já eram temas da *Fenomenologia...*, o que significa dizer que não se tratou ali, tão somente, da percepção silenciosa do mundo natural. Ao contrário: tanto a fala quanto o mundo humano, intersubjetivo, ocuparam, cada um, um capítulo da *Fenomenologia...* Sendo assim, como compreender a tese de que tais teorias prolonguem, e por isso vão além do que a *Fenomenologia...* já tratou?

Consultemos o capítulo sobre a fala: tratou-se aí, para Merleau-Ponty, menos de elaborar uma fenomenologia da linguagem ou de mostrar a fala como "veículo de nosso movimento em direção à verdade" (PM, 181) do que de explicitar a "natureza enigmática do corpo próprio", revelada pela análise da fala (PhP, 230, 267). Mais tarde, ao revelar-se um veículo em direção à verdade, a fala deixará de ser um gesto "entre todos os gestos" (PM, 181); no entanto, na *Fenomenologia...*, é ainda simplesmente como gesto, mais precisamente como *gesto linguístico*, que a fala é visada, isso porque a verdade ainda não é ali tematizada. Daí por que o capítulo sobre a fala está na primeira parte da *Fenomenologia...*, dedicada ao "Corpo", pois ela aparece aí simplesmente como um gesto do corpo. Ao fazer um balanço do capítulo, Merleau-Ponty observa que a análise da fala, melhor ainda que as análises anteriores da espacialidade e unidade corporais, permite reconhecer o enigma do corpo, pois, quando fala, o corpo não manifesta uma potência acima dele, alma ou pensamento: a fala, esse gesto do corpo, é instância *originária* de significação, ela não é tradução de um pensamento; ao contrário, o pensamento vem da própria fala, a significação dela se origina; a palavra, por isso mesmo, deixa de ser um invólucro, uma veste do pensamento, para adquirir, ela mesma, um sentido. Assim, à medida que o pensamento se encarna na fala, esta se torna uma operação expressiva. Por isso, Merleau-Ponty pode afirmar, *nesse nível*, que a linguagem não coloca problema diferente do de nenhum outro gesto do corpo, como o franzir de sobrancelha que *significa* meditação: o gesto linguístico é apenas uma contração da garganta, um sopro, mas um sopro que se deixa "investir de um *sentido figurado* e o significa fora de nós" (PhP, 226, 263). Esse é o enigma do corpo, capaz de tornar-se falante e veicular uma significação, sem que por isso manifeste uma potência acima dele: "não se via que, para poder exprimi-lo, em última análise o corpo precisa tornar-se o pensamento ou a intenção que ele nos significa. É ele que mostra, ele que fala" (PhP, 230, 267), diz Merleau-Ponty no final do capítulo sobre o corpo falante. Trata-se aqui, em suma, menos de uma análise da linguagem do que de uma compreensão do corpo fenomenal, de uma compreensão do corpo tal como uma análise da fala o exige: o corpo

> não é uma reunião de partículas das quais cada uma permaneceria em si, ou ainda um entrelaçamento de processos definidos de uma vez por todas ...

Razão e experiência: ensaio sobre Merleau-Ponty

já que o vemos secretar em si mesmo um 'sentido' que não lhe vem de parte alguma ... e comunicá-lo aos outros sujeitos encarnados" (PhP, 230, 267).

Assim, estamos longe aqui de uma fenomenologia da linguagem (que, como veremos adiante, requer, sempre, um retorno ao sujeito falante), pois só tal fenomenologia pode nos levar à Verdade e à cultura. Entretanto, se a fenomenologia da linguagem deve ir além do que pôde nos dar a análise da fala como gesto linguístico, é verdade também que tal análise deverá ser *retomada* por aquela fenomenologia. Daí por que, no texto endereçado a Guéroult, no qual o autor procura apontar a continuidade do seu trabalho, ele não se furta a relembrar o papel do corpo, corpo ativo "capaz de gestos, de expressão e, enfim, de linguagem" (In, 405). Mas a análise do corpo, a descrição do enigma do corpo, é apenas o primeiro passo, realizado pela obra de 1945, e deve ser completado por uma autêntica fenomenologia da linguagem.

E o que dizer do capítulo sobre a intersubjetividade? Em que medida uma nova teoria pode prolongar o trabalho já realizado em 1945? *Grosso modo*, pode-se dizer que, na *Fenomenologia...*, Merleau-Ponty tratou apenas da *percepção de outrem*, não da *comunicação com outrem*. O problema era aí colocado em termos de percepção do corpo de outrem, de um corpo que é, não uma massa físico-química, mas o sujeito de percepção, e um sujeito anônimo, não um Ego. Outrem não é uma interioridade, uma consciência absoluta, mas um corpo capaz das mesmas intenções que o meu, um comportamento no mundo. Verdade que, mesmo nesse nível pré-linguístico, o comportamento de outrem não tem para ele o mesmo sentido que tem para mim, o que faz escavar um si aquém dos atos em que outrem se engaja. Mas o si não se confunde com um sujeito absoluto, não é uma consciência transparente para si mesma, é apenas uma generalidade desenhada pela retomada, em cada ato, do passado sedimentado, generalidade legível, portanto, a partir da estrutura do tempo. Justamente por isso Merleau-Ponty pôde juntar as duas pontas — o encontro com outrem e o "solipsismo" — como dois momentos de um único fenômeno, como o exige a própria estrutura ambígua do tempo.[1] De todo modo, não há aqui uma análise da comunicação com outrem, senão breves referências ao diálogo (PhP, 407, 474-5). É essa análise, por sua vez, que pode conduzir para além da esfera da vida perceptiva, em direção ao conhecimento.

Sendo assim, como devemos abordar a obra de Merleau-Ponty posterior a 1945, ou, pelo menos, posterior a 1947, que é o momento em que ele anuncia o projeto de dar continuidade ao trabalho da primeira fase? No texto endereçado a Guéroult, o tratamento "completo" da teoria da verdade é deixado para a obra que, naquele momento, ainda recebe o sugestivo título *Origem da verdade*. Mas, enquanto não a conclui, ele decidiu abordá-la "pelo seu lado menos abrupto, em um livro cuja metade está escrita e que trata da linguagem literária" (In, 406). Esse livro é *A prosa do mundo*. De fato, nesse texto, escrito muito verossimilmente, segundo Lefort, entre 1951 e 1952 (PM, VI), Merleau-Ponty afirma pretender apenas começar uma teoria da verdade, trazendo à luz "o funcionamento da fala na literatura", reservando assim, "para uma outra obra, explicações mais completas" (PM, 22-23). Da literatura, por razões que veremos depois, Merleau-Ponty enevera pela pintura. De todo modo, o que se vê na *Prosa do mundo* é um ensaio sobre a linguagem (e não só a literária) e sobre a intersubjetividade, temas que o texto de 1952 afirma ser os de interesse mais imediato. E mesmo antes da década de 1950 Merleau-Ponty já consagrara algumas páginas a tais temas, mais precisamente nos cursos proferidos no período em que lecionou na Sorbonne, entre 1949 e 1952. Embora tivesse sido convidado para lecionar na cadeira de "Psicologia da criança e pedagogia" (cadeira que seria ocupada, depois de Merleau-Ponty, por Piaget), o filósofo procurou adaptar os cursos aos seus próprios interesses. Assim, ainda o vemos proferir, preferencialmente, cursos sobre linguagem

---

1 Cf. supra, Capítulo 5, II.

Razão e experiência: ensaio sobre Merleau-Ponty

e intersubjetividade, desde o primeiro deles, "A consciência e a aquisição da linguagem", até o último, "A experiência de outrem". Finalmente, há ainda alguns textos publicados mais tarde, em *Signes* (1960), como "Sobre a fenomenologia da linguagem", de 1951. Em suma, interessa-nos aqui abordar, em um primeiro momento, os textos anteriores à entrada de Merleau-Ponty no Collège de France, os textos que vão do final dos anos 1940 até 1952. Parece-nos que os temas principais em questão – linguagem e intersubjetividade – podem nos mostrar os deslocamentos conceituais na obra de Merleau-Ponty e como, finalmente, o filósofo é conduzido à ontologia do *Visível e o invisível*.

II

A linguagem jamais foi um "problema" para a filosofia primeira (S, 105), jamais gozou de um privilégio, de uma "significação filosófica" – quando muito, foi vista como um "problema" apenas na perspectiva "técnica" (Sor, 9). E não é difícil entender por quê. Para o intelectualismo moderno, a linguagem pertence à ordem das coisas, não à ordem do sujeito: "as palavras faladas ou escritas são fenômenos físicos, um elo acidental, fortuito e convencional entre o sentido da palavra e seu aspecto" (Sor, 9-10). À palavra não cabe nenhuma "potência", por isso ela nada traz de novo, quer dizer, ela não encarna nela mesma o pensamento, a significação, mas é apenas sua veste, seu "revestimento": o pensamento, em suma, "nada deve à palavra" (Sor, 10). A melhor das linguagens, portanto, desse ponto de vista, será a mais neutra, a mais depurada – isto é, a linguagem científica (Sor, 10), já que a exterioridade entre ideia e signo linguístico deixa à linguagem um valor puramente instrumental. Já vimos como, ao menos nesse aspecto, pode-se dizer o mesmo tanto do empirismo. Também para o empirista a palavra não goza de nenhuma potência: a teoria das "imagens verbais", dos "traços deixados em nós pelas palavras pronunciadas ou ouvidas" – "quer esses traços sejam corporais, quer eles se depositem em um 'psiquismo inconsciente'" (PhP, 203, 237) não deixa dúvida quanto a isso: a palavra, nela mesma, não tem sentido.[2] Das objeções ao empirismo e intelectualismo resultaram, na *Fenomenologia*..., a tese do valor enigmático da linguagem: de mero agregado de signos convencionais, ela se tornou portadora e produtora de significação, e, nessa medida, transcendental. Mas também é verdade, e é o que nos interessa agora observar, que na *Fenomenologia*..., porque o interesse de Merleau-Ponty era aí o de compreender a natureza do corpo falante e não o de fazer uma fenomenologia da linguagem, as objeções ao intelectualismo e ao empirismo foram feitas a partir apenas de contribuições da *psicologia*. Quer dizer, justamente por causa do escopo da obra, não apareceram ali as contribuições da linguística ou da experiência literária – que também vão apontar, como veremos, na mesma direção que a psicologia. Daí por que Saussure, por exemplo, que se torna referência importante nos anos 1950, não aparece na *Fenomenologia*... Em suma, Merleau-Ponty foi buscar tão somente na nova psicologia – ou, mais precisamente, na psicologia da fala ... – a exigência de uma nova concepção da linguagem. É isso que agora vai mudar e nos levar, enfim, à fenomenologia da linguagem.

O *leitmotiv* merleau-pontiano é sempre o mesmo: a busca de um acordo entre ciência e filosofia; no caso em tela, entre Saussure e a fenomenologia, ou, mais precisamente, entre Saussure e as reflexões de Husserl que Merleau-Ponty entende retomar e levar adiante. A primeira tese de Husserl, acerca da linguagem, é a que ele desenvolve na quarta *Investigação lógica*, em que "propõe a ideia de uma eidética da linguagem e de uma gramática universal" (S, 105). Tratar-se-ia de, por meio de uma redução, ultrapassar o simples fato de nossa língua materna em direção "às essências que pertencem necessariamente a *toda linguagem possível*" (SH, 39). Encontraríamos então as articulações fundamentais da linguagem, que a tornam justa-

---

2 Cf. supra, I.

mente uma linguagem: as proposições categóricas, as proposições complexas, conjuntivas, disjuntivas, os modos de expressão da universalidade, da particularidade, da singularidade (SH, 38). Só então, uma vez erguida a gramática universal, uma vez constituída a lista das formas fundamentais da linguagem, poder-se-ia determinar "como o alemão, o latim, o chinês exprimem 'a' proposição de existência, 'a' proposição categórica, 'a' premissa hipotética, 'o' plural, 'as' modalidades do possível, do verossímil, o 'não' etc," (PM, 37; SH, 38-39). A eidética da linguagem e a gramática geral e universal precedem então a linguística empírica, que deve se servir daquelas essências para iluminar os fatos (Sor, 415). Ora, o próprio Husserl, segundo Merleau-Ponty, terminará por abandonar a tese "dogmática" (SH, 39; Sor, 417), que supõe um corte radical entre *eidos* e fato, "um dualismo entre o conhecimento dos fatos e a reflexão, entre a ciência ou conhecimento experimental e a filosofia" (SH, 40).[3] Husserl abandonará essa "reflexão soberana", que nada deve aos fatos, para aproximá-la, cada vez mais, da *experiência da fala* (Sor, 416), por onde, finalmente, "Husserl se aproxima ... de Saussure" (Sor, 417; SH, 45). O que será então essa nova reflexão?

Husserl já não procurará "sair da linguagem", em direção a um pensamento "que a envolveria e a possuiria inteiramente", que exporia diante de si "o todo da linguagem" (SH, 40; Sor, 416). Não se tratará mais de "saltar para fora da linguagem" (SH, 42), em direção a um fundamento distinto dela, que a faça aparecer como derivada dele, segunda em relação a ele (SH, 43). Deverá haver, entre a reflexão intelectualista e a objetivação científica, outra forma de apreensão da linguagem. Mas, se se recusa o dogmatismo da reflexão soberana, como apreender a linguagem que não pela objetivação científica?

---

3 "Não há análise gramatical que descubra elementos comuns a todas as línguas e cada língua não contém necessariamente o equivalente dos modos de expressão que se encontram nas outras" (PM, 38-9), afirma Merleau-Ponty, apoiando-se aqui na própria linguística.

O linguista, de sua parte, é aquele que objetiva 'a língua, é o cientista ou observador que se coloca diante dela como se ela lhe fosse exterior. Ele vai decompô-la em uma infinidade de processos, mostrará que tal uso se explica por tal origem, tal outro uso por tal outra origem etc., que, em suma, o estado presente de uma língua qualquer "se explica a partir de tal ou tal estado anterior" (SH, 41). Essa será, segundo Merleau-Ponty, a "linguística da língua" (PM, 33; SH, 45), que a toma então como um "fato consumado", que considera " a longa história de uma língua, com todos os acasos, todas as evoluções (*glissements*) de sentido que finalmente fizeram dela o que ela é hoje" (S, 107). A língua é aqui tomada em um "corte longitudinal" (S, 108; Sor, 84-5), na perspectiva da sucessão dos tempos, como uma sequência de eventos fortuitos, de circunstâncias e acasos: a deterioração das formas, a decadência fonética, o contágio de outros falantes, as invasões, o uso de Corte, as decisões da Academia etc. (PM, 35-36).[4] Assim tomada, como resultado de uma multidão de acasos, é mesmo "incompreensível que ela possa significar o que quer que seja sem equívoco" (S, 107). Mas a questão é saber se a língua é apenas isso, se as palavras, como acreditava Valéry, são apenas "a soma de contrassensos e de mal-entendidos" (PM, 31), se se pode tomar a língua simplesmente como o "resultado do passado

---

4 Merleau-Ponty arrola aqui alguns itens que pertencem ao que Saussure denomina "linguística externa" e estão excluídos da linguística saussuriana a que se refere Merleau-Ponty, aquela que, segundo Saussure, toma a língua segundo o eixo da sucessão do tempo e ele denomina "linguística evolutiva" ou "diacrônica" (*Cours de linguistique générale*, p. 115-7, 95-6; a primeira numeração de página refere-se à edição francesa, a segunda, à edição brasileira: *Curso de linguística geral*. São Paulo, s/d, Cultrix). A definição saussuriana da língua vai eliminar dela "tudo o que lhe seja estranho ao organismo, no seu sistema, numa palavra: tudo quanto se designa pelo termo 'linguística externa'" (Ibidem, 40, 29). Tratar-se-á então, para a linguística saussuriana, de "estudar a língua nela mesma", não "em função de outra coisa, sob outros pontos de vista" (Ibidem, 34, 24-5), tais como os que Merleau-Ponty arrolara antes. O problema linguístico será então, rigorosamente, *semiológico*, isto é, diz respeito apenas aos signos e às leis que os regem. Voltaremos adiante à interpretação merleau-pontiana da linguística de Saussure.

Razão e experiência: ensaio sobre Merleau-Ponty

que ela arrasta atrás de si" (PM, 32), se nos chocamos apenas com mal-entendidos que a história das palavras acumulou no momento mesmo em que, por reflexão, acreditamos lidar com significações puras (PM, 33).

Não, certamente não, e é a própria linguística que apontará outra abordagem da língua – como sempre ocorre em Merleau-Ponty, é a própria ciência que indica a superação do objetivismo. O quadro desenhado pelo filósofo é o mesmo que ele descreveu no momento de fazer a crítica da ontologia cientificista: trata-se de recusar a universalização da objetividade científica. Assim como foi necessário recusar a tese de que todo pensamento é condicionado por causas exteriores (fisiológicas, psicológicas, sociais, históricas) e, portanto, não tem "valor intrínseco" (SH, 6), também aqui Merleau-Ponty vai apontar os limites do objetivismo, e pela mesma razão: desdobrando-o, somos conduzidos ao "ceticismo" (PM, 36). Afinal, se o pensamento é apenas resíduo, resultado de causas exteriores, essa conclusão deve afetar também os postulados do cientista, que devem então ser postos em dúvida. Daí a conclusão de que o objetivismo desenraíza seus próprios fundamentos (SH, 1; Sor, 398).[5] Aqui, na linguística da língua, passa-se o mesmo, com a diferença de que agora não se trata mais do pensamento, mas da língua objetivada. Mas o raciocínio é o mesmo, porque o que se diz da linguagem é ainda linguagem: se esta é apenas mal-entendido, não se vê como tal conclusão não afetaria a própria ciência da linguagem. Daí o "ceticismo", daí por que "a história objetiva se destrói a si mesma", daí por que, segundo Merleau-Ponty, se essa fosse nossa única perspectiva em relação à linguagem, esta "tornar-se-ia uma prisão, condicionaria aquilo mesmo que dela podemos dizer e, sempre suposta no que dizemos dela, não seria capaz de nenhum esclarecimento" (PM, 35).

---

5 Cf. supra, cap. 1, II.

Mas é possível apreender a linguagem de outra forma que não a objetivando? Ela é outra além de que sucessão de acasos, desordem, série de fatos linguísticos fortuitos? Somos, irremediavelmente, prisioneiros do acaso?

III

É verdade que, no momento em que pensamos, nosso espírito é rigorosamente preenchido por palavras (*paroles*), a ponto de não deixar "um canto vazio para pensamentos puros e para significações que não sejam linguageiras"; mas também é verdade, por outro lado, que, "nesse mesmo momento em que a linguagem é assim obsedada por si mesma", misteriosamente ela nos abre "a uma significação" (PM, 161-2).[6] Ao falar, eu me sirvo de palavras, certamente, mas não penso nelas, como não penso na mão que aperto: essa mão não é para mim um pedaço de carne e osso, mas a presença mesma de outrem (PM, 162). Ocorre o mesmo com a linguagem, com a diferença de que, ao exprimir, ela se faz esquecer: "na medida em que sou cativado por um livro, não vejo mais as letras na página, não sei mais quando virei a página; através de todos esses signos, de todas essas folhas, eu viso e alcanço sempre o mesmo evento, a mesma aventura, a ponto de nem mesmo saber sob qual ângulo, em qual perspectiva, eles me foram oferecidos" (PM, 15). Essa é a "virtude da linguagem": lançar-nos ao que ela significa, dissimular-se nessa sua operação, a ponto de fazer-nos crer, dando-nos acesso ao pensamento do autor, que entretemos com ele sem palavras, "de espírito para espírito" (PM, 16-7). A linguagem nos leva, portanto, às coisas

---

6 "No momento mesmo em que a linguagem enche nosso espírito até as bordas, sem deixar o menor espaço para um pensamento que não esteja preso em sua vibração, e exatamente na medida em que nos abandonamos a ela, a linguagem vai além dos 'signos' rumo ao sentido deles" (S, 54).

Razão e experiência: ensaio sobre Merleau-Ponty

mesmas – ou melhor, eu atravesso os signos para ir diretamente à significação, como a percepção, que ultrapassa a "grandeza aparente" de um homem visto de longe para no-lo dar com altura de homem (PM, 15; 22). A perfeição da linguagem consistirá então em passar "despercebida", fazer-se esquecer e deixar que permaneça apenas o sentido (PM, 16). Daí por que a linguagem não é uma prisão na qual estaríamos presos, pois, enfim, os signos não evocam apenas outros signos, indefinidamente (S, 101; PM, 146): eles nos abrem a uma significação. Quanto mais nos abandonamos à linguagem, mais essa significação é evidente, mais a linguagem nos leva a ela. Mas ela, por sua vez – e aqui reside o segredo para não passar para o lado intelectualista –, é "rebelde a toda apreensão direta" (PM, 162), isto é, sem linguagem. Se a tomarmos como significação pura, para si, é porque a destacamos dos signos, e essa separação abre o caminho de volta ao intelectualismo, a significações não linguageiras, diante das quais as línguas empíricas tornar-se-iam meramente convencionais, e os signos ganhariam de novo o estatuto de simples veste do pensamento.

Portanto é preciso, se quisermos passar ao largo do objetivismo e do intelectualismo – o primeiro porque objetiva a língua, toma-a como sucessão de acasos, como soma de mal-entendidos e, por isso, termina por destruir-se a si mesmo; o segundo porque salta para fora da linguagem, crê colocar-se diante de significações puras não linguageiras, ignorando que a virtude mesma da linguagem, a de fazer-se esquecer e deixar que permaneça apenas o sentido, cria a ilusão da significação pura, do pensamento sem palavra, que nada mais é que uma significação sedimentada; o primeiro porque faz do sentido um equívoco, o segundo porque o torna inequívoco, puro e separado da linguagem –, se quisermos superar objetivismo e intelectualismo, conceber o que seria uma dupla "metamorfose", segundo expressão de Paulhan retomada por Merleau-Ponty (PM, 162-3): metamorfose das palavras em pensamentos e dos pensamentos em palavras. As palavras[7] tornar-se-ão pensamentos se deixarem de ser acessíveis aos nossos sentidos, se perderem seu peso e seu espaço, tal como lhe assinala o objetivismo, e o pensamento tornar-se-á palavra se perder sua invisibilidade, sua rapidez, sua interioridade, tal como lhe assinala o intelectualismo. Mas, como essa dupla metamorfose pode nos ajudar a superar objetivismo e intelectualismo? E antes disso: se para ela se encaminha a fenomenologia, como descrevê-la?

Paulhan traz à luz o problema, sem que, segundo Merleau-Ponty, lhe dê uma solução satisfatória. De início, ele toma a linguagem como se ela fosse comparável ao olho em sua atividade desvelante: é o olho que nos faz ver todas as coisas, mas ele não pode ver-se a si mesmo nesse exercício (PM, 163); se tento apreendê-lo, ele deixa de ser uma atividade de desvelamento do mundo e torna-se um objeto: ele não se desvela enquanto atividade de desvelamento. E como o olho, a linguagem: é ela que torna tudo claro, que tudo ilumina, mas ela é obscura precisamente nessa função, já que não pode apreender-se a si mesma; se tenta fazê-lo, torna-se um objeto, um conjunto de signos, e não é mais uma atividade de significação. "Não podemos observar a linguagem, apenas exercê-la, é impossível apreendê-la diretamente" (Sor, 11), isto é, enquanto ela é a luz que produz sentido. Sob nosso olhar, ela não é mais uma atividade, como o olho desvelante, mas se expõe como um objeto, um conjunto de signos — e como conjunto de signos, traduz apenas equívocos e acasos, na versão cientificista, ou traduz mal uma significação pura, na versão intelectualista. Em suma, não podemos senão ser a linguagem (PM, 163), como somos nosso corpo; eis, enfim, segundo Merleau-Ponty, a conclusão a que é conduzido Paulhan. Nesse caso, a significação expressa por ela será "tanto mais evidente quanto mais nos aban-

---

7 Já vimos que a fala, entre as operações expressivas, é aquela capaz de sedimentar-se e constituir um saber intersubjetivo; é ela que cria a ilusão da significação pura, para si, do pensamento sem fala. Essa é uma virtude apenas da linguagem; não pensamos, por exemplo, em uma música sem sons. Cf. PhP, 213, 249; 459, 537. Cf. supra, cap. 3, I e II.

Razão e experiência: ensaio sobre Merleau-Ponty

donarmos a ela e tanto menos equívoca quanto menos pensarmos nesta [na significação]" (PM, 162). Resulta daqui então a impossibilidade da reflexão, a renúncia à filosofia, a volta à prática imediata da linguagem (PM, 165). Toda mediação macula o imediato; por isso a dificuldade é insuperável − a reflexão jamais obterá o que ela busca, jamais apreenderá o imediato como tal porque ela própria é já uma mediação. O impasse de Paulhan é o impasse de quem, trazendo à luz a linguagem em seu funcionamento vivo, julga impossível explicá-la − ou antes, iluminá-la com uma luz que não é dela, a partir de uma fonte que lhe é estranha, pois isso a adulteraria (PM, 164). Quanto a isso, Merleau-Ponty não tem objeção. Trata-se para ele, ao contrário, de mostrar que o impasse deixará de existir quando a reflexão colocar-se no *interior* da linguagem, quando ela conseguir abrir, *por dentro*, as portas da linguagem. Tratar-se-á então de uma reflexão que, diferentemente da linguística, não decomponha a língua, tornando-a mero registro de equívocos, que, diferentemente do intelectualismo, não busque fundar a linguagem, lançando-se fora dela e expondo-a diante do pensamento. Isso é possível? Pode-se apreender a linguagem *por dentro*? Merleau-Ponty crê que sim, e foi a própria ciência que indicou essa possibilidade − é a própria ciência, segundo o reiterado motivo merleau-pontiano, que permite superar o cientificismo, sem autorizar, entretanto, um intelectualismo fundacionista.

Se a língua fosse apenas uma série de fatos linguísticos fortuitos, tal como a vê − conforme crê Merleau-Ponty − a linguística da língua, se ela fosse apenas resultado de uma multidão de acasos, então a própria ciência da língua tornar-se-ia vítima desse postulado, o que a poria finalmente em questão. Mas ela não é apenas isso. Afinal, o passado recuperado foi um dia presente e, no presente, o sentido que transborda do uso atual da língua não pode ser explicado pela origem histórica: não é a etimologia, por exemplo, que pode dizer o que significa agora o pensamento, não é ela que pode explicar o sentido atual. Pois, se cada uma das fases que o estudo longitudinal descreve foi um presente, ela foi um presente voltado para a comunicação, para o futuro, e aqui, nesse momento vivo, a língua não pode se reduzir às fatalidades legadas pelo passado simplesmente porque nele nós nos comunicamos, dialogamos e nos entendemos. Quer dizer, ainda que a língua seja feita de uma multidão de acasos, sem desenvolvimento lógico, ainda que cada palavra ofereça uma grande variedade de sentidos, ocorre que, ao falarmos, "nós vamos diretamente àquele que convém" (PM, 32). Daí por que a língua não pode se reduzir a uma sucessão de acasos: do meio dessa desordem, é possível a comunicação e o sentido; daí por que ela não pode ser apenas o resultado do passado que arrasta atrás de si, pois, no presente, o falar goza de clareza e de expressividade próprias: o sentido de uma palavra, para o falante, não está atrás, mas adiante, e esse "sentido prospectivo não é forçosamente a resultante de sentidos passados" (Sor, 72). Tudo se passa como se, tomada em um corte longitudinal, diacrônico, a língua manifestasse uma série de equívocos, mas, considerada em cada um de seus momentos, como língua total, permitisse uma comunicação sem equívocos. Em cada um desses momentos, a herança de palavras tão desgastadas não impediu o sentido e a comunicação. A constituição das línguas na sucessão dos tempos não impede portanto que, no presente, ela seja outra coisa que apenas sucessão de equívocos, que, no presente, não se reduza a um acúmulo de camadas de passado. É nesse uso presente que Merleau-Ponty encontrará uma *unidade* da língua, que está, sob domínio da fala, transformar-se-á em *sistema*, já que, no exercício da fala, "todos os elementos concorrem para um esforço único de expressão voltado para o presente ou para o futuro" (S, 107), para a comunicação. Cada fase do corte longitudinal foi, assim, não apenas um elemento da série de sucessão, mas uma presença a um sistema de expressão, como se, no reverso da série de eventos, se desenhasse a "série de sistemas que sempre buscaram a expressão" (PM, 36). Ora, isso significa que há uma lógica da linguagem (ainda que, como o ensina a linguística, a língua seja resultado de uma multidão de acasos) e essa lógica, ao contrário do que crê o intelectualismo, não

Razão e experiência: ensaio sobre Merleau-Ponty

deve mais ser buscada aquém dos fenômenos linguísticos, como o fazia Husserl nas *Investigações*, pois, enfim, no uso atual, "encontramos um *logos* incorporado na fala" (SH, 42), uma razão incorporada nos instrumentos de expressão (Sor, 416). Refletir sobre a linguagem será então "explicitar a atividade do sujeito que fala" (SH, 42), o que nos levará àquilo que buscávamos, a linguagem em atividade, ainda não objetivada. Não por outra razão, mas porque se encaminha justamente para o "presente vivo", para a fala, em direção a uma *fenomenologia da fala*, o Husserl tardio se aproxima de Saussure (Sor, 417), uma vez que este inaugura, ao lado da linguística da língua, uma *linguística da fala*, que também mostrará, na fala, "uma ordem, um sistema, uma totalidade, sem os quais a comunicação e a comunidade linguística seriam impossíveis" (PM, 33-34; SH, 45). Por aqui, Merleau-Ponty pretende escapar ao irracionalismo e ao intelectualismo, e o que o permite é, de um lado, a *unidade* da língua que a fala expressiva revela, e, de outro, que essa unidade seja revelada precisamente *na fala*, sem o socorro de uma consciência pré-linguística. Salva-se então a racionalidade sem comprometê-la com o intelectualismo, uma vez que se faz repousá-la sobre o fático, que é aqui a fala. Mas tal fenomenologia da fala nos abre, por dentro, as portas da linguagem? Mais: de onde vem que a fala descortine a língua como uma unidade, que a revele como sistema (o que é essencial no argumento de Merleau-Ponty)?

IV

É aqui que o filósofo encontra o essencial da linguística saussuriana, a que lhe trará a ideia de *sistema*. Também aqui, como antes a propósito da percepção e da *Gestalttheorie*, Merleau-Ponty vai encontrar a tese central que lhe permite anunciar o acordo entre ciência e filosofia. O que diz então Saussure que tenha suscitado tão vivo interesse em Merleau-Ponty? De início, é preciso observar, como de resto já o fez Madison, que, "ao contrário do que diz Merleau-Ponty, a fala não é jamais o ponto de referência central para Saussure".[8] De fato, mas isso não é tudo, pois, enfim, ao contrário do que diz Merleau-Ponty, Saussure simplesmente *jamais realizou a linguística da fala*, como disso dá notícia os organizadores do *Cours de linguistique générale*.[9] É verdade que Saussure abre a possibilidade de uma "linguística da fala", é verdade que, para ele, língua e fala estão "estreitamente ligadas", que entre elas há "interdependência". Mas é verdade também que ele logo se apressa em dizer que "isso não impede que sejam duas coisas *absolutamente distintas*", que se pode, "a rigor, conservar o nome de linguística para cada uma dessas duas disciplinas e falar de uma linguística da fala. Será, porém, necessário não confundi-la com a linguística propriamente dita, aquela cujo *único* objeto é a língua".[10] Se não há então a linguística da fala que Merleau-Ponty pretende encontrar em Saussure, onde ele foi encontrar amparo para sua leitura? Aqui, vale a pena observar que o jogo de oposições de Merleau-Ponty não é apenas entre fala e língua, mas entre uma linguística *sincrônica* da fala e uma linguística *diacrônica* da língua (S, 107). Este, com efeito, é o seu verdadeiro jogo de oposições: sincronia e fala, de um lado, diacronia e língua, de outro. É isso que Merleau-Ponty altera sistematicamente na sua leitura de Saussure, já que, para este, sincronia e diacronia referem-se *ambas* à língua. À bifurcação preliminar entre fala e língua, Saussure acrescenta essa outra, feita *a partir* da língua:[11] há uma linguística diacrônica e uma linguística sincrônica, ambas da própria língua, não aquela da língua e esta da fala. Entretanto, se é verdade que Merleau-Ponty inflete o pensamento de Saussure, de modo que sirva a seu projeto genético não intelectualista (como veremos adiante, o fato da fala na gênese do sentido), é verdade também que a oposição mais fundamen-

---

8 Madison, G. *La phénoménologie de Merleau-Ponty*, p.126.
9 Saussure, *Cours de linguistique générale*, p.197, 166.
10 Ibidem, p.37-8, 27-8; grifos nossos.
11 Ibidem, p.139, 115.

Razão e experiência: ensaio sobre Merleau-Ponty

tal, entre sistema e sucessão de acasos, ele encontrará no próprio Saussure, na forma da oposição entre sincronia e diacronia. A necessidade de uma dupla linguística, segundo Saussure, tem origem no tempo, que "coloca a ciência diante de dois caminhos absolutamente divergentes".[12] De um lado, a linguística se ocupa da língua segundo o eixo da coexistência e, de outro, segundo o eixo da sucessão, "cada um com seu princípio próprio".[13] Saussure é categórico: "a oposição entre os dois pontos de vista – sincrônico e diacrônico é absoluta e não admite compromissos".[14] Assim, por exemplo, o plural alemão de *Gast* (hóspede) é *Gäste*, de *Hand* (mão) é *Hände*. Outrora, os respectivos plurais foram *gasti* e *hanti*. Do ponto de vista sincrônico, isto é, da coexistência, *Gäste* será plural por simples relação com *Gast* singular. Mas essa relação, por sua vez, para o fato sincrônico, nada deve ao fato, que deverá ser estabelecido pelo ponto de vista diacrônico, de que *Gäste* substitui *gasti*. São duas perspectivas distintas: uma, que estuda as relações no sistema; outra, as substituições no tempo. O fato de sincronia apelará então para termos simultâneos, coexistentes: não será jamais simplesmente o termo *Gäste* que exprimirá o plural, mas sim a oposição *Gast: Gäste*.[15] O fato diacrônico, ao contrário, apelará para a sucessão; por isso, "não interessa mais que um termo e, para que uma forma nova (*Gäste*) apareça, é necessário que a antiga (*gasti*) lhe ceda o lugar".[16] Assim, porque que o fato sincrônico mostra relação entre elementos, pode-se dizer que, desse ponto de vista, a língua é um sistema; e, inversamente, porque o fato diacrônico mostra substituição, a língua não se constitui jamais como sistema. A irredutibilidade entre os dois fatos é clara: do ponto de vista diacrônico, por exemplo, mostra-se que a negação francesa *pas* tem mesma origem que o substantivo *pas* (pas-

---

12 Ibidem, p.114, 94.
13 Ibidem, p.115, 95.
14 Ibidem, p.119, 98.
15 Ibidem, p.122, 101.
16 Ibidem, p.122, 101.

so), mas, do ponto de vista sincrônico, na língua atual, eles não têm nenhuma relação.[17] Ou, ao contrário: conquanto haja relação sincrônica entre *décrépit* ("um velho *décrépit*") e *décrépi* ("um muro *décrépi*"), essas duas palavras, do ponto de vista diacrônico, "nada têm a ver uma com a outra": acontece que o latim *crispus* (crespo, ondulado) deu no radical francês *crep-* (daí os verbos *crépir*, "rebocar", e *décrépir*, "retirar o reboco"); em seguida, o empréstimo da palavra latina *decrepitus*, "gasto pela idade", da qual se fez a francesa *décrépit*, se encarregou de estabelecer a relação. Ou ainda: há relação sincrônica entre "flor" e "floresta", conquanto não haja relação diacrônica. E inversamente: embora haja relação histórica entre "segredo" e "secretário" (o secretário era aquele que conhecia os segredos), do ponto de vista sincrônico elas já não têm nenhuma relação.[18]

Mas, se o tempo tudo altera, mesmo a língua — o que parece impor a perspectiva diacrônica —, não se vê por que se *deva* tornar autônoma a perspectiva sincrônica, a que isolará a língua em determinado estado. Essa imposição advém do fato de que a língua é um *sistema de valores*. Todo valor, diz Saussure, parece estar regido por um princípio paradoxal: ele nasce da relação entre duas coisas dessemelhantes, que podem ser *trocadas* (por exemplo, uma moeda de um real e um pão) e duas coisas semelhantes, que podem ser *comparadas* (por exemplo, a mesma moeda e outra moeda de real, ou aquela moeda e outra de outro sistema, como o dólar). Acontece o mesmo com a palavra: ela pode ser trocada por algo dessemelhante, uma ideia, um conceito, isto é, um significado. Mas seu valor não será fixado apenas porque ela pode ser "trocada" por certo conceito; além disso, é preciso compará-la com valores semelhantes, ou seja, com as palavras que lhe são oponíveis. Não há apenas elo entre significante e significado, mas também entre significantes, e é dessa relação que se pode depreender a solidariedade entre os termos da língua, de modo que

---

17 Ibidem, p.129, 107.
18 Ducrot, O. e Todorov, T. *Dicionário das ciências da linguagem*, p.176.

Razão e experiência: ensaio sobre Merleau-Ponty

se forme um sistema e o valor de cada um resulte "tão somente da presença simultânea dos outros".[19] Que se considere, por exemplo, a comparação entre o francês *mouton* (ou o português *carneiro*) e o inglês *sheep*. Ambos podem ter a mesma significação, diz Saussure, mas não o mesmo valor, pois *sheep* se opõe a *mutton* inglês, que é a carne preparada e servida à mesa, que o francês também traduz por *mouton* (e o português também por *carneiro*): "a diferença de valor entre *sheep* e *mouton* se deve a que o primeiro tem ao seu lado um segundo termo, o que não ocorre com a palavra francesa".[20] É então da limitação recíproca entre palavras que advém a significação, quer dizer, a extensão de cada termo advém da limitação imposta pelos outros. No plano lexical, por exemplo, *redouter* (recear), *craindre* (temer) e *avoir peur* (ter medo) serão diferenciados pela oposição de uns aos outros. Vale o mesmo no plano gramatical: o plural francês ou português não tem o mesmo valor que o plural sânscrito, por exemplo, porque o sânscrito possui três números em vez de dois (nesse caso, "meus olhos" é dito no dual). Assim, o conteúdo de cada termo só poderá ser determinado por esse jogo de oposições e de limitações recíprocas, só será verdadeiramente determinado "pelo concurso do que existe fora dele", já que, como parte de um sistema, "ele é revestido não só de uma significação, como também, e sobretudo, de um valor".[21] Tal jogo de oposições deve ser tomado em sentido forte: não há nenhuma positividade prévia, nenhum termo primitivo na língua; há apenas diferenças sem termos positivos: "quer se considere o significado, quer o significante, a língua não comporta nem ideias nem sons preexistentes ao sistema linguístico, mas somente diferenças conceituais e diferenças fônicas resultantes desse sistema. O que haja de ideia ou de matéria fônica num signo importa menos que o que existe ao redor dele nos outros signos.

---

19 Saussure, op. cit., p.159.
20 Ibidem, p.160, 134.
21 Ibidem, p.160, 134.

A prova disso é que o valor de um termo pode ser modificado sem que se lhe toque quer no sentido quer nos sons, unicamente pelo fato de um termo vizinho ter sofrido uma modificação".[22] Em suma, se a língua é um sistema cujas partes estão em estreita solidariedade, pode-se daí inferir a autonomia da linguística sincrônica. Essa autonomia é ilustrada por Saussure pela metáfora da partida de xadrez: é indiferente, para quem considera a posição atual das peças no tabuleiro (caso da perspectiva da sincronia), que se tenha chegado a ela por um ou outro caminho (os caminhos, as mudanças, são mostrados pela perspectiva da diacronia), pois é possível ainda estabelecer o valor das peças por sua posição no tabuleiro; melhor ainda: o valor respectivo de cada uma delas depende *apenas* dessa situação.[23]

É essa oposição pura e simples entre as duas perspectivas que Merleau-Ponty procurará superar e, segundo ele, já os sucessores de Saussure se viram obrigados a fazê-lo (S, 108): a oposição entre a diacronia como sucessão de acasos e a sincronia como sistema bem ordenado, oposição entre, de um lado, uma diacronia que estabelece, por exemplo, que a lei do acento francês é um "resultado fortuito e involuntário da evolução"[24] e, de outro, uma sincronia que estabelece ser a língua "um sistema em que todas as partes podem e devem ser consideradas em sua solidariedade sincrônica".[25] Para Merleau--Ponty, essa simples oposição já revela que a perspectiva da objetivação é insuficiente, que a língua não se reduz a simples objeto, já que é dotada de lógica interna, já que se compõe e se organiza consigo mesma, uma vez que "se envolve" consigo mesma (PM, 35), de tal modo, conclui o filósofo, que ela "tem um interior" (S, 51). Mas isso não é suficiente; não basta apontar uma perspectiva que ultrapasse o objetivismo; é essencial ainda, para que passemos da ciência à filosofia, estabelecer uma *relação* entre as duas perspectivas − a da lín-

---

22 Ibidem, p.166, 139.
23 Ibidem, p.126, 104.
24 Ibidem, p.123, 102.
25 Ibidem, p.124, 104.

Razão e experiência: ensaio sobre Merleau-Ponty

gua-objeto e a da língua-sistema –, relação que, no caso em tela, abra o caminho à filosofia da gênese. Para Merleau-Ponty, se a língua é sistema no presente, se ela é então dotada de lógica interna, é preciso, se esse sistema vai se tornar em breve uma fase da sucessão, que ele, "a cada momento, comporte fissuras onde o evento bruto possa vir se inserir" (S, 108), onde uma substituição casual possa ocorrer; assim, a sincronia se vê envolvida pela diacronia. E inversamente: se o passado da língua foi um dia presente, e se, portanto, ele foi aí um sistema dotado de lógica interna, então "também é preciso que ela o seja em seu desenvolvimento" (S, 108), na sua sucessão, de tal modo que o fortuito possa ser incorporado ao sistema. Quer dizer, no reverso da sucessão das fases, apontada pela diacronia, pode-se ler uma sucessão de sistemas; assim, a diacronia se vê envolvida pela sincronia. A imposição desse duplo envolvimento, lá onde Saussure o negava, acarreta uma dupla transformação: no último caso, a diacronia, que deve apontar as substituições no tempo, não as relações, não pode fazê-lo sem pressupor sistemas no começo e no fim, como se a evolução linguística fosse agora "a transformação de uma estrutura sincrônica em uma outra estrutura sincrônica".[26] E inversamente: o sistema sincrônico, se deve ser envolvido pela diacronia, deve comportar "mudanças latentes ou em incubação", por isso não deve ser jamais um sistema "todo em ato" (S, 109). Não sendo todo em ato, inteiramente realizado, ele é por realizar – o que significa, para Merleau-Ponty, temporalizá-lo. Por isso, ele diz que a sincronia não é "instantânea", no sentido em que não é acabada, realizada, que é

---

26 Sobre isso, ver Ducrot, O. e Todorov, T. *Dicionário*, p.177. Ducrot argumenta que Saussure mesmo não distingue claramente a independência da diacronia em relação à sincronia, e "muitos linguistas atuais" creem que "a evolução linguística pode ter, como ponto de partida e como ponto de chegada, sistemas, e que deve então descrever-se como a transformação de uma estrutura sincrônica em uma outra estrutura sincrônica. Admitindo mesmo, portanto, que a organização sincrônica de um estado de língua deve ser estabelecida independentemente de qualquer investigação diacrônica, pensa-se que o estudo diacrônico se deve apoiar num conhecimento prévio das organizações sincrônicas".

antes a "imbricação (*enjambement*) de um tempo no outro" (PM, 34).[27] Mas então, com isso, o que era um "estado" ou "aspecto estático"[28] da língua, torna-se, em Merleau-Ponty, um *presente* (e é já com essa terminologia que ele busca a relação entre sincronia e diacronia), por isso se deve entender não apenas um momento temporal, mas o que o fenomenólogo denomina o "presente vivo", um presente que imbrica em outros momentos temporais: de *estado* para presente, a mudança está na temporalização apontada pelo filósofo. Daí a ideia de um sistema em aberto. E inversamente: o que era sucessão ou "evolução" da língua,[29] torna-se sucessão de *passados*, passados que agora pressupõem, no reverso de sua sucessão, uma continuidade. Por isso, a língua deverá ser concebida como um "equilíbrio em movimento" (S, 108), capaz, uma vez obtido esse equilíbrio, "de perdê-lo em seguida como que por um fenômeno de deterioração, e buscar um novo em uma outra direção" (Sor, 85). A contingência que invade o sistema poderá ser então incorporada.

V

Mas isso não é tudo. Não basta impor à sincronia uma temporalização que ela desconhece em Saussure, não basta tornar a dia-

---

27 O essencial do argumento de Saussure não é tanto a recusa do tempo no interior do sistema sincrônico, como parece crer Merleau-Ponty, mas a recusa da transformação, da substituição. Por isso, não se trata tanto, para Saussure, de tomar a sincronia isolada em um instante: "um estado de língua", diz ele, "*não é um ponto*, mas um espaço de tempo, mais ou menos longo, durante o qual a soma de modificações ocorridas é mínima. Pode ser de dez anos, uma geração, um século e até mais... Um estado absoluto se define pela *ausência de transformações* e como, apesar de tudo, a língua se transforma, por pouco que seja, estudar um estado de língua vem a ser, praticamente, desdenhar as transformações pouco importantes, do mesmo modo que os matemáticos desprezam as quantidades infinitesimais em certas operações, tal como no cálculo de logaritmo" (*Cours*, p.142, 117-8; grifos nossos).

28 Saussure, op. cit., p.117, 96.

29 Ibidem, p.117, 96.

cronia uma sombra objetivada dessa sincronia. É preciso, ainda, trazer à tona um personagem que Saussure, em primeira hora, havia excluído do escopo da linguística. É com esse personagem que a fenomenologia pode finalmente começar. Observe que Merleau-Ponty, ao caracterizar a diacronia, fala em "linguagem como objeto de pensamento", e ao caracterizar a sincronia, fala em "linguagem como *minha*" (S, 107; grifo nosso). Ou a língua é objeto e, nesse caso, como Saussure bem o mostrou, não constitui um sistema, não tem lógica interna, apenas se expõe a um observador, sem que se possa assinalar-lhe um "interior". Ou então ela é um sistema que, diferentemente do objeto, é dotada de organização interna. O que isso significa para Merleau-Ponty? Que a língua tem interior porque há relação interna entre os termos que a compõem, de tal modo que essa relação *não é posta* por um sujeito – o que tornaria a relação *externa*, justamente porque posta por um terceiro termo, e faria da língua, por via de consequência, um *objeto* diante desse sujeito. É o que parece acontecer a um intelectualismo que concede a uma consciência absoluta o encargo da síntese – síntese da língua, do mundo, da História. A relação entre os diferentes termos é interna justamente porque é *autóctone*, porque é uma relação exigida pelos próprios termos em questão. Entretanto, a crítica do intelectualismo não redundará no afastamento de todo sujeito, mas tão somente do autor da síntese. Aqui, é a temporalização imposta por Merleau-Ponty ao sistema saussuriano que nos permitirá compreender a referência a outro sujeito sem comprometer a autonomia da língua. Pois, de fato, se o sistema é temporalizado, se é aberto, deve comportar fissuras, lacunas, por onde invade a contingência; mas, então, para que essa contingência seja incorporada ao sistema (se ela for incorporada), será necessário algo mais que simplesmente a língua: será necessária a *fala*, fala revelada, evidentemente, como sincrônica (e, por conta da fala, o sujeito falante). A esse propósito, para que compreendamos melhor a inovação de Merleau-Ponty, vejamos o que faz ele diante do exemplo saussuriano do acento francês.

O acento na língua francesa recai sempre na última sílaba, salvo nas palavras que terminam por *e* mudo. Esse fato (sincrônico, pois estabelece relação entre o conjunto das palavras e o acento) deriva, diz Saussure, do latim. Em latim, o acento recaía na penúltima sílaba se esta era longa (*amicus*), ou na antepenúltima, se aquela fosse breve (*anima*). Como as últimas sílabas não eram acentuadas, observa Merleau-Ponty, terminaram se enfraquecendo (PM, 48). Na passagem ao francês, contudo, o acento *não mudou* de lugar: ele recai ainda na sílaba que o levava em latim: de *amicum* para *ami*, de *anima* para *âme*. Tudo o que vinha depois do acento ou desapareceu ou se reduziu a *e* mudo. Por isso mesmo, embora o acento tivesse permanecido no seu lugar, a fórmula tornou-se outra, pois mudou a forma das palavras: "o lugar do acento se viu trocado sem que se tocasse nele". Nesse sentido, a posição do acento muda em relação ao conjunto. Ora, para Saussure, "é evidente que não se quis mudar de sistema, aplicar uma nova fórmula", até porque o acento permaneceu no mesmo lugar.[30] Nessa medida, porque não houve aqui uma decisão, é que Saussure afirma que o resultado, isto é, a lei do acento francês, "como tudo quanto diz respeito ao sistema linguístico", é puramente *fortuito*: "tudo", arremata Saussure, "provém de um puro acidente".[31] A objeção alcança aqui toda tentativa de fazer da língua "um mecanismo criado e ordenado com vistas a exprimir conceitos".[32] Ora, a propósito dessa mesma mudança, o que diz Merleau-Ponty? Como compreender esse momento fecundo, pergunta-se ele, que tornou necessário um sistema "não mais fundado na flexão, mas no emprego generalizado da preposição e do artigo"? (PM, 49). Nem um espírito da língua nem um decreto dos sujeitos falantes é responsável por ela, concorda o filósofo: o sistema jamais é modificado

---

30 Ibidem, p.122-3, 101-2.
31 Ibidem, p.124, 102.
32 Ibidem, p.122, 100.

Razão e experiência: ensaio sobre Merleau-Ponty

diretamente (PM, 49).[33] Entretanto, essa transformação torna-se demasiado sistemática, e isso é o próprio Saussure quem o aponta, sistemática o bastante para que possamos dizer que o sistema dela resultante se reduza a ser apenas uma "soma de mudanças parciais" (PM, 49). Ao contrário: tais acidentes terminam por constituir não um sistema de partes fortuitamente ligadas, mas um todo coeso "em solidariedade sincrônica". Dada então a relação entre diacronia e sincronia, Merleau-Ponty termina por colocar a questão nestes termos, inusitados em Saussure: como compreender o momento que "transforma um acaso em razão" (PM, 49). É aqui que entra finalmente a fala, pois não se poderia entender como a língua, "tesouro depositado pela prática da fala",[34] pudesse realizar tal transformação; assim, tais acasos são transformados em sistema de expressão à medida que a fala os *retoma* em uma "intenção de comunicar" (PM, 36), "em nossa vontade de nos exprimir e de compreender" (PM, 33): "o que sustenta a invenção de um novo sistema de expressão", diz Merleau-Ponty, "é o ímpeto dos sujeitos falantes que querem se compreender e que retomam como uma nova maneira de falar os destroços gastos de um outro modo de expressão" (PM, 50).

Para Merleau-Ponty, essa é, *também*, a interpretação de Saussure: mesmo naqueles que, como G. Guillaume, remanejam a concepção saussuriana das relações entre sincronia e diacronia, permanece um elemento essencial do pensamento de Saussure: *a ideia de um tipo de lógica vacilante cujo desenvolvimento não está garantido, pode comportar toda espécie de descarrilamento e no qual ordem e sistema são restabelecidos entretanto pelo ímpeto dos sujeitos falantes que querem compreender e ser compreendidos* (Sor, 85). É verdade que Merleau-Ponty também afir-

---

33 Noutro lugar, Merleau-Ponty fala em "espírito anônimo que inventa, no coração da língua, um novo modo de expressão" (PM, 52) ou em uma linguagem que "insufla" cm um instrumento linguístico uma nova maneira de falar (PM, 50) ou mesmo, mais diretamente, um "princípio interior à língua que seleciona os acasos" (Sor, 85). Tudo isso se deve à ambiguidade do papel do sujeito falante, ao qual voltaremos a seguir.

34 Saussure, op. cit., p.30, 25.

ma haver em Saussure mera "justaposição" entre sincronia e diacronia, de modo que Saussure manteria a dualidade das perspectivas, não a relação entre elas (S, 108); de todo modo, caberia à fala sincrônica a transformação do acaso em razão. No entanto, é o próprio Saussure quem afirma, na célebre derradeira frase do *Cours*: *"a linguística tem por único e verdadeiro objeto a língua considerada em si mesma e por si mesma"*:[35] a língua, diz ele, não a fala. Entretanto, malgrado todas as objeções que se podem apontar à interpretação de Merleau-Ponty, malgrado o fato de que não há uma linguística da fala em Saussure, a aproximação entre fala e sincronia é feita pelo próprio linguista, pois, em última instância, "só os fatos sincrônicos são acessíveis à consciência do locutor".[36] Para este, a sucessão dos fatos de língua "não existe: ele se acha diante de um estado",[37] de modo que a fala opera inteiramente no espaço da sincronia. Mais ainda: o método da sincronia consistirá em recolher o testemunho dos falantes: "a sincronia conhece somente uma perspectiva, a dos sujeitos falantes, e todo seu método consiste em recolher-lhes o testemunho; para saber em que medida uma coisa é uma realidade, será necessário e suficiente averiguar em que medida ela existe para a consciência de tais sujeitos".[38] Mas, então, se a sincronia só é acessível pela fala, por que distingui-las ainda? Entretanto, como não as distinguir, se elas não se recobrem? Saussure reconhece que, na fala, "se acha o germe de todas as modificações",[39] mas nem todas as inovações da fala, nem todo "fato de fala" torna-se "fato de língua":[40] ele pode ainda permanecer individual e não se institucionalizar na língua: "o que estudamos é a língua; [as inovações da fala] entram em nosso campo de observação apenas no momento em que a cole-

---

35 Ibidem, p.317, 271.
36 Gadet, Françoise. *Saussure. Une science du langage*. Coll. Philosophies, PUF, 1990, p.56.
37 Saussure, op. cit., p.117, 97.
38 Ibidem, p.128, 106.
39 Ibidem, p.139, 115.
40 Ibidem, p.138, 115.

Razão e experiência: ensaio sobre Merleau-Ponty

tividade as acolhe".[41] Assim, só vai interessar ao linguista o idioma já constituído: o único objeto real da linguística é a vida normal e regular de um idioma já constituído".[42] Isso só se alcança se o linguista desviar o olhar da fala para a língua. A fala é descrita por Saussure segundo o velho modelo da psicologia analítica: há um fenômeno *psíquico*, que é a origem da fala no cérebro (dado conceito suscita o significante correspondente), um processo *fisiológico* (o cérebro transmite aos órgãos de fonação um impulso correlato) e um processo *físico* (as ondas sonoras se propagam da boca do falante até o ouvinte). Mas isso tem que ser posto de lado, se se quer estudar a língua, pois, embora seja a prática da fala que constitui o "tesouro" que é a língua, esta é contudo passível de ser estudada separadamente, já que é perfeitamente distinta da fala, um sistema independente do indivíduo. Os órgãos vocais, por exemplo, a fonação, em nada afetam o sistema que é a língua, do mesmo modo que uma sinfonia "independe da maneira pela qual é executada".[43] Todo o segredo reside nisto: em apreender a língua nela mesma, como um sistema autônomo de signos, e fazer do problema linguístico um problema, antes de tudo, semiológico.[44] Eis a razão pela qual Saussure afasta a fala do escopo da linguística: porque ela transcende a semiologia. Por outro lado, a distinção que se estabelece entre língua e fala não pode ignorar que as duas se implicam mutuamente, pois a língua é, a um só tempo, "o instrumento e o produto da fala".[45] É apenas pela língua que a fala é inteligível e é apenas pela fala que a língua se estabelece. Essa interdependência, contudo, não é da mesma ordem que o mútuo envolvimento indicado por Merleau--Ponty. E a razão básica reside no fato de que Saussure realiza um

---

41 Ibidem, p.138, 115.
42 Ibidem, p.105, 86.
43 Ibidem, p.36, 26.
44 Ibidem, p.34, 25.
45 Ibidem, p.37, 27.

corte entre elas a fim de desenvolver apenas uma *ciência dos signos*, enquanto Merleau-Ponty as mantêm intimamente ligadas porque está preocupado sobretudo com a *gênese do sentido*, e apenas por isso ele vai desenvolver não uma semiologia, mas uma *fenomenologia da fala*. Daí por que o sujeito, que, em Saussure, é expulso da semiologia junto com a fala, torna-se fundamental em Merleau-Ponty. Mas, que sujeito é esse que deve, malgrado sua presença, preservar a autonomia do sistema linguístico? E mais: o que será finalmente a fenomenologia da fala?

VI

A fala é sincrônica, e agora isso significará: ela é aberta, por isso a contingência a invade, e é a origem da transformação dessa contingência em necessidade. São esses os elementos que surgem da leitura merleau-pontiana de Saussure, e respondem, antes de mais nada, a um projeto distinto do da linguística. Mas nada disso é ainda a fenomenologia, que pretende ser, antes de mais nada, a descrição de uma experiência vivida. O que resulta dessa leitura é antes uma "tarefa" (S, 108) a realizar. Assim, depois desse momento crítico, em *Sur la phénoménologie du langage*, Merleau-Ponty recomeça: "voltando à língua falada ou viva..." (S, 110), quer dizer, "voltando à experiência da fala..." Dá-se o mesmo em *La prose du monde*: depois de ter mostrado o mérito de Saussure em superar o objetivismo, Merleau-Ponty afirma: "resta compreender o sentido sincrônico da linguagem" (PM, 37), ou, se se quiser, "resta compreender a fala sincrônica". E como isso será feito? De início, de maneira análoga à passagem à fenomenologia da percepção. Com efeito, antes de operar a reflexão e descrever a percepção efetiva, Merleau-Ponty se viu na necessidade de mostrar *o que exigia o recuo* a tal experiência, lá na Introdução à *Fenomenologia...* Era o que ele denominava o "retorno aos fenômenos".

Esse retorno se estabelecia pela crítica a um prejuízo clássico,[46] crítica que novamente aparece aqui. Vejamos como.

O filósofo que pretende traçar uma gramática universal e crê apontar todas as formas de significação possível esquece, segundo a crítica merleau-pontiana, que essa lista traz a marca da língua que ele, filósofo, fala: ele termina por pressupor, ingenuamente, que sua língua segue "as articulações mesmas do ser" (PM, 38). A objeção a esse dogmatismo, avalizada pela linguística, é feita em nome da língua em seu "uso vivo" (PM, 39). Ora, justamente por isso, essa objeção deve se estender para além da pretensão do filósofo, que crê encontrar elementos comuns a *todas* as línguas, e alcançar também a pretensão de sistematizar os procedimentos de *uma* língua (PM, 39). Pois, enfim, se se trata de mostrar a irredutibilidade da língua viva, tal irredutibilidade se afirma contra toda sistematização exaustiva. Pode-se, evidentemente, repetir o mote clássico e lançar um anátema sobre a experiência, sobre a língua em seu "uso vivo", sempre envolvida por contingências, desordens etc.; mas então, também aqui, e mais uma vez, o classicismo põe a nu seus prejuízos, pois esse anátema e aquela sistematização se fazem ao preço de se supor uma pura relação de denotação entre signos e significados, como se, a cada elemento, a cada signo, devesse corresponder uma significação, como se se pudesse isolar tal relação: só assim poder-se-ia sistematizar uma língua, apreendê-la na integralidade. Mas é justamente essa tábua de correspondência que será confrontada pela experiência da fala, isto é, pelo corte sincrônico da língua — do mesmo modo que, na Introdução à *Fenomenologia...*, a construção da percepção peça por peça era confrontada pela percepção efetiva. A percepção não é a soma de elementos que correspondem, um a um, a eventos externos, tal como a língua não é a soma de termos elementares que designam, um a um, coisas e ideias. Ora, esse mesmo prejuízo já fora

---

46 Cf. supra, cap. 1, XIV e XV.

apontado por Saussure no momento em que ele considerava a tese de que a língua é, essencialmente, uma *nomenclatura*, isto é, "uma lista de termos que correspondem a outras tantas coisas",[47] como se houvesse, de um lado, ideias e coisas, de outro, sua etiqueta, seu nome. Mas basta que se comparem as línguas para se desnudar o prejuízo: "onde o alemão distingue *mieten* e *vermieten*, o francês conhece apenas *louer*; o inglês *to know* é ao mesmo tempo *savoir* e *connaître*; a distinção entre *fleuve* e *rivière*, em francês, passa pelo lugar onde se lança o curso d'água (mar ou outra *rivière*), enquanto entre *river* e *stream* há uma diferença de dimensão. Que as diferentes línguas não façam o mesmo recorte (*découpage*) na realidade, que se trate de um recorte feito sobre uma realidade que não o impõe em sua matéria, é o que aparece de maneira nítida com estes poucos exemplos: o real da água que escoa não manifesta nem *fleuve/rivière* nem *river/stream*..."[48] Não há um dado prévio que a língua apenas nomeie, por isso a língua não é uma nomenclatura, isto é, um laço entre uma coisa e um nome. Essa recusa acarreta a ruptura com o padrão clássico, que se interrogava sobretudo pela relação entre língua e realidade, portanto a ruptura com o debate entre naturalistas e convencionalistas: a língua não é natural nem convencional, já que, em ambos os casos, a questão gira em torno de um laço com a realidade, quer dizer, a questão é marcada pela pressuposição de uma tábua de correspondência. O que importa aqui, a princípio, é afastar essa realidade bruta, esse ser já dado, que seria então nomeado: não é a realidade que impõe que "uma fronteira de sentido venha se passar justamente entre *fleuve* e *rivière*: é o recorte linguístico que os cria",[49] o que a comparação com o par inglês *river/stream* bem o ilustra. Mas, e aqui se ressalta o segundo aspecto da crítica, se já não é a realidade que impõe um recorte à língua, mas é a própria língua que o cria,

---

47 Saussure, op. cit., p.97, 79.
48 Gadet, op. cit., p.34.
49 Gadet, op. cit., p.40.

então, como a linguística sincrônica o mostra, o laço entre significante e significado (significado que já não é um ser dado) se fundamenta em uma relação entre significantes, de tal modo que já não há um laço independente e exclusivo de significante a significado. Por isso, a língua não apenas deixa de ser aquela nomenclatura, mas deixa de ser também uma simples soma de termos elementares. Merleau-Ponty o confirma: "a *expressão* não é ordenada, ponto a ponto, ao exprimido; cada um de seus elementos só se precisa e recebe a existência linguística pelo que recebe dos outros e pela modulação que imprime a todos os outros. É o todo que tem um sentido, não cada parte" (PM, 41).

Ora, é essa mesma crítica que Merleau-Ponty retoma no momento em que considera a necessidade do "retorno aos fenômenos" − mesma crítica, só que, dessa vez, com uma variante propriamente fenomenológica. Se a um francês a expressão "l'homme que j'aime" exprime mais completamente que a expressão inglesa "the man I love", é porque ele supõe um texto original, um modelo, de que a sua língua natal é a tradução exata. Só assim ele pode apontar a falta do relativo no inglês, a ausência de um signo, um "subentendido". Esse texto, evidentemente, é supralinguístico, é um texto em si, independente e anterior a sua língua. Mas ele carrega as marcas da língua materna, a tal ponto que apenas ela o verte integralmente. Daí a ilusão de que ela capta "em suas formas as coisas mesmas, e que toda outra língua, se quiser também alcançá-las, deve usar, ao menos tacitamente, instrumentos de mesmo tipo" (S, 55). Certamente, trata-se aqui do mesmo prejuízo segundo o qual a língua deve corresponder a um dado prévio − aqui, um texto original − e a expressão deve ordenar-se, ponto a ponto, a esse texto − quando, em verdade, é a própria língua que o cria. Dessa vez, contudo, Merleau-Ponty acrescenta outro aspecto a esse prejuízo, que importa de perto à fenomenologia: exprimir não é apenas traduzir, mas traduzir *integralmente*, quer dizer, ajustar, "a cada elemento do sentido, um elemento do discurso", colocar "cada palavra em cada pensamento" (S, 55), "*todo meu pensamento em palavras*" (PM, 42), de tal modo que o prejuízo da correspondência revela ser também o prejuízo da adequação, da expressão total, completa. Esse aspecto do prejuízo já aparecia lá na Introdução à *Fenomenologia*... como o principal mote da crítica aos prejuízos clássicos, e segundo o mesmo quadro: as teorias da percepção *partiam* da ideia de um ser completo e acabado, plenamente determinado, e ajustavam suas teses a esse termo, omitindo precisamente o que interessará ao fenomenólogo, a genealogia do ser. Que ele aparecesse como uma realidade em si, para o empirismo, ou como termo imanente do conhecimento, para o intelectualismo, pouco importava: em ambos os casos, a teoria sempre lidava com um ser pleno e determinado. É o que acontece novamente aqui, dessa vez com a ideia de um texto original ao qual a expressão deve se ajustar, como antes a percepção ao ser. E em ambos os casos, trata-se sempre de abrir um "campo fenomenal" mais originário do que o do ser e do "texto original", já plenamente determinados, um campo pré-objetivo, antepredicativo, marcado pela indeterminação e, assim, capaz de responder ao projeto genealógico.[50]

Quanto à percepção, a crítica aos prejuízos clássicos se pautou pelo confronto com a percepção efetiva. Aqui, não é diretamente à fala que Merleau-Ponty confronta a tese da língua como soma de termos elementares, cujos signos correspondem a significações precisas – e a razão disso, nos parece, vem do fato de que fala, ao contrário de percepção, tem duplo sentido, fala falante e fala falada.[51] É antes a comparação entre as línguas que permite mostrar a ilusão da nomenclatura – e da adequação – e levar à fala. Há uma duplicidade da fala que torna incerto o confronto entre tese e fala. Entretanto, é bem verdade que não se pode, a essa altura, aludir a tal duplicidade, ainda não estabelecida. Daí a comparação entre as línguas, assegurada pelo fato de que, ao contrário da percepção, que é una, as línguas são múltiplas. Também Saussure se valeu da comparação, quan-

---

50 Cf. supra, Capítulo I, XV, XVI e XVII.
51 Cf. supra, Capítulo 3, III.

Razão e experiência: ensaio sobre Merleau-Ponty

do mostrou que traduzir não é simplesmente substituir um termo por outro. Merleau-Ponty segue os mesmos passos: se *"the man I love"* exprime tão completamente quanto *"l'homme que j'aime"* é porque exprimir não é buscar a adequação a um modelo, a um texto já dado; antes disso, a expressão advém, originalmente, de uma relação interna entre signos, de modo que nada falta na expressão inglesa, como não falta na francesa, por exemplo, uma desinência especial para marcar o complemento (S, 55). Ora, é aqui que se pode ver, ainda uma vez, a particularidade da leitura de Merleau-Ponty, pois, dessa relação interna entre signos, dessa expressão que cria suas próprias condições em vez de pautar-se por um modelo, o que se ressalta para ele é não apenas uma língua-sistema, mas o campo fenomenal originário. E a razão disso é simples: é que a língua se revela aqui, para Merleau-Ponty, uma língua *operante*, capaz de nos mostrar, por seu arranjo interno, a *gênese do sentido*: se os signos se perfilam uns sobre os outros, se eles remetem uns aos outros e só assim significam, então o que apreendemos nesse jogo de remissão interna é a operação que dá nascimento ao sentido – quer dizer, apreendemos uma língua que não se pauta por nenhum texto já dado e acabado, mas o compõe originariamente com seus próprios recursos, uma língua, portanto, em atividade, viva, *falante*. Não há nela signos inertes, acabados, não há termos positivos, discretos; há apenas um processo de mútua diferenciação, de oposição recíproca, uma "atividade de diferenciação originária" (PM, 47), por isso a língua é, dessa perspectiva, "menos uma soma de signos (palavras e formas gramaticais e sintáticas) que um meio metódico de discriminar signos uns dos outros" (PM, 45). Por conta dessa "operação da linguagem sobre a linguagem" (S, 55), desta "obstinada referência a si mesma" que faz despontar um sentido, a língua torna-se o que se chamaria um "poder espiritual" (S, 54), um "interior" que faz jorrar um sentido, em relação a qual a "nomenclatura estabelecida" (PM, 45), os signos discretos e inertes, aos quais se assinala uma significação correspondente e já dada, a "língua completa, tal como a registram as gramáticas e os dicionários" (S, 50), nada mais é que a língua objetivada, constituída, *sedimentada*. Mas, por baixo dessa língua derivada, há uma língua originária que a si mesma se faz, que faz brotar o sentido sem nenhum modelo prévio, que se compõe com seus próprios recursos. Merleau-Ponty encontra aqui, como sempre, a velha oposição entre o domínio da objetividade, inerte e derivada, e o da pré-objetividade, operante e fundadora: "antes que a linguagem traga as significações que ... uma vez nascidas, parecerão simplesmente coordenadas a signos inertes, é preciso que ela secrete, por seu arranjo interno, certo sentido originário a partir do qual as significações serão extraídas (*prélevées*) (PM, 44).

A crítica merleau-pontiana à nomenclatura faz aparecer então, sob a língua-objeto, uma língua operante, não de todo equivalente à sincronia saussuriana porque agora ela é fundadora. Foi por isso que se acrescentou, ao prejuízo da nomenclatura, o prejuízo da adequação: se a crítica a esse prejuízo faz ressaltar que exprimir não é adequar-se a um "texto original", mas compô-lo sem modelos, então o sentido deixa de ser dado para surgir da própria expressão; trata-se de chamar a atenção para essa expressão criadora, aquém da expressão adequada, para essa expressão originária que nos mostra o sentido nascente. É ela enfim que se buscou, desde o início, despertar e trazer à luz, é ela a *experiência efetiva* que pode nos revelar a gênese de toda significação — e, justamente porque é a origem de toda significação, ela se impõe ao olhar do fenomenólogo: eis enfim a *necessidade* do "retorno aos fenômenos". Pode-se agora, finalmente, operar a reflexão e descrever essa experiência efetiva?

VII

Vimos que na *Fenomenologia*... o tema da linguagem é secundário em relação ao tema do corpo: tratou-se aí não de discutir a fala como veículo em direção ao mundo da cultura, mas de reconhecer o enig-

Razão e experiência: ensaio sobre Merleau-Ponty

ma do corpo falante. Daí por que, para chegar à experiência da fala, Merleau-Ponty partiu das contribuições da psicologia. O tema agora é outro: trata-se de trazer à luz a experiência da linguagem enquanto ela é portadora de uma nova significação. Menos que descrever um gesto do corpo, Merleau-Ponty procura descrever a *emergência de um sentido linguageiro*. Partiu-se portanto aqui não da psicologia, mas da linguística, que tem por objeto os fenômenos de linguagem.

Certamente, isso não implica uma recusa do que nos ensinou a descrição do corpo falante. Ao contrário, tal descrição deve ser *retomada* e continuada, permitindo a passagem do universo da percepção ao universo da cultura. E a fala é essa passagem, já que é, a um só tempo, um gesto do corpo e a origem do sentido linguageiro. Quanto ao gesto, já sabemos que não implica nenhuma representação do objeto, que ele não está sob comando de um "eu penso", que, ao contrário, o corpo é dotado de uma intencionalidade original que nada deve à consciência, que ele é um "corpo-cognoscente" (PhP, 467,547).[52] Justamente por isso, o gesto que é a fala pôde ser descrito como um ato original que desenha ele mesmo o sentido, não como a tradução de um pensamento, não como a exteriorização de uma ideia: a fala, diz Merleau-Ponty, "é pregnante de uma significação que é legível na própria textura do gesto linguístico, a ponto de uma hesitação, uma alteração da voz, a escolha de uma certa sintaxe bastarem para modificá-la" (S, 111). Não há de um lado o pensamento e, de outro, uma palavra que vem revesti-lo. Ora, nós já sabíamos de tudo isso pela descrição do gesto. Agora, trata-se de perguntar, de acordo com o que nos ensinou a linguística, como se dá a emergência de um novo sentido linguageiro dessa fala pregnante.

Sabemos que a palavra, na "cadeia verbal", não é uma veste do pensamento, que, ao contrário, deve sofrer a metamorfose de que fala Paulhan, que ela deve perder seu peso e seu espaço e tornar-se pensamento. Mas essa metamorfose não implica que a palavra

---

52 Cf. PhP, 160 e ss., 190 e ss. Cf. ainda supra, Capítulo 2, V.

encarne o pensamento como se se tornasse dotada, de uma vez por todas, do *seu* sentido. Essa imanência traria uma consequência desmentida pela linguística: o valor expressivo da fala seria então "a soma dos valores expressivos que pertenceriam a cada elemento da 'cadeia verbal'" (S, 110). Entretanto, conforme vimos, o sistema sincrônico não é a simples soma de termos elementares. Assim, nem o significado é transcendente por princípio ao significante, "como o pensamento o seria em relação a índices sonoros e visuais", nem, tampouco, é imanente, como se estivesse contido nele, como se fosse *dele* (S, 53). O significante não é então um corpo puro, objetivo e pesado, desprovido de sentido, invólucro dele, nem tampouco encarna para sempre um sentido; daí por que Merleau-Ponty o define por uma *quase corporeidade* (S, 110): nem corpo inerte, nem ausência de corpo, pura significação. Quanto ao significado, que não é transcendente nem imanente ao significante, que não está em relação externa com ele nem se encarna nele, sabemos também que se compõe pelo arranjo interno entre os significantes, pela relação que os significantes mantêm entre si, de modo que o sentido advém do todo coeso não da soma das partes, justamente por isso ele é como um polo para o qual converge esse todo, uma ideia, "no sentido kantiano", que imanta o discurso: "se finalmente a fala quer dizer e diz alguma coisa não é porque cada signo veicule uma significação que lhe pertenceria, é porque todos eles, conjuntamente, fazem alusão a uma significação sempre em *sursis*, quando os consideramos um a um, e rumo a qual eu os ultrapasso sem que eles nunca a contenham" (S, 110). Certamente, Merleau-Ponty refere-se aqui à fala, quando Saussure referia-se, ao tratar da sincronia, à língua. Saussure recusa-se, por exemplo, a tratar a frase como uma "unidade linguística",[53] justamente porque ela "pertence à fala não à língua".[54] Merleau-Ponty, por sua vez, ao referir-se a um todo coeso, refere-se precisamente à

---

53 Saussure, op. cit., p.148, 123.
54 Saussure, op. cit., p.172, 144.

Razão e experiência: ensaio sobre Merleau-Ponty

fala. É verdade que por "fala" ele inclui bem mais do que a simples vociferação; a literatura, por exemplo, é uma "fala literária" (PM, 23), há a "fala científica", a "fala prosaica" (PhP, 448, 523), a "fala instituinte" na matemática (PM, 170) etc., de modo que esse termo parece incluir antes toda operação expressiva que se serve da língua, e não por outra razão Merleau-Ponty usa, indistintamente, o termo "fala" ou "linguagem falante" (PM, 17). O que marca aqui a diferença é, ainda uma vez, o interesse do filósofo em descrever uma operação criadora. Assim, o todo falante, criador, é, para ele, menos uma língua que uma expressão.

Daí por que o sentido torna-se em Merleau-Ponty o polo que imanta essa expressão, uma ideia kantiana. E, como tal, ele *não está contido* na expressão; ele é uma transcendência, embora não uma transcendência real, por isso todo esforço para fechá-lo em nossa mão está condenado ao fracasso, deixando entre nossos dedos apenas "um pouco de material verbal" (S, 111), isto é, signos já destacados dos significados. A relação de transcendência entre fala e sentido é a mesma que já encontrávamos na percepção, em relação à coisa percebida, e se lá isso implicava que a coisa percebida era para nós inesgotável, jamais inteiramente dada, oferecendo-se "a uma inspeção que nenhum tempo podia terminar", também aqui acontece o mesmo: o expresso não é jamais completamente expresso (PM, 52), ele é antes um regulador da expressão, sempre um pouco além de nós mesmos. E isso simplesmente porque ele não é uma significação já dada, da ordem do conceito, definido e determinado, mas uma significação em curso, fazendo-se pelo comércio das próprias palavras, sem um texto para se guiar. É por isso que minha fala me surpreende e me ensina meu pensamento (S, 111): porque o sentido da fala não releva da consciência, do "eu penso", mas da própria linguagem. Portanto o sujeito ignora seus pensamentos enquanto não os formula para si (PhP, 206, 241), ele encontra em suas falas mais do que pensava nelas colocar (PhP, 445, 520). É a significação, enfim, que anima a fala, "como o mundo anima meu corpo" (S, 112), quer dizer, ela é transcendente, não possuída pelo sujeito falante; a significação não é nada de "interior", do mesmo modo que o mundo não é um termo imanente de uma consciência, da mesma maneira que não há uma significação "mundo" posta por essa consciência. Perceber e falar são análogos: não atos originários ou constituintes, mas solicitados ou motivados: é o mundo que "desperta" em mim certa intenção motora, é ele que "me convida" a uma síntese (PhP, 366-7, 425-6), assim como uma significação linguageira desperta minha fala. Mas então o sujeito falante — no sentido de que agora tratamos — será como o sujeito de percepção: um corpo capaz de responder aos apelos que a cultura e o mundo lhe dirigem. Ele nada produz, ele apenas se abre (ou se fecha) à solicitação, apenas tateia em torno da intenção de significar e as palavras saem dele como os gestos, como se elas lhe fossem arrancadas pelo que ele quer dizer, assim como seus gestos pelo que ele quer fazer (S, 94; PM, 122). A esse propósito, Merleau-Ponty conta que gravaram Matisse no trabalho, e o pintor, ao ver-se em câmera lenta, teria se emocionado com o resultado:

> o mesmo pincel que, visto a olho nu, saltava de um ato a outro, podia-se vê-la meditar, em um tempo dilatado e solene, em uma iminência de começo do mundo, tentar dez movimentos possíveis, dançar diante da tela, roçá-la várias vezes, e por fim abater-se como um raio sobre o único traçado necessário (S, 57; PM, 62).

A câmera lenta criou uma situação artificial, diz Merleau-Ponty, e por isso ela acaba por fazer de Matisse um Deus leibniziano que teria escolhido, entre todos os traçados possíveis, o traçado necessário, e resolvido um imenso problema de máximo e de mínimo. Mas não houve escolha alguma, se por isso se entende que ele teve diante de si, "com o olhar do espírito", um conjunto de gestos possíveis, e então escolheu. Essa análise é retrospectiva, facilitada pela câmera lenta, que congela em um quadro uma infinidade de possíveis e vê Matisse a contemplá-la e a escolher. Mas Matisse "não é um demiurgo, ele é um homem ... [ele] está instalado em um tempo e em uma visão de homem", não em um ponto fixo de estação no qual lhe seria dado ver um conjunto de mundos possíveis. O que ele tinha diante de si era apenas um "conjunto aberto" (S, 57), "atual e virtual" (PM, 63), que reclamava a pincelada para que o quadro se tornasse enfim "o que ele estava em vias de se tornar" (S, 57; PM, 63). A hesitação, a meditação e, por fim, o traço realizado não obedeceram a condições formuláveis, mas apenas à intenção de fazer *este quadro que ainda não existia* (S, 58; PM, 64). A diferença aqui está entre uma escolha assentada na representação temática do conjunto dos possíveis, facultada a um demiurgo, e uma escolha em situação, na qual o sujeito tem diante de si um conjunto aberto, em vias de se realizar, de modo que cada ato é antes arrancado por esse conjunto do que escolhido em plena transparência. A criação não remete a um sujeito que seria a origem absoluta da obra ou do sentido; é antes a própria obra ou o sentido que solicitam ao sujeito os gestos necessários para que eles venham a ser. É o que permite a Merleau-Ponty afirmar que a expressão, não o sujeito, é *espontânea*, livre de restrições: aqui, é o sujeito que segue o curso da expressão, como se estivesse investido e envolvido por ela, não o inverso. Aparentemente, também já era assim que a *Fenomenologia*... descrevia a percepção, embora Merleau-Ponty não tivesse chegado ali ao ponto de descrever esse fenômeno de "inversão" (*renversement*) (S, 114; 118), em que o sujeito parece agora espectador de um espetáculo que o arrasta consigo. O que é essa inversão, que leva Merleau-Ponty a tomar a expressão como espontânea?

VIII

Já sabemos que não há operação expressiva sem um solo sobre o qual ela possa se assentar, sem um passado que lhe dê sustentação. No caso em tela, não há fala sem língua. É verdade que, ao apontar a metamorfose da palavra na expressão, parece que já apontamos a retomada desse solo, desse passado sedimentado, assim como, inversamente, ao apontar o estatuto do significado, mostramos a expressão voltada para o porvir, que é aqui o sentido transcendente. Dir-se-ia que o modelo se repete: em todos os níveis, trata-se sempre de descrever uma operação atual que retoma o passado, nele se assentando, e é dominada à distância por uma significação em curso, transcendente, "como as marés pela lua" (S, 55). Teríamos mostrado então o que Merleau-Ponty entende por fala expressiva. De fato, ele diz, na *Fenomenologia*...:

> exprimir ... é assegurar-se, pelo emprego de palavras já usadas, de que a intenção nova retoma a herança do passado, é com um só gesto incorporar o passado ao presente e soldar esse presente a um futuro" (PhP, 449-50, 525).[55]

Com efeito, foi essa a descrição que fizemos aqui − exceto pela inversão que a expressão espontânea acarreta. Verdade que no momento de descrever a percepção, na *Fenomenologia*..., Merleau-Ponty observa que o sentido da coisa "se constrói sob nossos olhos", pela "organização de seus aspectos sensíveis" (PhP, 373, 433), como uma linguagem em que a significação é "secretada pela própria estrutura dos signos" (PhP, 369, 428), como se vislumbrasse ali uma expressão espontânea, de tal modo que eu sou antes conduzido por ela, dizendo "aquilo que os fenômenos querem dizer de si mesmos" (PhP, 305, 356), do que sou dela o autor, como se a constituísse e a possuís-

---

55 É verdade que a *Fenomenologia*... não fez essa descrição; ela não se ocupou, como vimos, em mostrar a gênese da significação linguística. Ela se limitou a especificar o *gesto linguístico*, "excesso de nossa existência por sobre o ser natural" (PhP, 229, 267), gesto que produz um sentido "que não pode ser definido por nenhum objeto natural" (PhP, 229, 266), o que equivale a dizer que tal gesto produz um novo *mundo*, uma paisagem mental. É por essa razão que o sentido produzido pela fala parece libertar-se de todo signo e existir para si; a fala, já dizia Merleau-Ponty, tem a peculiaridade de instalar em nós "a ideia de verdade como limite presuntivo de seu esforço" (PhP, 221, 258) − a ideia de verdade, isto é, a ideia de um pensamento sem fala, de uma pura significação destacada de todo signo.

Razão e experiência: ensaio sobre Merleau-Ponty

se. Mas também é verdade, por outro lado, que, menos que fazer dessa "linguagem que se ensina a si mesma" (PhP, 369, 428; 209, 244) uma espontaneidade, Merleau-Ponty procura antes mostrar que tal mundo dotado de sentido autóctone requer, ainda assim, a mediação do corpo, quer dizer, ele procura antes resolver a aparente quadratura do círculo que é um mundo em si e para nós,[56] como se a posição do sujeito não admitisse aquela inversão. Vejamos isso mais de perto.

Eu exprimo, diz Merleau-Ponty, quando, utilizando todos os instrumentos já falantes (instrumentos morfológicos, sintáticos, lexicais, gêneros literários, tipos de narrativa etc.)[57], "os faço dizer alguma coisa que eles jamais disseram" (S, 113). Sentido novo, portanto, que deve *surpreender* o leitor: é que o leitor começará por dar às palavras que lê o sentido ordinário, "comum", que afinal traz consigo, até que, aos poucos, se verá como se estivesse envolvido por uma "fala", sendo levado a um sentido que ele não esperava. O alvo aqui é Sartre e seu *Que é literatura?*, de 1947, texto que, segundo testemunho de Lefort, teria causado "profunda impressão" em Merleau-Ponty, e teria confirmado o filósofo "em sua intenção de tratar dos problemas da expressão" (PM, VII). De fato, além de Husserl e Saussure, Sartre parece ser a outra referência básica de Merleau-Ponty. *La prose du monde*, rascunho de *Le langage indirect et les voix du silence* (texto que veio a ser dedicado a Sartre), redigido entre 1951 e 1952, começa justamente por discutir *Que é literatura?*, em trecho que, curiosamente, *não* foi aproveitado por Merleau-Ponty em *Le langage indirect*, quer dizer, não foi publicado em vida pelo filósofo. Aí, Merleau-Ponty procura apontar a unilateralidade da perspectiva sartriana, que o faz perder justamente o momento da expressão. Assim, Merleau-Ponty começa observando que, de fato, eu posso experimentar, pela leitura, o sentimento de ter criado o livro de parte a parte, como pretende Sartre; afinal, fui eu que animei

---

56 Cf. supra, Capítulo 4, V e VI.
57 Por ora, detenhamo-nos na fala literária. Voltaremos depois ao diálogo, no momento de discutir a intersubjetividade.

esses traços negros postos sobre o papel, fui eu que os fiz viver e dizer alguma coisa, foi meu olhar que os sustentou, que fez "pegar" a leitura, como se diz que o fogo pega (PM, 17-18). Entretanto, esse livro de que gosto, "eu não teria podido fazê-lo" e ele não me interessaria tanto se me falasse "apenas do que já sei" (PM, 18). Se é verdade que meu olhar sustentou as palavras inertes sobre o papel, é verdade também que esse gesto me trouxe mais do que levei, de modo que o mesmo gesto que dá também recebe, como acontece quando o fogo pega: quando aproximo o fósforo de um pequeno pedaço de papel, este responde ao meu gesto, como se o fósforo fosse apenas "um apelo do semelhante ao qual o semelhante responde fora de qualquer medida" (PM, 18). Não crio o livro, não sou a fonte do seu sentido; posso experimentar apenas o sentimento de *tê-lo criado*, sensação *a posteriori*: só depois, quando a obra tiver sido compreendida e se acrescentar a minha experiência, quando ela se tornar adquirida, poderei enfim vangloriar-me, retrospectivamente, de tê-la compreendido a partir do meu sistema de pensamentos (PM, 20-21). Mas, *durante* a leitura, passou-se outra coisa: se, de fato, no início, eu trouxe comigo uma massa de signos e significações comuns, aos poucos, insensivelmente, o autor "desviou os signos de seu sentido ordinário, e eles me arrastaram como um turbilhão para este outro sentido que eu ia alcançar" (PM, 19). O momento da expressão é este: quando a relação se inverte e "o livro toma posse do leitor" (PM, 20). Eu, que trazia comigo signos e significações comuns ao autor e a mim, que me remetiam ao mundo de todos, vejo agora que eles funcionam como os emissários do mundo do autor, vejo-me agora instalado em seu mundo, em cujas mãos aquelas palavras sofreram uma "torsão secreta" (PM, 19), uma "deformação coerente" (S, 114): "eu sei, antes de ler Stendhal, o que é um canalha e posso portanto compreender o que ele quer dizer quando escreve que o fiscal Rossi é um canalha. Mas, quando o fiscal Rossi começa a viver, não é mais ele que é um canalha, é o canalha que é um fiscal Rossi" (PM, 19). Stendhal, instalando-se em meu mundo pela familiaridade das palavras, soube

Razão e experiência: ensaio sobre Merleau-Ponty

levar-me até o seu e induzir em mim seu pensamento. De modo que a realeza do leitor é puramente imaginária: é o movimento do seu olhar que carrega e sustenta as palavras postas sobre o papel, mas esse movimento torna-se sustentado e carregado por sua vez por uma fala expressiva que o conduz a um sentido inédito, inesperado. É como se entre nosso olhar e as palavras se estabelecesse a dupla do cego e do paralítico (PM, 17): aquele, cego do sentido que vai nascer, conduz esse último que, por sua vez, e em verdade, indica o caminho e conduz aquele, até fazê-la ver o que ele desconhecia.[58]

Seria preciso observar a Sartre, portanto, que o que traz o leitor é da ordem do adquirido, da significação já disponível, da linguagem já falada, e assim, se se concede realeza ao leitor, se se concede criação ao leitor, o que se perde é justamente o momento da expressão, aquele em que ocorre a inversão e o leitor é descentrado. É por isso que

---

58 Convém nuançar aqui a tese sartriana de que a leitura é uma criação de parte a parte. Ao tratar da *percepção*, Sartre deixa claro que a consciência é apenas desvelante, não produtora. O desvelamento instaura a ordem do fenômeno, o mundo das relações, mas não constitui o ser, que é em si. Somos desvelantes, porém inessenciais em relação à coisa desvelada. Na *criação* artística, por outro lado, passamos à condição de essenciais por relação ao objeto. Mas, então, a situação se inverte e é o "objeto" criado que se torna inessencial. A razão é simples: é que falta a esse "objeto" ... a objetividade. Ao criador, evidentemente, o objeto criado parece sempre em *sursis*: ele pode sempre mudar esta linha, aquela mancha, essa palavra. Trata-se aqui, claro, da criação artística, não da criação de nenhum instrumento: nesse caso, fabrica-se segundo normas tradicionais, com instrumentos cujo uso é codificado; a criação artística, por sua vez, é total: produzimos nós mesmos as regras de produção, as medidas e os critérios; por isso, em nossa obra, não encontramos jamais senão nós mesmos, daí por que ela não passa jamais à condição de objeto: se tentarmos percebê-la, repetiremos as operações pelas quais a criamos. Um sapateiro pode calçar os sapatos que fabrica, um escritor não pode ler jamais seu próprio livro: é que ler implica espera, previsão, futuro, ignorância e, sem isso, não pode haver objetividade. Essa é a razão profunda pela qual a criação é um momento incompleto e abstrato, que só se perfaz com a participação de outrem: só a *leitura*, na teoria sartriana, fará a obra surgir como objeto concreto, só na leitura a criação encontra seu acabamento. Por isso, a leitura realiza a síntese da percepção e da criação, afirmando, a um só tempo, a essencialidade do objeto e do sujeito. Sem o sujeito, a obra nem mesmo existe como tal; ele não apenas a desvela, como a percepção o faz em relação ao mundo, mas ele faz que ela *seja*, portanto a produz – mas, e aqui está a especificidade da arte, ele a produz *apenas como objeto estético*, o que em Sartre quer dizer um objeto imaginário: não é a percepção do espectador que produz o objeto, é a imaginação: enquanto o ator for *percebido*, quer dizer, enquanto ele for correlato de um ato realizante, não apreenderemos Hamlet; é preciso uma conversão de atitude: o real deve se converter em um suporte, em um *analogon* de um objeto irreal, dado apenas à

313

durante a leitura não tenho o sentimento de criar o livro; esse sentimento só pode vir *a posteriori*, quando sua linguagem tiver se tornado
adquirida por nós. Sartre supõe realizado o passo da expressão, o
que, precisamente, está em foco. Com isso, em vez de recuar ao
ponto em que o sentido se faz, o supõe já dado, põe a linguagem "antes da linguagem" (PM, 22) e se mostra, assim, também vítima do
pensamento objetivo, e esse ponto é o fundo de silêncio que precede
a fala (PM, 64), é a situação do criador, quando a significação *ainda*
não está instituída (PM, 82). Talvez, justamente para melhor marcar
sua diferença com Sartre e assinalar a unilateralidade da perspectiva
sartriana, Merleau-Ponty tenha denominado essa operação expres-

---

imaginação: "enquanto considerarmos a tela e o quadro por si mesmos, o objeto estético
'Carlos VIII' não aparecerá. Não é que ele esteja escondido pelo quadro, é que ele não pode
se dar a uma consciência realizante. Ele aparecerá no momento em que a consciência, operando uma conversão radical ..., se consituir a si mesma como imaginante" (*L'Imaginaire*,
p.362). Hamlet aparecerá quando o ator, seus gestos, suas palavras, seus choros, forem
apreendidos como *analoga* de gestos e choros irreais, quando o ator, enfim, se irrealizar
em seu personagem. Essa é a essencialidade do sujeito, que produz com a imaginação,
que produz objetos imaginários. Mas não é só o sujeito, também o objeto guarda sua
essencialidade: ele impõe suas estruturas próprias, ele é transcendente, de tal modo que,
se ler é criar, então a leitura é criação dirigida. Ora, isso não basta para recusar a leitura de
Merleau-Ponty, de que o leitor sartriano criaria a obra de parte a parte? De fato, não, pois
a transcendência a que se refere Sartre não é a da lógica interna da obra que se volta para
o leitor e o domina, conduzindo-o. Fora da leitura, Sartre o diz, há apenas traços negros
sobre o papel, há apenas signos verbais, reais, a partir dos quais a leitura vai constituir
um objeto estético, irreal: o objeto literário, ainda que se realize por *meio* da linguagem,
não é jamais *dado* na linguagem, ele não tem outra substância além da subjetividade do
leitor: a espera de Raskolnikov é *minha* espera, que eu lhe empresto; sem a impaciência
do leitor, haveria apenas signos languescentes: a obra, Sartre arremata, existe apenas no
nível exato das capacidades do leitor. Nesse caso, por que ainda falar em essencialidade do
objeto? É que, diferentemente de Kant, Sartre não opera uma redução do real ao elemento *irredutivelmente subjetivo*, àquilo que, nas representações, não pode vir a ser conhecimento e se impõe apenas por sua presença, não pelo conteúdo que se anuncia nela. Em
Sartre, *não abandonamos a esfera da objetividade*; se há, também nele, uma redução que
neutraliza o real, trata-se de uma redução *imaginante*, que converte uma tela real, um ator
real, em *analoga* de objetos irreais: aqui, a inibição do interesse pelo real não nos leva ao
"inteiramente subjetivo", Por isso, Sartre recusa a "finalidade sem fim" de Kant, isto é, o
exercício de uma finalidade meramente subjetiva: seria esquecer, diz Sartre, que a imaginação do espectador não tem função apenas reguladora, mas *constitutiva*; ela não joga apenas, ela é chamada a recompor o objeto belo para além dos traços deixados pelo artista. A
imaginação não pode fruir de si mesma, ela está sempre fora, sempre engajada em um
empreendimento, diz ele. Por isso mesmo, o objeto guarda ainda sua essencialidade,
embora o sujeito desempenhe um papel constitutivo. Ver *Que é literatura?*, p.49-60.

Razão e experiência: ensaio sobre Merleau-Ponty

siva uma *espontaneidade ensinante*, como se retirasse a espontaneidade da consciência, conceito que fez fortuna na pena sartriana, para
conferi-la, em novo contexto, à expressão: "há em toda expressão",
diz Merleau-Ponty, "uma espontaneidade que não segue instruções"
(S, 94; PM, 122). A diferença melhor se ressalta pelo adjetivo *ensinante*
(*enseignante*) (S, 118; 121): com efeito, é a fala expressiva, fala falante,
que pode trazer o novo, ultrapassando as premissas e os sedimentos
que a consciência traz consigo, da ordem da fala falada, adquirida, já
conhecida. Se é dada à consciência o papel de *Sinngebung*, não saímos
da ordem do já sabido e ela nada aprende, com nada se surpreende,
pois em toda parte só encontra o que ela mesma já colocou. A fala
falada, a herança comum e disponível, é apenas o ponto de partida,
é o passado que a expressão retoma e "deforma coerentemente", é a
língua comum. Retomando esse passado, a expressão vai dominá-lo,
a fala vai dominar a língua, e o sentido novo virá à luz, por uma espécie de *astúcia* da expressão, que esposa as significações disponíveis
apenas "para lhes infundir uma nova vida" (S, 115; PM, 21). A ordem
da espontaneidade ensinante não é um privilégio – esse é o ponto
a observar – da fala. Essa inversão, em que as funções da intencionalidade e do objeto intencional permutam-se paradoxalmente (S,
118), em que o sujeito parece se tornar um espectador, encontra-se
em toda operação expressiva, e, sobretudo, de modo mais claro, mas
não diferente, na experiência de outrem (S, 114; 117), de que falaremos a seguir. De modo que Merleau-Ponty a vê agora como própria
também à percepção, no sentido exato em que as consequências da
percepção, como as da fala, "passam sempre suas premissas" (S,
114). A *Fenomenologia...* já afirmava que "a expressão é a linguagem
da coisa mesma e nasce de sua configuração" (PhP, 372, 432), em
vez de ser dada por um sujeito que a criaria de uma ponta a outra,
mas não há ali a inversão, o descentramento do sujeito. Antes de
aprofundar a distinção (não entre linguagem e percepção, mas entre
os anos 1950 e a *Fenomenologia...*), vejamos um novo e último aspecto da expressão – até porque tal distinção só se revelará com toda

clareza no momento em que passarmos ao tema da intersubjetividade. Antes, portanto, consideremos um novo aspecto da fenomenologia da linguagem.

IX

Vimos que a oposição saussuriana entre diacronia e sincronia é tomada por Merleau-Ponty como uma oposição entre língua e fala. O sistema sincrônico de Saussure, marcado pelo primado do todo sobre as partes, torna-se, na pena de Merleau-Ponty, um sistema operante e criador. Justamente por isso, surge o problema da unidade desse sistema porque, sendo a criação uma operação concreta, apenas alguns elementos desse sistema aparecem na operação. Daí a questão de saber como se dá a relação entre essa parte e o todo, além disso, o que é esse todo, já que ele não é mais a língua exposta ao olhar do cientista segundo a perspectiva da coexistência. O duplo envolvimento entre sincronia e diacronia, imposto por Merleau-Ponty, nos mostrou que o sistema sincrônico não é um sistema em ato, que ele é aberto e temporal, de tal modo que a contingência possa invadi-lo e ele se alterar. Mas, ali, tratava-se apenas, para nós, de mostrar como Merleau-Ponty preparava o terreno para uma fenomenologia da fala, distinta de uma semiologia porque visa a dar conta da gênese do sentido – o que vai distingui-la também de uma psicologia, de uma ciência da experiência da língua, e torná-la uma autêntica ontologia (S, 108), como veremos a seguir. Agora, contudo, que se trata de descrever essa experiência fundadora, é preciso mostrar, efetivamente, a relação entre a parte e o todo e o significado desse sistema aberto. Saussure mostrou que a língua é um sistema em que não há termos positivos e discretos, que, ao contrário, há aí apenas diferenças sem termos primitivos, que é de um jogo de oposição recíproca entre os significantes que advém o significado. Assim, como diz Merleau-Ponty, é "a ligação lateral de signo a signo [o] funda-

Razão e experiência: ensaio sobre Merleau-Ponty

mento de uma relação final do signo ao sentido" (S, 51). Mas, para Merleau-Ponty, essa é a língua em atividade, a língua operante, *falante*; por isso, segundo ele, falar "não é ter à disposição um certo número de signos, mas possuir a língua como princípio de distinção" (PM, 46): na fala, o que está em jogo são precisamente os fatos sincrônicos, como, aliás, Saussure já notara.

Ora, mas então o que essa atividade de diferenciação põe a nu é que os signos que aparecem na expressão remetem uns aos outros e a outros signos, àqueles que não aparecem mas cuja "presença" é atestada por esse jogo mesmo de mútua remissão e diferenciação. Daí a conclusão de que a expressão arrasta consigo a linguagem, como "a rede traz do fundo do mar os peixes e as algas palpitantes" (PhP, X, 12), de que essa expressão está inteiramente envolvida por linguagem, de que ela, finalmente, remete ao todo da linguagem, como antes a coisa percebida remetia ao mundo, a uma *omnitudo realitatis*.[59] Mas, se a expressão é uma *pars totalis*, se toda a língua concorre para o esforço de expressão, então *toda* a língua se torna expressiva e falante: "a fala se desenrola sempre sobre fundo de fala, ela nunca é senão uma dobra no imenso tecido da fala" (S, 53). Esse todo da língua, que é então falante, são aqui os horizontes da expressão, cujos limites "são da ordem do perceptivo" (PM, 53), isto é, são indeterminados, imprecisos, como mostrara a *Fenomenologia...* a propósito da percepção (PhP, 11-2, 26-7). E como ela implica o que se encontra para além dela, a expressão "exprime tanto ... pelo que não diz quanto pelo que diz" (PM, 61-2; S, 56); como os signos não são simplesmente ajuntados mas marcam uma atividade de diferenciação, a linguagem exprime tanto "pelo que está *entre* as palavras quanto pelas próprias palavras" (PM, 61-2; S, 56). Assim, se a expressão é *pars totalis* e termina por remeter ao todo da língua, a uma *omnitudo realitatis* da qual ela é extraída, tornando-a falante, se ela exprime também pelo que não diz, pelo que está como que na "intersecção e

---

59 Cf. supra, Capítulo 3, VI.

no intervalo das palavras" (S, 53), então o todo da língua, esse "imenso tecido da fala", é, na expressão, silêncio, silêncio tão significante quanto os próprios significantes:

> o que importa não é tanto que Julien Sorel, ao saber que foi traído por Madame de Rênal, vá a Verrières e tente matá-la — é, após a notícia, o silêncio, a viagem de sonho, a certeza sem pensamentos, a resolução eterna. Ora, isso não é *dito* em nenhum lugar. Não há necessidade de 'Julien pensava', 'Julien queria'. Basta, para exprimi-lo, que Stendhal se insinue em Julien e faça aparecer, diante de nossos olhos, na velocidade da viagem, os objetos, os obstáculos, os meios, os acasos. Basta que decida narrar em uma página em vez de narrar em cinco... Stendhal ... fez como que em uma segunda vida a viagem a Verrières, segundo uma cadência de paixão seca que escolhia por ele o visível e o invisível, o que havia a dizer e a calar. A vontade de morte não está portanto em parte alguma das palavras: está entre elas, nos vãos de espaço, de tempo, de significações que elas delimitam (S, 95; PM, 124-5).

Exprime-se pelo que se diz e pelo que não se diz, pelo que se fala e pelo que se cala, pelo dizível e pelo indizível.

Ora, mas a que leva essa fenomenologia, como ela pode realizar o acordo entre ciência e filosofia?

X

Dissemos que a fenomenologia da fala se distingue tanto da linguística quanto da psicologia. Daquela primeira, porque a ela não importa notar fatos de língua, ainda que deva partir dessa notação científica. Desta última, porque não se trata para ela de justapor, à ciência da língua, a nossa experiência da língua. Diferentemente de ambas, a fenomenologia se interessa pela gênese do sentido; no caso em tela, pela gênese do sentido linguístico, o que faz da fala mais que

Razão e experiência: ensaio sobre Merleau-Ponty

simplesmente um gesto entre outros. A *Fenomenologia...* podia dizer que a fala é apenas um gesto entre outros, que ela significa tanto quanto qualquer outro, porque ela era visada ali como gesto *do corpo*, porque se procurava mostrar ali o enigma do corpo, e nessa medida ela era ainda uma emissão de ar sibilante, uma *flatus vocis* (PhP, 226, 263). Aqui, trata-se de visá-la como passagem ao mundo da cultura, como "veículo de nosso movimento em direção à verdade" (PM, 181). É pela fala que o sentido linguístico vem ao mundo, é ela que tece o sentido novo que vem habitar e fazer parte da paisagem das significações comuns e já disponibilizadas; ela não se guia por texto algum, por nenhuma significação já dada (não há significações dadas, há significações sedimentadas por falas anteriores que são retomadas), não é a tradução de um pensamento prévio, o que, de resto, não eludiria seu poder expressivo, porque precisaria, de todo modo, tornar-se o pensamento que ela significa.[60] A fala é então o fato último, originário, a autêntica gênese do sentido, sem que possa haver uma ideação que domine tal *praxis* (S, 116), sem que possa haver um sujeito pré-linguístico que produza, antes dela, as significações: esse sujeito move-se ainda no domínio do já falado, do já produzido e sedimentado. A fala é então uma *praxis* originária, por isso não há lugar para uma segunda redução que nos leve a uma instância de grau superior, não há lugar aqui para algo parecido a uma revolução copernicana; há, antes disso, um descentramento do sujeito, que é conduzido por uma fala que ele não domina.

Também a fenomenologia da percepção, como vimos, nos colocava diante do originário, interditando qualquer redução do *Lebenswelt*. Nessa medida, ela aparecia como algo bem diferente de uma psicologia, já que ela não era apenas a descrição de uma camada de expe-

---

60 Merleau-Ponty usa esse argumento na *Fenomenologia...* e em *Sobre a fenomenologia da linguagem*. Diz-se que a fala transfigura o corpo, afirma ele, mas só se vai ao pomo de dizer que ela manifesta outra potência, o pensamento ou a alma. Não se vê que, para isso, ele deve tornar-se o pensamento que significa (PhP, 230, 267). Ou ainda: o duplo inteligível sobre o qual se tenta fundar as significações não nos dispensa de compreender como nosso aparelho de conhecimento se dilata até compreender isso que ele não contém (S, 119).

riências pré-lógicas ou mágicas, mas nos revelava o fundo que torna possível o conhecimento (PhP, 419, 489). É verdade que foi necessário legitimar essa relação de fundante a fundado, mostrando que as objetividades acerca das quais nos fala o conhecimento objetivo encontram sua gênese no mundo pré-objetivo, no *Lebenswelt*: não basta descrever o mundo vivido, mostrando que a toda objetividade subjaz uma história esquecida, que o ser pleno e determinado de que nos fala a ciência é já algo tardio, que por baixo dele se descortina uma atmosfera de indeterminação, que é necessário lançar uma luz sobre esse fundo obscurecido e silenciado; mais que isso, foi necessário mostrar que tal fundo é *autonomamente* fundante, genético, portanto não se pode ir além dele. Só assim a descrição do *Lebenswelt* se constituiu de direito como filosofia primeira. Passa-se o mesmo aqui, no retorno da linguagem objetivada à fala, com a diferença de que agora estamos diante de "um problema que contém todos os outros" (S, 116), uma vez que todos os outros "problemas" envolvem linguagem e dela dependem, quer dizer, qualquer redução só pode ser feita por meio da linguagem. A legitimação da fundação fenomenológica é feita de mesmo modo em ambos os casos: trata-se sempre de mostrar que o fundo em questão, desvelado como temporal, portanto fluente, deve necessariamente fixar-se, objetivar-se — sem o quê, ele seria um fluxo ininterrupto em que nada subsistiria — e toda objetividade, todo termo isolado e fixado é apenas a manifestação da totalidade passada em silêncio. No caso em tela, a fala objetiva-se como língua, isto é, como conjunto de termos, e cada termo, por sua vez, remete ao todo da língua, ou seja, a uma língua operante, falante.

Daí por que, em última instância, para mostrar essa relação de fundação, que supera o antagonismo entre ciência e filosofia, Merleau--Ponty impôs a temporalização à sincronia saussuriana e, depois, um duplo envolvimento entre sincronia e diacronia, entre a língua como totalidade e a língua objetivada, rompendo com a oposição pura e simples estabelecida por Saussure. A língua não é apenas o resultado de eventos fortuitos, a soma de mal-entendidos, como a linguística

Razão e experiência: ensaio sobre Merleau-Ponty

da língua, que justamente a objetiva, nos faz crer; se fosse apenas isso, ela nada poderia significar sem equívocos, a própria ciência da língua desenraizaria seus fundamentos, e, para além da linguística, nos veríamos mergulhados no ceticismo. Mas não; em seu uso atual, na fala do linguista, na fala do cientista, em toda fala expressiva, a língua torna-se outra coisa: um sistema orientado, uma totalidade que tem um sentido, uma lógica encarnada (S, 110). Desse modo, ela impõe um limite ao ceticismo, mas isso não porque ela está de posse da verdade, não porque ela é a descoberta de uma verdade previamente dada no mundo, mas porque, ao contrário, ela é a *produção* da verdade, a gênese da significação. Se a história da palavra a mostra marcada por equívocos e acasos, o que parece introduzir um gênio maligno no interior da linguagem, tornando-a fonte permanente de mal-entendidos, essa mesma linguagem, de outro lado, mostra-se plenamente expressiva no seu uso atual, trazendo um sentido que desconhecíamos: "há fala", diz Merleau-Ponty, "há o paradoxo de um sujeito que fala e compreende, voltado para o futuro, apesar de tudo o que sabemos sobre os acasos e as evoluções de sentido que fizeram a língua" (S, 131). Assim, há um "eu falo" que "põe termo à dúvida acerca da linguagem", como, analogamente, "o 'eu penso' punha termo à dúvida universal" (PM, 35). Basta então a *fala* para que exorcizemos tal gênio maligno e nos vejamos conduzidos até a verdade. Mas, exorcizar o gênio maligno não significa, como acontece no intelectualismo, exorcizar o passado: se, na fala, a língua não se reduz mais a um acúmulo de passado, nem por isso a fala deixa de ser a retomada do passado sedimentado da língua, dessas mesmas palavras desgastadas pelo tempo: é pela *retomada*, no presente, *do passado sedimentado*, que a fala produzirá o novo. A recusa do passado faria que o sentido veiculado pela fala dependesse inteiramente do sujeito, que a totalidade da fala repousasse sobre os poderes transcendentes da "consciência" (PM, 51), isto é, que esse sentido fosse produzido em uma atualidade sem passado, como acontece com a síntese perceptiva desde que ela é entendida como síntese intelectual.[61] A fala retoma o passado, torna-o "quase presente", mas ela o retoma no mesmo movimento em que, prospectivamente, produz uma significação nova. Vimos que uma significação desperta minha fala, como a coisa desperta minha percepção. Tal significação é *antecipada* a minha fala, não representada ou previamente possuída por mim, e em torno da qual, de início, apenas tateio, o que faz da fala, como antes ocorrera com a percepção, uma prospecção. Mas a prospecção que então se instaura deve ser, no mesmo movimento, também uma retrospecção, porque ela se faz, como notávamos a propósito da percepção, reunindo um sentido já espalhado pelos fenômenos, quer dizer, voltando-se para trás, por isso o sentido do percebido me aparece como instituído nele, não constituído por mim (PhP, 305, 366), por isso a síntese se faz *na coisa mesma*, não em um sujeito pensante (PhP, 269, 313).[62] Ocorre o mesmo na fala: do tatear inicial em torno da significação antecipada até a fixação final em uma visada única, toda a operação se passa *na própria linguagem*, de modo que essa visada final parece ser uma resposta de algum modo já envolvida na questão. Ora, isso não significa que andamos em círculo? Que as significações fixadas por nós são já imanentes à linguagem, ao mundo percebido? E que, nesse caso, pode-se legitimamente dizer que a literatura francesa está contida na língua francesa? (S, 114; PM, 182)

Há, de fato, o "paradoxo da expressão", em que "princípios e consequências, meios e fins, fazem círculo" (PM, 160), e ilustra o que Husserl denominou relação de *Fundierung* (PhP, 451, 527). Mas essa circularidade não vai significar a imanência do novo no antigo, seja no caso da linguagem, seja no caso do mundo percebido, o que

---

61 O rompimento com o passado foi, na *Fenomenologia...*, uma marca da consciência absoluta. Cabia a ela, com efeito, o papel de realizar a síntese da percepção, que era entendida então com uma síntese intelectual, realizada em uma atualidade sem passado – atualidade que se tornava então uma figura do intemporal. Esse foi o mote da crítica merleau-pontiana à consciência absoluta do intelectualismo. Cf. supra, Cap. 4, IV. A retomada do passado é aqui então uma objeção à consciência pré-linguística absoluta, como antes o fora a essa mesma consciência quando a ela foi confiado o papel de realizar a síntese da percepção.

62 Cf. supra, Capítulo 4, III, IV e V.

Razão e experiência: ensaio sobre Merleau-Ponty

Merleau-Ponty ilustra considerando o caso limite em que a verdade parece habitar "uma esfera imutável de relações que não eram menos verdadeiras antes de nossas formulações e não o seriam menos se todos os homens e sua linguagem viessem a desaparecer" (PM, 166) — isto é, o caso da matemática. Se se encontra, por exemplo, determinada relação entre números inteiros, parece inegável que essa relação nova já existia entre eles, que há portanto a imanência do novo no antigo, e assim a verdade nada deve à contingência do evento, ao tempo. De fato, entre as novas propriedades descobertas e as primeiras, há "laços indestrutíveis", "solidariedade de princípio" (PM, 170). Mas isso, diz Merleau-Ponty, não nos permite supor uma essência que apenas desdobre suas propriedades, um intemporal que se revele. Tudo o que podemos dizer é que "é preciso um ponto de partida e que, uma vez escolhido tal ponto de partida, nosso arbítrio termina aí, e encontra seu limite no encadeamento das consequências" (PM, 171). Afirmar que as relações novas são verdadeiras *antes* de serem reveladas é dar um passo a mais: é hipostasiar aquele ponto de partida como um *ser*, que, justamente por isso, nos impõe suas propriedades. Ora, tal ser nos é dado precisamente na percepção — origem, para Merleau-Ponty, do prejuízo de essência. Trata-se, certamente, da percepção decodificada pela atitude natural, que ignora a face constitutiva da percepção e vai diretamente a seu resultado final.[63] De fato, a coisa percebida se nos apresenta como coisa *em si*, anterior à percepção, ser puro independente do sujeito, de tal modo que ela germina em nós a "obsessão pelo ser" (PhP, 85, 108). É ao mundo da percepção, diz Merleau-Ponty, "que tomo de empréstimo a noção de essência" (PhP, 444, 519) — isto é, uma noção posta no princípio, como em si, independente do sujeito, o que nos leva a tomar o pensamento matemático como a revelação do intemporal,

---

63 Ainda, é verdade, que o esquecimento da história da constituição seja imprescindível, paradoxalmente, para a constituição do ser (PhP, 71, 92) e justamente por isso não se acreditou necessário fazer uma genealogia do ser (PhP, 67, 86). Cf. supra, Capítulo I, XVII.

ignorando o que há nele de criador, tal como ignoramos as virtudes constitutivas da percepção: "acredito que o triângulo sempre teve e sempre terá uma soma de ângulos igual a dois retos, e todas as outras propriedades menos visíveis que a geometria lhe atribui, porque tenho a experiência de um triângulo real e porque, como coisa física, ele necessariamente *tem* em si mesmo tudo aquilo que ele pôde ou poderá manifestar. Se a coisa percebida não tivesse fundado em nós, para sempre, o ideal do ser que é aquilo que é, não haveria fenômeno do ser e o pensamento matemático nos apareceria como uma criação" (PhP, 444-5, 519). Contudo, a genealogia do ser nos ensinou, lá na fenomenologia da percepção, que esse ser que é aquilo que é, anterior a nós, se funda em uma parada momentânea no processo perceptivo, em uma fixação parcial da coisa, cuja explicitação, em verdade, iria ao infinito e não poderia, portanto, ser acabada (PM, 173). Mas, como o ser já dado, passado, pode fundar-se em uma fixação da percepção? De onde vem essa inversão, esse círculo?

Vem de que o passado em si, objetivo, "independente" do sujeito, é um passado *retomado* pelo presente, pois não há passado senão à medida que ele se liga ao presente e se alimenta dele: a coisa já dada é a coisa retomada pela percepção, e, com ela, o mundo inteiro como horizonte seu, de tal modo que esse ser "já dado", esse passado e todos os seus horizontes mundiais, é "presente" a nós, não presente em ato, e sim intencionalmente, com seus horizontes internos e externos, pois o que é oferecido a cada vez à percepção são perfis, aspectos e seus horizontes, de modo que "cada aspecto da coisa que cai sob nossa percepção é novamente apenas um convite a perceber para além", mas é também "uma parada momentânea no processo perceptivo" (PhP, 269-70, 313). Cada "parada", cada fixação, portanto, se abre para um horizonte, de modo que não se atinge, jamais, a ipseidade da coisa. Ora, mas se então a coisa percebida é uma coisa enraizada no mundo natural e dele extraída, pois seus horizontes arrastam o mundo inteiro, como negar que essa coisa não é, desde sempre, já dada? Como negar a imanência do novo no antigo? Seria

Razão e experiência: ensaio sobre Merleau-Ponty

preciso dizer antes o contrário: não que há imanência do novo ao antigo da coisa fixada ao mundo, mas que essa coisa fixada *vem precisamente da percepção*, do "corpo ativo" (In, 405), do ato de fixação, que tal passado foi retomado e reintegrado ao presente e a coisa fixada se anunciava no termo do movimento de fixação:

> a percepção nos abre para um mundo já constituído e pode apenas reconstituí-lo. Essa duplicação significa que o mundo se oferece como anterior à percepção e, ao mesmo tempo, que nós não nos limitamos a registrá-lo, que nós queríamos engendrá-lo. O sentido do percebido é a sombra lançada pelas operações que nós nos preparamos para executar sobre as coisas, ele não é nada mais que nossa localização nelas (*notre relèvement sur elles*), nossa situação em face delas (PM, 174).

A percepção é portanto uma síntese, e uma síntese temporal, não uma revelação instantânea dos objetos.

Ora, não é diferente o que se passa na matemática, pois, afinal, o ser matemático *também* não está fora do tempo — ainda que seja *omni*-temporal, ele não é atemporal. Também ele é o que foi fixado, "o conjunto de relações que foram estabelecidas a seu respeito", *"mais um horizonte aberto de relações a construir"* (PM, 175), o que é diferente de afirmar uma preexistência do verdadeiro. Consideremos mais de perto a série dos números inteiros. A soma dos n primeiros números inteiros é igual ao produto de $n/2$ (n sobre 2) por $n + 1$. Com efeito, a série dos dez primeiros números inteiros (para facilitar o raciocínio, considere-se uma quantidade *par* de números) é composta de cinco duplas de números ($n/2$) cuja soma constante é igual a $10 + 1$ ($n + 1$), pois a série crescente de 1 a 5 obedece exatamente ao mesmo ritmo decrescente de 10 a 6 ($1 + 10, 2 + 9, ...$), de modo que, enfim, $Sn = n/2 \cdot (n + 1)$. Pode-se negar que essa relação já não esteja inscrita, de modo imanente, na própria série? Essa relação não é acidental, evidentemente ela está firmemente ligada aos próprios elementos da série. Com efeito, Merleau-Ponty não pretende negar isso, nem mesmo reduzir a evidência da matemática à evidência da percepção. Trata-se apenas de mostrar que a relação nova só aparece "diante de uma certa interrogação que eu dirijo à *estrutura* da série dos números, ou, antes, que ela me propõe enquanto é situação aberta e por acabar" (PM, 176). Nesse caso, a fórmula de Sn [$n/2 \cdot (n + 1)$] só é demonstrada a medida que compreendermos, "sob o mesmo signo n duas vezes empregado, a dupla função que ele preenche: a do número de algarismos a somar (n ordinal) e a do número final da série (n cardinal)" (PM, 150). Toda outra formalização, mais e mais geral [$((n + 1)/2) \cdot n$], [$(n \cdot (n + 1)/2]$ etc., só tem valor expressivo por meio daquela, pois "só ela faz ver a relação entre o objeto considerado e sua 'verdade'" (PM, 150) — o que é essencial no argumento de Merleau-Ponty, uma vez que se trata de conduzir a verdade a um campo, a uma estrutura. Pode-se sublimar essa relação, mas não rompê-la. Daí por que posso agora dizer que a relação nova não era já dada na estrutura, mas que esta, ao contrário, aberta e inacabada, a continha como horizonte; não leio o novo no antigo, mas, justamente porque retomo o antigo para produzir o novo, eu o recupero, de modo que é a nova configuração "que retoma e salva a antiga, a contém eminentemente, se identifica com ela ou a reconhece como indiscernível de si" (PM, 178): é pela recuperação do passado que pode haver fixação, o que não significa fazer do passado a reserva de todas as verdades; a coisa é fixada pela percepção, que, é verdade, retoma o passado, mas não é a coisa que torna a percepção possível; o passado não contém o novo, é o novo que retoma e contém o passado (não real, mas intencionalmente), e o novo, por isso, não é arbitrário, *ex nihilo*, mas é aquele que realiza as promessas do passado, enquanto aberto e por fazer. Por isso, diz Merleau-Ponty, "a consciência de verdade avança como o caranguejo, voltada para seu ponto de partida, para essa estrutura *de que* ela exprime a significação" (PM, 179). Não há então perecimento do passado, ponto zero, começo absoluto; há antes uma "reestruturação", pela recuperação do que o passado tinha de promessa, de modo que, de uma ponta a outra, há concordância, há "um verdadeiro *devir do sentido* ... um devir sentido" (PM, 178). Por isso, a verdade não é mais a adequação, mas o devir que supõe uma afinidade entre os momentos do tempo, uma "afinidade transcendental" (S, 121). Ele não é uma simples continuidade, mas implica uma "antecipação (*Vorhabe*), pela qual cada palavra ou cada verdade adquirida abre um campo de conhecimento, e a retomada simétrica (*Nachvollzug*) pela qual concluímos esse devir do conhecimento" (S, 119). A verdade, arremata Merleau-Ponty, "é a presença de todos os presentes no nosso" (S, 120).

E se tudo isso é verdadeiro para o algoritmo, se é verdadeiro que o novo não é imanente ao antigo nessa ordem de signos e significações puras, o é mais seguramente ainda para a linguagem, de modo que seria preciso dizer não que a literatura francesa está contida na língua francesa, mas que a literatura recupera a língua, retoma-a, parte dela para infundir-lhe vida nova, "deformando-a coerentemente": "ao entrar em um ambiente, podemos ver que *alguma coisa* mudou, sem saber o quê. Entrando em um livro, tenho a experiência de que as palavras mudaram, sem poder dizer em que. Novidade de uso, definida por um certo e constante desvio que nós não sabemos explicar de início" (PM, 183-4). A língua é apenas uma promessa de literatura, ela não a contém; é a literatura que a retoma e por isso contém a língua:

> nossas operações expressivas atuais, em vez de expulsar as precedentes, de sucedê-las e anulá-las simplesmente, salvam-nas, conservam-nas, retomam-nas na medida em que estas continham alguma verdade ... Todo ato de expressão literária ou filosófica contribui para cumprir o voto de recuperação do mundo que foi pronunciado com o aparecimento de uma língua (S, 119).

Mas não há comunicação apenas entre os momentos do tempo; é preciso que ela exista também "entre as temporalidades" (S, 121); não retomo apenas um projeto antigo, mas também um "projeto estranho" (S, 120), não salvo apenas minhas operações expressivas, mas também "as de outrem" (S, 119), de modo que se minha expressão libera "o que estava cativo no ser desde sempre", ela o faz estabelecendo uma comunicação interior "na espessura do tempo pessoal e interpessoal" (S, 120): concluir um devir de conhecimento é também concluir um "comércio com outrem" (S, 119). Não há verdade sem essa comunicação. Como ela é possível?

XI

A fenomenologia da percepção nos mostrou que o mundo não é um espetáculo privado, que o corpo não constitui o mundo, não o tem como termo imanente do conhecimento, que a síntese perceptiva se faz na coisa, não em mim, e justamente por isso os múltiplos aspectos com os quais a coisa me aparece são recolhidos pela própria coisa. O mundo tem sua individualidade sem que minha perspectiva sobre ele o transforme em mero correlato meu. Por isso, o mundo é presente não apenas a mim, mas presente a X (PhP, 406, 473). Ele não se converte em espetáculo privado porque não é correlato de um *ego cogito* que viria conferir-lhe unidade, ele mantém sua soberania sem dissolver-se em uma consciência absoluta, por isso mesmo é um mundo comum, único, que recolhe em si as múltiplas perspectivas que vários sujeitos como eu têm a seu respeito. Claro que a afirmação desse mundo soberano não garante ainda uma efetiva coexistência de sujeitos. Ela tem que ser mostrada por um efetivo encontro com outrem, por um contato direto com outrem, não por mera construção intelectual ou por uma derivação de outrem por analogia a mim mesmo. Esse encontro pôde ser mostrado porque não era um encontro de egos, mas de corpos anônimos capazes de mesmas intenções: encontro outrem não quando apreendo um *cogito*, mas quando *percebo outrem*, isto é, quando percebo um corpo capaz de mesmos comportamentos que o meu — corpo, portanto,

Razão e experiência: ensaio sobre Merleau-Ponty

que é coextensivo ao ser, não espírito puro extramundano, de modo que outrem é ainda um sujeito anônimo, pré-pessoal. É assim que Merleau-Ponty escapa às antinomias que advêm do enfrentamento de duas consciências, pois um *ego cogito* termina por converter outrem em um valor *para ele*, por isso o subtrai da condição de sujeito para si, quer dizer, não consegue apreender outrem como sujeito. A experiência de outrem, melhor que qualquer outra, impõe um limite decisivo às pretensões de uma consciência absoluta. Assim, esses múltiplos sujeitos podem coexistir enquanto são sujeitos anônimos, consagrados a um mesmo mundo. Ora, à primeira vista, a fenomenologia da linguagem nos abre uma perspectiva semelhante, afinal também a linguagem não remete a um sujeito constituinte, também nela é que se faz a síntese, pois é nela que germina o sentido e, por isso mesmo, esse sentido não é apenas nosso, mas, presuntivamente, é universal (In, 406), quer dizer, minha fala, que produz meus pensamentos, é tal que ela se mostra participável por X (PM, 194), ou, pelo menos, por aqueles que falam a mesma língua que eu. Seria o caso então de mostrar agora o efetivo encontro com outrem, no caso, a comunicação com outrem, o diálogo? Não é contudo o que faz Merleau-Ponty no momento em que aborda a relação linguística com outrem. Ao contrário, ele volta ainda àquela "relação silenciosa" (PM, 185) para reescrever a percepção de outrem. É por aqui que a *Fenomenologia...* começa a ser reescrita.

Se outrem é sujeito (do contrário, não haveria o "problema de outrem" (Sor, 540)), então ele é um "outro eu mesmo" (PM, 186). Há um duplo de mim mesmo, uma imagem de mim — mas que não sou eu: "há um eu que é outro" (PM, 187). Eis o problema de outrem. Ora, esse problema era já, ao que parece, o da *Fenomenologia...*, mas com a significativa diferença de que aí ele era desdobrado em dois momentos: no primeiro, a percepção de outrem me assegurava a percepção de um sujeito, mas era então um sujeito anônimo, um corpo consagrado ao mundo; depois, esse outro sujeito se afirmava como uma existência que não se reduzia ao comportamento percebido por mim: aquém dos atos em que outrem se engajava, Merleau-Ponty vislumbrava então um saber de si, um fundo que distinguia a situação vivida por outrem da situação tal como ela se apresentava a mim, isto é, um si, um *cogito* tácito. Os dois momentos constituíam um *único* fenômeno: encontro-me situado no mundo, em um presente vivo — e, aqui, eu e outrem nos encontramos —, mas essa situação não é um dado para mim, não é estranha para mim, porque eu sou dado não apenas ao mundo, mas também a mim mesmo, de modo que não me reduzo ao que outrem percebe de mim; inversamente, esse fundo solipsista não me permite fechar-me em mim mesmo e constatar-me em plena transparência, em uma adequação perfeita; ao contrário, estou irremediavelmente engajado em uma situação, de modo que só posso apreender-me por intermédio do mundo; por isso, não sou um *ego cogito*, uma coincidência comigo mesmo. Restava daqui, portanto, uma pluralidade de Eus, mas Eus irremediavelmente situados no mundo e, portanto, em coexistência.

Ora, se voltarmos agora à *Prosa do mundo*, verificaremos que o problema parece ser posto do mesmo modo: o outro é um eu, portanto um sujeito, mas é um eu que não sou eu, que portanto se afirma como outro, como *alter ego*. Como Merleau-Ponty resolve agora esse paradoxo? Dessa vez, em vez de saltar da coexistência para o interior de cada consciência, pela afirmação do *cogito* tácito, abrindo um si aquém do ser situado, como ele faz na *Fenomenologia...*, Merleau--Ponty vai explorar aquela coexistência, procurando interrogar o fenômeno de *emparelhamento* (*accouplement*, que é como ele traduz o *Paarung* de Husserl (Sor, 40)). Aqui, já se anuncia uma mudança em relação à *Fenomenologia*, que já se vislumbrava no curso de 1949-50, dado na Sorbonne ("A consciência e a aquisição da linguagem"). Com efeito, aí Merleau-Ponty discute as posições de Husserl e de Scheler, procurando mostrar que cada um unilateraliza o problema da existência de outrem, Husserl procurando salvar o ego à custa de outrem, Scheler procurando fazer o inverso. Embora Husserl tivesse

Razão e experiência: ensaio sobre Merleau-Ponty

se orientado em direção à intersubjetividade, nas *Meditações cartesianas*, ele não abriu mão do *cogito*, por isso não chegou a uma verdadeira intersubjetividade, como pretendia (Sor, 38-41). Scheler, ao contrário, renuncia ao *cogito* e parte da indiferenciação total entre mim e outrem, mas torna impossível a consciência de si e a de outrem como *alter ego*, pois a consciência se desvanece no anonimato e assim ela não alcança a distinção entre si mesma e outrem (Sor, 41-44). A solução de Merleau-Ponty consiste não em suprimir a oposição inicial entre mim e outrem, mas em mostrar que "o eu poderá encontrar outrem pelo aprofundamento da *experiência vivida*: é preciso ligar a noção de ipseidade à de situação", diz ele, o que a *Fenomenologia...* já fizera. Mas ele acrescenta um dado novo:

> o ego deveria ser definido como *idêntico* ao ato no qual ele se projeta. Eu e outrem somos conscientes um do outro em uma situação comum: é nesse sentido que é necessário precisar as concepções de Scheler e a noção de "emparelhamento" de Husserl (Sor, 45; grifo nosso).

Parece-nos que esse projeto será desenvolvido menos de dois anos depois, na *Prosa do mundo* e em *Sobre a fenomenologia da linguagem*.

Com efeito, depois de relembrar, no último texto, que o Husserl das *Meditações* não remove a dificuldade de se apreender outrem como outro eu mesmo *a partir da consciência*, pois

> ter consciência é constituir, e não posso portanto ter consciência de outrem, pois seria constituí-la como constituinte, e como constituinte com relação ao próprio ato pelo qual o constituo (S, 117),

Merleau-Ponty observa que, se contudo eu percebo outrem é porque, *de fato*, a dificuldade é superada: se há uma contradição radical que torna impossível a concepção teórica de outrem, é porque aquele que, em mim, percebe outrem, é "capaz de viver essa contradição como a definição mesma da presença de outrem" (S, 117). Ainda que, diante da reflexão, nenhum outro além de eu mesmo possa ser verdadeiramente ego, eu, de fato, percebo alguém (S, 114). Há aqui então uma relação viva que assume a contradição da presença de outrem, que Merleau-Ponty denomina "fenômeno de emparelhamento". Ora, o aprofundamento dessa experiência fará surgir novamente aquela inversão, em que os papéis de sujeito e do que é visto por ele são trocados, que é o momento em que, efetivamente, outrem aparece como *ego*:

> ocorre que, em certos espetáculos ... meu olhar tropeça, é circundado. Sou investido por eles, quando julgava investi-las, e vejo desenhar-se no espaço uma figura que *desperta* e *convoca* as possibilidades de meu próprio corpo como se se tratasse de gestos ou de comportamentos meus" (S, 118; grifos nossos).

É aqui então que, no lugar de um *cogito* tácito, vemos surgir uma *espontaneidade*, que, como a fala, produz a inversão, levando-me àquilo que minhas premissas não incluíam. Merleau-Ponty continua: "tudo se passa como se as funções da intencionalidade e do objeto intencional se encontrassem paradoxalmente trocadas. O espetáculo *convida-me* a tornar-me espectador adequado, como se um outro espírito que não o meu viesse repentinamente habitar meu corpo, ou antes, como se meu espírito fosse *atraído* para lá e emigrasse para o espetáculo que estava oferecendo para si mesmo. Sou *apanhado* por um segundo eu mesmo fora de mim, percebo outrem..." (S, 118; grifos nossos). Aqui, tenho a experiência de ver o que se põe a ver e que assim me torna espectador, me faz experimentar-me constituído no momento em que me julgava constituinte, revela-se a mim como uma espontaneidade que me descentra: "os olhares que eu deitava no mundo, como o cego tateia os objetos com sua bengala, alguém os apreendeu pela outra ponta, e os volta contra mim para me tocar por minha vez" (PM, 187). É por isso que o problema de outrem é o do descentramento, não o do enfrentamento face a face de dois su

Razão e experiência: ensaio sobre Merleau-Ponty

jeitos: "o que está diante de nós é objeto. É preciso compreender bem que o problema [de outrem] não é este. É o de compreender como eu me desdobro, como eu me descentro" (PM, 187-8). Era exatamente isso que a *Fenomenologia*... ignorava, pois a percepção de outrem não levava aí a um emparelhamento e a uma inversão, em que sou atraído por um outro eu que eu mesmo, tornando-me circundado por ele; a *Fenomenologia*... afirmava a coexistência de corpos cognoscentes e anônimos em um mundo único e, a partir daí, no momento de assegurar o *ego* de outrem, ela se lançava *para fora* da percepção, pela afirmação de um fundo que escapava ao encontro dos sujeitos. É por isso que, embora Merleau-Ponty continue a falar em percepção, ele fala agora do *eu*, pois se trata da efetiva percepção de um *alter ego*, que, por isso, torna-se *idêntico* ao ato no qual se projeta. Até aqui, contudo, tratamos apenas da percepção silenciosa de outrem, não entramos ainda no domínio do diálogo. Antes de fazê-lo, é preciso esclarecer uma questão: a percepção do *alter ego* não obriga a redefinir a relação entre mim e o mundo? A *Fenomenologia*... nos ensinara que o sujeito de percepção se consagra a um mundo que ele não constitui, que não se reduz a um espetáculo privado, por isso o comportamento de outrem pode nele tomar parte. Mas agora que outrem pode de tal modo nos descentrar e nos tornar espectadores, pode tornar-se emparelhado a nós e nós a ele, agora que trouxemos o ego do fundo inalienável para o ato em que se projeta, nada muda, retrospectivamente, na relação eu/mundo?

A essa altura, Merleau-Ponty, aparentemente, não formula outra exigência que aquela já formulada na *Fenomenologia*...: a de que minha experiência do mundo não seja a de um espetáculo privado, mas a de um mundo "em si"; o que vale para mim deve valer também para outrem, por isso meu campo é um "meio universal do ser" (PM, 189); eu e outrem somos consagrados ao mesmo mundo. Mas, então – e essa consequência a *Fenomenologia não podia tirar* –, também a *minha* experiência, não só o correlato dela, deve ser universalizável, e isso não porque seria contraditório afirmar a universalidade do ser ao qual temos acesso e recusar a universalidade desse acesso, que era o que acontecia na *Fenomenologia...*, mas porque não há mais o fundo privado que escapava ao alcance de outrem. Com isso, somos ambos absolutamente apreensíveis um pelo outro, portanto exatamente o que me faz único, o meu sentir, "tende paradoxalmente a se difundir" (PM, 188):

> eu vejo esse homem imóvel dormindo e que desperta de repente. Ele abre os olhos, faz um gesto em direção ao seu chapéu caído ao lado dele e o apanha para se proteger do sol... No momento em que ele desperta sob o sol e estende a mão para seu chapéu, entre esse sol que *me* queima e faz piscar *meus* olhos e o gesto que *acolá* traz remédio a minha fadiga, entre essa fronte consumida acolá e o gesto de proteção que ele chama de minha parte, um laço se estabelece sem que eu tenha necessidade de nada decidir, e se eu sou para sempre incapaz de viver efetivamente a queimadura que o outro sofre, a mordida do mundo tal como eu a sinto em meu corpo é ferimento para tudo o que, como eu, é exposto a ele (PM, 190).

O sentir é generalizado, quer dizer, a minha relação corporal com o mundo é generalizada, como se uma "corporeidade anônima" nos perpassasse a todos, como se eu partilhasse com os outros organismos essa corporeidade anônima, assim como partilho com eles uma língua comum (PM, 194-5). Aqui, então, começa a surgir uma "relação carnal com o mundo e com outrem" (PM, 193), uma "generalidade carnal" (PM, 29), que é a contrapartida do emparelhamento eu/outrem, pois, afinal, se não há mais um fundo privado, um Eu que escapa a outrem, então nosso sentir, muito embora individualizado, pode ser dito genérico. Com efeito, enquanto a *Fenomenologia...* falava apenas da generalidade *do meu corpo*, de uma existência anônima e geral que era apenas o meu corpo habitual, o passado de meu corpo, e, depois, da generalidade *do meu ser*, que era a generalidade que se sabe dada a si mesma, o fundo aquém do ato efetivo particular, o si, dessa vez Merleau-Ponty anuncia uma generalidade *da pró-*

pria experiência, do sentir, quer dizer, daquilo mesmo que me faz singular e já não aponta para o meu corpo, como montagem geral, nem para o meu ser, como coesão de vida, mas para uma *intercorporeidade*, que é então a contrapartida do emparelhamento eu/outrem: só há percepção de um *alter ego*, de um eu que é outro, só há situação comum, se, enfim, a corporeidade tornar-se uma "significação transferível" (PM, 194). A relação eu/outrem já não deságua na afirmação do *cogito*, quer dizer, na afirmação de uma experiência inseparável de si mesma, de uma generalidade temporal que não era senão cada subjetividade; a generalidade agora já não é a dos corpos, dos sujeitos, mas da *corporeidade*, que se torna então o que une os sujeitos, como se ela fosse agora o tecido único que reúne a pluralidade das mônadas. Agora, a minha relação com o mundo é a relação do meu corpo genérico, cujo sentir é então genérico — daí a afirmação não mais de um Eu unificado (unidade que, na *Fenomenologia...*, era apenas invocada, é verdade), mas de um "eu generalizado" (PM, 192): a minha própria relação comigo mesmo é já "generalidade", e é isso que "torna possível a aparição de outrem" (PM, 192). É aqui que, finalmente, a enigmática proposição de Husserl — "a subjetividade transcendental é intersubjetividade" (S, 121) — começa a ganhar sentido.

XII

Passemos agora ao diálogo. Também aqui haverá a mesma inflexão em relação ao que se passava na *Fenomenologia...*, muito embora tivessem sido poucas (e, sobretudo, incidentais) as indicações sobre esse tema na obra de 1945. Aí, o diálogo constitui "um terreno comum entre outrem e mim", do qual nenhum de nós é o criador (PhP, 407,474-5). Esse terreno comum tem mesmo papel que o mundo, como o lugar único, não privado, de nossa coexistência; somos ambos arrastados por esse terreno comum, formado, é certo, pelos meus e seus pensamentos, mas pensamentos germinados na linguagem e requeridos pelo próprio estado da discussão. Nada, contudo, é dito acerca de uma imbricação (*empiètement*) de um sujeito no outro: ambos se alienam em um terceiro termo, que faz a mediação, não um no outro. Na *Prosa do mundo*, já a análise da alucinação verbal tem um papel diferente do que teve a análise da alucinação sensível na *Fenomenologia...*, quando aí se procurou mostrar que nossa adesão ao mundo é tal que a alucinação é sempre possível, que se trata de uma adesão cega, não de uma operação intelectual (PhP, 395, 459); dessa feita, não se trata apenas de mostrar que a fala não vem de uma "operação intelectual", que um "eu puro" não poderia falar, pois um "eu puro", adequado a si mesmo, não poderia entrar em um sistema que o ultrapassa, mas de ir além, mostrando que, pela fala, "sou posto em presença de *um outro eu mesmo*" (PM, 29; grifos do autor): a análise das condições de possibilidade da alucinação já remetem, portanto, ao emparelhamento eu/outrem. Com efeito, de início, é necessário que a fala seja de tal natureza que variações doentias sejam permanentemente possíveis. Mas se essas possibilidades remetem agora a uma despersonalização já não é simplesmente porque o "eu puro" é posto em xeque, mas porque ele é posto em xeque pela fala de um outro eu, quer dizer, porque um outro eu me descentra pela fala:

> se acontece de o doente crer que lhe falam, quando é ele que efetivamente fala, o princípio dessa alienação se encontra na situação de todo homem: como sujeito encarnado, sou exposto a outrem, como, aliás, outrem a mim mesmo, e eu me *identifico* a ele que fala diante de mim (PM, 28).

Por isso, falar e ouvir não são operações distintas, pois ambas supõem a mesma imbricação de um sujeito no outro, pela qual outrem é transportado para a minha perspectiva ou eu para a dele: ou eu me projeto em outrem ou ele se introjeta em mim, ou minha fala, como o provam suas respostas, toca nele suas significações, ou a fala dele toca em mim minhas significações, de tal modo que em cada uma dessas operações um sujeito é desfeito e refeito pelo outro: eis as condições de possibilidade da alucinação verbal. Escutar a fala de outrem não é ter percepções auditivas, como se eu fosse passivo diante dela, o que supõe distância, diferença entre mim e outrem; é ser de tal modo envolvido por outrem, levado por ele, ou antes, pela fala, que seu discurso parece ecoar não *para* mim, mas *em mim*, e assim, escutando, eu também falo e não sou mais passivo, e "falo segundo ... o que diz o outro" (PM, 200), de modo que se rompe a distância entre mim e ele e eu não sei mais "o que é de mim, o que é dele" (PM, 28). Outrem é aqui meu duplo, meu gêmeo, pois o que ele fala ele me faz falar com ele, e o que eu falo, quando ele me escuta, eu o faço falar comigo (PM, 29): a comunicação, diz Merleau--Ponty, supõe, "naquele que escuta, uma retomada criadora daquilo que é ouvido" (In, 406), eu *me torno* aquele que escuto (PM, 165). Falar e ouvir supõem então que o sujeito possa "se deixar desfazer e refazer por um outro atual, muitos outros possíveis e presuntivamente por todos" (PM, 30). "Por todos", quer dizer: do mesmo modo que o emparelhamento eu/outrem, na relação silenciosa, conduziu a uma generalização do sentir, já que o sentir, embora individual, não é mais privado, não remete mais a um fundo privado, mas a um corpo genérico, também a fala se generaliza, uma vez que, pela fala, sou igualmente posto em presença de um *alter ego*: se a fala de outrem pode de tal modo introduzir-se em mim, tocando-me no que tenho de mais individual, se a fala de outrem pode ecoar em mim e fazer-me falar segundo ela própria, é porque essa fala é participável por todos, "participável por X" (PM, 194), é porque ela é genérica; assim, muito embora minha fala seja o que tenho de mais próprio, "*minha* produtividade" (PM, 197), ela é universalizada: há aqui uma língua comum análoga à corporeidade que partilho com os outros (PM, 194-5). Isso supõe que a *minha* fala não seja minha em sentido privado: a expressividade da fala, com efeito, não é produzida por mim, eu sou antes atraído por uma significação linguageira do que sou dela o autor. A fala assim universalizada realiza então o acordo entre as totalidades rivais, mas não porque ela é o terceiro termo no qual as totalidades se encontram, mas porque ela transforma uma na outra, porque

> abole os limites do meu e do não meu ... de mim como sujeito e de outrem como objeto" (PM, 202). O acordo entre mim e outrem, portanto, entre nós como sujeitos falantes, vem de que apenas *continuamos*, retomamos "um mesmo esforço, mais velho que nós, sobre o qual somos enxertados, e que é a manifestação, o devir da verdade" (PM, 200).

O que é isso então que tira de nós a verdade, que assegura o acordo universal?

> Não é, certamente, um deus, pois sua operação depende de nós; não é um gênio maligno, pois ele traz a verdade; não é a 'condição humana" – ou, se é 'humano', é no sentido em que o homem destrói a generalidade da espécie e se faz admitir outros em sua singularidade a mais recuada. É ainda chamando-o fala ou espontaneidade que melhor designaremos esse gesto ambíguo que faz universal com o singular e sentido com nossa vida (PM, 203).

Eis aqui, em suma, os novos elementos que a *Fenomenologia...* desconhece. Desde o momento em que a fala aparecia como uma espontaneidade que descentra o sujeito, ela já exigia alguma coisa que a *Fenomenologia...* não podia oferecer: um sujeito que se permitisse desfazer e refazer por qualquer outro, que fosse portanto descentrável, sem reservas, perpassável por uma generalidade e, assim, parte dela. A relação silenciosa com outrem trouxe à luz a mesma exigência: o sujeito é descentrado, de tal modo circundado por outrem que ambos se revelam carne da mesma carne, partes daquela corporeidade anônima. Por fim, o diálogo mostra igualmente o descentramento do sujeito, a necessidade de que um sujeito se transforme no outro e, assim, tornem-se partes de um mesmo mundo cultural, a ponto de, cada um deles, ao falar, retomar sempre o mesmo e único esforço, que é o devir espontâneo da verdade, a reuni-las todos em um só tecido. Tudo se passa como se a *Fenomenologia...*, justamente porque começava por colocar um sujeito e não conhecia outra generalidade senão a dele próprio, não conseguisse promover o acordo entre a finitude e o universal: "o estudo da percepção só podia nos ensinar uma 'má ambiguidade', a mistura da finitude e da universalidade, da interioridade e da exterioridade". Em contrapartida, porque agora descentrou o sujeito, encontrando uma espontaneidade que o conduz, Merleau-Ponty parece então poder superar aquela dificuldade:

> mas há, no fenômeno da expressão, uma 'boa ambiguidade', isto é, uma espontaneidade que realiza o que parecia impossível, a considerar os elementos separados, que reúne em um só tecido a pluralidade das mônadas, o passado e o presente, a natureza e a cultura" (In, 409).

De modo que, se se começou por retomar e dar continuidade à vida silenciosa da *Fenomenologia...*, essa retomada mesma obrigará a reescrever a obra de 1945.

IX

Pintura e linguagem

I

Ao se impor a tarefa de dar seguimento a seu projeto genético, ultrapassando o campo da experiência perceptiva, Merleau-Ponty viu-se na incumbência de desenvolver uma fenomenologia da linguagem, pois é a linguagem que retoma e ultrapassa a percepção, instalando-nos no campo do conhecimento. A percepção apenas nos "inicia" na Verdade (In, 402); é a linguagem que, finalmente, nos conduz a ela e ao Saber universal. Entretanto, não é apenas, nem imediatamente, à linguagem que Merleau-Ponty se dedica logo após a publicação da *Fenomenologia da percepção*. Ele escreve ensaios sobre os mais variados temas, como cinema, pintura, política etc. Gostaríamos de mostrar aqui, tomando o caso específico da pintura, que a abordagem desse tema já consagra o esforço de Merleau-Ponty em realizar o ultrapassamento da vida da percepção. Não, certamente, em direção ao Saber universal, que exigiria uma fenomenologia da linguagem, mas em direção ao mundo da cultura. A pintura – ou, mais geralmente, a arte – é uma operação de expressão que nos instala em um mundo novo em relação ao mundo sensível na medida mesma em que germina um sentido inédito; justamente por isso, ela vai envolver elementos próprios a toda operação criadora. Vem daí que, no *Inédito* de 1952, no momento em que anuncia a necessidade de desenvolver uma teoria da verdade e uma teoria da intersubjetividade, em seguimento a sua fenomenologia da percepção, Merleau-Ponty afirma que já havia "tocado" nesses temas em alguns ensaios da segunda metade dos anos 1940, e cita *A dúvida de Cézanne* (também *O romance e a metafísica*, ambos de 1945, e, "no que diz respeito à filosofia da história, *Humanismo e terror*" (In, 405), de 1947). Vamos nos deter aqui, especificamente, sobre *A dúvida de Cézanne*, por uma razão bastante simples. É que o texto ganha interesse especial se o compararmos ao ensaio de 1952, *A linguagem indireta e as vozes do silêncio*, no qual Merleau-Ponty volta a se dedicar à pintura. Veremos que a teoria da expressão de *A dúvida de Cézanne* é inteiramente erigida em conformidade com a *Fenomenologia da percepção*, também de 1945, ao passo que *A linguagem indireta* anuncia algumas mudanças que decorrem sobretudo da fenomenologia da linguagem que Merleau-Ponty havia esboçado por volta dessa época, que o leva a tratar a pintura como uma linguagem. O tema da pintura é assim estratégico: não só porque ele é o primeiro momento em que Merleau-Ponty toma por objeto o mundo da cultura, procurando avançar para além da vida perceptiva, mas porque nos mostra a retomada que faz o autor, no espaço de alguns anos, de um mesmo tema, mas em nova perspectiva, conforme os novos elementos que a fenomenologia da linguagem trouxe à luz.

Mas, por que a pintura? De onde vem o privilégio concedido pelo filósofo a essa arte? – já sabemos que a percepção, em Merleau-Ponty, não é uma simples função sensorial, mas tem alcance ontológico, é mesmo o "arquétipo do encontro originário" (VI, 210). Se a pintura, por sua vez, não celebra outro enigma além do da visibilidade (OE, 26), então não há por que estranhar que Merleau-Ponty lhe conceda, analogamente, uma significação metafísica, de tal modo que ela também "contribui para definir o nosso acesso ao ser" (OE, 42): se há

Razão e experiência: ensaio sobre Merleau-Ponty

uma "profunda abertura às coisas", proporcionada pelas qualidades segundas, uma abertura "sem conceito", ignorada por um clássico como Descartes, por exemplo, que tomava a cor como simples "ornamento" (OE, 43), então refletir sobre a pintura, que toma a cor como um de seus temas, é refletir sobre nosso acesso ao ser. E essa reflexão terá sentido análogo ao da reflexão sobre a percepção, pois ela também nos mostrará que, tal como coube ao filósofo despertar a história esquecida da percepção – história esquecida porque nós que percebemos vamos diretamente a seu resultado teleológico, passando em silêncio a história da constituição do "em si" –, também o pintor, tomando por tema o mundo visível, vai "despertar", levar à sua "última potência" o "delírio" da visão (OE, 26), trazendo à tela o que no mundo visível esquecemos e normalmente não vemos porque estamos tomados pela coisa que nos é entregue: "nós esquecemos as aparências viscosas, equívocas, e através delas vamos diretamente às coisas que elas apresentam" (SNS, 23). Cabe ao pintor então "retomar e converter em objeto visível o que sem ele permanece encerrado na vida separada de cada consciência: a vibração das aparências, que é o berço das coisas" (SNS, 23). O artista tem aqui a tarefa, que foi também a do filósofo, de "fixar e tornar acessível aos mais 'humanos' dos homens o espetáculo de que eles fazem parte sem vê-lo" (SNS, 24). A pintura consagra-se ao visível, isto é, às linhas, às luzes, às cores, aos relevos, às massas, à profundidade, ao contorno, à forma, a tudo o que compõe "uma apresentação sem conceito do Ser universal" (OE, 71), cada um deles um "ramo do Ser", cada um, por sua vez, podendo "reproduzir toda a ramagem" (OE, 88). Por ora, contudo, esse viés ontológico não é o mais importante para nós, embora se possa adiantar que, justamente porque a pintura traz à expressão o mundo visível, é o nosso acesso ao ser que ela ajuda a definir, e no mesmo sentido em que fizera o filósofo no refletir sobre a percepção: a significação metafísica da pintura vai de par com a significação metafísica da percepção. Daí o privilégio concedido por Merleau-Ponty à pintura. Mas, por ora, interessa-nos apenas apontar o modelo da teoria da expressão de 1945, que reproduz a encontrada na *Fenomenologia...*, e sua superação por uma nova teoria da expressão calcada na fenomenologia da linguagem. Comecemos então por uma análise de *A dúvida de Cézanne*.

II

Do mesmo modo que Merleau-Ponty trouxe à luz, pela análise da percepção, um mundo antepredicativo, também Cézanne, na avaliação do filósofo, procurou revelar, pela pintura, uma ordem mais primitiva, um "mundo primordial" (SNS, 18), também ele visou um alvo que era o do filósofo. E, como o próprio Merleau-Ponty, também Cézanne não poria "o corte entre os 'sentidos' e a 'inteligência', mas entre a ordem espontânea das coisas percebidas e a ordem humana das ideias e das ciências" (SNS, 18). Quer dizer, também Cézanne teria procurado romper as antinomias dos sentidos e do intelecto, como Merleau-Ponty o fizera, a propósito da percepção, em crítica recorrente ao empirismo e ao intelectualismo, que o levou, conforme vimos, a despertar o mundo primitivo como uma ordem pré-objetiva, anterior à ordem das ideias e das ciências. É como se Cézanne procurasse pintar o mundo que a *Fenomenologia...* descreveu, e que a ele também se revela pela recusa do duplo prejuízo objetivista. Assim, do mesmo modo que a crítica aos prejuízos clássicos fez abrir ao fenomenólogo um campo fenomenal pré-objetivo, também Cézanne, após longa e laboriosa meditação, encontrava seu "motivo", que, como aquele, era também uma "ordem nascente por uma organização espontânea" (SNS, 18). Aqui, em 1945, é por esse viés que Merleau-Ponty abre caminho até a significação metafísica da obra de Cézanne. Quanto ao pintor francês, como se dá a dupla recusa?

Ao que indicam biógrafos e críticos de arte, foi Pissarro que, em 1869, recomendou a Cézanne "uma mais estrita observação da Natureza".[1] Até por volta dessa época, ou um pouco antes, Cézanne pintava "sonhos", na expressão de Merleau-Ponty (como *O rapto*, por exemplo, de 1867), ou alegorias (como *As estações*, de 1859-62). Só a partir dos anos 1870, Cézanne teria passado a conceber a pintura "como o estudo preciso das aparências, menos como um trabalho de ateliê do que um trabalho na natureza" (SNS, 16). Mas rapidamente Cézanne teria-se separado dos impressionistas. Para Elgar, a proximidade com os impressionistas, revelada em obras desses primeiros anos da década de 1870 (como *A casa do enforcado*, de 1873), indica menos uma adesão de Cézanne ao credo impressionista do que uma libertação, "graças a uma nova disciplina, do seu romantismo ingênuo".[2] A "influência" de Pissarro (marcada sobretudo nas paisagens de Auvers, deste ano de 1873) teria sido "tão passageira quanto superficial".[3] Também para Merleau-Ponty, o impressionismo rapidamente teria-se revelado insuficiente a Cézanne. A razão disso é que o impressionismo busca traduzir na pintura "a maneira pela qual os objetos afetam nossa visão e atacam nossos sentidos" (SNS, 16). Daí por que, nas telas impressionistas, os objetos parecem ser dissolvidos no ar, efêmeros, perdidos por trás dos reflexos que projetam na atmosfera, sem peso, sem solidez, sem plenitude de objeto real. Já Cézanne, por sua vez, busca outra coisa que simplesmente dissolver o objeto na atmosfera, ele quer *mais* que o efêmero impressionista, por isso dizia que desejava fazer do impressionismo "algo sólido como a arte dos museus" (SNS, 17). Segundo Merleau-Ponty, Cézanne quis reencontrar o objeto – o que o afastava do impressionismo –, mas o objeto *por trás da atmosfera* (SNS, 16). Não se trataria, assim, de um abandono do impressionismo, mas de sua superação. Cézanne quis pintar, diz Merleau-Ponty, não os "dados dos sentidos", mas o objeto em sua plenitude, quer dizer, não mais o

---

1 Elgar, F. *Cézanne*, Editorial Verbo, p.47.
2 Ibidem, p.62.
3 Ibidem, p.69.

objeto coberto de reflexos, perdido em suas relações com o ar e outros objetos, mas o objeto em sua solidez e materialidade – daí a volta das cores terra, ocre, negro, abolidas pela luminosidade impressionista, que se serve apenas das sete cores do prisma. Ora, mas com isso Cézanne se colocou um paradoxo: o de pintar o objeto em sua solidez de objeto sem abandonar a pintura das aparências, como se buscasse, na expressão de Elgar, "o poder de ler *através* das aparências".[4] Daí a ambiguidade de sua pintura, formulada por Merleau-Ponty:

> buscar a realidade sem abandonar a sensação, sem tomar outro guia que a natureza na impressão imediata, sem definir os contornos, sem enquadrar a cor pelo desenho, sem compor a perspectiva ou o quadro (SNS, 17).

Ora, o reverso desse paradoxo traduz exatamente o esforço de Cézanne em escapar à antinomia – que nada mais é que o duplo prejuízo objetivista a que se refere Merleau-Ponty –, a antinomia da impressão subjetiva da natureza ou da natureza em si, a antinomia dos sentidos e da inteligência (inteligência que corrige as ilusões dos sentidos), do pintor que vê e do pintor que pensa, da cor e do desenho: "o desenho e a cor", diz Cézanne,

> não são mais distintos; à medida que se pinta, se desenha, quanto mais a cor se harmoniza, mais o desenho se precisa ... quando a cor está em sua riqueza, a forma está em sua plenitude (SNS, 20; PhP, 373, 433).

Em vez de fragmentar e desordenar as sensações, em vez de esboroar e decompor o tom local, por exemplo, que é o que faz o impressionismo uma vez que toma a luz como fim, Cézanne procura fazer da luz um princípio de "equilíbrio e harmonia" do quadro,[5] ele procura servir-se da cor para modelar o volume,[6] ordenando assim

---

4 Ibidem, p.126.
5 Ibidem, p.118.
6 Ibidem, p.131.

Razão e experiência: ensaio sobre Merleau-Ponty

as sensações e escapando ao primado da impressão direta. Mas isso não o conduz a um classicismo. Que se veja, por exemplo, o tratamento que ele dá à perspectiva.

Sabe-se que a fotografia aumenta os objetos próximos, como acontece no cinema, por exemplo, quando um trem se aproxima e cresce muito mais rápido do que um trem real nas mesmas condições, e, inversamente, a fotografia diminui os objetos longínquos, como uma montanha ao longe, que parece minúscula (SNS, 19; PhP, 300, 350). É essa perspectiva geométrica ou fotográfica que Cézanne vai recusar, diz Merleau-Ponty, em nome justamente de maior "fidelidade aos fenômenos" (SNS, 19). Dessa fidelidade vêm as deformações frequentes em suas telas: pratos de perfil sobre uma mesa deveriam ser elipses, segundo a geometria, mas Cézanne engrandece e dilata os dois extremos da elipse, como se procurasse revelar outra perspectiva, a "perspectiva vivida", diz Merleau-Ponty (SNS, 19), a "perspectiva sensível", diz Elgar,[7] isto é, a perspectiva da nossa percepção: de fato, não vemos uma elipse — o que aconteceria apenas se nossa percepção fosse geometricamente depurada, límpida e definida —, mas uma forma que oscila em torno da elipse (SNS, 19). A *Fenomenologia...* já lembrava: um disco colocado obliquamente em relação a nosso rosto "resiste à perspectiva geométrica, como Cézanne e outros pintores o mostraram, representando de perfil um prato de sopa cujo interior permanece visível" (PhP, 300-1, 350). Do mesmo modo, em suas telas, as maçãs não são esféricas, os objetos não têm verticalidade (como *A jarra azul*, de 1883-87, a *Jarra de tulipas*, de 1890-94, que aparecem inclinadas), a casa não tem prumo (como a *Casa da quinta do Jas de Bouffan*, de 1885-87), o pinheiro não é direito, as asas dos potes, dos bules, dos açucareiros são prolongadas em excesso, objetos se avolumando de um lado e estreitando de outro: tudo isso, que chegou a ser atribuído a perturbações da vista e levou o próprio

---

7 Ibidem, p.127.

Cézanne a se perguntar se toda sua vida não estava fundada "em um acidente do corpo" (SNS, 13), tudo isso é antes um meio de ser fiel aos fenômenos e revelar um mundo diferente do mundo da inteligência, como se Cézanne renunciasse à verossimilhança, diz Elgar em uma fórmula precisa, para "ser verdadeiro".[8]

Ora, o que se vai ressaltar para Merleau-Ponty dessa fidelidade aos fenômenos, ou da dupla recusa da representação da natureza em si, geometricamente definida, por um lado, e da mera impressão subjetiva, por outro (ou, se se quiser, da recusa do classicismo e do impressionismo), é aquilo mesmo que Merleau-Ponty também já apontara, na *Fenomenologia...*, ao trazer à expressão o mundo pré--objetivo. Asssim, por exemplo, comentando o *Retrato de Gustave Geffroy*, de 1895, Merleau-Ponty afirma que, se a mesa aí representada se estende na parte inferior da tela para além do que admitem as leis da perspectiva, é verdade também que tal deformação só vai até o ponto em que, sendo percorrida pelo olhar, ela deixa de ser visível por si mesma e cria outra impressão: a de uma superfície abaulada, a de *um objeto em vias de aparecer, de se aglomerar diante de nossos olhos* (SNS, 19-20). Ocorre a mesma coisa com o contorno: Cézanne não desenha primeiro o contorno para depois colorir a superfície delimitada, o contorno não é uma linha que delimita o objeto — já que nosso olho não é um puro espírito;[9] em vez disso, Cézanne procura seguir, em uma modulação colorida, o crescimento (*le renflement*) do objeto, marcando com traços coloridos *vários* contornos, como se o olhar, remetido de um a outro, apreendesse, entre todos eles, um *contorno nascente, tal como o faz na percepção* (SNS, 20). Assim, trata-se, para Merleau-Ponty, de mostrar que, buscando apreender o objeto, em vez de mergulhar em puras impressões, Cézanne não separa a coisa fixa de sua maneira fugaz de aparecer, de modo enfim a trazer para a tela — e por aqui

---

8 Ibidem, p.128. Voltaremos adiante a essa fórmula, que tem interesse especial para Merleau--Ponty.

9 O próprio Cézanne confessava não admirar os linearistas Rafael, Holbein, Ingres, mas sobretudo os venezianos e os espanhóis. Cf. Elgar, p.147.

o projeto de Cézanne se revela em acordo com o projeto de Merleau-
-Ponty — "a matéria em vias de se dar forma, a ordem nascente por
uma organização espontânea" (SNS, 18). Nesse sentido, Cézanne
podia dizer que buscava "um pedaço de natureza", em vez de "fazer o
quadro" (SNS, 17), ou seja, ele buscava trazer a realidade, a natureza
em sua origem, em vez de tentar construí-la, não importa se segundo
a geometria ou os dados dos sentidos:

> quando observo o verde brilhante de um vaso de Cézanne, ele não me
> faz *pensar* na cerâmica, ele a apresenta a mim, ela está ali, com sua crosta
> fina e lisa e seu interior poroso, na maneira particular pela qual o verde se
> modula (PhP, 380, 442).

Mas, então, o "pedaço de natureza", a realidade anterior a toda
construção, anterior a quaisquer recortes, é aquela de que já falava a
Fenomenologia..., aquela em que a coisa significa *pela própria organização
de seus aspectos sensíveis* (PhP, 373, 433) — isto é, por uma organização
autóctone, espontânea. A pintura de Cézanne, diz Merleau-Ponty, é
"uma tentativa de encontrar a fisionomia das coisas e dos rostos pela
restituição integral de sua configuração sensível" (PhP, 372, 432),
coisa que a natureza faz sem esforço; assim, a expressão que ele busca
deve aparecer como uma linguagem da própria coisa, nascida de sua
configuração, de tal modo que o "motivo" do pintor é a coisa em sua
totalidade, em sua plenitude, como Todo indivisível (SNS, 22). O
"real", dizia a *Fenomenologia...*,

> é este meio em que cada coisa é não apenas inseparável das outras, mas,
> de alguma maneira, sinônima das outras, em que os 'aspectos' se signi-
> ficam uns aos outros em uma equivalência absoluta; ele é a plenitude
> intransponível: impossível descrever completamente a cor do tapete sem
> dizer que ela é a cor de um tapete, de um tapete de lã, e sem implicar
> nessa cor um certo vaiar tátil, um certo peso, uma certa resistência ao
> som (PhP, 373, 433).

É esse real que Cézanne busca: se não posso definir a cor de um objeto sem mencionar a substância de que ele é feito (SNS, 64), o que escapa ao impressionismo, então é essa plenitude que é preciso trazer à tela, por isso Cézanne dizia que um quadro deve conter até o odor da paisagem (PhP, 368, 427): se a coisa é esse gênero de ser em que os aspectos se significam, em que "a definição completa de um atributo exige a definição do sujeito inteiro" (PhP, 373,433), então é preciso, se a arte deve retomar totalmente a coisa, que *vejamos* a profundidade, o aveludado, a moleza, a dureza, e até mesmo o odor dos objetos" (SNS, 63; 20). Portanto, o arranjo da cor, na tela, não é o colorimento de uma superfície delimitada, como se desenho e cor fossem exteriores um a outra, mas deve ser tal que ele implique todas as respostas que a cor "daria a uma interrogação dos outros sentidos, [pois] uma coisa não teria essa cor se não tivesse também essa forma ..." (PhP, 368, 427), isto é, é preciso que desenho, cor e demais qualidades se imbriquem umas nas outras. Ora, mas isso significa que essa coisa que se organiza de forma autônoma, independentemente do nosso olhar, por sua própria linguagem, deve, paradoxalmente, oferecer uma resposta a uma interrogação de todos os nossos sentidos, como um correlato de nosso corpo, de modo que ela deve ser, a um só tempo, *em si e para nós*. Trata-se de "exprimir o mundo" segundo sua própria linguagem, não de construí-lo; mas esse mundo autônomo é mais profundamente o mundo dos fenômenos, quer dizer, o mundo da nossa percepção. Deve haver, portanto, uma *retomada* da coisa, pela qual ela se revela o termo de nossa apreensão sinestésica, e, paradoxalmente, uma coisa que significa *autonomamente*. Foi a compreensão da organização autônoma da coisa que fez Cézanne perceber, ao que nos diz Merleau-Ponty, um fracasso de juventude. Com efeito, o pintor confessa ter desejado pintar, durante toda sua juventude, uma descrição de Balzac em *A pele de Onagro*: "uma toalha branca como uma camada de neve recentemente caída e da qual elevavam-se simetricamente os talheres coroados por pãezinhos dourados" (SNS, 21). A expressão teria

Razão e experiência: ensaio sobre Merleau-Ponty

escapado aos esforços do pintor porque ele teria começado por tentar apreendê-la por esforço próprio, isto é, porque ele começou por tentar construí-la. Mas ele terminou por compreender a inutilidade desses esforços, então diz: "sei agora que é preciso *querer* pintar apenas: 'elevavam-se simetricamente os talheres' e 'pãezinhos dourados'. Se eu pintar 'coroados', estarei fodido, entende? *Se verdadeiramente equilibro e matizo meus talheres e meus pães como na natureza, tenha certeza de que as coroas, a neve e todo o tremor aí estarão*" (SNS, 21; grifos nossos). A expressão não se deixa construir, ela transparece do arranjo das coisas. "O real", diz Merleau-Ponty na *Fenomenologia...*, "deve ser descrito, não construído ou constituído" (PhP, IV, 5): essa observação, ao que nos parece, valeria também para Cézanne. Mas, então, porque se trata de retomar a configuração total da coisa, cada toque do pintor "deve satisfazer a uma infinidade de condições", deve, como dizia Émile Bernard, "conter o ar, a luz, o objeto, o plano, o caráter, o desenho, o estilo" (SNS, 21; PhP, 373, 433). Por isso, a tarefa que se impõe ao pintor – a de exprimir o mundo – é infinita, e sua obra, para sempre inacabada.

III

Exprimir o mundo, o mundo tal como se organiza *espontaneamente*, por si mesmo, significa afastar o nosso mundo habitual e comum, em que as coisas parecem já definidas e acabadas, necessárias, e recuar a um "mundo sem familiaridade", a um mundo pré-humano, a um "fundo de natureza inumana" (SNS, 22), a um "pré-mundo onde ainda não havia homens" (PhP, 372-3, 432). Como já vimos, este era também o efeito da redução fenomenológica, que, já dizia Merleau-Ponty, deve "romper nossa familiaridade" com o mundo (PhP, VIII, 10), deve ir "contra o movimento natural" (que é do "conhecimento" (PhP, 71, 91), mas também é já inscrito na "consciência" (SC, 236), ou, se se quiser, na percepção), movimento que consiste em ir diretamente ao "resultado teleológico" (PhP, 71, 91), a um *em si* como a seu fim. Era então que se recuava aos fenômenos, *esquecidos* pela consciência natural, e era nesse caso que, rompido o hábito, tornava-se "difícil saber ao certo *o que [se via]*" (PhP, 71, 91).[10] Assim, analogamente, é também um mundo não familiar que Cézanne traz à tela: seus personagens, diz Merleau-Ponty, "são estranhos", como se fossem vistos "por um ser de outra espécie" (SNS, 22) (ele dizia que se deve pintar um rosto como um objeto (SNS, 15)); sua paisagem é sem vento (Cézanne dizia querer penetrar até "os bancos geológicos da paisagem");[11] a água do *Lago de Annecy* (tela de 1896) não tem movimento, "os objetos congelados hesitantes como na origem da terra" (SNS, 22).

Ora, mas esse é apenas o primeiro aspecto da questão, aquele em que o mundo, por se organizar autonomamente, aparece como em si. Há outro, aquele em que, inversamente, a totalidade inumana precisou ser *retomada* pelo pintor, que "germinou" com ela, que juntou uma a outra todas as visões parciais que o olhar nela captou – por isso a coisa pode responder a uma interrogação de todos os nossos sentidos –, que reuniu o que estava disperso pela versatilidade dos olhares, que "juntou as mãos errantes da natureza" (SNS, 23; PhP, 303, 353), até "objetivar", "projetar", "fixar" (SNS, 23) o que enfim a totalidade significava autonomamente, como se o pintor apenas reunisse um sentido esparso pelo mundo e figurasse esse sentido autóctone. Foi preciso, enfim, que a imagem viesse à maturidade pela fixação do pintor. A paisagem, dizia Cézanne, "se pensa em mim e eu sou a consciência dela" (SNS, 23), isto é, o pintor é aquele por meio do qual a paisagem, a própria paisagem, a paisagem "efetiva", não construída, se faz pintura. Isso ocorria após longa meditação, em que ele agarrava enfim o seu "motivo" – a paisagem em sua totalida-

---

10 Cf. supra, Capítulo 1, XVII.
11 Elgar, op. cit., p.178.

de −, de modo que o pintor, finalmente, poderia "fixá-la", trazê-la "viva em uma rede que nada [deveria] deixa[r] passar" (SNS, 23).[12]

Há, em suma, um paradoxo, reverso da dupla recusa do classicismo e do impressionismo, do primado da geometria e do primado da sensação. Por essa dupla recusa, legível, segundo Merleau-Ponty, em Cézanne, o filósofo chega à ideia de uma expressão que traz à luz uma coisa em totalidade, como ela é em si mesma, mas que só vem à expressão por um ato do artista; daí por que Cézanne retomaria o mote clássico segundo o qual a arte é "o homem acrescentado à natureza" (SNS, 22). Ora, esse mundo é *original* à medida que ele não pode ser construído com nenhuma categoria prévia, já definida, como se fosse a tradução de um pensamento já claro: "a 'concepção'", diz Merleau-Ponty, "não pode preceder a 'execução'" (SNS, 24); e é *originário*, no sentido em que ele nos mostra a gênese das coisas, tal como, analogamente, a fenomenologia da percepção nos revelou a gênese do sujeito e do objeto: as telas de Cézanne, diz o filósofo, nos revelam o *nascimento do contorno*, pela maneira mesma pela qual ele modula o crescimento do objeto; elas nos mostram, pela deformação de um objeto, o ponto em que ele parece se concentrar, aglomerar-se diante de nossos olhos e *tornar-se objeto*. Ora, é então, e só então, que estamos em condições de avaliar as dificuldades de Cézanne.

Pois Cézanne quis revelar em suas telas o mundo em vias de se dar forma, o começo do mundo, revelação que portanto não tem modelo prévio nem conceito que o organize e dê ao artista o *telos* da perfeição. Vem daí suas dificuldades, que não são apenas suas, mas de toda a arte e pensamento modernos, de natureza distinta das dificuldades da arte clássica (SNS, 23). O que é propriamente moderno,

---

12 Em seus diálogos com Cézanne, Gasquet lembra o que o artista dizia: "[o pintor] deve fazer calar em si todas as vozes dos prejuízos, esquecer, esquecer, ficar em silêncio, ser um eco perfeito. Então, sobre sua placa sensível, toda a paisagem se inscreverá ... A paisagem se reflete, se humaniza, se pensa em mim. Eu a objetivo, a projeto, a fixo em minha tela" (Gasquet, *Cézanne*. Paris: Cynara, 1988, p.131-2).

dirá mais tarde Merleau-Ponty, e caracteriza tanto a arte quanto o pensamento modernos, é a admissão de uma verdade "que não se assemelha às coisas, que [é] sem modelo exterior, sem instrumentos de expressão predestinados, e que, no entanto, [é] verdade" (S, 72; PM, 92-93). Já no *Prefácio à Fenomenologia...*, Merleau-Ponty comparava o "movimento" fenomenológico à arte moderna segundo o mesmo viés, "pelo mesmo gênero de esforço": "[a fenomenologia] é laboriosa como a obra de Balzac, de Proust, de Valéry ou de Cézanne – pelo mesmo gênero de atenção e admiração, pela mesma exigência de consciência, pela mesma vontade de apreender o sentido do mundo ou da história *em estado nascente*. Ela se confunde, sob esse aspecto, com o esforço do pensamento moderno" (PhP, XVI, 20; grifos nossos). Tratar-se-ia, então, em toda parte, de mostrar esse sentido em gênese, esse sentido originário, sem modelo exterior. Por isso, as dificuldades de Cézanne são as dificuldades da "primeira fala", já que ele se coloca o problema de pintar como se fosse o primeiro homem a pintar, no sentido em que o que ele vai dizer *"não está* em lugar algum, nem nas coisas, que ainda não são sentido, nem nele mesmo, em sua vida informulada" (SNS, 25). O sentido novo não está no mundo, pois a pintura não é decalque, imitação, *trompe-l'oeil*, de modo que, se se trata de "dobrar-se a essa obra perfeita" da qual tudo nos vem, que é a natureza (SNS, 17), esse sentido autóctone contudo precisa ser reunido pelo olhar do pintor. Tampouco o sentido novo está no próprio artista, em sua subjetividade, em seu corpo, pois o sentido da obra não é expressão de um sujeito, já que ele não o traz em si, mas apenas reúne o que se encontra disperso na própria paisagem. Não se pode, portanto, explicar a obra de Cézanne, a novidade de sua pintura, por uma "perturbação dos olhos" (SNS, 13), como uma manifestação doentia. É verdade que sua instabilidade, sua fraqueza, sua indecisão, sua irritabilidade, suas "perturbações cerebrais", a perda de contato flexível com os homens, tudo isso permitiu falar em uma "constituição mórbida" e até mesmo, "como se fez com El Greco, de um esquizoide":

Razão e experiência: ensaio sobre Merleau-Ponty

sua extrema atenção à natureza, à cor, o caráter inumano de sua pintura ... sua devoção ao mundo visível seriam apenas uma fuga do mundo humano, a alienação de sua humanidade (SNS, 15).

O próprio pintor se perguntava – e essa era a "dúvida de Cézanne" – "se o que sai de suas mãos oferece um sentido e seria compreendido" (SNS, 9), ele mesmo se acreditou impotente. Mas tudo isso, segundo Merleau-Ponty, permite ser compreendido "pela intenção de sua obra" (SNS, 25), que é trazer à tela um sentido em formação. De modo que, se Cézanne desejava "pintar o mundo, convertê-lo inteiramente em espetáculo, fazer *ver* como ele nos *toca*" (SNS, 25), retomá-lo integralmente, seria preciso lembrar, contudo, que essa tarefa é infinita, de modo que não se trata de impotência, mas de não onipotência. O inacabamento da obra de Cézanne é como o "inacabamento da fenomenologia". Diz Merleau-Ponty: "o inacabamento da fenomenologia e o seu andar incoativo não são o signo de um fracasso, eles eram inevitáveis porque a fenomenologia tem como tarefa revelar o mistério do mundo e o mistério da razão" (PhP, XVI, 20).

Essa "intenção", essa "tarefa", permite colocar em perspectiva a tentativa de determinar o sentido da obra de Cézanne a partir de sua vida e da história da arte. Daí por que Merleau-Ponty retoma o tema do começo do seu ensaio. Com efeito, ele começara apresentando os traços psicológicos de Cézanne e o que seriam as "influências" sofridas pelo pintor. Nem uma coisa, nem outra, permite compreender aquele sentido, afirma ele muito sucintamente (SNS, 15). A partir daí, passa então a considerar a própria obra de Cézanne, até finalmente chegar à conclusão de que é uma obra originária. Mas essa conclusão precisa ser igualmente posta em perspectiva. Assim, afirmar que essa obra é originária e veicula um sentido inédito não significa dizer que esse sentido é *ex nihilo*. "Hereditariedade" e "influências" são então retomadas na sequência do ensaio para mostrar que, se eles não permitem determinar o sentido da obra, nem por isso eles são nada: eles são antes o "texto" que cabe ao pintor "decifrar" (SNS, 26). É então que Merleau-Ponty retoma a *Fenomenologia*... lá no ponto em que a havia deixado, isto é, no capítulo sobre a liberdade, como se a passagem ao mundo da cultura devesse retomar o termo em que nos deixara a análise da percepção. É à liberdade que Merleau-Ponty confia o poder de nos fazer compreender a gênese do sentido inédito. A criação, diz ele, é como o ato livre, ambos "impõem ao dado um sentido figurado que não existia antes deles" (SNS, 26). O dado não tem o poder de determinação — assim, a doença de Cézanne não é um dado que ele sofra e explique sua obra —, mas não há ato que não se assente em um "dado":

> se sou projeto desde meu nascimento, impossível distinguir em mim o dado e o criado, impossível distinguir portanto um único gesto que seja apenas hereditário ou inato e que não seja espontâneo — mas também um único gesto que seja absolutamente novo em relação a essa maneira de ser no mundo que sou eu desde o início (SNS, 27-8).

Do mesmo modo no que se refere ao dado que é o "mundo". Com efeito, já vimos que o sentido manifesto nas telas de Cézanne já "se propunha a ele no próprio mundo que lhe aparecia", de tal modo que ele apenas o "liberou", pois "são as próprias coisas e os próprios rostos tais como ele os via que pediam para assim serem pintados, e Cézanne apenas disse o que eles *queriam* dizer" (SNS, 27). Todo o esforço de Cézanne consistia, enfim, em exprimir o mundo segundo sua própria linguagem. Mas, no entanto, foi necessário que o artista reunisse esse sentido que está apenas esparso no mundo, foi preciso que ele, em um ato de expressão criador, o fixasse e o projetasse na tela. Em toda parte, portanto, há ambiguidade e circularidade. E era, com efeito, esse o tema do último capítulo da *Fenomenologia*..., em que, contra a ideia de um sentido surgido por um ato de consciência, de modo centrífugo, Merleau-Ponty já opunha a ideia de ambiguidade. E, ali, Sartre era seu alvo principal.

IV

O ponto de ruptura consistia em mostrar que, para Sartre, ou a liberdade é total ou nenhuma e, desse modo, ele ignora justamente o que precisaria introduzir em todo ato livre, isto é, o "dado", ou antes, já que se trata de um dado retomado, o sedimento. Sartre recusa, com razão, segundo Merleau-Ponty, a ideia de causalidade, mas, para ele, apenas a decisão pode tornar o passado motivo para a ação. Ele não nega que a ação livre requer um motivo (os partidários da liberdade de indiferença erram, segundo Sartre, porque se preocupam em encontrar decisões para as quais não há nenhum motivo anterior, e, com isso, ignoram a unidade da ação intencional), mas, para ele, é o para si que lhe confere seu valor de motivo.[13] Os motivos não têm força para me fazer agir, é minha liberdade que os converte em motivos. Um rochedo só é intransponível para alguém que se propõe a transpô-lo.[14] Nesse sentido, diz Merleau-Ponty, nada limita a liberdade, "senão aquilo que ela mesma determinou como limite por suas iniciativas". E como, enfim, é "o sujeito que, surgindo, faz aparecer sentido e valor nas coisas, e como nenhuma coisa pode atingi-lo senão fazendo-se, por ele, sentido e valor, não existe ação das coisas sobre o sujeito, só existe uma significação (no sentido ativo), uma *Sinngebung* centrífuga" (PhP, 498, 584). É verdade, dirá Merleau-Ponty, que só há sentido para mim e por mim, mas isso não nos leva necessariamente ao método do "aquilo sem o quê", à consciência kantiana que "só encontra nas coisas aquilo que ela ali colocou" (PhP, 501, 588). Sem dúvida, nenhum rochedo é intransponível *em si* mesmo, mas o Eu que os qualifica não é esse "sujeito acósmico", é antes um sujeito que "se precede a si mesmo junto às coisas para dar-lhes

---

13 Sartre, *L'être et le néant*, p.512: "toda ação deve ser intencional: ela deve, com efeito, ter um fim e o fim, por sua vez, se refere a um motivo ... mas, vimos que, se não há ato sem motivo, não é de modo algum no sentido em que se pode dizer que não há fenômeno sem causa. Para ser motivo de fato, o motivo deve ser *experimentado* como tal ... o para si deve lhe conferir seu valor de móvel ou de motivo".

14 Sartre, op. cit., p.562.

figuras de coisas" (PhP, 503, 591). Há uma "existência anônima", genérica, um "corpo habitual" que representa uma "adesão pré--pessoal à forma geral do mundo" (PhP, 99, 125), nunca completamente transcendido, solo da existência pessoal.[15] Assim, "enquanto tenho mãos, pés, um corpo, um mundo, em torno de mim produzo intenções que não são decisórias e que afetam minha circunvizinhança com caracteres que não escolho" (PhP, 502, 519). Abaixo do sujeito acósmico e pensante há "um eu natural que não abandona sua situação terrestre e que, sem cessar, esboça valorizações absolutas" (PhP, 502, 589). Dessa forma, "há um sentido autóctone do mundo, que se constitui no comércio de nossa existência encarnada com ele, e que forma o solo de toda *Sinngebung* decisória" (PhP, 503, 591). Do mesmo modo, se se considera nossa relação com a história, não será pela decisão de querer a revolução, como pretende Sartre, que se afirma a consciência de classe[16] — isso nos levaria ao mesmo equívoco: nesse caso, a história teria o sentido que "nós lhe damos por nossa vontade" (PhP, 506, 593). A tomada de posição certamente não decorre de uma causalidade mecânica, da condição objetiva de trabalhador, mas tampouco é uma valorização gratuita, no sentido em que ela faria do motivo um motivo: também aqui, há um sujeito socialmente situado, um "solo de coexistência" (PhP, 509, 598). Há um "existir trabalhador", um modo de comunicação com o mundo e com a sociedade que, ele sim, motiva projetos revolucionários ou conservadores (PhP, 506, 594). Há, em suma, em ambos os casos uma generalidade que precede toda decisão individual, até nossa presença a nós mesmos (PhP, 513-4, 603-4); e, da generalidade à individualidade, entre a situação e aquele que a assume, há troca, "cada uma recebe e dá" (PhP, 513, 603). Nem determinismo nem escolha absoluta: o mundo é, sem dúvida, já constituído, como quer o determinista, mas nunca completamente constituído: "sob o primeiro

---

15 Cf. supra, Capítulo 2, III.
16 Sartre, op. cit., p.510.

Razão e experiência: ensaio sobre Merleau-Ponty

aspecto, somos solicitados, sob o segundo somos abertos a uma infinidade de possíveis" (PhP, 517, 608). É isso que Sartre ignora, que "nós existimos sob os dois aspectos *ao mesmo tempo*" (PhP, 517, 608), que o arrancamento perpétuo da consciência "se apoia em um envolvimento universal no mundo" (PhP, 516, 607), e é por ignorá-lo que ele faz do motivo um resultado da decisão. A significação é ao mesmo tempo centrífuga e centrípeta (PhP, 501, 588; 513, 603), e se minha liberdade pode impor uma inflexão à minha vida é "por uma série de deslizamentos ... e não por alguma criação absoluta", de modo que, se sou livre, não é "a despeito ou aquém" dos motivos, mas "por seu meio" (PhP, 519, 611).[17]

---

17 Seria preciso lembrar que, para Sartre, o motivo é necessário, ainda que pensado a partir do fim, isto é, da decisão, porque, do contrário, tomada a decisão, seguir-se-ia o efeito, e a vida seria sonho: "o senso comum concordará conosco ... que o ser dito *livre* é aquele que pode *realizar* seus projetos. Mas, para que o ato possa comportar uma *realização*, é preciso que a simples projeção de um fim possível se distinga *a priori* da realização desse fim. Se bastasse conceber para realizar, estaria eu mergulhado em um mundo semelhante ao do sonho, no qual o possível não se distingue mais de forma alguma do real ... [o fim é] um objeto que ainda não existe ... em consequência, este *fim* só pode ser transcendente se estiver separado de nós ao mesmo tempo que acessível" (Sartre, op. cit., p.562-3). Merleau-Ponty não ignora que, para Sartre, "alguma coisa separa [a liberdade] de seus fins" (PhP, 500, 587). Entretanto, ele parece ignorar que, ao falar dos limites da liberdade como os limites *que a própria liberdade criou*, Sartre está considerando a questão na perspectiva da *realização* do fim: "mesmo se o rochedo se revela como 'muito difícil de escalar' e temos de desistir da escalada, observemos que ele só se revela desse modo por ter sido originariamente apreendido como 'escalável'; portanto, é nossa liberdade que constitui os limites que *irá encontrar depois*" (Sartre, op. cit., p.562; grifos nossos). Mas, então, trata-se de limites para o êxito do fim, e o êxito, diz Sartre, "não importa de modo algum à liberdade" (Ibidem, p.563). Ser livre não significa "obter o que se quis" (Ibidem, p.563). Assim, o rochedo, sempre iluminado por nossa liberdade, é um existente real que nos separa de nosso fim, e, por isso, ele é não um limite para ela, mas indispensável a ela, que é ação e não sonho: "as resistências que a liberdade desvela no existente, longe de constituir um perigo para ela, nada mais fazem do que permitir-lhe surgir como liberdade. Só pode haver para si livre enquanto engajado em um mundo resistente" (Ibidem, p.563). Nesse caso, o que a liberdade "determinou como limite por suas iniciativas" (PhP, 498, 584), como diz Merleau-Ponty, não limita a liberdade (apenas o projeto), mas, ao contrário, é condição dela. Os limites da liberdade estarão noutro lugar, no fato de que ela não é livre ... *para deixar de ser livre*. A liberdade tudo escolhe, menos sua própria existência: "somos uma liberdade que escolhe, mas não escolhemos ser livres: estamos condenados à liberdade" (Ibidem, p.565). Ou ainda: "não se poderia encontrar outros limites à minha liberdade além da própria liberdade, ou, se preferirmos, não somos livres para deixar de ser livres" (Ibidem, p.515).

Ora, se a criação do artista é como o ato livre — ambos germinam um sentido inédito —, então "os dados de Cézanne" são "tema obrigatório", mas para mostrar que eles deixam indeterminada a maneira pela qual ele os viverá (SNS, 26). Há relação entre a constituição esquizoide e a obra de Cézanne, certamente, mas sua doença não é um constrangimento; é antes um "emblema de uma vida que se interpreta a si mesma" (SNS, 26). Se é verdade que sua constituição lhe facultou ricas sensações, é verdade também que tais dons só fazem uma obra "pelo ato de expressão" (SNS, 25) — que, por sua vez, se apoia inteiramente nela. Vem daí as referências de Merleau--Ponty a Valéry e a Freud: comentando Leonardo, Valéry fala em "monstro de liberdade pura", em "mestre de seus meios"; a "intuição psicanalítica", de outro lado, indica-nos "relações de motivação que, per princípio, são simplesmente possíveis" (SNS, 31). Em *Santa Ana, a Virgem e o Menino*, o manto da virgem desenha um abutre que termina contra o rosto do menino, abutre que, nas palavras do próprio Leonardo, é uma de suas primeiras lembranças de infância. Segundo Leonardo, o abutre vinha até ele, ainda no berço, abria sua boca com a cauda e, com ela, batia entre seus lábios. Ora, essa relação, estabelecida por Freud, entre o fantasma do abutre e o passado infantil não pretende mostrar uma força que determinou o futuro de Leonardo: o passado é antes uma dimensão da vida do pintor que não impõe nenhum ato em particular, mas que se lê e se reencontra nela (SNS, 31-2). Trata-se então de compreender duas coisas ao mesmo tempo: que não somos jamais determinados e, retrospectivamente, sempre podemos encontrar em nosso passado o anúncio do que nos tornamos (SNS, 28). É esse "movimento circular de nossa vida", essa relação de mão dupla, essa ambiguidade, que permite compreender a gênese de um sentido que é inédito mas não *ex nihilo*, imotivado, gratuito.

V

Mas será que, com isso, Merleau-Ponty responde à dúvida de Cézanne? Ele mostra que a obra do pintor é originária e comunica um sentido inédito, em estado nascente, por isso sem modelo dado. Desse projeto advêm as dificuldades do pintor, as dificuldades da "primeira fala". Assim, não é porque não disse tudo que a obra de Cézanne é inválida, pois o que ela se propôs a dizer é infinito: como toda obra moderna, também ela está condenada ao inacabamento. Feito isso, Merleau-Ponty mostra que um sentido inédito pressupõe uma livre criação, em relação circular com os "dados" que lhe são postos, sejam eles a história (as influências), a natureza (sua doença) ou o mundo. Ora, mas vale lembrar que se Cézanne chegou a colocar em dúvida sua vocação e perguntar se sua pintura não vinha de uma perturbação dos olhos (SNS, 13), essa dúvida diz respeito sobretudo à *validade* de sua obra. Quanto a isso, Merleau-Ponty afirma que o critério de validade comporta agora o inacabamento, já que a obra moderna traz à tela um sentido em formação. Ora, essa resposta não parece ainda ir ao núcleo da questão, porque a validade diz respeito, antes de mais nada, à *universalidade* da obra. O núcleo da dúvida de Cézanne consiste em saber "se o que sai de suas mãos oferece um sentido e será compreendido" (SNS, 9). Merleau-Ponty mostra como um sentido inédito pode vir ao mundo, sentido que explicaria as dificuldades de Cézanne, mas a questão é saber se sua resposta é suficiente para mostrar como tal sentido pode ser válido, isto é, válido para todos. Ele se ocupa em mostrar o inacabamento constitutivo da obra, mas, ao que parece, não sua validade, isto é, não sua universalidade. É verdade que o filósofo colocou esse tema em questão, mas, ao que nos parece, para ser retomado logo em seguida, em *A linguagem indireta e as vozes do silêncio*.

De fato, malgrado sua doença, diz Merleau-Ponty, Cézanne concebeu "uma forma de arte válida para todos" (SNS, 15). Ao contrário do que pensou Émile Bernard, Cézanne não "mergulhou a pintura na ignorância" (SNS, 18). Ele não negou a ciência e a tradição; tratou-se antes, para ele, de "repor a inteligência, as ideias, as ciências, a perspectiva, a tradição, em contato com o mundo natural" (SNS, 19). Menos que recusar a geometria, por exemplo, a anatomia, o desenho ou quaisquer outras relações abstratas – portanto universais –, ele procurou antes regulá-las "pelo mundo visível" (SNS, 22), como, aliás, o fizera Merleau-Ponty ao revelar o *Lebenswelt*, que não era para ele, tampouco, um desmentido da ciência, mas antes um meio de regular os conceitos da ciência pela experiência efetiva. E em ambos os casos o objetivo é o mesmo: trazer à luz (ou para a tela) um sentido nascente, o que teria escapado a Bernard. Cézanne quis, *"por intermédio* das ciências, reapreender a constituição da paisagem como organismo nascente" (SNS, 23). Ora, mas ao fazer isso o artista, segundo Merleau-Ponty, apenas "lança sua obra como um homem lançou a primeira fala, sem saber se ela será outra coisa que um grito, se ela poderá se destacar do fluxo individual em que nasce e apresentar, seja a essa vida mesma em seu futuro, seja às mônadas que coexistem com ela, seja à comunidade aberta das mônadas futuras, a existência independente de um *sentido* identificável" (SNS, 25). A expressão e a comunicação se realizam aqui "no risco" (SNS, 8), como se se tratasse de uma luta "contra o acaso" – luta que Cézanne venceu (SNS, 9). Mas, a princípio, é como "um passo na bruma, do qual ninguém pode dizer se conduz a algum lugar" (SNS, 8). O pintor, como o filósofo, não conta com o benefício de que goza o físico: este, porque lida, pelo cálculo, com medidas que são comuns aos homens, que são portanto já universalizadas, pode simplesmente "provar" uma teoria física nova, ao passo que aqueles, porque buscam um sentido em formação, têm não apenas de criar e exprimir uma ideia, "mas ainda despertar as experiências que a enraizarão nas outras consciências" (SNS, 25). Para isso, eles têm apenas a própria obra, que terá de ter o "estranho poder de se ensinar a si mesma": será por indicação da obra, a princípio frágil e solitária, que o leitor e o espectador "terminarão por encontrar o que se quis lhes

Razão e experiência: ensaio sobre Merleau-Ponty

comunicar" e a obra, finalmente, "habitará indivisa em muitos espíritos, presuntivamente em todo espírito possível, como uma aquisição para sempre" (SNS, 25-6). Ora, é esse modelo de ligação entre o singular e o universal — modelo já em marcha na *Fenomenologia...* — que Merleau-Ponty procurará superar pouco depois.

Tudo se passa como já se passara da descrição da percepção, de 1945, à fenomenologia da linguagem, do início dos anos 1950. Com efeito, vimos que o mundo aparecia na *Fenomenologia...* como um terceiro termo no qual os múltiplos sujeitos coexistem, já que são sujeitos anônimos, consagrados portanto a um único mundo, não sujeitos constituintes, o que faria apenas multiplicar os "mundos", tornando-os privados. Mas essa universalidade do mundo não excluía um fundo privado, solipsista, o que implicava, portanto, a ideia de uma pluralidade de sujeitos coexistindo em um mundo único.[18] Assim, a singularidade da experiência ia de par com a universalidade do mundo, sem que se pudesse universalizar a *própria experiência*. Logo, alguns anos depois, Merleau-Ponty dirá que o estudo da percepção só podia lhe fornecer uma "'má ambiguidade', a mistura da finitude e da universalidade" (In, 409). É o que aparece aqui, em *A dúvida de Cézanne*, de modo ainda mais flagrante — mais flagrante porque se trata agora da universalidade de um objeto criado, não da do correlato da percepção, ao qual todos nós estamos consagrados: a universalidade terá de ser o resultado da luta contra o acaso, e o artista, quando cria, está mergulhado em solidão e dúvidas; nada podendo saber acerca do destino de sua obra, ele apenas parece dar um passo na bruma, sem saber se ela irá a algum lugar. Ora, o que falta aqui é a *universalização da própria experiência do criador*, aquela que permitirá mostrar que, quando cria, o artista segue o curso da expressão, investido e envolvido por ela, como se seguisse um devir espontâneo, de tal modo que a experiência singular aparece como se fosse enxertada nessa universalidade, perpassada por ela, não mer-

---

18 Cf. supra, Capítulo 5, I e II.

gulhada em si mesma, à espera de uma universalização possível. Por isso, o problema da arte, em *A linguagem indireta*, será posto de outra maneira: não se tratará mais, apenas, de saber como podemos comunicar sem o socorro de uma Natureza preestabelecida, mas ainda de saber "como somos enxertados no universal pelo que temos de mais próprio" (S, 65), isto é, pela nossa experiência singular, no caso, a do artista criador. É para responder a essa questão que Merleau-Ponty vai abordar a pintura como uma *linguagem*.

VI

As artes da linguagem e a pintura, diz Merleau-Ponty, viveram, de início, "no meio do sagrado exterior" (PM, 68), "consagradas à cidade, aos deuses" (S, 59). Universalmente identificadas à religião, elas apareciam então como exercícios de "instituição divina" (PM, 68), não tanto como "meios para celebrar o sagrado", mas, elas próprias, "culto e religião" (PM, 68). Não autônomas, elas pareciam representar então "uma arte e uma fala das origens", como se seu nascimento fosse um "milagre" inteiramente devido a uma "potência exterior" (S, 59; PM, 68), na qual, portanto, "tudo estaria antecipadamente contido" (PM, 68). Esse primeiro momento das artes – o da Fé –, embora longe de nós, pois já não concebemos as artes como instituições divinas das quais nos caberia apenas nos servir, persiste entretanto sob uma forma secularizada, já que ainda estamos marcados pelo momento seguinte, o clássico, que conserva daquele o essencial. Pois, enfim, a pintura clássica ainda é marcada pela necessidade de seguir "receitas", que lhe são ensinadas, dessa vez, pela natureza; as artes da linguagem, pela necessidade de "encontrar a justa expressão", expressão antecipadamente indicada a cada pensamento por uma "linguagem das coisas mesmas" (S, 59; PM, 69). Há uma arte antes da arte, uma fala antes da fala, pois há uma natureza em si e uma linguagem em si, por isso pintura e literatura "se desti-

Razão e experiência: ensaio sobre Merleau-Ponty

nam a um estado de perfeição no qual a expressão plena seria alcançada" (PM, 69). Esse é o ponto do qual se deve partir, diz Merleau-Ponty, se se quer dar todo o sentido à modernidade, na qual pintura e linguagem são tomadas "por si mesmas" (PM, 68), destacadas, seja do sagrado, seja de uma Natureza e de uma linguagem em si. Foi o que fez André Malraux, segundo o filósofo, que foi feliz em apontar esse prejuízo posto em questão pela arte moderna, que o fenomenólogo denomina "prejuízo objetivista". Acontece que o próprio Malraux já não foi tão feliz ao medir o alcance desse prejuízo, o que o teria levado a compreender mal tanto os clássicos quanto os modernos, ao conceder aos primeiros o domínio do mundo visível e definir os segundos por um "retorno ao sujeito", compreendendo os primeiros por um primado do objeto e os segundos por um primado do sujeito (ou do artista). Comecemos então por aqui, pela crítica a Malraux, porque é dela que surgirá uma concepção renovada da arte em geral.

Importava aos clássicos, diz Malraux, pintar o mundo não tanto como ele aparece, mas como ele é: "nossos primitivos pintavam uma árvore ao longe folha por folha não porque acreditavam vê-la assim, mas porque sabiam que ela era assim".[19] De uma geração a outra, era o mesmo objetivo que se ressaltava: "um afresco de Giotto [era] mais 'semelhante' que um de Cavallini, um quadro de Botticelli mais que um de Giotto, um de Rafael mais que um de Botticelli. O século XVII, nos Países Baixos como na Itália, na França como na Espanha, tinha continuado, com todo seu gênio, a mesma busca".[20] Daí o privilégio à pintura a óleo, pois esta permite, melhor que qualquer outra,

atribuir a cada elemento do objeto ou do rosto humano um representante pictórico distinto, a busca de signos que possam dar a ilusão da profundidade ou do volume, e também a do movimento, das formas, dos valores táteis e dos diferentes tipos de matéria (que se pense nos estudos

---

19 Malraux, A. *Les voix du silence*. Paris: La Galérie de la Pléiade, NRF, 1951, p.102.
20 Ibidem, p.103.

pacientes que conduziram à perfeição a representação do veludo); esses procedimentos, esses segredos aumentados a cada geração, são os elementos de uma técnica geral da *representação* que, no limite, alcançaria a coisa mesma, o homem mesmo (S, 59-60; PM, 69-70).

De uma geração a outra, de uma técnica a outra, a pintura se tornaria cada vez mais convincente, apoiada, então, na suposição "de uma comunicação entre o pintor e seu público através da evidência das coisas" e no aparelho de percepção como meio natural e dado dessa comunicação (S, 60; PM, 71). A arte clássica caracteriza-se então por uma "representação dos objetos e dos homens em seu funcionamento *natural*" (PM, 69). Mas, se é assim, segue-se daqui que a pintura é mera representação objetiva da natureza, apenas representação? Merleau-Ponty não contestará que a pintura clássica se tenha dado por fim a representação da natureza, nem que ela lhe tenha pedido o segredo de uma "representação suficiente" (S, 60; PM, 71), mas que, ao fazê-lo, o artista siga apenas o cânone de uma objetividade cada vez mais bem alcançada: o "primado da objetividade", ao contrário, vai se revelar marcado por uma *metamorfose* capaz de embaralhar o dualismo de Malraux — pintura clássica como representação da natureza, pintura moderna como pura referência ao sujeito. Daí por que Merleau-Ponty vai procurar, contra Malraux, "o meio de ligar o elemento da criação e o elemento da representação" (PM, 72), imiscuindo o subjetivo no objetivo clássico, do que depende, diz ele, "a ideia que se fará da pintura moderna" (PM, 76). O alvo preferido será o meio de representação que melhor contribuiu para a ilusão da objetividade: a perspectiva, que já era, em *A dúvida de Cézanne*, o "momento" da objetividade.

Ao contrário do que sugere Malraux, a perspectiva clássica não se impõe a nossos sentidos. Ela não é o "decalque" do mundo, mas apenas "uma das maneiras inventadas pelo homem de projetar diante de si o mundo percebido" (S, 61; PM, 72). Não que Merleau-Ponty procure fazer um desmentido da perspectiva — não cabe jamais ao filósofo fazer um desmentido de qualquer lei; trata-se antes de mostrar que o mundo

Razão e experiência: ensaio sobre Merleau-Ponty

percebido é de "outra ordem", ou, se se quiser, trata-se de visá-la de outro modo, em que nenhuma lei em particular é exigida, trata-se de descrever a "percepção livre e espontânea". O que ela nos mostra é que os objetos postos em profundidade não têm "grandeza aparente" definida, como supõe a lei da perspectiva: não tenho a grandeza da Lua no horizonte mensurável pela moeda que tenho em mãos; o que tenho é um "objeto grande à distância", a grandeza sendo aqui como o quente e o frio, isto é, uma qualidade que adere ao objeto. Não há aqui uma medida comum aos dois objetos (S, 61; PM, 72-3). "Entretanto, um homem a duzentos passos não é *menor* do que um homem a cinco passos?" (PhP, 302, 351). O conceito de "menor" envolve já uma comparação entre medidas, que se tornam por isso "grandezas aparentes" e que devem ser corrigidas pelo juízo: um homem a duzentos passos é maior do que um lápis que tenho em mãos, embora a "grandeza aparente" mostre o inverso. Ora, acontece que a percepção espontânea não envolve precisamente a definição da grandeza aparente:

> quando me perguntam com qual diâmetro eu vejo [um cinzeiro], não posso responder à questão enquanto conservo os dois olhos abertos. Espontaneamente, fecho um olho, tomo um instrumento de medida, por exemplo, um lápis que seguro com o braço estendido, e marco no lápis a grandeza interceptada pelo cinzeiro (PhP, 301, 351).

Para dizer que um homem a duzentos passos é *menor* que a cinco, é preciso que "eu o isole do contexto percebido e meça a grandeza aparente. De outra maneira, ele não é nem menor, aliás nem igual em grandeza: ele está aquém do igual e do desigual, ele é o *mesmo homem visto de mais longe*" (PhP, 302, 351-2). Para passar do mundo percebido à perspectiva, é preciso que eu estabeleça aquela mensuração — o que implica deixar de perceber o todo livremente — e "reporte sobre o plano único do papel as medidas que obtiver" (PM, 73). Com isso, desaparece o mundo percebido, já que é preciso que eu renuncie à verdadeira simultaneidade dos objetos, que não é "seu pertencimento pacífico a uma só escala de grandezas" (S, 62). Pois, enfim, se vejo com um só olhar a Lua e a moeda, é preciso que meu olhar se fixe sobre uma delas, enquanto a outra me aparece à margem, segundo o modelo da figura e do fundo — quer dizer, elas coexistem, mas não pacificamente, e sim na forma da rivalidade, como incomensuráveis, pois cada uma delas requer o meu olhar enquanto a outra é lançada à margem, de modo que o ganho de uma significa perda da outra. A perspectiva, que dá unidade ao espaço da tela, não é senão um meio de arbitrar esse conflito, tornando-as compossíveis, fazendo-as coabitar em *um mesmo* plano, e eu o consigo "coagulando no papel uma série de visões locais e monoculares, nenhuma das quais é superponível aos momentos do campo perceptivo vivo" (S, 62; PM, 74). A percepção espontânea exige que eu me instale em uma coisa enquanto as outras solicitam meu olhar, simultâneas a ela, coexistentes, mas apenas como horizonte; a perspectiva, por sua vez, as lança em um único plano, as torna compossíveis. Mas, então, meu olhar, que se instala em uma coisa e tem as outras como horizonte, que por isso tem o dom da ubiquidade, embora apenas intencionalmente, que percorre livremente o campo visual, deve, na passagem à perspectiva, instalar-se em um ponto de estação e tornar-se como que um olho imóvel fixado em um ponto de fuga. Mas isso não significa, de modo algum, que eu tenha escolhido ver o mundo de *certa* perspectiva, a partir de um estreito setor que o meu olhar *situado* alcança. Não é disso que se trata, e a modéstia aqui, diz Merleau-Ponty, é "enganosa" (S, 62). De fato, trata-se antes do inverso, de romper com a situação e estabelecer um olhar que não é mais humano, um olhar que torna compossível o que o olhar humano, permanentemente situado, não consegue jamais, pois, para ele, as coisas são exclusivas, de modo que só podem ser abarcadas mediante um percurso temporal em que cada ganho é, simultaneamente, perda. Não é o olhar situado que a perspectiva clássica traz à tela, não é o olhar imerso no presente. Por isso, diz Merleau-Ponty,

Razão e experiência: ensaio sobre Merleau-Ponty

a perspectiva é muito mais do que um segredo técnico para imitar uma realidade que se ofereceria tal e qual a todos os homens; ela é a invenção de um mundo dominado, possuído de parte a parte em uma síntese instantânea da qual o olhar espontâneo nos dá, quando muito, o esboço ao tentar em vão manter juntas todas essas coisas que, individualmente, querem-no por inteiro (S, 63; PM, 75).

A pintura clássica, portanto, a pintura "objetiva", é criação, e não mera representação de uma realidade; ela não é um decalque do mundo, mas opera uma transformação ou uma *metamorfose* (S, 60; PM, 71). Eis aí como Merleau-Ponty estabelece a ligação entre representação e criação, objetivo e subjetivo, de maneira que por aqui ele já recusa o esquema de Malraux, que entende ser a pintura moderna a ruptura com a objetividade clássica e o retorno ao indivíduo, ao subjetivo:

importa compreender a arte clássica como uma criação, e isso no mesmo momento em que ela quer ser representação de uma realidade. Desta perspectivação depende a ideia que se fará da pintura moderna. Enquanto se crê que a objetividade dos clássicos é justificada pelo funcionamento natural de nossos sentidos e fundada sobre a evidência da percepção, toda outra tentativa só pode consistir em romper com a objetividade e com a percepção, em voltar-se para o indivíduo e fazer da pintura uma cerimônia em sua honra (PM, 76).

É exatamente esse dualismo — mundo visível aos clássicos, indivíduo aos modernos — que Merleau-Ponty entende romper. Mas então, se é assim, o que de fato os modernos colocaram em questão na arte clássica? O que distingue uma arte da outra?

VII

Já a fronteira entre o esboço e o quadro começou, no século XIX, a perder a precisão, como se o esboço viesse consagrar a liberdade do pintor. Malraux lembra, a esse propósito, a célebre expressão de

Baudelaire, segundo a qual "uma obra feita não é necessariamente acabada e uma obra acabada não necessariamente feita" (S, 64; PM, 77-78).[21] A pintura nascente liberta-se dos ditames da representação, como se devesse deixar de ser submetida ao objeto. É então que a arte se separa da Beleza, como antes havia se separado da Fé, e volta-se agora menos para uma representação do mundo que para sua "anexação" pelo indivíduo:

> os teóricos do impressionismo proclamavam que a pintura, de início, se dirigia ao olho; mas o quadro se dirigia agora ao olho bem mais como quadro do que como paisagem. Enquanto mudava a relação do artista e do que ele chamava a natureza, eles colocavam em forma, em função da natureza, o que os pintores faziam ... em função da pintura. O importante não era que as margens do Sena fossem mais semelhantes em Sisley do que em Théodore Rousseau. O que a nova arte buscava era a inversão da relação entre o objeto e o quadro, a subordinação do objeto ao quadro. Foi preciso que a paisagem se submetesse, como Clemenceau em seu retrato se tinha esquematizado.[22]

A paisagem já não é representada, mas "aludida", ela é cada vez menos uma paisagem, como uma natureza-morta é cada vez menos uma natureza-morta; já não é o aveludado das peras que o pintor busca, como Chardin, mas, como Braque, o aveludado do quadro (S, 63; PM, 76).[23] A nova razão de ser do quadro, segundo Malraux, passa a ser então a presença dominadora do próprio pintor:

> o objeto (*le sujet*) deve desaparecer para que um novo sujeito (*sujet*) apareça, que vai rejeitar todos os outros: a presença dominadora do próprio pintor. Para que Manet possa pintar o *Retrato de Clemenceau*, é preciso que ele tenha resolvido ousar ser nele tudo, e Clemenceau, quase nada.[24]

---

21 Malraux, op. cit., p.106.
22 Ibidem, p.115.
23 Ibidem, p.117.
24 Ibidem, p.99.

Razão e experiência: ensaio sobre Merleau-Ponty

O artista moderno, diz Malraux, busca "tudo submeter a seu estilo",[25] busca o poder absoluto sobre o que representa, ou, noutras palavras, busca a *metamorfose do mundo em quadros*.[26] De modo que as formas já não convergem para a Fé ou para a Beleza, mas, conforme Malraux, para o indivíduo.[27] Ora, mas já a arte clássica, como Merleau-Ponty procurou mostrar, operava uma metamorfose, e precisamente por isso ela jamais foi, para ele, simples representação.[28] Sendo assim, que dizer da tese de Malraux de que a arte moderna opera uma "anexação do mundo" pelo indivíduo, uma "picturalização do mundo",[29] uma metamorfose que representa o poder absoluto do artista, o retorno ao indivíduo? Afinal, já não se trata, para Merleau-Ponty, entre clássicos e modernos, de uma escolha "entre o mundo e a arte, entre 'nossos sentidos' e a pintura absoluta" (S, 61).

Sim, é verdade, observa Merleau-Ponty, que pintores modernos entregam como quadros esboços que os clássicos guardavam para si, que, em certos casos, o quadro é apenas a assinatura "de um momento de vida", ao passo que o quadro clássico "se bastava e se oferecia à contemplação" (S, 64; PM, 77). Entretanto, essa oposição entre clássico e moderno pode significar algo diferente da oposição entre

---

25 Ibidem, p.117.

26 Ibidem, p.118.

27 Ibidem, p.119

28 É certo que ela tampouco o foi para Malraux, ele jamais falou de um realismo absoluto, que, aliás, segundo suas próprias palavras, "nunca existiu", já que "todo realismo é guiado por um valor a serviço do qual ele coloca seu poder de ilusão" (Malraux, op. cit., p.118). Verdade que ele afirma que, desde o século XI, os artistas europeus procuraram se libertar da expressão limitada a duas dimensões, alcançando maior efeito ilusionista, o que teria sido alcançado plenamente no século XVI com Leonardo, de modo que a ilusão das coisas representadas teria sido admitida desde então na Europa como "um dos meios privilegiados da arte" (Malraux, op. cit., p.69). Mas trata-se mais de uma estilização das formas do que de uma submissão a elas, menos de uma imitação da realidade do que da ilusão de um mundo idealizado; trata-se, em suma, da expressão "a mais convincente de uma ficção" (Malraux, op. cit., p.70). Ora, mas o que está em qos (Malraux, op. cit., p.85) – ainda que não buscasse seduzir apenas nossos sentidos – e ela pressupõe portanto uma "subordinação da escritura pictórica ao que ela representa" (Malraux, op. cit., p.103). É esse o "objetivismo" da arte clássica, apontado por Malraux, e é exatamente ele que Merleau-Ponty põe em questão, apontando-o como uma "metamorfose" do mundo.

29 Malraux, op. cit., p.115.

objetivo e subjetivo, algo diferente do aparecimento da expressão do imediato, do instante; ela pode significar que a apresentação convincente e acabada para os sentidos deixa de ser o signo da obra feita, que já não é necessário passar pelo domínio anônimo dos sentidos ou da Natureza porque a expressão, doravante, "vai de homem a homem", *sem intermediários,* porque a obra é agora um convite ao espectador "para retomar o gesto que a criou ... *sem outro guia* que um movimento da linha inventada, um traçado quase incorporal" (S, 64; PM, 78; grifos nossos). Menos que preferir o indivíduo ao mundo, trata-se de comunicar de um modo que já não passa pela evidência objetiva, o que faz que a obra feita já não seja "aquela que existe em si como uma coisa" (S, 64), e assim reconhecer uma significação que não visa um objeto já dado. Daí o problema posto pela pintura moderna: "como podemos comunicar sem recorrer a uma Natureza preestabelecida e sobre a qual os sentidos de todos nós abririam", como pode haver comunicação originária, "comunicação antes da comunicação" (S, 65; PM, 79). Ora, é portanto a propósito da arte moderna, à medida que afasta a natureza em si, ou melhor, à medida que afasta certa instância objetiva já dada, que Merleau-Ponty reconstrói o caminho que percorreu noutros momentos, quando tratou da percepção e da linguagem, isto é, ele afasta o prejuízo objetivista para recuar ao ponto (como antes retornara ao fenômeno e ao fundo de silêncio que precede a fala originária) em que a significação é instituída. Merleau-Ponty retoma aqui, portanto, a mesma posição que havia apresentado em *A dúvida de Cézanne,* pois também aí a arte moderna se particularizava diante da arte clássica por trazer à tela um sentido em formação. De modo que, se é verdade que a arte clássica também envolve criação — o que a crítica a Malraux procurou ressaltar, ligando representação e criação —, essa criação não envolve contudo um sentido em formação: trata-se, assim, para a arte clássica, de produzir um sentido original, mas não originário. Portanto a oposição entre clássicos e modernos não é, como supõe Malraux, a oposição entre mundo e arte, objeto e sujeito, mas entre uma signi-

Razão e experiência: ensaio sobre Merleau-Ponty

ficação mediada por outra significação (a criação do sentido sendo mediada pela representação suficiente, o que não implica afirmar a *realização* dessa representação) e uma significação sem intermediários, que portanto não tem modelo prévio e é inédita. Mas então, se é assim, em que a nova teoria vai mudar em relação à teoria da expressão de *A dúvida de Cézanne*? E, sobretudo, se se acentua a diferença entre clássicos e modernos, o que permitirá unificá-los sob a mesma rubrica de arte − o que, como veremos, é essencial para Merleau-Ponty?

VIII

Segundo Malraux, a arte moderna "é a anexação de formas por um esquema interior", figuras e objetos são a "expressão" desse esquema. Assim, a cadeira de Van Gogh não é a cadeira de uma natureza-morta holandesa, mas "um ideograma do próprio nome de Van Gogh".[30] Não à toa Malraux retoma a noção de *estilo*, e segundo o que ele entende como um caráter moderno do estilo: isto é, Malraux faz do estilo não um meio de representar, pois nesse caso o estilo se mostra a serviço da representação, modela-se por ela, quer dizer, por preceitos e regras da representação; ao contrário, Malraux faz *da representação do mundo um meio do estilo*,[31] torna o estilo um *fim*: o estilo não é para representar o mundo, mas a representação moderna do mundo é na verdade um meio de expressão do estilo: não é a representação que subsume o estilo, é o estilo que tudo subsume, anexando, metamorfoseando o mundo. Assim, a cadeira é para Van Gogh a expressão do seu estilo, ele busca exprimir seu estilo por ela, ela é um meio para ele. Entretanto, diz Merleau-Ponty, é só *para nós* que a cadeira é o ideograma do nome de Van Gogh. Para ele próprio, "no momento em que o estilo opera", este não lhe aparece como um

---

30 Ibidem, p.117.
31 Ibidem, p.331.

"meio de recriar o mundo" (S, 67; PM, 82-83). Pouco importa que o estilo seja algo do qual se possa fazer ou não o inventário; o problema é que, ao tudo submeter ao estilo, Malraux ignora o cerne da questão, ele reproduz, ainda uma vez, o prejuízo objetivista, que supõe a significação já dada, não importa se interior ao sujeito, não importa se "encerrada nas profundezas do indivíduo mudo" (S, 66; PM, 81). Malraux não se instala *na operação efetiva do estilo*, no "pintor no trabalho", mas, como o público, a vê de fora, a partir de obras *já feitas*, retrospectivamente. Pois, enfim, o pintor, enquanto trabalha, "nada sabe da antítese do homem e do mundo, da significação e do absurdo, do estilo e da 'representação'" (S, 67; PM, 83). O prejuízo, também aqui, é o de, fazendo preceder o estilo, colocar a significação antes da significação, a pintura antes da pintura. Mas tampouco vai se tratar, para Merleau-Ponty, de abandonar a noção de estilo, pois isso nos levaria ao outro termo da alternativa de Malraux, aquela em que o estilo, sendo apenas meio, perde toda eficácia diante do preceito, do modelo exterior, e nos lança de volta ao antigo prejuízo. Tampouco ele é um fim, aquilo que "anexa o mundo" e tudo submete, pois o pintor sabe tão pouco dele quanto nós, "tão pouco visível para ele quanto sua silhueta ou seus gestos de todos os dias" (S, 67; PM, 82). O que é então o estilo? Ou melhor: o que significa o "estilo no trabalho"? (PM, 83).

Nós o compreenderemos, crê Merleau-Ponty, se remetermos o pintor ao contato com o mundo, pois é lá na percepção do pintor que o estilo aparece — remissão essa válida para a pintura *em geral*, que implica o contraponto da crítica à versão de Malraux da arte clássica: com efeito, se representação envolve também criação, inversamente, o estilo implica agora o mundo. Assim, é preciso remeter o pintor ao mundo porque o tema da pintura não é outro que o *visível*, porque a pintura, moderna ou clássica, "não celebra jamais outro enigma que o da visibilidade" (OE, 26). Ora, mas já sabemos que a percepção é uma "expressão primordial", isto é, "a operação primeira que, de início, constitui os signos como signos, faz habitar neles o exprimido apenas pela eloquência de seu arranjo e de sua configuração"

(S, 84; PM, 110-1). A percepção implica uma operação do corpo que faz vir ao mundo o que lhe é mais estranho: um *sentido* (PM, 85); já nosso primeiro gesto faz invadir nosso "medíocre planeta" de "relações infinitas de *alguém* com sua situação", basta o nosso olhar para desenhar "na platitude inconcebível do ser vãos, relevos, distâncias e desvios, um sentido" (S, 83-84; PM, 110), basta um movimento do corpo para desenhar figuras e fundos, alto e baixo, uma norma e um desvio (S, 68), fissuras e lacunas que não são, entretanto, "impercepções": eu posso, por exemplo, estar familiarizado com uma fisionomia sem jamais ter percebido, por ela mesma, a cor dos olhos (PhP, 18, 33); não olhamos jamais um olho por ele mesmo, diz também Malraux: "cada um de nós ignora a cor da íris de quase todos seus amigos".[32] A percepção, portanto, não é o registro de dados objetivos: uma mulher que passa não é um contorno corporal, um manequim colorido; antes disso, a mulher será para mim uma expressão, "individual, sentimental, sexual", "uma mulher infeliz", "uma modista", isto é, já a percepção "estiliza" (S, 67; PM, 83), envolve criação. O estilo implica uma "enformação dos elementos do mundo que permitem orientá-lo para uma de suas partes essenciais", diz Merleau-Ponty citando Blanchot (S, 68; PM, 84-85).[33] De fato, a percepção implica figura e fundo, norma e desvio, vãos e relevos, portanto, uma "deformação coerente" daqueles elementos, certa orientação: "há significação quando os dados do mundo são por nós submetidos a uma 'deformação coerente'" (S, 68; PM, 85).

Não é diferente o que vai se passar com o trabalho do pintor: na passagem à tela, um novo princípio de deformação rearranjará a percepção do pintor, percepção que portanto apenas "esboça" (S, 68) o sentido pictórico, que apenas o "suscita" (PM, 84). Ele não extrai a tela de sua percepção visual, o que implica dizer que o sentido pictórico não está dado no mundo, pois, do contrário, a tela já estaria

---

32 Ibidem, p.227.
33 Frase que também consta no Index de *Les voix du silence*, p.647. Blanchot, "Le Musée, l'Art et le Temps" in *Critique*, n.43, déc 1950, p.204.

feita, mas haverá uma nova orientação, uma nova concentração de sentido ainda esparso pela percepção que passa a existir expressamente na tela; por isso, a tela é "o emblema de uma maneira de habitar o mundo, de tratá-la, de interpretá-la pelo rosto como pelo vestuário, pela agilidade do gesto como pela inércia do corpo, numa palavra, o emblema de uma certa relação com o ser" (S, 68; PM, 84).[34] A pintura retoma a percepção, mas a ultrapassa. Ela não é um simples decalque do mundo, de modo que, mesmo quando se guia por uma significação prévia, como os clássicos, isso não implica meramente representar, pois aquela significação é já uma metamorfose do mundo. E, inversamente, tampouco a pintura se faz "em algum laboratório íntimo do qual o pintor teria, e só ele teria, a chave" (S, 68; PM, 86), pois, refletindo sobre a luz, a sombra, a iluminação, os reflexos, as cores, a perspectiva, o pintor, mesmo o moderno, "se reporta sempre a seu mundo, como se o princípio das equivalências por meio das quais ele vai manifestá-lo aí estivesse desde sempre subjacente" (S, 68; PM, 86). Como sempre, trata-se de passar ao largo das alternativas rivais — o mundo visível e o pintor. É verdade que, entre os clássicos, a produção é mediada por uma significação prévia — justamente por isso, o problema da universalidade nem sequer se colocava, pois aquela significação era já universal. Quanto aos modernos, uma mera teoria da liberdade, sem essa significação prévia, já não resolve o problema da universalidade. É para resolver a questão posta pela arte moderna que Merleau-Ponty explorará a tese de que o esforço do pintor é "semelhante a um esforço de pensamento", que podemos falar de uma "linguagem da pintura" (S, 69). É isso que lhe permitirá superar sua própria teoria da expressão de *A dúvida de Cézanne*.

---

34 Certamente, Merleau-Ponty pode falar aqui em "relação com o ser" porque a percepção, desde sempre, já foi tomada como o "arquétipo do encontro originário" (VI, 210), porque ela não foi jamais uma simples função sensorial, mas teve, desde sempre, um alcance ontológico, o que revela, como vimos, a significação metafísica da pintura.

IX

Vimos que a fala expressiva é aquela em que a significação não vem do "eu penso", como se surgisse plena e muda antes da própria fala, como um texto preliminar do qual nossas frases seriam apenas a tradução. A fala expressiva não seria assim o ajuste, para cada elemento do sentido, de um elemento do signo, em uma adequação perfeita: "dizer não é colocar uma palavra em cada pensamento" (S, 55), não é buscar um signo para uma significação, como se busca um martelo para bater um prego (S, 58; PM, 64). Não há pois um texto original, uma linguagem antes da linguagem. Ora, a crítica desse prejuízo conduziu Merleau-Ponty, como vimos, à ideia de uma *transcendência do sentido*, não uma transcendência real porque esse sentido se compõe pelo arranjo interno entre os significantes, à medida que estes são imantados pelo sentido transcendente: há um comércio entre os significantes, polarizados por um sentido que se faz, inversamente, a partir desse comércio, sentido que portanto está em formação, que advém da própria linguagem, da fala expressiva, não do "eu penso".[35]

Ora, diz Merleau-Ponty, se a fala expressiva é assim, então ela "não é muito diferente da operação do pintor" (S, 56). É certo que se trata aqui da *operação* efetiva de pintar, pois, do mesmo modo que a fala expressiva se sedimenta em uma língua e em signos discretos, também em uma tela podemos apontar apenas traços ou manchas de cor. Contudo, desde que nos voltemos para aquela *operação* efetiva, traços ou manchas aparecem então como configurados em um conjunto e pintados pela exigência de um sentido (transcendente) que o pintor, hesitante e meditante, procura figurar na tela. Se a câmera lenta, filmando Matisse no trabalho, o mostra hesitando, não é porque Matisse, qual demiurgo, fizesse um cálculo até achar o traçado necessário para figurar um sentido que ele já conheceria, qual um

---

35 Cf. supra, Capítulo 8, IV e V.

deus leibniziano. Matisse escolhia, sim, ele hesitava, mas enquanto atendia à exigência de um conjunto aberto em vias de formação, a partir do qual o próprio sentido veio à luz.

Há, também aqui, a ideia de um sentido que se forma pela coesão do todo, coesão denominada por Merleau-Ponty o "sistema de equivalências" (S, 69; PM, 86). É por conta desse sistema que ele recusa a tese sartriana segundo a qual um sentido não é legível na tela em função dos próprios materiais com os quais lida o pintor. Com efeito, segundo Sartre, cores são coisas e não signos, quer dizer, elas não remetem a nada que lhes seja exterior, como as palavras. Certamente, não é o caso, diz Sartre — aqui ele cita Merleau-Ponty, o que constitui uma divertida ironia —, de falar de uma cor pura, despida de qualquer significado; mas o leve sentido que as habita "é imanente a elas ou tremula ao seu redor como um halo de calor".[36] A cor na tela é uma cor-objeto, *analogon*, certamente, de um objeto imaginário, mas não um signo, isto é, a cor não remeterá jamais a outro objeto, ela não *exprime* cólera, angústia ou alegria do pintor:

> este rasgo (*déchirure*) amarelo no céu sobre o Gólgota não foi escolhido por Tintoretto para *significar* a angústia, nem tampouco para *provocá-la*; é, ao mesmo tempo, angústia e céu amarelo. Não céu de angústia, nem céu angustiado; é uma angústia feito coisa, uma angústia que se transformou num rasgo amarelo do céu ... é como um esforço imenso e vão ... para exprimir aquilo que sua natureza não lhe permite exprimir.[37]

É o signo que, como instrumento, pode exprimir, porque ele aponta para além de si mesmo, em direção à coisa significada, mas não a cor, não o som. É por isso que, desse ponto de vista, o poeta se encontra mais próximo do pintor do que do prosador, porque também ele tratará as palavras como coisas, não como signos: menos que

---

36 Sartre, *Qu'est-ce que la littérature?* Paris: Gallimard, NRF, Collection Idées, 1972, p.12.
37 Ibidem, p.14.

servir-se delas, como o prosador, o poeta é aquele que vai entregar-se a elas, absorvido por seus aspectos visuais, por sua sonoridade, sua extensão, sua desinência masculina ou feminina etc., vendo-as como se fosse por fora, como coisas. Enquanto o prosador se serve das palavras para designar algo, para desvelar o mundo, de tal modo que a prosa, utilitária por essência, aparece como certo momento da ação, o poeta é aquele que se recusa a utilizar a linguagem: ele nada quer discernir ou expor, ele não quer nomear o mundo, a tal ponto que a palavra perde sua instrumentalidade e, no lugar de servir-se dela, o poeta parece estar a serviço delas: para ele, com efeito, palavras são *coisas*. Por isso, o poeta é como o pintor e o músico, já que cores e sons são também coisas, incapazes de significar.

Ora, diz Merleau-Ponty, há um sentido legível na tela e ele deve ser bem mais que um "halo de calor" na superfície do quadro, pois, afinal, é ele que exige esta cor ou este objeto e não outro, pois é ele que comanda tais arranjos "tão imperiosamente quanto uma sintaxe ou uma lógica" (S, 69; PM, 87).[38] Há na tela um sistema que comanda essa transformação, há nela uma "coerência", uma "coesão", "a presença de um princípio único que afeta cada meio de expressão de um certo valor de uso" (S, 71; PM, 91). Já não vai se tratar, para a arte moderna, de reconstruir por completo a aparência, como o foi para a arte clássica, mas nem por isso o que substitui a representação suficiente é o caos ou o sujeito, é antes um sistema, ou "a lógica alusiva do mundo percebido" (S, 71; PM, 91). Já não há aqui a ideia de uma verdade por semelhança ou como adequação, mas persiste a ideia de verdade, entendida agora como a "coesão de uma pintura consigo mesma" (S, 71; PM, 91). Essa coesão é imantada por um

---

38 Sartre também observa que há na tela um "conjunto" (*assemblage*), habitado por uma "alma", e "o pintor teve motivos, mesmo que ocultos, para escolher o amarelo e não o violeta". Mas para dizer logo em seguida que tais objetos "jamais exprimiriam sua cólera, sua angústia ou sua alegria do mesmo modo que o fariam as palavras" (Ibidem, p.12-3). Em suma, o artista, diz Sartre textualmente, está "muito longe de considerar as cores e os sons como uma *linguagem*" (Ibidem, p.13). A grandeza e o erro de Klee, acrescenta ele em nota, reside justamente "na sua tentativa de fazer uma pintura que seja ao mesmo tempo signo e objeto" (Ibidem, p.45).

sentido, é um conjunto em aberto, em vias de formação, de modo que cada traçado do pintor é exigido por esse conjunto, isto é, pelo sentido que é como um polo para o qual converge o arranjo interno da obra, cada traçado sendo enfim uma exigência para que o quadro seja o que está em vias de tornar-se (S, 57; PM, 63). A criação é portanto imantada por um sentido em estado nascente, de tal modo que o pintor é atravessado por essa exigência, a qual cada gesto não é senão uma resposta. Assim, como o clássico, o pintor moderno também quer significar, isto é, também há para ele a ideia de alguma coisa por dizer e da qual ele se aproxima. Contudo,

> o 'ir mais adiante' de Van Gogh no momento em que pinta os *Corvos* não mais indica alguma realidade para a qual ele precisaria caminhar, mas o que resta a fazer para restituir o encontro do olhar com as coisas que o solicitam, do que tem de ser com o que é. E esta relação não é certamente a da cópia (S, 71; PM, 91-2).

Por isso Renoir, por exemplo, pode contemplar o mar em Cassis para pintar o azul do riacho das *Lavadeiras*, conforme anedota contada por Malraux.[39] Essa possibilidade, certamente, não pode ignorar o fato de que, se não é a semelhança que conta aqui, resta que Renoir contempla o mar. Quer dizer, se o pintor constitui um novo sistema, não pautado pela semelhança, nem por isso ele deixa de se voltar para o mundo de sua percepção, pois esse sistema, segundo Merleau-Ponty, o pintor o encontra esparso na própria aparência:

> como pode [o mar] ensinar-lhe alguma coisa acerca do riacho das *Lavadeiras*? É que cada fragmento do mundo, e particularmente o mar, ora crivado de turbilhões e ondas, enfeitado com penachos, ora maciço e imóvel em si mesmo, contém todos os tipos de figuras do ser, e, pela maneira que tem de responder ao ataque do olhar, evoca uma série de *variantes*

---

39 Malraux, op. cit., p.278.

Razão e experiência: ensaio sobre Merleau-Ponty

possíveis e ensina, além de si mesmo, uma maneira geral de dizer o ser. Podem-se pintar banhistas e um riacho de água doce diante do mar em Cassis porque apenas se pede ao mar — porém só ele o pode ensinar — a sua maneira de interpretar a substância líquida, de exibi-la, de harmonizá--la consigo mesma, em suma, uma típica das manifestações da água (S, 70; PM, 88; grifos nossos).

Já não se trata aqui de uma fidelidade a um original, mas da pressuposição de um *invariante* que admite variações, variações essas que ainda o exprimem, como a elipse, a parábola, a hipérbole são ainda projeções do círculo: a água dali é como a água daqui, de modo que, "sob a não semelhança aparente, [pode-se ler] o jogo da expressão", dizia Lebrun ao comentar a "similitude" leibniziana.[40] Quer dizer, a pintura pode retomar o mundo percebido e não falar de outra coisa que do seu encontro com o mundo, sem que seja necessário que ela se guie pela categoria de semelhança, segundo o registro do modelo e da cópia, embora, evidentemente, a "similitude" clássica não seja decalque, mas já envolva criação, isto é, "deformação", expressão. Em suma, o mundo é o tema — e isso para toda a pintura, mas como um invariante ou uma típica que permite deformações, variações, múltiplas expressões: é outro mundo que vemos na tela do pintor — ou antes, é o mesmo mundo, é o mundo percebido, mas segundo variações que, não sendo mais, entre os modernos, as da "similitude", são ainda expressões desse mundo. "Mentir", dizia Sartre — ou, como dissemos atrás, citando Elgar, "renunciar à verossimilhança" —, "para ser verdadeiro" (S, 71; PM, 92).

Ora, acontece que, como vimos a propósito da fenomenologia da linguagem, a exigência que se põe ao criador de responder a um apelo de um sentido em formação torna a expressão espontânea, como se o sujeito, investido por esse sentido, devesse seguir o seu curso, não o inverso. Vimos ainda que essa inversão descentrava o

---

40 Lebrun, "A noção de 'semelhança', de Descartes a Leibniz", p.52.

sujeito, o que era condição para universalizar a própria experiência do criador. Mas, para chegar a esse ponto, precisamos, aqui, ir além e encontrar a unidade, não mais da tela, mas da pintura, do mesmo modo que a fala expressiva arrastou consigo o todo da linguagem. Por ora, basta lembrar que o pintor moderno não tem mais a "ilusão" da semelhança, a ilusão de uma técnica que lhe permita aproximar-se do veludo mesmo, do espaço mesmo, da coisa mesma, da representação suficiente, mas que ele tem também a intenção de significar, tem também alguma coisa para dizer, em nome da qual ele compõe tal ou tal traçado e da qual se aproxima "mais ou menos" (S, 71; PM, 91-2).

X

É da descrição do "pintor no trabalho" que vai sobressair a unidade da pintura, é ela que pode nos mostrar, até o fim, a metamorfose que, por meio do pintor, "transforma o mundo em pintura" (S, 72; PM, 93). Afinal, diz Merleau-Ponty, se o pintor não se torna um "pintor honorário", ele reencontrará nas coisas, a cada manhã, "a mesma interrogação, o mesmo apelo ao qual ele nunca terminou de re leva adiante, que ele retoma, venha esse sulco do mundo tal como o pintor o vê, de um quadro anterior ou dos quadros de seus predecessores.[41] Afinal, como temos visto, não se cria jamais no vazio, não há criação *ex nihilo*, portanto também aqui há uma *retomada*: do

---

41 Merleau-Ponty demonstra admiração pelas análises de Malraux que mostram a formação do pintor (pintor que demora tanto para falar com sua própria voz (S, 65; PM, 79-80 e Malraux, op. cit., p.278) a partir das obras dos seus predecessores – embora, é verdade, as análises de Malraux o conduzam a uma "filosofia do indivíduo" (S, 65). "Um artista de gênio", diz Malraux, "torna-se um transformador da significação do mundo, que ele conquista reduzindo-o às formas que escolheu ou àquelas que inventa, como o filósofo o reduz a seus conceitos, o físico às suas leis. E que ele conquista de início não sobre o próprio mundo, mas sobre uma das últimas formas que este tomou para ele entre as mãos humanas" (Malraux, op. cit., p.331-2). A visão do artista, crê Malraux, é ordenada por quadros e estátuas já feitas, isto é, pelo mundo da arte, que não é um mundo sobrenatural, certamente, mas é um mundo irredutível ao mundo real (Ibidem, p.318): não são os carneiros que levam Giotto à pintura, são os carneiros dos

Razão e experiência: ensaio sobre Merleau-Ponty

mundo, do passado do pintor, do passado da pintura. Não há criação na solidão absoluta; há antes uma resposta ao que o mundo, o passados, as obras feitas reclamam" (S, 73; PM, 95). Já vimos que a retomada do passado foi antes o antídoto contra as pretensões de um sujeito absoluto, que seria, ele, a origem do sentido.[42] Aqui, é o mesmo movimento que Merleau-Ponty retoma. A recusa do primado do sujeito, à maneira de Malraux, também passa aqui pela ancoragem do sujeito em uma situação; daí por que Merleau-Ponty remeteu o pintor ao contato com o mundo – pois é lá que a pintura recolhe seu tema e vê ancorada sua criação. Mas, dessa vez, já não se trata, como em *A dúvida de Cézanne*, de mostrar que o "dado" é o "texto" que cabe ao pintor decifrar. Já não basta dizer que, tal como na percepção, o criador recolhe um sentido esparso pelo mundo, que diz o que as próprias coisas "querem dizer" (SNS, 27). Já não basta porque, tal como o reconhecimento do sentido autóctone do mundo, lá na fenomenologia da percepção, requeria a meditação do corpo e instalava a ambiguidade do mundo em si e para nós, também em *A dúvida de Cézanne* o sentido fixado na tela aparece segundo o mesmo modelo, como uma significação autônoma esparsa pelo mundo e reunida pelo olhar do pintor, que a fixou na tela – isto é, como uma significação que é, a um só tempo, centrípeta e centrífuga. A insuficiência está aqui na relação circular entre o "dado" e o "criado", que reedita a mesma ambiguidade já revelada a nós pela descrição da percepção. Dessa vez, Merleau-Ponty mostrará que há uma "historicidade de vida ... que habita o pintos no trabalho" (S, 79; PM, 103) – historicidade que permite romper com essa ambiguidade porque a resposta

---

quadros de Cimabue, ou, mais precisamente, são os quadros de Cimabue (Ibidem, p.279); só ao não artista a pintura é apenas um modo de representar, de modo que entre a visão do artista e a do não artista a diferença é de natureza, não de grau; mesmo para o pintor mais medíocre, o mundo são quadros: "um artista não é necessariamente mais sensível do que um amador e frequentemente o é menos do que uma moça; ele o é de outro modo ... da mesma maneira que um músico ama a música e não os rouxinóis, um poeta, os versos e não o pôr do sol, um pintor não é um homem que ame figuras e paisagens: é antes um homem que ama quadros" (Ibidem, p.279).

42 Cf. supra, Capítulo 4, IV e Capítulo 8, VIII.

do pintor *ao mundo, ao seu passado, ao passado da pintura* será feita do interior daquela historicidade, isto é, da universalidade. É isso que permitirá descentrar o sujeito e fazer que sua resposta já não seja centrífuga, isto é, uma *Sinngebung* que tem que entrar em acordo com um movimento centrípeto, como antes o paradoxo do mundo em si e para nós.[43]

Certamente, há ainda circularidade, isto é, há o mundo, ou, mais geralmente, há um triplo passado, e há a retomada desse passado, e é por essa retomada que pode haver produção de uma obra: retoma--se o passado, o mundo, para produzir uma obra nova, mas nem o passado nem o mundo contêm o segredo da obra, o que implicaria dizer que, de algum modo, ela já estaria feita, que o novo é imanente ao antigo; antes disso, o novo apenas retoma o antigo, como o caranguejo voltado para trás, por isso ele não é *ex nihilo*, de modo que, com essa retomada, o novo traz à luz o que o antigo tinha de fecundo, de aberto, de promessa, ou, como diz Merleau-Ponty, a metamorfose que, por meio do pintor, transforma o mundo em pintura, não é "milagre, magia, criação absoluta em uma solidão agressiva", é uma resposta ao que o passado reclama (S, 73; PM, 95). Essa circularidade, contudo, já não é descrita *a partir do pintor* como um dos polos, tendo diante de si o passado e o mundo como o outro polo, mas de cada gesto seu à medida que faz parte da história, da unidade da pintura. Assim, Merleau-Ponty procura mostrar que o passado está "presente" em cada gesto do pintor, em cada obra, que já os primeiros desenhos na caverna abriam um campo, punham o mundo como "para pintar", "para desenhar" e assim "invocavam um porvir indefinido da pintura", e não por outra razão "eles nos falam e nós respondemos a eles por metamorfoses em que eles colaboram conosco" (S. 75; PM, 101). Não se trata aqui da história positiva, em que os rivais (Delacroix e Ingres, clássicos e modernos) se digladiam, em

---

43 Cf. supra, Capítulo 4, VI.

Razão e experiência: ensaio sobre Merleau-Ponty

que "cada tempo luta contra os outros", impondo-lhes suas perspectivas, em que o tempo é portanto "fracionamento, exterioridade"; trata-se, ao contrário, de uma historicidade que reúne os rivais em um mesmo empreendimento, que os pacifica, que torna os clássicos já modernos. Daí a preocupação de Merleau-Ponty em mostrar não apenas em que clássicos e modernos se diferenciam, como Malraux, mas também em que eles se aproximam. "Pode-se negar", pergunta ele, "que, ao pintar tal fragmento de quadro, esse pintor clássico tenha já inventado o próprio gesto deste moderno?" (S, 74). Não que o moderno já estivesse realizado no clássico, como o *cogito* não estava já em Agostinho; há, na arte do passado, uma prefiguração da arte moderna, no sentido em que ela é um campo aberto, uma promessa. Trata-se então de reunir clássicos e modernos em um mesmo "universo da pintura, concebido como uma única tarefa desde os primeiros desenhos nas paredes das cavernas até uma pintura 'consciente'" (S, 75). Entre a história "empírica" e a "verdadeira", há a diferença que apontávamos atrás, a propósito da linguagem, entre diacronia e sincronia, entre a história como sucessão de eventos, em que os momentos do tempo são mutuamente exteriores (para o pintor, que bem pode ser um homem irascível e sofrido, como era Cézanne, toda outra pintura é rival), e a história como coesão, em que, com um só gesto, o pintor "enlaça a tradição que retoma à tradição que funda" (S, 79; PM, 103). Nesse caso, a retomada do passado, a recuperação no que nele era questão, no que nele era promessa e fecundidade, estabelece uma concordância da pintura consigo mesma, uma unidade, um devir, um *devir do sentido, um devir sentido* (PM, 178), como dizia Merleau-Ponty a propósito da matemática. Pois, se, finalmente, o passado está "presente" em cada gesto do pintor, em cada obra, que, por sua vez, não estava já inscrita no passado, mas é nova como resposta a ele, como resposta ao mundo cujos elementos ela, coerentemente, deforma, segundo nova concentração e orientação, e se, tal como as produções do passado, também ela, por sua vez, inaugura uma tradição, também ela abre um futuro e é apelo de uma nova metamorfose, então o que Merleau-Ponty estabelece aqui é uma historicidade da pintura, diversa daquela, positiva, porque ela, ao contrário desta, reconhece o que o filósofo já denominara, retomando uma fórmula de Kant, a "afinidade transcendental" dos momentos do tempo (S, 121).[44]

Mas, nem por isso, Merleau-Ponty postula uma Pintura acima das pinturas. É Malraux que, por ter isolado o pintor em um laboratório secreto, é forçado a conceber, no momento em que se verifica um "mesmo estilo" em obras desenterradas além dos limites da Europa (longe portanto de qualquer "influência") e em obras que uma pintura "consciente" inventou alhures, um "Espírito da Pintura" (PM, 107), concebido então como antítese do seu individualismo (S, 81; PM, 106-7). Esse "monstro hegeliano", essa "Pintura que trabalha pelas costas dos pintores", é a forma encontrada por Malraux para fazer convergir obras independentes, para explicar as semelhanças. Mas é porque já se instalou na ordem dos "eventos", em que a pintura é multiplicidade de obras, que Malraux tem dificuldade em explicar a convergência. O evento, diz Merleau-Ponty, é "opaco e fechado sobre si mesmo, e de uma vez por todas concluído" (PM, 112); por isso, se impõe, como sempre ocorre quando o múltiplo não se organiza por si mesmo, um salto em direção ao exterior — no caso, a esse "monstro" que trabalha pelas costas dos pintores, sem que disso eles se deem conta. Mas há uma ordem mais original, que é aquela em que o múltiplo se organiza a si mesmo; com efeito, desde que há uma retomada do passado, desde que ele não é para sempre passado, mas "presente" na produção do pintor, desde que cada obra, por sua vez, funde uma tradição, abra-se a novas metamorfoses, então a pintura é uma coesão, uma unidade que aproxima o que estava separado, que reúne todas as obras em uma só pintura. A diferença reside aqui em tomar a obra como dada, como *já realizada*, e em voltar-se para o "pintor no trabalho", para a produção efetiva da obra. A uni-

---

44 Cf. supra, Capítulo 8, VIII.

Razão e experiência: ensaio sobre Merleau-Ponty

dade da pintura não é construção tardia do espírito, ela está no gesto efetivo de pintar, que "revive, retoma e relança a cada nova obra o empreendimento inteiro da pintura" (S, 75; PM, 102). Assim, já não há o problema de explicar a convergência de obras distantes no tempo e no espaço, pois a ordem da pintura não é a ordem do evento, mas a do *advento*, isto é, não a das obras já feitas, que é uma ordem derivada, mas a da produção das obras, a da criação, que é uma ordem *original* que inaugura um sentido, pela retomada do passado, e anuncia uma sequência, um recomeço (S, 85; PM, 112). De modo que, se se instala na ordem da cultura, que é um "campo único", não há surpresas em se verificar convergência entre obras distantes na história da arte: é que há uma *afinidade* de princípio entre os gestos que produzem a cultura, o que os torna "momentos de uma única tarefa" (PM, 113).

E, como sempre, não se trata, para Merleau-Ponty, de recusar a "história empírica" em nome da "história verdadeira" (S, 77), a ordem dos eventos em nome da ordem do advento ou do sentido em gênese. Já vimos, a propósito da percepção, que Merleau-Ponty procura fundar a ordem das objetividades no *Lebenswelt* originário, mas também procurava mostrar, inversamente, que esse *Lebenswelt* deve se consumar naquelas objetividades, justamente por isso as descrições que dele se fizeram eram bem mais que descrições psicológicas; vimos também que era aquela mesma fundação que Merleau-Ponty buscava, a propósito da linguagem, no momento em que impunha um duplo envolvimento entre sincronia e diacronia, fazendo a língua fundar-se na fala, mas, também inversamente, procurando mostrar que a fala objetiva-se como língua.[45] Não é diferente dessa vez. Se a ordem do evento é derivada da ordem do advento, inversamente "o advento não dispensa o evento" (PM, 113), pois a unidade da pintura, o todo coeso, alimenta-se da carga de "esforços que se soldam um ao outro pelo fato mesmo de que são esforços de expressão"

---

45 Cf. supra, Capítulo 7, I, e Capítulo 8, VIII.

(PM, 115), como a unidade do jato d'água alimenta-se de cada onda particular. Portanto, não há o uno sem o múltiplo, como não há a generalidade sem a particularidade, o tempo sem o instante, a pessoa global sem o ato:

> a dominação do uno sobre o múltiplo na história da pintura, como a que encontramos no exercício do corpo que percebe, não consome a sucessão em uma eternidade; ao contrário, ela exige a sucessão, necessita dela ao mesmo tempo em que a funda como significação (S, 87; PM, 116).

O uno não devora o fático porque, se é verdade que o funda como significação, é verdade também, inversamente, que o uno depende do fático e se funda nele por sua vez. Justamente por isso não há eternidade, uma Pintura de que as pinturas seriam pálida manifestação: do mesmo modo que o jato d'água desabaria se novas ondas não viessem mantê-lo, também a ordem da cultura nada seria sem a "série de passagens sucessivas" (S, 86; PM, 116). Porque esses momentos são também fundantes, e não imagem pálida ou simples manifestação do uno, eles têm o poder de transfigurar o "empreendimento pictórico" no momento mesmo em que o realizam (PM, 116). A ordem do advento não é, portanto, uma ordem fora do tempo, para sempre já realizada; antes disso, ela precisa desenvolver-se no múltiplo, ela reclama sucessão.

XI

Há aqui, nesta passagem, a *omnitudo realitatis* da pintura, para a qual remete o "pintor no trabalho", uma nova teoria da expressão. Já no relatório enviado a Guéroult em 1952, Merleau-Ponty faz referência a uma filosofia da história que ele teria começado com *Humanismo e terror* (In, 405), de 1947, que não se confundiria com um hegelianismo, justamente porque não se trata de, em nome de um "Espí-

Razão e experiência: ensaio sobre Merleau-Ponty

rito do mundo", fazer a condenação da contingência (In, 408). Esse tema reaparece brevemente em *Le langage indirect*, segundo o mesmo viés. A História, como já lembrava o *Inédito* (In, 407) e como reafirma aqui Merleau-Ponty, não é uma Potência exterior que impõe a escolha entre ela e nós, como se, escolhendo-a, nos impuséssemos devoção ao advento de um homem futuro do qual não somos sequer o esboço, ou a renúncia, em favor desse fim, a um juízo sobre os meios, e em favor da eficácia, a todo juízo de valor, o que, segundo Merleau-Ponty, é ainda e apenas uma secularização de uma concepção rudimentar de Deus (S, 88; PM, 117). Já o cristianismo, assegura o filósofo, havia renunciado a essa "transcendência vertical"; há uma impotência de Deus sem nós, que teve que adotar a condição de homem, que já não é um princípio de que o homem seria mera consequência. Ora, mas dessa vez já não basta fazer a defesa da contingência em face do "monstro hegeliano". Já não basta dizer que o problema não é o de escolher entre transcendências — Deus ou o homem do porvir — em detrimento do singular.[46] O problema agora é outro: é o de compreender a *mediação* entre o individual e o universal, o si e o outro, o homem e Deus, ou como Deus se fez homem e o homem se fez Deus, de tal modo que essa mediação já não seja pensada a partir da posição do sujeito, o que nos conduziria à má ambiguidade da *Fenomenologia*... O problema é mostrar o *envolvimen-*

---

46 Em "O existencialismo em Hegel", de 1946, Merleau-Ponty apresenta uma dupla avaliação de Hegel, aprovando e depois relativizando a crítica de Kierkegaard ao filósofo alemão: "o Hegel no qual ele pensa é o do fim, que trata a história como o desenvolvimento visível de uma lógica, que busca nas relações entre ideias a explicação última dos eventos e em quem a experiência individual da vida é subordinada, como a um destino, à vida própria das ideias. O Hegel de 1827, portanto, só nos oferece, segundo a expressão de Kierkegaard, um 'palácio de ideias' ... Contra ele, Kierkegaard tem razão ... Mas se o Hegel de 1827 está sujeito à reprovação de idealismo, não se pode dizer o mesmo do Hegel de 1807. A *Fenomenologia do espírito* não é apenas uma história das ideias ... [ela] não procura fazer entrar a história total nos quadros de uma lógica preestabelecida, mas reviver cada doutrina, cada época, e se deixar conduzir por sua lógica interna com tanta imparcialidade quanto todo o cuidado com o sistema parece esquecido ... Pode-se falar de um existencialismo em Hegel no sentido em que ele não se propõe encadear conceitos, mas revelar a lógica imanente da experiência humana em todos seus setores" (SNS, 80-1).

to entre o individual e o universal, o si e a cultura, de modo que o singular já se mostre inteiramente atravessado pelo universal, isto é, pela história, pela cultura: é então que a operação criadora do pintor torna-se parte do devir da pintura, que seu gesto retoma e revive toda a pintura. Daí o elogio a Hegel de 1807: não apenas Hegel não lança para o porvir toda a substância do presente, não apenas ele não destrói o si para dar lugar ao outro (S, 88-89; PM, 118), mas, mais profundamente, o que ele busca é um tal acordo entre o singular e o universal, o si e o outro que, mesmo quando se acredita buscar apenas seu interesse, se é lançado no universal (S, 91; PM, 120). Era exatamente isso que acontecia com a fala, como a fenomenologia da linguagem nos mostrou: embora seja o que tenho de mais próprio, *"minha* produtividade" (PM, 197), ela produz sentido e vale universalmente, na medida mesma em que por ela se ressalta um devir espontâneo da verdade, devir que reúne os falantes em um só tecido: a fala abole os limites de mim como sujeito e de outrem como objeto, diz Merleau-Ponty (PM, 202); e era ainda o que acontecia com o sentir, que me faz único mas tende a se difundir, isto é, embora individual, o sentir não é privado e se generaliza (PM, 188), uma vez que a corporeidade, como a teoria da intersubjetividade nos mostrou, se revela ser uma "significação transferível" (PM, 194), isto é, intercorpórea: há uma universalização da própria corporeidade, capaz de reunir a pluralidade das mônadas em um só tecido.[47] Ora, é então que o si deve perder toda positividade, se, afinal, deve passar em outrem, deve perder o fundo que a *Fenomenologia...* ainda lhe assegurava, aquém do ser situado e que o fazia para sempre privado. Afinal, a posição do si, na *Fenomenologia...,* tornava possível apenas um *encontro* entre mim e outrem em um terceiro termo, termo comum a nós, que não é produzido nem por mim, nem por ele; o universal era esse termo do encontro entre singulares, para o qual convergem — na ocasião, o mundo. Ora, com isso, todo acordo entre singular e uni-

---

47 Cf. supra, Capítulo 8, IX.

Razão e experiência: ensaio sobre Merleau-Ponty

versal passa por ler um acordo em que nem o universal é um Outro absoluto, como dizia Merleau-Ponty a propósito do mundo na descrição da percepção, ou uma Potência exterior, como diz agora a propósito da História, *nem* um correlato adequado do sujeito, isto é, nem em si nem para nós. Nem o sentido da obra é dado no mundo, nem é expressão do sujeito, dizia ele em *A dúvida de Cézanne*. Desta feita, contudo, já não se trata de operar um acordo em que, ainda que o universal se organize a si mesmo, ainda requeira a mediação do singular, porque já não é pensado como o termo para o qual converge o singular. Esse acordo só pode nos oferecer uma "mistura" da universalidade com a finitude, por isso, uma "má ambiguidade" (In, 409). Mas trata--se agora de universalizar o próprio singular na operação criadora, o que implicou, como nos mostrou a fenomenologia da linguagem, uma ruptura com a posição do si da *Fenomenologia...*, o descentramento do sujeito e a reunião dos singulares na universalidade.

Daí por que o problema agora se desloca: a validade da obra já não se coloca nos mesmos termos que em *A dúvida de Cézanne*: já não se trata de perguntar se a obra vai se "destacar do fluxo individual em que nasce" e apresentar um "sentido identificável" (SNS, 25), ela já não será um "passo na bruma" (SNS, 8), uma primeira fala da qual não se pode dizer se será algo mais que um grito. Já não haverá tal posição da singularidade: a operação criadora não aparece encerrada em um fluxo individual, mas já realiza a junção do si e da cultura, do individual e do universal, isso no próprio ato criador. Assim, já não haverá a "dúvida" de Cézanne, ao menos nos termos em que a teoria da expressão dos anos 1940 permitia compreendê-la. Ao contrário, Merleau-Ponty dirá agora que o pintor tem a "certeza interior de ter dito o que nas coisas esperava ser dito" (S, 92-93), já que sua operação se inscreve em um devir da pintura, já que ela realiza a "junção entre o individual e o universal" (S, 91; PM, 120). Quer dizer, quando o pintor se exprime, ele exprime *também* o público (S, 79; PM, 104), conduzindo-o a valores que, *depois*, ele reconhecerá, à cultura que será também a do público.

É certo que Cézanne, também segundo a teoria da expressão dos anos 1940, buscava exprimir o mundo segundo sua linguagem autóctone, mas a expressão dessa linguagem era pensada a partir de um fluxo individual. Faltava ali aquela junção, isto é, a universalização do individual, da operação criadora pela qual o pintor torna as vidas "compossíveis em uma ordem de verdade", suscitando uma "vida universal" (S, 94; PM, 122). Agora, então, se o artista se submete ao julgamento do público, é verdade também que o público julga segundo valores para os quais o próprio artista o conduziu e que só depois ele reconhece como seus valores: o público não é dado, ele é formado pela obra, é aquele que a obra suscita: "eu me submeto ao juiz de um outro *que seja ele mesmo digno do que eu tentei*, isto é, no final das contas, de um par escolhido por mim mesmo" (S, 92; PM, 121). É o pintor que define "as condições nas quais entende ser aprovado" (S, 79; PM, 104). Renoir não pediu conselho ao hoteleiro de Cassis, que o espiava trabalhar, nem procurou agradar-lhe. No entanto, esse trabalho não se encerra em sua subjetividade infinita, pela razão de que jamais esteve encerrado em uma subjetividade, mas foi capaz de fazer um com a cultura. É a ênfase nessa unidade, em detrimento da posição do singular, que torna agora importante mostrar "o momento em que o interior se faz exterior, a viragem ou a reviravolta (*le virage ou le virement*) pela qual nós passamos em outrem e no mundo, como o mundo e outrem em nós" (S, 90; PM, 119). É exatamente isso o que ocorre na operação criadora: "*no momento da expressão*, o outro a quem me dirijo e eu que me exprimo somos ligados sem concessão nem de sua parte nem da minha" (S, 91-92; PM, 120-1). Se o pintor tem de esperar, é como Stendhal o fez: Stendhal, diz Merleau-Ponty, sabia que seria lido em cem anos, porque sabia que sua liberdade provocava "um mundo ainda nos limbos a tornar-se tão livre quanto ele, reconhecendo como adquirido o que ele teve de inventar" (S, 93). O universal deixa de ser o termo para o qual convergem os singulares, o "pintor no trabalho" já se instala em uma universalidade, já coincide com o devir do sen-

Razão e experiência: ensaio sobre Merleau-Ponty

tido, por isso mesmo, pode-se dizer, com Hegel, que o universal torna-se "uma marcha que cria seu próprio curso e se volta sobre si mesma" (S, 91; PM, 120), um movimento que se confirma, um devir da cultura.

XII

Mas, se a passagem pelo "pintor no trabalho" estabeleceu a historicidade da pintura, pela ideia da retomada do passado, é verdade também que essa historicidade é diversa nas artes da linguagem e nas artes mudas. É que a linguagem tem "outras intenções" que as formas mudas de expressão (PM, 137), o que lhe permite ir "bem mais longe na verdadeira criação" (S, 99). Já na *Fenomenologia*, Merleau-Ponty apontava essa diferença: enquanto na música, na pintura, a significação é inseparável dos signos, nas artes da linguagem ela parece poder destacar-se dos signos e existir para si, isto é, a significação parece existir antes da expressão (PhP, 213, 249). É por isso que a potência da fala é menos visível (PhP, 209, 244): é que acreditamos já possuir em nós, com o sentido comum das palavras, o que é necessário para compreender qualquer texto.[48] Mas é certo que se trata aqui apenas de uma presunção, cujo limite é a ideia de Verdade, isto é, a ideia de um sentido autônomo independente de qualquer signo que o manifeste (PhP, 221, 258; 459, 537). O poema ou o romance, como a música e a pintura, têm uma "virtude significante, sem referência a uma significação que exista para si" (PhP, 446, 520). Mas, se não há diferença fundamental entre os modos de expressão, ao menos no que se refere ao fato de que toda expressão é criadora e o expresso é sempre inseparável da expressão – o que torna a fala tão muda quanto a música e a música tão falante quanto a fala (PhP, 448, 423) –, é verdade contudo que o escritor parte de

---

48 Cf. supra, Capítulo 3, I.

um sedimentado que se consagrou como intersubjetivo (PhP, 221, 257-8): que em um quadro como em uma peça musical, a ideia só possa se comunicar pelo desdobramento das cores e dos sons (PhP, 176, 208), e que essa mesma imbricação entre signo e sentido também se passe nas artes da linguagem, nem por isso deixa de ser verdade que as últimas partem de um vocabulário sedimentado, de uma língua comum, o que não ocorre na música ou na pintura, justamente por isso o pintor e o músico devem, a cada vez

> retomar a tarefa no seu início, ... enquanto na ordem da fala cada escritor tem consciência de visar o mesmo mundo do qual os outros escritores também já se ocupavam (PhP, 221, 258).

Por isso, sob o primeiro aspecto, Merleau-Ponty observa que não há privilégio de um modo de expressão sobre outro, modo esse que exprimiria uma "verdade em si" (PhP, 448, 523), mas, do outro ponto de vista, "há um privilégio da Razão" (PhP, 222, 258), ou, no caso que nos interessa aqui, e como dirá mais tarde Merleau-Ponty, "as artes da linguagem vão bem mais longe na verdadeira criação" (S, 99). Ora, em que sentido?

O escritor, como sabemos, parte de uma língua comum, sedimentada pela fala, de tal modo que não precisa, a cada vez, recriar um idioma; já o pintor, por sua vez, deve refazer o seu, pois a tela, a cada vez, "se basta e se fecha sobre sua íntima significação" (S, 99; PM, 140), de modo que o pintor deve reiniciar sua tarefa do início. Enquanto a pintura transforma as coisas *em pintura*, a linguagem "tem a intenção de desvelar a *coisa mesma*, de ultrapassar o enunciado em direção ao que ele significa" (PM, 145; grifos nossos). O filósofo, portanto, visa à verdade como verdade desde sempre, não como verdade a partir do seu visar: é que a fala se esquece de si mesma como fato contingente e nos dá o ideal de um pensamento sem fala, isto é, de uma Verdade, enquanto, por outro lado, "a ideia de uma música sem sons é absurda" (PhP, 221-2, 258). Mas Merleau-Ponty

Razão e experiência: ensaio sobre Merleau-Ponty

lembra aqui, novamente, o que já dizia na *Fenomenologia*...: nenhuma linguagem absorve sua própria contingência ou se consuma para fazer aparecer as coisas mesmas, de modo que "o privilégio da linguagem sobre a pintura ... permanece relativo" (S, 98). Mas há enfim um privilégio, e o que o torna compreensível é a relação com o passado sedimentado. Com efeito, é verdade que o escritor retoma a língua comum, mas nem por isso se contenta em redizer o que já foi dito antes – ao contrário, ele procura infundir-lhe vida nova, como se ela estivesse aí não como uma inimiga, mas *pronta para converter em aquisição tudo o que ele, escritor, significa de novo"* (S, 99; PM, 140). Mas não é apenas a língua que é feita para ele; também ele, por uma sorte de *inversão*, é feito para ela, no sentido em que, com ele, "a língua instituída chama à existência ... um de seus possíveis" (S, 99; PM, 140). O escritor é aquele que faz a língua dizer o que ela ainda não disse; por isso, se ele a "destrói" como língua comum, ele a destrói "realizando-a", como se estivesse cumprindo uma promessa de literatura que a língua já trazia consigo, como se essa literatura fosse enfim um possível da língua. Segue-se daqui que a criação literária retoma o passado como se procurasse "contê-lo em substância" (S, 100; PM, 141), totalizando assim "o que a tornou possível" (S, 99; PM, 141). Mas, então, seria preciso dizer não que a nova literatura já estava presente na língua de modo imanente e não é a língua que contém a literatura; ao contrário, é a literatura que, retomando a língua, a faz dizer o que ela ainda não disse, por "deformação coerente", por isso é a literatura que contém a língua. Ora, é exatamente isso que a pintura desconhece.

É certo que tampouco o pintor se contenta em continuar o passado; suas obras "rivalizam" com as obras já feitas, mas elas o fazem "aproveitando-se" dele, quer dizer, a pintura "age em nome do passado", mas sem poder totalizá-lo, sem poder contê-lo, como o faz a literatura ao retomar a língua, sem poder contê-lo "em estado manifesto" – e, não o contendo, ela "não é memória para si", ela é apenas "memória para nós" (desde que conheçamos a história da pintura).

Por isso diz Merleau-Ponty que só no Museu aparece o "Espírito da Pintura", "Espírito fora de si" (S, 100; PM, 143): é que, não contendo em si o seu passado, a pintura não contém o seu espírito. A pintura apenas retoma o passado, mas não o "compreende", quer dizer, ela é "muda" (PM, 143), suas vozes são "as vozes do silêncio" (S, 101; PM, 145). A literatura, ao contrário, porque "afronta bravamente o tempo", só nos entregará "seu sentido mais durável através de uma história precisa de que nos é preciso ter algum conhecimento" (S, 100; PM, 144): *O vermelho e o negro* remete às trevas da Restauração, as *Provinciais*, às discussões teológicas do século XVII. A pintura, ao contrário: como cada quadro se instala em uma "eternidade sonhadora", já que não contém seu passado em si, ele nos permite encontrá-lo sem dificuldade, "mesmo sem conhecermos a história do vestuário, do mobiliário, dos utensílios, da civilização de que traz a marca" (S, 100; PM, 144). Mas o "acesso imediato ao durável" tem sua contrapartida: o "durável" da pintura sofre mais fortemente o movimento do tempo justamente porque ela se fecha nela mesma, de modo que sua pretensão à eternidade se revela "hipócrita" (S, 100; PM, 144). A fala, porque "mostra o passado, em vez de evocá-lo vagamente", porque afronta o tempo, resiste a ele de um modo que não podem fazê-lo as artes mudas: um texto de Heráclito, diz Merleau-Ponty, pelos próprios signos de que se serve, pode varar o tempo e estar mais próximo de nós do que uma estátua grega preservada (S, 101; PM, 144-5).

Ora, mas o que significa dizer que o passado da linguagem não é simplesmente ultrapassado, mas compreendido, que há uma pretensão de totalização, pela fala, do que a tornou possível? É preciso dizê-lo ainda uma vez: só haveria totalização se a fala absorvesse sua própria contingência. A pretensão hegeliana de conter a verdade de todos os seus antecessores implica o prejuízo de que ele, Hegel, não tenha para outrem, de que ele "seja aos olhos dos outros exatamente o que ele se sabe ser" (S, 102; PM, 152-3). Quanto aos outros, ele priva cada filosofia de sua finitude, de sua potência de impacto, de sua *situação* de pensamento: Hegel, diz Merleau-Ponty, é o Museu das filosofias, mas das filosofias embalsamadas, não transformadas nelas mesmas, em uma verdade que seria delas, mas transformadas no hegelianismo (S, 102; PM, 153). Nenhuma síntese contém *efetivamente* o passado, o passado tal qual ele foi. A síntese depende do passado, é certo, o pensamento verdadeiro só foi possível "pelo fato do passado ou pela passagem do tempo" (PM, 154). Se em Hegel essa passagem não significa uma destruição do passado, então, diz Merleau-Ponty, "ele tem razão" (S, 103; PM, 154). Mas isso não significa, de forma alguma, uma conservação do passado, se com isso se quer dizer uma presença *efetiva* do passado. Essa conservação efetiva redundaria em uma não passagem do tempo, como já vimos.[49] Entre o tempo fragmentado, em que o passado é simplesmente ultrapassado, e um tempo total ou eternidade, em que o passado é conservado, há outro que, retomando o passado, o compreende. É dessa retomada, é do movimento de conhecimento *presente*, que resulta a síntese, não é a síntese que o torna possível (PM, 178). Assim, se há conservação do passado, pois, enfim, não há presente isolado, é mediante uma transformação do passado, uma metamorfose que o deixa intacto, como, por exemplo, quando, querendo encontrar a superfície do paralelogramo, eu o trato como um retângulo possível (PM, 148). É nesse sentido que o presente retoma e salva o passado, contendo-o "eminentemente" (PM, 178), não realmente. Não há perecimento do passado, mas reestruturação, e esta tem um alcance diferente conforme se trate da fala ou da pintura, de onde o privilégio das artes da linguagem sobre as artes mudas.

---

49 Cf. supra, Capítulo 7, II e III.

Conclusão

Ao iniciar este livro, procuramos mostrar o esforço de Merleau--Ponty em romper a relação antagonista entre ciência e filosofia, ou, mais geralmente, em situar o pensamento objetivo, conferindo-lhe seus direitos relativos. Essa superação começava a se desenhar a partir da crítica ao cientificismo, de um lado, e ao idealismo, de outro – crítica que deveria conduzir, finalmente, não apenas a uma nova relação entre ciência e filosofia, mas, mais decisivamente, a um alargamento da Razão. Fazendo uma retomada de seu próprio trabalho, Merleau--Ponty afirma:

> tratava-se para nós de compreender as relações entre a consciência e a natureza, entre o interior e o exterior. Ou, ainda, tratava-se de *unir* a perspectiva idealista, segundo a qual nada é senão como objeto para a consciência, e a perspectiva realista, segundo a qual as consciências estão inseridas no tecido do mundo objetivo e dos acontecimentos em si (PhP, 489-90, 574; grifo nosso).

Exterior e interior, assim separados, apareciam como resíduos da metafísica clássica, que, por sua vez, tinha ao menos uma transcendência capaz de fazer a mediação entre os polos. Retomar mais radicalmente a tarefa do século XVII — objetivo que Merleau-Ponty se colocou (S, 191) — implicou buscar a "união" das duas perspectivas, fazendo assim que ciência e filosofia afinal se encontrassem e a Razão fosse novamente definida.

Foi nesse contexto que procuramos compreender as análises de *A estrutura do comportamento*. As análises mostram, ao que nos pareceu, que a própria ciência já ultrapassou os quadros da ontologia dualista clássica. Não que a superação do elemento puramente exterior tenha levado a uma perspectiva idealista; antes disso, é a própria clivagem entre interior e exterior que começa a desmoronar e a exigir uma reforma do entendimento. No lugar do mundo da ciência clássica, marcado por indivíduos físicos mutuamente exteriores, a nova física introduz os "campos de forças", as "totalidades parciais" que ela exprime e remetem, por sua vez, para totalidades mais vastas não contempladas pela lei científica, para um "fundo não relacional" que, no limite, já não é nada de *real*. O campo de força, a remissão para um fundo não relacional, põem em xeque a ideia de um mundo de partículas absolutas, mutuamente exteriores. E isso se passa também na biologia e na psicologia: trata-se sempre de mostrar que a ciência supera a clivagem entre interior e exterior (as relações entre organismo e ambiente, por exemplo, passam a ser constitutivas da própria ciência), que as determinações científicas tornam-se, por isso mesmo, incapazes de esgotar seu objeto (o acúmulo de determinações, o organismo "verdadeiro", não esgota o organismo vivo, único capaz de estabelecer aquelas relações com o ambiente, que se torna assim o fundo não relacional pressuposto pela ciência, pelo organismo "verdadeiro"). Em suma, se a ciência aponta para a superação da clivagem entre interior e exterior, é remetendo para um fundo não relacional que, conforme vimos, termina abrindo caminho para a filosofia, para que a filosofia possa voltar a falar, *também ela, do Ser*, e não mais de um território ilhado, numericamente distinto do da ciência. Foi assim que a filosofia se constituiu, novamente, como *ontologia* e se aproximou, ainda uma vez, do discurso científico, na justa medida em

Razão e experiência: ensaio sobre Merleau-Ponty

que o *Ser* desvelado pela redução não se limitou ao ser-determinado da ciência, alargando-se em um sentido insuspeitado pelos clássicos.

A partir daqui, vimos que Merleau-Ponty se impôs a tarefa de desenvolver uma fenomenologia da percepção, já que a percepção nos lança em pleno mundo e é para nós o "arquétipo do encontro originário" (VI, 210) – isto é, já que lá o *Ser* se nos revela como fundo de toda determinação. Trata-se do mundo vivido, de um pré-objetivo que, justamente por ser fundante, deve apresentar uma unidade autóctone, isto é, não deve ser construído ou organizado por nenhuma instância acima dele, sejam princípios de associação, seja um Ego transcendental. Não há, portanto, uma redução do *Lebenswelt*, já que esse mundo se revelou a nós como dotado de sentido imanente, a razão penetrando-o, perpassando-o de parte a parte, como um sopro que tudo envolve.

As descrições do *Lebenswelt*, com efeito, mostraram-nos tal unidade: o corpo, como sujeito de percepção, tem unidade autóctone; o mundo percebido, ao qual somos consagrados, é um imenso indivíduo, sem que o tenhamos organizado como tal; encontro outrem e com ele formo um mundo humano, sem que eu o constitua ou ele a mim. Do corpo ao mundo e a outrem (como parte do mundo), a passagem jamais requereu um *tertius*. Foi o tempo, como medida desse ser pré-objetivo, que teceu sua unidade, é ele o sujeito da síntese. Que um *cogito*, uma relação de si a si, seja desenhada pelo tempo, isso não levou, em 1945, a um sujeito transcendental, pois essa experiência de mim mesmo se revelou dependente, inerente ao mundo: ela se revelou como para si apenas estando no mundo. Não se tratou ali, para Merleau-Ponty, de desvelar uma camada subjetiva aquém do mundo vivido. Nem mesmo o tempo, autor da síntese, fonte da relação de si a si, é uma camada acima do mundo vivido. Todo o segredo reside nisso: em que o tempo, sendo o autor da síntese do mundo vivido, e portanto o sujeito, não o é contudo sem um ato objetivante. É isso que, finalmente, legitimou o mundo vivido como instância fundante de objetividades, como fundamento do texto de que a ciência procura ser a tradução. A significação transcendental do tempo tornou possível o fim da ruptura entre o transcendental e o empírico, pois, de fato, o tempo, embora seja o autor da síntese, requer um ato pelo qual pode-se então dizer que o sujeito se autopõe: não sou o autor da síntese, certamente, mas tampouco o ímpeto do tempo é algo de que eu padeça. Haveria apenas sonho se não tivéssemos mais que um fluxo eterno sem manifestação no múltiplo, manifestação que se faz por atos que o fazem "descer" ao empírico. Há assim uma intencionalidade operante, um "Logos do mundo estético", que tudo tece, tudo organiza, e está em operação em todo ato, em toda tese, em todo juízo, mas que, inversamente, "só se conhece em seus resultados" (PhP, 491, 575). É essa intencionalidade que me dá a certeza de tocar o próprio ser, a certeza do mundo, a certeza do Si, a partir das quais o ato é possível; mas, então, o ser é um horizonte, uma generalidade, o fundo do ser-determinado, que, inversamente, só se desvela a partir de uma tese. Se a fenomenologia pode voltar a falar do ser e tornar-se, assim, ontologia, não é senão de modo indireto — alcançando o ser por meio dos seres.

Não demorou muito para que esse modelo sofresse uma inflexão. Afinal, a fenomenologia da linguagem impôs o descentramento do sujeito — o que se choca de imediato com a tese do *cogito* tácito, de um sujeito que é dado a si mesmo, ainda que sempre engajado em uma situação. A partir dos anos 1950, Merleau-Ponty interditará o salto (dado pela *Fenomenologia...*) da coexistência entre sujeitos para o interior da consciência, para o si aquém da situação comum. A universalidade pôde adquirir então um sentido novo: ela atravessa toda a *minha* experiência — e não foi por outra razão, como vimos, que Merleau-Ponty pôde falar em "intercorporeidade" e a subjetividade transcendental — segundo a solução merleau-pontiana do enigma de Husserl, tornou-se, efetivamente, intersubjetividade. Daí a solução nova para o acordo entre finitude e universalidade: não mais uma mistura, mas um acordo efetivo, na justa medida em que o sujeito foi descentrado, em que apareceu uma espontaneidade que o

Razão e experiência: ensaio sobre Merleau-Ponty

conduz, espontaneidade que pôde reunir, enfim, toda a pluralidade das mônadas. Seria preciso mostrar, em detalhes, o caminho que levará Merleau-Ponty à "endontologia" de *O visível e o invisível*, pela qual a intencionalidade aparece como interior ao Ser, mostrar a necessidade em que se vê o filósofo de voltar a seu ponto de partida e redefinir seus conceitos (por exemplo: da forma física, de 1938, a um conceito renovado de Natureza, nos anos 1950). Aqui, apenas indicamos o momento da inflexão. E não é ironia que essa inflexão obrigue o filósofo a um recomeço – a ponto de a divisão feita por nós neste livro, entre "percepção" e "linguagem", ter de ser também redefinida; parece mesmo o destino sisífico de toda fenomenologia, como Husserl já notava, recomeçar sempre e novamente, voltar incansavelmente a seu ponto de partida.

Bibliografia

Obras de Merleau-Ponty

MERLEAU-PONTY, Maurice. *Humanisme et terreur*. NRF Gallimard, 1947.

_____. Un inédit de Maurice Merleau-Ponty. *Revue de Métaphysique et de Morale*, Paris, número 4, 1962.

_____. *Merleau-Ponty à la Sorbonne — résumé de cours 1949-1952*. Paris: Cynara, 1988.

_____. *La nature*. Paris: Seuil, 1995.

_____. *Notes de cours (1959-1961)*. Paris: Éditions Gallimard, 1996.

_____. *Notes de cours sur 'L'origine de la géométrie' de Husserl*. Paris: PUF, coll. Épiméthée, 1998.

_____. *L'oeil et l'esprit*. Paris: Folio Gallimard, 1996.

_____. *Parcours*. Paris: Verdier, 1997.

_____. *Parcours deux*. Paris: Verdier, 2000.

_____. *Phénoménologie de la perception*. Paris: Tel Gallimard, 1995.

_____. *Fenomenologia da percepção*. Trad. Carlos Alberto Ribeiro de Moura. São Paulo: Martins Fontes, 1994.

_____. Préface à l'oeuvre de Freud. In: HESNARD, A. *L'oeuvre de Freud et son importance pour le monde moderne*. Paris: Payot, 1960.

_____. *Le primat de la perception*. Paris: Verdier, 1996.

_____. *La prose du monde*. Paris: Tel Gallimard, 1995.

_____. *Résumés de cours*. Paris: NRF Gallimard, 1968.

_____. *Les sciences de l'homme et la phénoménologie*. Paris: CDU, 1975.

_____. *Sens et non-sens*. Paris: Éditions Gallimard, 1996.

_____. *Signes*. Paris: NRF Gallimard, 1985.

_____. *La structure du comportement*. Paris: PUF, 1990.

_____. *L'union de l'*âme et du corps chez Malebranche, *Biran et Bergson*. Paris: J. Vrin, 1978.

_____. *Le visible et l'invisible*. Paris: Tel Gallimard, 1996.

Outras Obras

ALMEIDA, Guido de. Sobre a fenomenologia da linguagem. *Manuscrito*, vol. V, no. 2, abril de 1982.

ALQUIÉ, F. Une philosophie de l'ambiguïté. *Fontaine*, número 59, 1947.

BARBARAS, Renaud. *De l'*être du phénomène. Sur l'ontologie de Merleau--Ponty. Grenoble: Millon, 1991.

BARBARAS, Renaud. Motricité et phénoménalité chez le dernier Merleau--Ponty. In: RICHIR, Marc; Tassin, Etienne. *Merleau-Ponty phénoménologie et expériences*. Grenoble: Millon, 1992.

BARBARAS, Renaud. Phénoménalité et signification dans *Le visible et l'invisible*. *Les cahiers de philosophie*, Paris, número 7, p.25-53, 1989.

BARBARAS, Renaud (org.). Recherches sur la phénoménologie de Merleau--Ponty. *Notes de cours sur 'L'origine de la géométrie' de Husserl*. Paris: PUF, coll. Épiméthée, 1998.

BARBARAS, Renaud. *Le tournant de l'expérience*. Paris: Vrin, 1998.

BERNET, Rudolf. Le sujet dans la nature — Réflexions dur la phénoménologie de la perception chez Merleau-Ponty. In: RICHIR, Marc; TASSIN, Etienne. *Merleau-Ponty phénoménologie et expériences*. Grenoble: Millon, 1992.

BIEMEL, Walter. *Le concept de monde chez Heidegger*. Paris: J. Vrin, 1950.

BLANCHOT, M. Le Musée, l'Art et le Temps. *Critique*. no. 43, déc. 1950.

BONAN, R. *Premières leçons sur l'Esthétique de Merleau-Ponty*. Paris: PUF, 1997.

BRUNSCHVICG, L. *L'expérience humaine et la causalité physique*. Paris: F. Alcan, 1949.

CAVALLIER, F. *Premières leçons sur l'Oeil et l'esprit de Merleau-Ponty*. Paris: PUF, 1998.

CHAUÍ, Marilena. *Experiência do pensamento. Ensaios sobre a obra de Merleau--Ponty*. São Paulo: Martins Fontes, 2002.

DASTUR, Françoise. Merleau-Ponty et la pensée du dedans. In: RICHIR, Marc;

_____. La temporalité chez Merleau-Ponty (Merleau-Ponty entre Husserl et Heidegger). In: DIMENSIONS DE L'EXISTER. Louvain-Paris: Éditions Peeters, 1994.

DELEUZE, Gilles. *A filosofia crítica de Kant*. Trad. Germiniano Franco. Lisboa: Edições 70, 1987.

DEROSSI, G. Maurice Merleau-Ponty. Dali "ambiguità" al trascendentalismo corporeo. *Filosofia*, abril, 1963.

_____. Tempo, soggetto, cogito e conoscenza intenzionale diretta (non-mediata) in Merleau-Ponty. *Filosofia*, outubro 1964.

DESANTI, J.-T. Merleau-Ponty et la décomposition de l'idéalisme. *La nouvelle critique*, Paris, número 37, p.63-82, junho 1952.

DESCARTES. Meditações metafísicas. In: *Descartes*. Trad. Guinsburg, J.; Prado Júnior, Bento. Col. Os Pensadores. São Paulo: Editora Abril, 1983.

DESCOMBES, Vincent. *Le même et l'autre. Quarante-cinq ans de philosophie française (1933-1978)*. Paris: Minuit, 1979.

DUCHÊNE, J. La structure de la phénoménalisation dans la "Phénoménologie de la perception" de Merleau-Ponty. *Revue de la métaphysique et de morale*, número 3, 1978.

DUCROT, O. e TODOROV, T. *Dicionário das ciências da linguagem*. São Paulo: Perspectiva, 1988.

ELGAR, F. *Cézanne*. São Paulo: Editorial Verbo, 1993.

FERRAZ, MARCUS S. A. *A investigação da existência como filosofia transcendental. Considerações acerca da prosa de Merleau-Ponty*. Dissertação de Mestrado (FFLCH/USP), 2003.

GADET, F. *Saussure. Une science du langage*. Paris: PUF, coll. Philosophiques, 1990.

GERAETS, Theodore F. *Vers une nouvelle philosophie transcendantale — La genèse de la philosophie de Merleau-Ponty jusqu'à la Phénoménologie de la perception.* Haia: Martinus Nijhoff, 1971.

GASQUET, J. *Cézanne.* Paris: Cynara, 1988.

GURWITSCH, A. Quelques aspects et quelques développemenrs de la psychologie de la forme. *Journal de psychologie normale et pathologique*, 1936.

_____. *Théorie du champs de la conscience.* Bruges: Desclée de Brower, 1957.

HEIDEGGER, Martin. Être et Temps. Trad. Emmanuel Martineau. Paris: Authentica, 1985.

_____. *Les problèmes fondamentaux de la phénoménologie.* Trad. Jean-François Courtine. Paris: Éditions Gallimard, 1989.

HUSSERL, Edmund. *Cartesianische Meditationen.* Haia: Martinus Nijhoff, Husserliana, Bd. I, 1973. [*Méditations Cartésiennes.* Paris: Vrin, 1969.]

_____. *Erste Philosophie.* Erster Teil. Haia: Martinus Nijhoff, Husserliana, Bd. VII, 1956.

_____. *L'idée de la phénoménologie.* Trad. Alexandre Lowit. Paris: PUF, 1970.

_____. *La crise des sciences européennes et la phénoménologie transcendantale.* Trad. Gérard Granel. Paris: Gallimard, 1976.

_____. *Leçons pour une phénoménologie de la conscience intime du temps.* Tradução Henri Dussort. Paris: PUF, 1964.

KANT, I. Analítica do belo. In: *Kant II.* Trad. Rubens R. Torres Filho. Col. Os Pensadores. São Paulo: Editora Abril, 1984.

KELKEL, Arion. Merleau-Ponty et le problème de l'intentionnalité corporelle — un débat non résolu avec Husserl. In: *Merleau-Ponty le psychique et le corporel.* Paris: Aubier, 1988.

KOFFKA, Kurt. *Principles of Gestalt psychology.* New York: Harcourt, 1935.

KÖHLER, Wolfgang. *Psychologie de la forme.* Trad. Serge Bricianer. Paris: NRF Gallimard, 1964.

LEBRUN, Gérard. David Hume dans l'album de famille husserlien. *Manuscrito*, Campinas, V, n°. 2, abril 1982.

_____. *Kant e o fim da metafisica.* Trad. Carlos Alberto Ribeiro de Moura. São Paulo: Martins Fontes, 1993.

_____. A noção de "semelhança" de Descartes a Leibniz. In: DASCAL, M. *Conhecimento, linguagem, ideologia*. São Paulo: Perspectiva, 1983.

LEFORT, Claude. *Sur une colonne absent. Écrits autour de Merleau-Ponty*. Paris: NRF Gallimard, 1978.

MADISON, Gary B. *La phénoménologie de Merleau-Ponty. Une recherche des limites de la conscience*. Paris: Klincksieck, 1973.

MALRAUX, A. *Les voix du silence*. Paris: NRF, La Galérie de la Pléiade, 1951.

MOURA, C. A. Ribeiro de. A ciência e a "reflexão radical". *Manuscrito*, Campinas, 1978.

_____. *Crítica da razão na fenomenologia*. São Paulo: Edusp/Nova Stella, 1989.

_____. *Racionalidade e crise*. São Paulo: Discurso/Edufpr, 2001a.

MÜLLER, M. J. *Merleau-Ponty. Acerca da expressão*. Porto Alegre: Edipucrs, 2001.

MUNOZ, Alberto Alonso. *Tempo e reflexão em Merleau-Ponty*. São Paulo, 1993. Dissertação (Mestrado em Filosofia). FFLCH, Depto. de Filosofia. Universidade de São Paulo.

ORLANDI, L. B. L. *A voz do intervalo*. São Paulo: Ática, 1980.

PACI, Enzo. Tempo e percezione. *Archivio di filosofia*, 1958.

PEILLON, Vincent. *La tradition de l'esprit. Itinéraire de Merleau-Ponty*. Paris: Grasset, 1994.

POLITZER, Georges. *Critique des fondements de la psychologie*. Paris: PUF, 1967. POS, H.-J. Phénoménologie et linguistique. *Revue internationale de philosophie*, 1939.

PROUST, Marcel. *Em busca do tempo perdido. O caminho de Guermantes*. Trad. Mário Quintana. Rio de Janeiro. Globo, 1960.

REVISTA *L'ARC*. Merleau-Ponty. 46. Aix-en-Provenee, 1971.

REVISTA *L'ESPRIT*. Número 6, 1982.

REVISTA ÉTUDES PHÉNOMÉNOLOGIQUES. Maurice Merleau-Ponty. 31-2. 2000.

RICHIR, Marc; TASSIN, Etienne. *Merleau-Ponty phénoménologie et expériences*. Grenoble: Millon, 1992.

SARTRE, J.-P. *L'*être et le né*ant*. Paris: Gallimard, 1943.

_____. *Esquisse d'une théorie des émotions*. Paris: Hermann, 1966.

_____. *L'imaginaire*. Paris: Folio Gallimard, 1986.

_____. *Qu'est-ce que la littérature?* Paris: Gallimard, coll. Idées, 1972. [*Que é literatura?* São Paulo: Ática, 1988].

SAUSSURE, F. *Cours de linguistique générale*. Paris: Payot, 1955. [*Curso de linguística geral*. São Paulo: Cultrix, s/d].

SICHÈRE, Bernard. *Merleau-Ponty ou le corps de la philosophie*. Paris: Grasset, 1982.

TASSIN, Etienne. *Merleau-Ponty phénoménologie et expériences*. Grenoble: Millon, 1992.

THIERRY, Yves. *Du corps parlant. Le langage chez Merleau-Ponty*. Bruxelas: Ousia, 1987.

TRÉGUIER, J.-M. *Le corps selon la chair. Phénoménologie et ontologie chez Merleau-Ponty*. Paris: Kimé, 1996.

VUILLEMIN, Jules. La méthode indirecte de Maurice Merleau-Ponty. *Critique*, Paris, n°. 211, dezembro 1964.

WAELHENS, A. de. Les constantes de l'existentialisme. *Revue internationale de philosophie*, Paris, n° 9, julho 1949.

SOBRE O LIVRO

Formato: 16 x 23 cm
Mancha: 27,5 x 44 paicas
Tipologia: Iowan Old Style, 11/16
Papel: Pólen soft 80g/m² (miolo)
Cartão Supremo: 250g/m² (capa)
1ª edição: 2006

EQUIPE DE REALIZAÇÃO
Produção Gráfica
Anderson Nobara

Edição de texto
Regina Machado (Copidesque)
Daniel Seraphin (Preparação de Texto)
Marcelo D. de Brito Riqueti (Revisão)
Oitava Rima Prod. Editorial (Atualização Ortográfica)

Editoração eletrônica
Oitava Rima Prod. Editorial

Impressão e acabamento